A book for You
赤本バックナンバーのご案内

赤本バックナンバーを1年単位で印刷製本しお届けします！

弊社発行の「**高校別入試対策シリーズ（赤本）**」の収録から外れた古い年度の過去問を1年単位でご購入いただくことができます。

「**赤本バックナンバー**」はamazon（アマゾン）の***プリント・オン・デマンドサービス**によりご提供いたします。

定評のあるくわしい解答解説はもちろん赤本そのまま,解答用紙も付けてあります。

志望校の受験対策をさらに万全なものにするために,「**赤本バックナンバー**」をぜひご活用ください。

⚠*プリント・オン・デマンドサービスとは,ご注文に応じて1冊から印刷製本し,お客様にお届けするサービスです。

ご購入の流れ

① 英俊社のウェブサイト https://book.eisyun.jp/ にアクセス

② トップページの「高校受験」 赤本バックナンバー をクリック

③ ご希望の学校・年度をクリックすると,amazon（アマゾン）のウェブサイトの該当書籍のページにジャンプ

④ amazon（アマゾン）のウェブサイトでご購入

⚠ 納期や配送,お支払い等,購入に関するお問い合わせは,amazon … い。

⚠ 書籍の内容についてのお問い合わせは英俊社（06−7712 …

国私立高校・高専 バックナンバー

⚠表中 … いたしません。
あしか …

（アイウエオ順）

※価格はすべて税込表示

学校名	2019年 実施問題	2018年 実施問題	2017年 実施問題	2016年 実施問題	2015年 実施問題	2014年 実施問題	2013年 実施問題	2012年 実施問題	2011年 実施問題	2010年 実施問題	2009年 実施問題	2008年 実施問題	2007年 実施問題	2006年 実施問題	2005年 実施問題	2004年 実施問題	2003年 実施問題
大阪教育大附高池田校舎	1,540円 66頁	1,430円 60頁	1,430円 62頁	1,430円 60頁	1,430円 60頁	1,430円 58頁	1,430円 58頁	1,430円 60頁	1,430円 58頁	1,430円 56頁	1,430円 54頁	1,320円 50頁	1,320円 52頁	1,320円 52頁	1,320円 48頁	1,320円 48頁	
大阪星光学院高	1,320円 48頁	1,320円 44頁	1,210円 42頁	1,210円 34頁	×	1,210円 36頁	1,210円 30頁	1,210円 32頁	1,650円 88頁	1,650円 84頁	1,650円 84頁	1,650円 80頁	1,650円 86頁	1,650円 80頁	1,650円 82頁	1,320円 52頁	1,430円 54頁
大阪桐蔭高	1,540円 74頁	1,540円 66頁	1,540円 68頁	1,540円 66頁	1,540円 66頁	1,430円 64頁	1,540円 68頁	1,430円 62頁	1,430円 62頁	1,540円 68頁	1,430円 62頁	1,430円 62頁	1,430円 60頁	1,430円 62頁	1,430円 58頁		
関西大学高	1,430円 56頁	1,430円 56頁	1,430円 58頁	1,430円 54頁	1,320円 52頁	1,320円 52頁	1,430円 54頁	1,320円 50頁	1,320円 52頁	1,320円 50頁							
関西大学第一高	1,540円 66頁	1,430円 64頁	1,430円 64頁	1,430円 56頁	1,430円 62頁	1,430円 54頁	1,320円 48頁	1,430円 56頁	1,430円 56頁	1,430円 56頁	1,430円 56頁	1,320円 52頁	1,320円 52頁	1,320円 50頁	1,320円 46頁	1,320円 52頁	
関西大学北陽高	1,540円 68頁	1,540円 72頁	1,540円 70頁	1,430円 64頁	1,430円 62頁	1,430円 60頁	1,430円 60頁	1,430円 58頁	1,430円 58頁	1,430円 58頁	1,430円 56頁	1,430円 54頁					
関西学院高	1,210円 36頁	1,210円 36頁	1,210円 34頁	1,210円 34頁	1,210円 32頁	1,210円 32頁	1,210円 32頁	1,210円 32頁	1,210円 28頁	1,210円 30頁	1,210円 28頁	1,210円 30頁	×	1,210円 30頁	1,210円 28頁	×	1,210円 26頁
京都女子高	1,540円 66頁	1,430円 62頁	1,430円 60頁	1,430円 60頁	1,430円 60頁	1,430円 54頁	1,430円 56頁	1,430円 56頁	1,430円 56頁	1,430円 56頁	1,430円 56頁	1,430円 54頁	1,430円 54頁	1,320円 50頁	1,320円 50頁	1,320円 48頁	
近畿大学附属高	1,540円 72頁	1,540円 68頁	1,540円 68頁	1,540円 66頁	1,430円 64頁	1,430円 62頁	1,430円 58頁	1,430円 60頁	1,430円 58頁	1,430円 60頁	1,430円 54頁	1,430円 58頁	1,430円 56頁	1,430円 54頁	1,430円 56頁	1,320円 52頁	
久留米大学附設高	1,430円 64頁	1,430円 62頁	1,430円 58頁	1,430円 60頁	1,430円 58頁	1,430円 58頁	1,430円 58頁	1,430円 58頁	1,430円 56頁	1,430円 58頁	1,430円 54頁	×	1,430円 54頁	1,430円 54頁			
四天王寺高	1,540円 74頁	1,430円 62頁	1,430円 64頁	1,540円 66頁	1,210円 40頁	1,210円 40頁	1,430円 64頁	1,430円 64頁	1,430円 58頁	1,430円 62頁	1,430円 60頁	1,430円 60頁	1,430円 64頁	1,430円 58頁	1,430円 62頁	1,430円 58頁	
須磨学園高	1,210円 40頁	1,210円 40頁	1,210円 36頁	1,210円 42頁	1,210円 40頁	1,210円 40頁	1,210円 38頁	1,210円 38頁	1,320円 44頁	1,320円 48頁	1,320円 46頁	1,320円 48頁	1,320円 46頁	1,320円 44頁	1,210円 42頁		
清教学園高	1,540円 66頁	1,540円 66頁	1,430円 64頁	1,430円 56頁	1,320円 52頁	1,320円 50頁	1,320円 52頁	1,320円 48頁	1,320円 52頁	1,320円 50頁	1,320円 50頁	1,320円 46頁					
西南学院高	1,870円 102頁	1,760円 98頁	1,650円 82頁	1,980円 116頁	1,980円 112頁	1,980円 112頁	1,870円 110頁	1,870円 112頁	1,870円 106頁	1,540円 76頁	1,540円 76頁	1,540円 72頁	1,540円 72頁	1,540円 70頁			
清風高	1,430円 58頁	1,430円 54頁	1,430円 60頁	1,430円 60頁	1,430円 60頁	1,430円 60頁	1,430円 60頁	1,430円 60頁	1,430円 56頁	1,430円 58頁	×	1,430円 56頁	1,430円 58頁	1,430円 54頁	1,430円 54頁		

※価格はすべて税込表示

学校名	2019年実施問題	2018年実施問題	2017年実施問題	2016年実施問題	2015年実施問題	2014年実施問題	2013年実施問題	2012年実施問題	2011年実施問題	2010年実施問題	2009年実施問題	2008年実施問題	2007年実施問題	2006年実施問題	2005年実施問題	2004年実施問題	2003年実施問題
清風南海高	1,430円 64頁	1,430円 64頁	1,430円 62頁	1,430円 60頁	1,430円 60頁	1,430円 58頁	1,430円 58頁	1,430円 60頁	1,430円 56頁	1,430円 56頁	1,430円 56頁	1,430円 56頁	1,430円 58頁	1,430円 58頁	1,320円 52頁	1,430円 54頁	
智辯学園和歌山高	1,320円 44頁	1,210円 42頁	1,210円 40頁	1,210円 40頁	1,210円 38頁	1,210円 38頁	1,210円 40頁	1,210円 38頁	1,210円 38頁	1,210円 40頁	1,210円 40頁	1,210円 38頁	1,210円 38頁	1,210円 38頁	1,210円 38頁	1,210円 38頁	
同志社高	1,430円 56頁	1,430円 56頁	1,430円 54頁	1,430円 54頁	1,430円 56頁	1,430円 54頁	1,320円 52頁	1,320円 52頁	1,320円 50頁	1,320円 48頁	1,320円 50頁	1,320円 50頁	1,320円 46頁	1,320円 48頁	1,320円 44頁	1,320円 48頁	1,320円 46頁
灘高	1,320円 52頁	1,320円 46頁	1,320円 48頁	1,320円 46頁	1,320円 46頁	1,320円 48頁	1,210円 42頁	1,320円 44頁	1,320円 50頁	1,320円 48頁	1,320円 46頁	1,320円 48頁	1,320円 48頁	1,320円 46頁	1,320円 44頁	1,320円 46頁	1,320円 46頁
西大和学園高	1,760円 98頁	1,760円 96頁	1,760円 90頁	1,540円 68頁	1,540円 66頁	1,430円 62頁	1,430円 62頁	1,430円 62頁	1,430円 64頁	1,430円 64頁	1,430円 62頁	1,430円 64頁	1,430円 64頁	1,430円 62頁	1,430円 60頁	1,430円 56頁	1,430円 58頁
福岡大学附属大濠高	2,310円 152頁	2,310円 148頁	2,200円 142頁	2,200円 144頁	2,090円 134頁	2,090円 132頁	2,090円 128頁	1,760円 96頁	1,760円 94頁	1,650円 88頁	1,650円 84頁	1,760円 88頁	1,760円 90頁	1,760円 92頁			
明星高	1,540円 76頁	1,540円 74頁	1,540円 68頁	1,430円 62頁	1,430円 62頁	1,430円 64頁	1,430円 64頁	1,430円 60頁	1,430円 58頁	1,430円 56頁	1,430円 56頁	1,430円 54頁	1,430円 54頁	1,430円 54頁	1,320円 52頁	1,320円 52頁	
桃山学院高	1,430円 64頁	1,430円 64頁	1,430円 62頁	1,430円 60頁	1,430円 58頁	1,430円 54頁	1,430円 56頁	1,430円 54頁	1,430円 58頁	1,430円 58頁	1,430円 56頁	1,320円 52頁	1,320円 52頁	1,320円 48頁	1,320円 46頁	1,320円 50頁	1,320円 50頁
洛南高	1,540円 66頁	1,430円 64頁	1,540円 66頁	1,540円 66頁	1,430円 62頁	1,430円 64頁	1,430円 62頁	1,430円 62頁	1,430円 62頁	1,430円 60頁	1,430円 58頁	1,430円 64頁	1,430円 60頁	1,430円 62頁	1,430円 58頁	1,430円 58頁	1,430円 60頁
ラ・サール高	1,540円 70頁	1,540円 66頁	1,430円 60頁	1,430円 62頁	1,430円 60頁	1,430円 58頁	1,430円 60頁	1,430円 60頁	1,430円 58頁	1,430円 54頁	1,430円 60頁	1,430円 54頁	1,430円 56頁	1,320円 50頁			
立命館高	1,760円 96頁	1,760円 94頁	1,870円 100頁	1,760円 96頁	1,870円 104頁	1,870円 102頁	1,870円 100頁	1,760円 92頁	1,650円 88頁	1,760円 94頁	1,650円 88頁	1,650円 86頁	1,320円 48頁	1,650円 80頁	1,430円 54頁		
立命館宇治高	1,430円 62頁	1,430円 60頁	1,430円 58頁	1,430円 58頁	1,430円 56頁	1,430円 54頁	1,430円 54頁	1,320円 52頁	1,320円 52頁	1,430円 54頁	1,430円 56頁	1,320円 52頁					
国立高専	1,650円 78頁	1,540円 74頁	1,540円 66頁	1,430円 64頁	1,430円 62頁	1,430円 62頁	1,430円 62頁	1,540円 68頁	1,540円 70頁	1,430円 64頁	1,430円 62頁	1,430円 62頁	1,430円 60頁	1,430円 58頁	1,430円 60頁	1,430円 56頁	1,430円 60頁

公立高校 バックナンバー

※価格はすべて税込表示

府県名・学校名	2019年実施問題	2018年実施問題	2017年実施問題	2016年実施問題	2015年実施問題	2014年実施問題	2013年実施問題	2012年実施問題	2011年実施問題	2010年実施問題	2009年実施問題	2008年実施問題	2007年実施問題	2006年実施問題	2005年実施問題	2004年実施問題	2003年実施問題
岐阜県公立高	990円 64頁	990円 60頁	990円 60頁	990円 60頁	990円 58頁	990円 56頁	990円 58頁	990円 52頁	990円 54頁	990円 52頁	990円 52頁	990円 48頁	990円 50頁	990円 52頁			
静岡県公立高	990円 62頁	990円 58頁	990円 58頁	990円 60頁	990円 60頁	990円 56頁	990円 58頁	990円 58頁	990円 56頁	990円 54頁	990円 52頁	990円 54頁	990円 52頁	990円 52頁			
愛知県公立高	990円 126頁	990円 120頁	990円 114頁	990円 114頁	990円 114頁	990円 110頁	990円 112頁	990円 108頁	990円 108頁	990円 110頁	990円 102頁	990円 102頁	990円 102頁	990円 100頁	990円 100頁	990円 96頁	990円 96頁
三重県公立高	990円 72頁	990円 66頁	990円 66頁	990円 64頁	990円 66頁	990円 64頁	990円 66頁	990円 64頁	990円 62頁	990円 62頁	990円 58頁	990円 58頁	990円 52頁	990円 54頁			
滋賀県公立高	990円 66頁	990円 62頁	990円 60頁	990円 62頁	990円 62頁	990円 46頁	990円 48頁	990円 46頁	990円 48頁	990円 44頁	990円 44頁	990円 44頁	990円 46頁	990円 44頁	990円 44頁	990円 40頁	990円 42頁
京都府公立高(中期)	990円 60頁	990円 56頁	990円 54頁	990円 54頁	990円 56頁	990円 54頁	990円 56頁	990円 54頁	990円 56頁	990円 54頁	990円 52頁	990円 50頁	990円 50頁	990円 50頁	990円 46頁	990円 46頁	990円 48頁
京都府公立高(前期)	990円 40頁	990円 38頁	990円 40頁	990円 38頁	990円 38頁	990円 36頁											
京都市立堀川高 探究学科群	1,430円 64頁	1,540円 68頁	1,430円 60頁	1,430円 62頁	1,430円 64頁	1,430円 60頁	1,430円 60頁	1,430円 58頁	1,430円 58頁	1,430円 64頁	1,430円 54頁	1,320円 48頁	1,210円 42頁	1,210円 38頁	1,210円 36頁	1,210円 40頁	
京都市立西京高 エンタープライジング科	1,650円 82頁	1,540円 76頁	1,650円 80頁	1,540円 72頁	1,540円 72頁	1,540円 70頁	1,320円 46頁	1,320円 50頁	1,320円 46頁	1,320円 44頁	1,210円 42頁	1,210円 42頁	1,210円 38頁	1,210円 38頁	1,210円 40頁	1,210円 34頁	
京都府立嵯峨野高 京都こすもす科	1,540円 68頁	1,540円 66頁	1,540円 68頁	1,430円 64頁	1,430円 64頁	1,430円 62頁	1,210円 42頁	1,210円 42頁	1,320円 46頁	1,320円 44頁	1,210円 42頁	1,210円 40頁	1,210円 40頁	1,210円 36頁	1,210円 36頁	1,210円 34頁	
京都府立桃山高 自然科学科	1,320円 46頁	1,320円 46頁	1,210円 42頁	1,320円 44頁	1,320円 46頁	1,320円 44頁	1,210円 42頁	1,210円 38頁	1,210円 42頁	1,210円 40頁	1,210円 40頁	1,210円 38頁	1,210円 34頁	1,210円 34頁			

※価格はすべて税込表示

府県名・学校名	2019年 実施問題	2018年 実施問題	2017年 実施問題	2016年 実施問題	2015年 実施問題	2014年 実施問題	2013年 実施問題	2012年 実施問題	2011年 実施問題	2010年 実施問題	2009年 実施問題	2008年 実施問題	2007年 実施問題	2006年 実施問題	2005年 実施問題	2004年 実施問題	2003年 実施問題
大阪府公立高(一般)	990円 148頁	990円 140頁	990円 140頁	990円 122頁													
大阪府公立高(特別)	990円 78頁	990円 78頁	990円 74頁	990円 72頁													
大阪府公立高(前期)					990円 70頁	990円 68頁	990円 66頁	990円 72頁	990円 70頁	990円 60頁	990円 58頁	990円 56頁	990円 56頁	990円 54頁	990円 52頁	990円 52頁	990円 48頁
大阪府公立高(後期)					990円 82頁	990円 76頁	990円 72頁	990円 64頁	990円 64頁	990円 64頁	990円 62頁	990円 62頁	990円 62頁	990円 58頁	990円 56頁	990円 58頁	990円 56頁
兵庫県公立高	990円 74頁	990円 78頁	990円 74頁	990円 74頁	990円 74頁	990円 68頁	990円 66頁	990円 64頁	990円 60頁	990円 56頁	990円 58頁	990円 56頁	990円 58頁	990円 56頁	990円 56頁	990円 54頁	990円 52頁
奈良県公立高(一般)	990円 62頁	990円 50頁	990円 50頁	990円 52頁	990円 50頁	990円 52頁	990円 50頁	990円 48頁	990円 48頁	990円 48頁	990円 48頁	990円 48頁	×	990円 44頁	990円 46頁	990円 42頁	990円 44頁
奈良県公立高(特色)	990円 30頁	990円 38頁	990円 44頁	990円 46頁	990円 46頁	990円 44頁	990円 40頁	990円 40頁	990円 32頁	990円 32頁	990円 32頁	990円 32頁	990円 28頁	990円 28頁			
和歌山県公立高	990円 76頁	990円 70頁	990円 68頁	990円 64頁	990円 66頁	990円 64頁	990円 64頁	990円 62頁	990円 66頁	990円 62頁	990円 60頁	990円 60頁	990円 58頁	990円 56頁	990円 56頁	990円 56頁	990円 52頁
岡山県公立高(一般)	990円 66頁	990円 60頁	990円 58頁	990円 56頁	990円 58頁	990円 56頁	990円 58頁	990円 60頁	990円 56頁	990円 56頁	990円 52頁	990円 52頁	990円 50頁				
岡山県公立高(特別)	990円 38頁	990円 36頁	990円 34頁	990円 34頁	990円 34頁	990円 32頁											
広島県公立高	990円 68頁	990円 70頁	990円 74頁	990円 68頁	990円 60頁	990円 58頁	990円 54頁	990円 46頁	990円 48頁	990円 46頁	990円 46頁	990円 46頁	990円 44頁	990円 46頁	990円 44頁	990円 44頁	990円 44頁
山口県公立高	990円 86頁	990円 80頁	990円 82頁	990円 84頁	990円 76頁	990円 78頁	990円 76頁	990円 64頁	990円 62頁	990円 58頁	990円 58頁	990円 60頁	990円 56頁				
徳島県公立高	990円 88頁	990円 78頁	990円 86頁	990円 74頁	990円 76頁	990円 80頁	990円 64頁	990円 62頁	990円 60頁	990円 58頁	990円 60頁	990円 54頁	990円 52頁				
香川県公立高	990円 76頁	990円 74頁	990円 72頁	990円 74頁	990円 72頁	990円 68頁	990円 68頁	990円 66頁	990円 66頁	990円 62頁	990円 62頁	990円 60頁	990円 62頁				
愛媛県公立高	990円 72頁	990円 68頁	990円 66頁	990円 64頁	990円 68頁	990円 64頁	990円 62頁	990円 60頁	990円 62頁	990円 56頁	990円 58頁	990円 56頁	990円 54頁				
福岡県公立高	990円 66頁	990円 68頁	990円 68頁	990円 66頁	990円 60頁	990円 56頁	990円 56頁	990円 54頁	990円 56頁	990円 58頁	990円 52頁	990円 54頁	990円 52頁	990円 48頁			
長崎県公立高	990円 90頁	990円 86頁	990円 84頁	990円 84頁	990円 82頁	990円 80頁	990円 80頁	990円 82頁	990円 80頁	990円 80頁	990円 80頁	990円 78頁	990円 76頁				
熊本県公立高	990円 98頁	990円 92頁	990円 92頁	990円 92頁	990円 94頁	990円 74頁	990円 72頁	990円 70頁	990円 70頁	990円 68頁	990円 68頁	990円 64頁	990円 68頁				
大分県公立高	990円 84頁	990円 78頁	990円 80頁	990円 76頁	990円 80頁	990円 66頁	990円 62頁	990円 62頁	990円 62頁	990円 58頁	990円 58頁	990円 56頁	990円 58頁				
鹿児島県公立高	990円 66頁	990円 62頁	990円 60頁	990円 60頁	990円 60頁	990円 60頁	990円 60頁	990円 60頁	990円 60頁	990円 58頁	990円 58頁	990円 54頁	990円 58頁				

英語リスニング音声データのご案内

英語リスニング問題の音声データについて

赤本収録年度の音声データ　弊社発行の**「高校別入試対策シリーズ（赤本）」に収録している年度**の音声データは,以下の一覧の学校分を提供しています。希望の音声データをダウンロードし，赤本に掲載されている問題に取り組んでください。

赤本収録年度より古い年度の音声データ　**「高校別入試対策シリーズ（赤本）」に収録している年度よりも古い年度**の音声データは,6ページの国私立高と公立高を提供しています。赤本バックナンバー（1～3ページに掲載）と音声データの両方をご購入いただき，問題に取り組んでください。

ご購入の流れ

① 英俊社のウェブサイト https://book.eisyun.jp/ にアクセス
② トップページの「高校受験」 リスニング音声データ をクリック
③ ご希望の学校・年度をクリックすると，オーディオブック（audiobook.jp）のウェブサイトの該当ページにジャンプ
④ オーディオブック（audiobook.jp）のウェブサイトでご購入。※初回のみ会員登録（無料）が必要です。

⚠ ダウンロード方法やお支払い等,購入に関するお問い合わせは,オーディオブック（audiobook.jp）のウェブサイトにてご確認ください。

音声データを入手できる学校と年度

赤本収録年度の音声データ

ご希望の年度を1年分ずつ,もしくは赤本に収録している年度をすべてまとめてセットでご購入いただくことができます。セットでご購入いただくと,1年分の単価がお得になります。

⚠ ×印の年度は音声データをご提供しておりません。あしからずご了承ください。

国私立高（アイウエオ順）

※価格は税込表示

学校名	税込価格				
	2020年	2021年	2022年	2023年	2024年
アサンプション国際高	¥550	¥550	¥550	¥550	¥550
5か年セット	¥2,200				
育英西高	¥550	¥550	¥550	¥550	¥550
5か年セット	¥2,200				
大阪教育大附高池田校	¥550	¥550	¥550	¥550	¥550
5か年セット	¥2,200				
大阪薫英女学院高	¥550	¥550	¥550	¥550	×
4か年セット	¥1,760				
大阪国際高	¥550	¥550	¥550	¥550	¥550
5か年セット	¥2,200				
大阪信愛学院高	¥550	¥550	¥550	¥550	¥550
5か年セット	¥2,200				
大阪星光学院高	¥550	¥550	¥550	¥550	¥550
5か年セット	¥2,200				
大阪桐蔭高	¥550	¥550	¥550	¥550	¥550
5か年セット	¥2,200				
大谷高	×	×	×	¥550	¥550
2か年セット	¥880				
関西創価高	¥550	¥550	¥550	¥550	¥550
5か年セット	¥2,200				
京都先端科学大附高(特進・進学)	¥550	¥550	¥550	¥550	¥550
5か年セット	¥2,200				

※価格は税込表示

学校名	税込価格				
	2020年	2021年	2022年	2023年	2024年
京都先端科学大附高（国際）	¥550	¥550	¥550	¥550	¥550
5か年セット	¥2,200				
京都橘高	¥550	×	¥550	¥550	¥550
4か年セット	¥1,760				
京都両洋高	¥550	¥550	¥550	¥550	¥550
5か年セット	¥2,200				
久留米大附設高	×	¥550	¥550	¥550	¥550
4か年セット	¥1,760				
神戸星城高	¥550	¥550	¥550	¥550	¥550
5か年セット	¥2,200				
神戸山手グローバル高	×	×	×	¥550	¥550
2か年セット	¥880				
神戸龍谷高	¥550	¥550	¥550	¥550	¥550
5か年セット	¥2,200				
香里ヌヴェール学院高	¥550	¥550	¥550	¥550	¥550
5か年セット	¥2,200				
三田学園高	¥550	¥550	¥550	¥550	¥550
5か年セット	¥2,200				
滋賀学園高	¥550	¥550	¥550	¥550	¥550
5か年セット	¥2,200				
滋賀短期大学附高	¥550	¥550	¥550	¥550	¥550
5か年セット	¥2,200				

国私立高（アイウエオ順）

※価格は税込表示

学校名	税込価格				
	2020年	2021年	2022年	2023年	2024年
樟蔭高	¥550	¥550	¥550	¥550	¥550
5か年セット	¥2,200				
常翔学園高	¥550	¥550	¥550	¥550	¥550
5か年セット	¥2,200				
清教学園高	¥550	¥550	¥550	¥550	¥550
5か年セット	¥2,200				
西南学院高（専願）	¥550	¥550	¥550	¥550	¥550
5か年セット	¥2,200				
西南学院高（前期）	¥550	¥550	¥550	¥550	¥550
5か年セット	¥2,200				
園田学園高	¥550	¥550	¥550	¥550	¥550
5か年セット	¥2,200				
筑陽学園高（専願）	¥550	¥550	¥550	¥550	¥550
5か年セット	¥2,200				
筑陽学園高（前期）	¥550	¥550	¥550	¥550	¥550
5か年セット	¥2,200				
智辯学園高	¥550	¥550	¥550	¥550	¥550
5か年セット	¥2,200				
帝塚山高	¥550	¥550	¥550	¥550	¥550
5か年セット	¥2,200				
東海大付大阪仰星高	¥550	¥550	¥550	¥550	¥550
5か年セット	¥2,200				
同志社高	¥550	¥550	¥550	¥550	¥550
5か年セット	¥2,200				
中村学園女子高（前期）	×	¥550	¥550	¥550	¥550
4か年セット	¥1,760				
灘高	¥550	¥550	¥550	¥550	¥550
5か年セット	¥2,200				
奈良育英高	¥550	¥550	¥550	¥550	¥550
5か年セット	¥2,200				
奈良学園高	¥550	¥550	¥550	¥550	¥550
5か年セット	¥2,200				
奈良大附高	¥550	¥550	¥550	¥550	¥550
5か年セット	¥2,200				

※価格は税込表示

学校名	税込価格				
	2020年	2021年	2022年	2023年	2024年
西大和学園高	¥550	¥550	¥550	¥550	¥550
5か年セット	¥2,200				
梅花高	¥550	¥550	¥550	¥550	¥550
5か年セット	¥2,200				
白陵高	¥550	¥550	¥550	¥550	¥550
5か年セット	¥2,200				
初芝立命館高	×	×	×	×	¥550
東大谷高	×	×	¥550	¥550	¥550
3か年セット	¥1,320				
東山高	×	×	×	×	¥550
雲雀丘学園高	¥550	¥550	¥550	¥550	¥550
5か年セット	¥2,200				
福岡大附大濠高（専願）	¥550	¥550	¥550	¥550	¥550
5か年セット	¥2,200				
福岡大附大濠高（前期）	¥550	¥550	¥550	¥550	¥550
5か年セット	¥2,200				
福岡大附大濠高（後期）	¥550	¥550	¥550	¥550	¥550
5か年セット	¥2,200				
武庫川女子大附高	×	×	¥550	¥550	¥550
3か年セット	¥1,320				
明星高	¥550	¥550	¥550	¥550	¥550
5か年セット	¥2,200				
和歌山信愛高	¥550	¥550	¥550	¥550	¥550
5か年セット	¥2,200				

公立高

※価格は税込表示

学校名	税込価格				
	2020年	2021年	2022年	2023年	2024年
京都市立西京高（エンタープライジング科）	¥550	¥550	¥550	¥550	¥550
5か年セット	¥2,200				
京都市立堀川高（探究学科群）	¥550	¥550	¥550	¥550	¥550
5か年セット	¥2,200				
京都府立嵯峨野高（京都こすもす科）	¥550	¥550	¥550	¥550	¥550
5か年セット	¥2,200				

赤本収録年度より古い年度の音声データ

以下の音声データは,赤本に収録以前の年度ですので,赤本バックナンバー(P.1〜3に掲載)と合わせてご購入ください。
赤本バックナンバーは1年分が1冊の本になっていますので,音声データも1年分ずつの販売となります。

※価格は税込表示

国私立高(アイウエオ順)

学 校 名	税込価格																
	2003年	2004年	2005年	2006年	2007年	2008年	2009年	2010年	2011年	2012年	2013年	2014年	2015年	2016年	2017年	2018年	2019年
大阪教育大附高池田校		¥550	¥550	¥550	¥550	¥550	¥550	¥550	¥550	¥550	¥550	¥550	¥550	¥550	¥550	¥550	¥550
大阪星光学院高(1次)	¥550	¥550	¥550	¥550	¥550	¥550	¥550	¥550	¥550	¥550	×	¥550	×	¥550	¥550	¥550	¥550
大阪星光学院高(1.5次)			¥550	¥550	¥550	¥550	¥550	¥550	×	×	×	×	×	×	×	×	×
大阪桐蔭高						¥550	¥550	¥550	¥550	¥550	¥550	¥550	¥550	¥550	¥550	¥550	¥550
久留米大附設高				¥550	¥550	×	¥550	¥550	¥550	¥550	¥550	¥550	¥550	¥550	¥550	¥550	¥550
清教学園高														¥550	¥550	¥550	¥550
同志社高						¥550	¥550	¥550	¥550	¥550	¥550	¥550	¥550	¥550	¥550	¥550	¥550
灘高																¥550	¥550
西大和学園高				¥550	¥550	¥550	¥550	¥550	¥550	¥550	¥550	¥550	¥550	¥550	¥550	¥550	¥550
福岡大附大濠高(専願)											¥550	¥550	¥550	¥550	¥550	¥550	¥550
福岡大附大濠高(前期)				¥550	¥550	¥550	¥550	¥550	¥550	¥550	¥550	¥550	¥550	¥550	¥550	¥550	¥550
福岡大附大濠高(後期)				¥550	¥550	¥550	¥550	¥550	¥550	¥550	¥550	¥550	¥550	¥550	¥550	¥550	¥550
明星高															¥550	¥550	¥550
立命館高(前期)						¥550	¥550	¥550	¥550	¥550	¥550	¥550	¥550	×	×	×	×
立命館高(後期)						¥550	¥550	¥550	¥550	¥550	¥550	¥550	¥550	×	×	×	×
立命館宇治高										¥550	¥550	¥550	¥550	¥550	¥550	¥550	×

※価格は税込表示

公立高(府県順)

府県名・学校名	税込価格																
	2003年	2004年	2005年	2006年	2007年	2008年	2009年	2010年	2011年	2012年	2013年	2014年	2015年	2016年	2017年	2018年	2019年
岐阜県公立高				¥550	¥550	¥550	¥550	¥550	¥550	¥550	¥550	¥550	¥550	¥550	¥550	¥550	¥550
静岡県公立高				¥550	¥550	¥550	¥550	¥550	¥550	¥550	¥550	¥550	¥550	¥550	¥550	¥550	¥550
愛知県公立高(Aグループ)	¥550	¥550	¥550	¥550	¥550	¥550	¥550	¥550	¥550	¥550	¥550	¥550	¥550	¥550	¥550	¥550	¥550
愛知県公立高(Bグループ)	¥550	¥550	¥550	¥550	¥550	¥550	¥550	¥550	¥550	¥550	¥550	¥550	¥550	¥550	¥550	¥550	¥550
三重県公立高				¥550	¥550	¥550	¥550	¥550	¥550	¥550	¥550	¥550	¥550	¥550	¥550	¥550	¥550
滋賀県公立高	¥550	¥550	¥550	¥550	¥550	¥550	¥550	¥550	¥550	¥550	¥550	¥550	¥550	¥550	¥550	¥550	¥550
京都府公立高(中期選抜)	¥550	¥550	¥550	¥550	¥550	¥550	¥550	¥550	¥550	¥550	¥550	¥550	¥550	¥550	¥550	¥550	¥550
京都府公立高(前期選抜 共通学力検査)												¥550	¥550	¥550	¥550	¥550	¥550
京都市立西京高(エンタープライジング科)		¥550	¥550	¥550	¥550	¥550	¥550	¥550	¥550	¥550	¥550	¥550	¥550	¥550	¥550	¥550	¥550
京都市立堀川高(探究学科群)												¥550	¥550	¥550	¥550	¥550	¥550
京都府立嵯峨野高(京都こすもす科)		¥550	¥550	¥550	¥550	¥550	¥550	¥550	¥550	¥550	¥550	¥550	¥550	¥550	¥550	¥550	¥550
大阪府公立高(一般選抜)														¥550	¥550	¥550	¥550
大阪府公立高(特別選抜)														¥550	¥550	¥550	¥550
大阪府公立高(後期選抜)	¥550	¥550	¥550	¥550	¥550	¥550	¥550	¥550	¥550	¥550	¥550	¥550	¥550	×	×	×	×
大阪府公立高(前期選抜)	¥550	¥550	¥550	¥550	¥550	¥550	¥550	¥550	¥550	¥550	¥550	¥550	¥550	×	×	×	×
兵庫県公立高	¥550	¥550	¥550	¥550	¥550	¥550	¥550	¥550	¥550	¥550	¥550	¥550	¥550	¥550	¥550	¥550	¥550
奈良県公立高(一般選抜)	¥550	¥550	¥550	¥550	×	¥550	¥550	¥550	¥550	¥550	¥550	¥550	¥550	¥550	¥550	¥550	¥550
奈良県公立高(特色選抜)				¥550	¥550	¥550	¥550	¥550	¥550	¥550	¥550	¥550	¥550	¥550	¥550	¥550	¥550
和歌山県公立高	¥550	¥550	¥550	¥550	¥550	¥550	¥550	¥550	¥550	¥550	¥550	¥550	¥550	¥550	¥550	¥550	¥550
岡山県公立高(一般選抜)					¥550	¥550	¥550	¥550	¥550	¥550	¥550	¥550	¥550	¥550	¥550	¥550	¥550
岡山県公立高(特別選抜)												¥550	¥550	¥550	¥550	¥550	¥550
広島県公立高	¥550	¥550	¥550	¥550	¥550	¥550	¥550	¥550	¥550	¥550	¥550	¥550	¥550	¥550	¥550	¥550	¥550
山口県公立高					¥550	¥550	¥550	¥550	¥550	¥550	¥550	¥550	¥550	¥550	¥550	¥550	¥550
香川県公立高					¥550	¥550	¥550	¥550	¥550	¥550	¥550	¥550	¥550	¥550	¥550	¥550	¥550
愛媛県公立高					¥550	¥550	¥550	¥550	¥550	¥550	¥550	¥550	¥550	¥550	¥550	¥550	¥550
福岡県公立高				¥550	¥550	¥550	¥550	¥550	¥550	¥550	¥550	¥550	¥550	¥550	¥550	¥550	¥550
長崎県公立高					¥550	¥550	¥550	¥550	¥550	¥550	¥550	¥550	¥550	¥550	¥550	¥550	¥550
熊本県公立高(選択問題A)													¥550	¥550	¥550	¥550	¥550
熊本県公立高(選択問題B)													¥550	¥550	¥550	¥550	¥550
熊本県公立高(共通)					¥550	¥550	¥550	¥550	¥550	¥550	¥550	¥550	×	×	×	×	×
大分県公立高					¥550	¥550	¥550	¥550	¥550	¥550	¥550	¥550	¥550	¥550	¥550	¥550	¥550
鹿児島県公立高					¥550	¥550	¥550	¥550	¥550	¥550	¥550	¥550	¥550	¥550	¥550	¥550	¥550

受験生のみなさんへ

英俊社の高校入試対策問題集

各書籍のくわしい内容はこちら→

近畿の高校入試シリーズ

最新の近畿の入試問題から良問を精選。
私立・公立どちらにも対応できる定評ある問題集です。

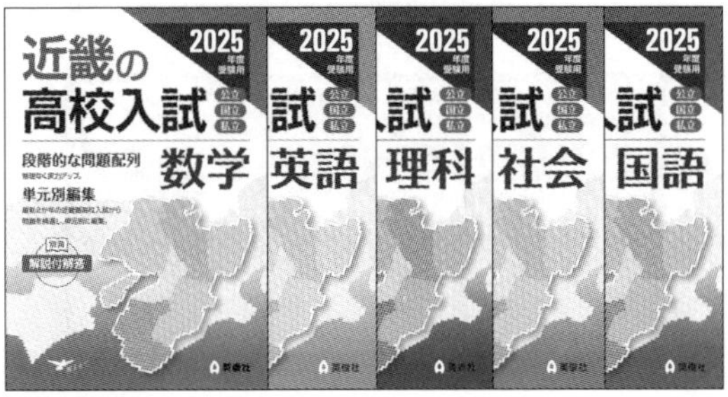

近畿の高校入試シリーズ

中1・2の復習

近畿の入試問題から１・２年生までの範囲で解ける良問を精選。
高校入試の基礎固めに最適な問題集です。

最難関高校シリーズ

最難関高校を志望する受験生諸君におすすめのハイレベル問題集。
灘、洛南、西大和学園、久留米大学附設、ラ・サールの最新７か年入試問題を単元別に分類して収録しています。

ニューウイングシリーズ　出題率

入試での出題率を徹底分析。出題率の高い単元、問題に集中して効率よく学習できます。

近道問題シリーズ

重要ポイントに絞ったコンパクトな問題集。苦手分野の集中トレーニングに最適です!

数学5分冊

01 式と計算
02 方程式・確率・資料の活用
03 関数とグラフ
04 図形〈1・2年分野〉
05 図形〈3年分野〉

英語6分冊

06 単語・連語・会話表現
07 英文法
08 文の書きかえ・英作文
09 長文基礎
10 長文実践
11 リスニング

理科6分冊

12 物理
13 化学
14 生物・地学
15 理科計算
16 理科記述
17 理科知識

社会4分冊

18 地理
19 歴史
20 公民
21 社会の応用問題 ー資料読解・記述ー

国語5分冊

22 漢字・ことばの知識
23 文法
24 長文読解 ー攻略法の基本ー
25 長文読解 ー攻略法の実践ー
26 古典

学校・塾の指導者の先生方へ

赤本収録の**入試問題データベース**を利用して、**オリジナルプリント教材**を作成していただけるサービスが登場!! 生徒**ひとりひとりに合わせた**教材作りが可能です。

プリント教材作成システム
KAWASEMI Lite

くわしくは KAWASEMI Lite 検索 で検索!
まずは**無料体験版**をぜひお試しください。

※指導者の先生方向けの専用サービスです。受験生など個人の方はご利用いただけませんので、ご注意ください。

公立高校入試対策シリーズ 3021

❖もくじ

●公立入試はこうだ！

●過去５か年の公立高入試問題

〈**英語長文**の全訳，**古文**の口語訳を付けてある〉

（注） 著作権の都合により，実際に使用された写真と異なる場合があります。 （編集部）

2020～2024年度のリスニング音声（書籍収録分すべて）は
英俊社ウェブサイト「**リスもん**」から再生できます。
https://book.eisyun.jp/products/listening/index/

再生の際に必要な入力コード→ **94568273**
（コードの使用期限：2025年７月末日）

リスもん
リスニング問題 音声再生ウェブページ

スマホはこちら ——→

※音声は英俊社で作成したものです。

❖公立高等学校入学者選抜について（全日制課程）

1．第一次選抜

出　　願　岐阜県内に居住する者は，岐阜県立高等学校の中から１つの高等学校の１つの学科（群）を選定し，出願。複数学科設置校では，第２志望，第３志望も可（一部を除く）。なお，一部の岐阜県立高等学校は，県外からの募集を実施。

検査内容

●標準検査を実施する。（標準検査→出願者全員が受検する検査）

＜標準検査の内容＞

① 学力検査（国語・社会・数学・理科・英語）

・検査時間は，１教科 50 分。

② 実技検査（音楽科，美術科で実施）

③ 面接（各高等学校で実施の有無を決定）

●学科等の専門領域における実技能力や部活動等の実績を特に重視して評価する学科（群）では，希望者に対して標準検査に加えて，独自検査を実施する。

＜独自検査の内容＞

面接，小論文，実技検査，自己表現の中から各高等学校が指定する。

選抜方法

●中学校から提出された調査書の記録及び標準検査の結果を総合的に審査し，合格者を決定する。

●調査書の評定と学力検査の結果の比率については，７：３～３：７の範囲となるよう各高等学校で決定する。

※独自検査を実施した場合には，調査書と標準検査及び独自検査の結果を総合的に審査し，入学定員の30％を上限として，合格者を決定する。

各高等学校の実施概要

本書の編集時点では，2025 年度の各高等学校の実施概要が公表されていませんので，前年度（2024 年度）実施された各高等学校の第一次選抜実施概要を，4～7 ページに掲載しています。参考情報としてご覧ください。

2．連携型の中高一貫教育校に係る入学者選抜（連携型選抜）

実 施 校　連携型高等学校（揖斐，郡上北，八百津，飛騨神岡）で実施

出願資格　連携型中学校を卒業見込みの者で，各連携型高等学校長が定める中高連携した教育活動の記録を提出できる者

検査内容

●全ての連携型高等学校で実施する検査…面接

●各連携型高等学校で実施の有無を決定する検査

第一次選抜学力検査（学力検査の実施教科は各連携型高等学校で指定可），各連携型高等学校で作成する学力に関する検査，小論文の中から各連携型高等学校で選択する。

選抜方法　中学校長から提出された調査書の記録，各連携型高等学校長が定める中高連携した教育活動の記録及び実施した検査の結果を総合的に審査し，合格者を決定する。

各高等学校の実施概要

前年度（2024 年度）の実施概要を 7 ページに掲載しています。参考情報としてご覧ください。

3．第二次選抜

実 施 校　第一次選抜・連携型選抜の合格者数に帰国生徒等に係る入学者の選抜及び外国人生徒等に係る入学者の選抜における合格者数を加えた数が，入学定員に満たない学科(群)

検査内容
- 全ての高等学校で実施する検査…面接
- 各高等学校で実施の有無を決定する検査

　学力検査（実施教科は国語，数学，英語から各高等学校で指定可），小論文を実施する高等学校もある。(音楽科，美術科では実技検査を実施)

選抜方法　中学校長から提出された調査書の記録，実施した検査の結果を総合的に審査し，合格者を決定する。

4．日　　程

第一次選抜・連携型選抜

- 検 査 期 日：2025 年 3 月 5 日(水)
  一部の高等学校では 6 日(木)にも実施。
- 追検査期日：2025 年 3 月11日(火)
  一部の高等学校では12日(水)にも実施。
- 合格発表・第二次選抜募集人員発表：2025 年 3 月14日(金)

第二次選抜
- 検 査 期 日：2025 年 3 月21日(金)
- 合 格 発 表：2025 年 3 月25日(火)

※出願手続きは，WEB 出願システムで行う。

2024年度公立高校第一次選抜の実施概要一覧（前年度参考）

1．「志望できる学科(群)数」は，出願の際に志望できる学科(群)数を表したものである。
2．「学力検査の傾斜配点」の欄は，理数科，グローバルビジネス科において傾斜配点を実施する場合，その教科（配点）を表したものである。
3．「区分」の欄の「Ⅰ」「Ⅱ」は，募集人員を分割して募集することを示す。「－」は分割されていないことを示す。
4．「募集人員の割合」の欄は，当該学科(群)における募集人員の入学定員に対する割合を表したものである。

学校名	学科(群)	調査書及び標準検査による選抜						独自検査を含む選抜						
		志望できる学科(群)数	調査書の評定と学力検査の結果の比率 調査書：学力検査	学力検査	面接	実技検査	学力検査の傾斜配点	区分	募集人員の割合(%)	志望できる学科(群)数	面接	小論文	実技検査	自己表現
岐阜	普通	1	3：7	国語・社会・数学・理科・英語の5教科										
岐阜北	普通	1	3：7											
長良	普通	1	3：7					－	5%	1	○			
岐山	普通	2	3：7											
	理数	2	3：7				数(130) 理(130)							
加納	普通	2	3：7											
	音楽	2[*1]	3：7			○								
	美術	2[*2]	3：7			○								
羽島北	普通	1	4：6					－	2%	1				○
岐阜総合学園	総合	1	5：5					Ⅰ	29%	1				○
								Ⅱ	1%	1				○
岐阜城北	生活デザイン	2	5：5					－	30%	1	○			
	総合	2	5：5					－	30%	1	○			
岐阜商業	流通ビジネス	3	5：5					－	30%	3				○
	ビジネス情報	3	5：5					－	30%	3				○
	会計	3	5：5					－	30%	3				○
	グローバルビジネス	3	5：5					－	30%	3				○
岐南工業	機械工学	3	5：5					－	30%	3	○			
	自動車工学	3	5：5					－	30%	3	○			
	電気工学	3	5：5					－	30%	3	○			
	電子工学	3	5：5					－	30%	3	○			
	建築工学	3	5：5					－	30%	3	○			
	土木工学	3	5：5					－	30%	3	○			
各務原	普通	1	4：6					－	12%	1	○			
各務原西	普通	1	3：7											
岐阜各務野	ビジネス	3	6：4					－	30%	1				○
	情報	3	6：4											
	福祉	3	6：4					－	5%	1				○
本巣松陽	普通	1	5：5					－	10%	1	○		○	
岐阜農林	動物科学	3	5：5					－	30%	3	○			
	園芸科学	3	5：5					－	30%	3	○			
	食品科学	3	5：5					－	30%	3	○			
	流通科学	3	5：5					－	30%	3	○			
	生物工学	3	5：5					－	30%	3	○			
	森林科学	3	5：5					－	30%	3	○			
	環境科学	3	5：5					－	30%	3	○			

＊1　音楽科を第１志望とするとき，美術科を第２志望とすることはできない。
＊2　美術科を第１志望とするとき，音楽科を第２志望とすることはできない。

学校名	学科(群)	調査書及び標準検査による選抜						独自検査を含む選抜						
		志望できる学科(群)数	調査書の評定と学力検査の結果の比率 調査書：学力検査	学力検査	面接	実技検査	学力検査の傾斜配点	区分	募集人員の割合(%)	志望できる学科(群)数	面接	小論文	実技検査	自己表現
山県	普通	1	7：3	国語・社会・数学・理科・英語の5教科	○									
羽島	普通	1	7：3					－	15%	1	○			
岐阜工業	航空・機械工学科群	3	5：5					Ⅰ	20%	3			○	
								Ⅱ	10%	3	○			
	電気・電子工学科群	3	5：5					Ⅰ	20%	3			○	
								Ⅱ	10%	3	○			
	建設・デザイン工学科群	3	5：5					Ⅰ	20%	3			○	
								Ⅱ	10%	3	○			
	化学・設備工学科群	3	5：5					Ⅰ	20%	3			○	
								Ⅱ	10%	3	○			
揖斐	普通	2	5：5		○			－	20%	1	○			
	生活デザイン	2	5：5		○			－	5%	1	○			
池田	普通	1	6：4					Ⅰ	16%	1				○
								Ⅱ	5%	1				○
大垣北	普通	1	3：7											
大垣南	普通	1	4：6					Ⅰ	2.8%	1				○
								Ⅱ	1.4%	1				○
大垣東	普通	2	3：7					－	2%	1			○	
	理数	2	3：7				数(130) 理(130)							
大垣西	普通	1	4：6					－	12%	1				○
大垣養老	食の農学科群	3	5：5					－	30%	3	○			
	緑の農学科群	3	5：5					－	30%	3	○			
	総合	3	5：5					－	30%	3	○			
大垣商業	ビジネス	2	5：5					－	30%	2				○
	ビジネス情報	2	5：5					－	30%	2				○
大垣工業	機械工学科群	3	5：5					－	30%	2	○			
	電気・電子工学科群	3	5：5					－	30%	2	○			
	建設工学科群	3	5：5					－	30%	2	○			
	化学技術工学	3	5：5					－	30%	2	○			
大垣桜	服飾デザイン	3	5：5											
	食物	3	5：5											
	生活デザイン	3	5：5											
	福祉	3	5：5											
不破	普通	1	6：4		○			－	10%	1				○
海津明誠	普通	3	5：5					－	30%	1				○
	ビジネス情報	3	5：5					－	30%	1				○
	生活デザイン	3	5：5					－	30%	1				○
郡上北	普通	1	6：4					－	10%	1				○
郡上	普通	2	4：6					－	15%	1	○			
	総合農業学科群	2	4：6					－	30%	1	○			
武義	普通	2	5：5					－	10%	1	○			
	ビジネス情報	2	5：5					－	30%	1	○			
関有知	普通	2	5：5					－	20%	1	○			○
	生活デザイン	2	5：5											
関	普通	1	4：6											

学校名	学科(群)	調査書及び標準検査による選抜						独自検査を含む選抜						
		志望できる学科(群)数	調査書の評定と学力検査の結果の比率 調査書：学力検査	学力検査	面接	実技検査	学力検査の傾斜配点	区分	募集人員の割合(%)	志望できる学科(群)数	面接	小論文	実技検査	自己表現
加茂	普通	2	4 : 6	国語・社会・数学・理科・英語の5教科										
	理数	2	4 : 6					－	10%	1	○			
加茂農林	食品科学	3	5 : 5					－	25%	2				○
	園芸流通	3	5 : 5					－	25%	2				○
	環境デザイン	3	5 : 5					－	25%	2				○
	森林科学	3	5 : 5					－	25%	2				○
	生産科学	3	5 : 5					－	25%	2				○
八百津	普通	1	6 : 4		○									
東濃	普通	1	5 : 5											
東濃実業	ビジネス	3	5 : 5					－	30%	3				○
	ビジネス情報	3	5 : 5					－	30%	3				○
	生活デザイン	3	5 : 5					－	30%	3				○
可児	普通	1	4 : 6											
可児工業	機械工学	3	5 : 5					－	30%	3				○
	電気工学	3	5 : 5					－	30%	3				○
	建設工学科群	3	5 : 5					－	30%	3				○
	化学技術工学	3	5 : 5					－	30%	3				○
多治見	普通	1	4 : 6											
多治見北	普通	1	4 : 6											
多治見工業	電子機械工学	3	5 : 5					－	30%	2	○			
	電気工学	3	5 : 5					－	30%	2	○			
	産業デザイン工学	3	5 : 5					－	30%	2	○			
	セラミック工学	3	5 : 5					－	30%	2	○			
瑞浪	普通	2	5 : 5		○									
	生活デザイン	2	5 : 5		○									
土岐紅陵	総合	1	7 : 3					Ⅰ	28%	1				○
								Ⅱ	2%	1				○
土岐商業	ビジネス	2	5 : 5					－	30%	2				○
	ビジネス情報	2	5 : 5					－	20%	2				○
恵那	普通	2	4 : 6											
	理数	2	4 : 6											
恵那南	総合	1	5 : 5											
恵那農業	食の農学科群	2	5 : 5					－	10%	2	○			
	花と緑の農学科群	2	5 : 5					－	10%	2	○			
中津	普通	1	5 : 5											
坂下	地域探究	2	5 : 5		○			－	20%	1	○			
	福祉	2	5 : 5		○									
中津商業	ビジネス	2	5 : 5					－	30%	2				○
	ビジネス情報	2	5 : 5					－	30%	2				○
中津川工業	機械工学科群	3	5 : 5					－	30%	2	○			
	電気工学	3	5 : 5					－	30%	2	○			
	建設工学科群	3	5 : 5					－	30%	2	○			
益田清風	普通	3	5 : 5					－	15%	1	○			
	ビジネス情報	3	5 : 5					－	30%	1	○			
	総合	3	5 : 5					－	30%	1	○			

学校名	学科(群)	調査書及び標準検査による選抜						独自検査を含む選抜						
		志望できる学科(群)数	調査書の評定と学力検査の結果の比率 調査書：学力検査	学力検査	面接	実技検査	学力検査の傾斜配点	区分	募集人員の割合(%)	志望できる学科(群)数	面接	小論文	実技検査	自己表現
斐太	普通	1	4：6	国語・社会・数学・理科・英語の5教科										
飛騨高山	普通	3	5：5					−	30%	1	○			
	食の農学科群	3	5：5					−	30%	1	○			
	緑の農学科群	3	5：5					−	30%	1	○			
	ビジネス	3	5：5					−	30%	1	○			
	ビジネス情報	3	5：5					−	30%	1	○			
	生活デザイン	3	5：5					−	30%	1	○			
高山工業	機械工学	3	5：5											
	電子機械工学	3	5：5											
	電気工学	3	5：5											
	建築インテリア工学	3	5：5											
吉城	普通	2	6：4		○			−	25%	1				○
	理数	2	4：6		○									
飛騨神岡	総合	1	6：4		○			−	15%	1	○			
市立岐阜商業	ビジネス情報	2	5：5					−	30%	2				○
	ビジネス	2	5：5					−	30%	2				○
関商工	機械	3	5：5					−	30%	3				○
	建設工学	3	5：5					−	30%	3				○
	電子機械	3	5：5					−	30%	3				○
	総合ビジネス	3	5：5					−	30%	1				○

【全日制　連携型選抜】

学校名	学科	面接	第一次選抜学力検査					連携型高等学校で作成する学力に関する検査	小論文
			国語	数学	英語	理科	社会		
揖斐	普通	出願者全員に実施	○	○	○	○	○		
	生活デザイン		○	○	○	○	○		
郡上北	普通		○	○	○				
八百津	普通		○	○	○				
飛騨神岡	総合		○	○	○	○	○		

2024年度第一次・連携型選抜 募集人員と変更後出願状況

※ 各学科(群)の募集人員には，独自検査を含む選抜及び連携型選抜の募集人員を含む。
※ 各学科(群)の出願者数には，独自検査を含む選抜の選定者数及び連携型選抜の出願者数を含む。
※ 独自検査を含む選抜を実施する学科(群)については，下段に独自検査を含む選抜の区分，募集人員，選定者数，倍率を示した。
※ 募集人員の欄の「Ⅰ」「Ⅱ」は独自検査を含む選抜の区分を示している。区分がない場合は「－」で示した。なお，独自検査を含む選抜の募集人員は，合格者数の上限を示したものである。
※「連携」は連携型選抜の出願者数を示している。なお，募集人員は入学定員である。

学校名	学科(群)	募集人員		出願者数	倍率
岐阜	普通		360	410	1.14
岐阜北	普通		360	391	1.09
長良	普通		360	401	1.11
		—	18	26	1.44
岐山	普通		240	291	1.21
	理数		80	69	0.86
加納	普通		280	303	1.08
	音楽		40	15	0.38
	美術		40	55	1.38
羽島北	普通		240	296	1.23
		—	5	3	0.60
岐阜総合学園	総合		280	318	1.14
		Ⅰ	82	94	1.15
		Ⅱ	2	1	0.50
岐阜城北	生活デザイン		80	66	0.83
		—	24	3	0.13
	総合		120	126	1.05
		—	36	27	0.75
岐阜商業	流通ビジネス		160	166	1.04
		—	48	83	1.73
	ビジネス情報		80	98	1.23
		—	24	20	0.83
	会計		80	89	1.11
		—	24	25	1.04
	グローバルビジネス		40	48	1.20
		—	12	14	1.17
岐南工業	機械工学		80	59	0.74
		—	24	11	0.46
	自動車工学		40	44	1.10
		—	12	7	0.58
	電気工学		40	31	0.78
		—	12	2	0.17
	電子工学		40	31	0.78
		—	12	2	0.17
	建築工学		40	35	0.88
		—	12	1	0.08
	土木工学		40	31	0.78
		—	12	7	0.58
各務原	普通		200	186	0.93
		—	24	16	0.67
各務原西	普通		280	306	1.09
岐阜各務野	ビジネス		120	114	0.95
		—	36	27	0.75
	情報		80	88	1.10
	福祉		40	35	0.88
		—	2	0	0.00

学校名	学科(群)	募集人員		出願者数	倍率
本巣松陽	普通		200	220	1.10
		—	20	6	0.30
岐阜農林	動物科学		40	47	1.18
		—	12	6	0.50
	園芸科学		40	42	1.05
		—	12	5	0.42
	食品科学		40	41	1.03
		—	12	8	0.67
	流通科学		40	43	1.08
		—	12	16	1.33
	生物工学		40	39	0.98
		—	12	4	0.33
	森林科学		40	37	0.93
		—	12	8	0.67
	環境科学		40	41	1.03
		—	12	11	0.92
山県	普通		105	67	0.64
羽島	普通		160	148	0.93
		—	24	4	0.17
岐阜工業	航空・機械工学科群		110	101	0.92
		Ⅰ	22	25	1.14
		Ⅱ	11	2	0.18
	電気・電子工学科群		70	71	1.01
		Ⅰ	14	12	0.86
		Ⅱ	7	0	0.00
	建設・デザイン工学科群		70	89	1.27
		Ⅰ	14	10	0.71
		Ⅱ	7	3	0.43
	化学・設備工学科群		70	68	0.97
		Ⅰ	14	19	1.36
		Ⅱ	7	3	0.43
揖斐	普通		60	54	0.90
		—	12	5	0.42
		連携	−	9	−
	生活デザイン		60	46	0.77
		—	3	0	0.00
		連携	−	8	−
池田	普通		120	120	1.00
		Ⅰ	20	5	0.25
		Ⅱ	6	0	0.00
大垣北	普通		320	345	1.08
大垣南	普通		240	249	1.04
		Ⅰ	7	5	0.71
		Ⅱ	3	0	0.00
大垣東	普通		240	284	1.18
		—	5	4	0.80
	理数		40	35	0.88

学校名	学科(群)	募集人員		出願者数	倍率
大垣西	普通		200	181	0.91
		—	24	22	0.92
大垣養老	食の農学科群		60	57	0.95
		—	18	9	0.50
	緑の農学科群		60	52	0.87
		—	18	14	0.78
	総合		120	126	1.05
		—	36	19	0.53
大垣商業	ビジネス		240	256	1.07
		—	72	90	1.25
	ビジネス情報		40	47	1.18
		—	12	2	0.17
大垣工業	機械工学科群		105	90	0.86
		—	31	28	0.90
	電気・電子工学科群		105	92	0.88
		—	31	15	0.48
	建設工学科群		40	39	0.98
		—	12	8	0.67
	化学技術工学		30	23	0.77
		—	9	5	0.56
大垣桜	服飾デザイン		40	35	0.88
	食物		40	48	1.20
	生活デザイン		80	80	1.00
	福祉		40	38	0.95
不破	普通		120	73	0.61
		—	12	0	0.00
海津明誠	普通		90	39	0.43
		—	27	1	0.04
	ビジネス情報		40	27	0.68
		—	12	8	0.67
	生活デザイン		30	19	0.63
		—	9	0	0.00
郡上北	普通		105	83	0.79
		—	11	0	0.00
		連携	－	54	—
郡上	普通		120	94	0.78
		—	18	2	0.11
	総合農業学科群		60	54	0.90
		—	18	12	0.67
武義	普通		120	107	0.89
		—	12	9	0.75
	ビジネス情報		60	57	0.95
		—	18	12	0.67
関有知	普通		105	111	1.06
		—	21	11	0.52
	生活デザイン		35	36	1.03
関	普通		280	277	0.99
加茂	普通		240	252	1.05
	理数		40	22	0.55
		—	4	0	0.00

学校名	学科(群)	募集人員		出願者数	倍率
加茂農林	食品科学		40	44	1.10
		—	10	3	0.30
	園芸流通		40	38	0.95
		—	10	6	0.60
	環境デザイン		40	40	1.00
		—	10	6	0.60
	森林科学		40	35	0.88
		—	10	5	0.50
	生産科学		40	56	1.40
		—	10	5	0.50
八百津	普通		105	89	0.85
		連携	－	14	—
東濃	普通		120	100	0.83
東濃実業	ビジネス		60	64	1.07
		—	18	10	0.56
	ビジネス情報		60	63	1.05
		—	18	10	0.56
	生活デザイン		80	69	0.86
		—	24	8	0.33
可児	普通		240	221	0.92
可児工業	機械工学		60	48	0.80
		—	18	10	0.56
	電気工学		35	30	0.86
		—	10	3	0.30
	建設工学科群		35	40	1.14
		—	10	6	0.60
	化学技術工学		30	25	0.83
		—	9	3	0.33
多治見	普通		200	168	0.84
多治見北	普通		240	229	0.95
多治見工業	電子機械工学		40	45	1.13
		—	12	1	0.08
	電気工学		40	46	1.15
		—	12	15	1.25
	産業デザイン工学		40	40	1.00
		—	12	1	0.08
	セラミック工学		40	34	0.85
		—	12	8	0.67
瑞浪	普通		80	56	0.70
	生活デザイン		60	51	0.85
土岐紅陵	総合		90	99	1.10
		Ⅰ	25	18	0.72
		Ⅱ	2	4	2.00
土岐商業	ビジネス		120	123	1.03
		—	36	37	1.03
	ビジネス情報		40	34	0.85
		—	8	7	0.88
恵那	普通		120	112	0.93
	理数		80	112	1.40
恵那南	総合		60	46	0.77
恵那農業	食の農学科群		70	75	1.07
		—	7	1	0.14
	花と緑の農学科群		70	60	0.86
		—	7	3	0.43

学校名	学科(群)	募集人員		出願者数	倍率
中　津	普　　通		200	155	0.78
坂　下	地域探究		40	38	0.95
		一	8	1	0.13
	福　　祉		20	5	0.25
中津商業	ビジネス		105	87	0.83
		一	31	19	0.61
	ビジネス情報		35	26	0.74
		一	10	2	0.20
中津川工業	機械工学科群		80	66	0.83
		一	24	6	0.25
	電気工学		40	34	0.85
		一	12	6	0.50
	建設工学科群		40	29	0.73
		一	12	8	0.67
益田清風	普　　通		80	56	0.70
		一	12	1	0.08
	ビジネス情報		40	32	0.80
		一	12	0	0.00
	総　　合		80	68	0.85
		一	24	3	0.13
斐　太	普　　通		240	248	1.03
飛騨高山	普　　通		80	90	1.13
		一	24	7	0.29
	食の農学科群		50	54	1.08
		一	15	6	0.40
	緑の農学科群		50	38	0.76
		一	15	6	0.40
	ビジネス		40	36	0.90
		一	12	4	0.33
	ビジネス情報		40	48	1.20
		一	12	6	0.50
	生活デザイン		40	44	1.10
		一	12	6	0.50
高山工業	機械工学		32	26	0.81
	電子機械工学		32	30	0.94
	電気工学		32	31	0.97
	建築インテリア工学		40	30	0.75
吉　城	普　　通		90	64	0.71
		一	23	12	0.52
	理　　数		30	21	0.70
飛騨神岡	総　　合		80	45	0.56
		一	12	0	0.00
		連携	－	27	—
市立岐阜商業	ビジネス情報		40	47	1.18
		一	12	12	1.00
	ビジネス		120	129	1.08
		一	36	33	0.92
関商工	機　　械		80	77	0.96
		一	24	43	1.79
	建設工学		40	39	0.98
		一	12	14	1.17
	電子機械		40	27	0.68
		一	12	5	0.42
	総合ビジネス		120	113	0.94
		一	36	32	0.89

❖傾向と対策〈数学〉

出題傾向

		数と式							方程式						関数					図形								資料の活用	
		数の計算	数の性質	平方根の計算	平方根の性質	文字式の利用	式の計算	式の展開・因数分解	一次方程式の計算	一次方程式の応用	連立方程式の計算	連立方程式の応用	二次方程式の計算	二次方程式の応用	比例・反比例	一次関数	関数$y=ax^2$	いろいろな事象と関数	関数と図形	図形の性質	平面図形の計量	空間図形の計量	図形の証明	作図	中3単元 相似	中3単元 三平方の定理	中3単元 円周角の定理	場合の数・確率	資料の分析と活用・標本調査
2024年度	第一次選抜	○		○			○			○					○			○			○	○	○		○	○	○	○	○
2023年度	第一次選抜	○		○		○	○							○			○	○			○		○	○	○		○	○	○
2022年度	第一次選抜	○		○		○	○				○			○				○			○	○	○		○	○		○	○
2021年度	第一次選抜	○			○		○						○		○			○			○	○	○			○	○	○	○
2020年度	第一次選抜	○		○		○	○							○			○	○			○		○			○		○	○

出題分析

★数と式…………数の計算，式の計算，平方根の計算などが出題されている。また，規則性と関連させた文字式の利用の問題もよく出題されている。

★方程式…………単に方程式を解く問題は少なく，解と定数についての問題や方程式を利用した文章題が中心となっており，大問として出題されることが多い。

★関　数…………いろいろな事象を関数としてとらえ，関係式をつくったり，グラフを作成したりする問題が出題されることが多い。放物線と直線のグラフに関する問題が出題される年度もあるので，幅広く学習しておきたい。

★図　形…………円の性質，三平方の定理，合同，相似などの利用が様々な題材で出題され，証明問題も毎年出題されている。また，空間図形や，小問で作図が出題される年度もある。

★資料の活用……さいころ，玉の取り出しなどを利用した確率の問題が出題されているほか，ヒストグラムや度数分布表などの資料を利用する問題も出題されている。

来年度の対策

①基本事項をマスターすること！

出題は広範囲にわたっているので，全範囲の復習をし，基本をマスターすることが大切だ。その上で，問題演習も多くこなして，苦手単元をなくしておこう。入試における出題頻度の高い問題を分析して抽出した「**ニューウイング 出題率 数学**」（英俊社）を使えば効率良く学習できる。ぜひ活用してほしい。

②図形や関数の分野に強くなること！

平面図形の応用的な問題や，いろいろな事象を関数としてとらえる問題は幅広い題材で出題されているので，様々なパターンの問題を演習しておこう。基本事項に不安のある人は，**数学の近道問題シリーズ「関数とグラフ」「図形〈1・2年分野〉」「図形〈3年分野〉」**（いずれも英俊社）を仕上げておくとよい。

英俊社のホームページにて，中学入試算数・高校入試数学の解法に関する補足事項を掲載しております。必要に応じてご参照ください。
URL ⟶ https://book.eisyun.jp/
スマホはこちら ⟶

❖傾向と対策〈英語〉

出題傾向

		放送問題	語い	音声			英文法					英作文			読解		長文問題										
																				設問の内容							
				語の発音	語のアクセント	文の区切り・強勢	語形変化	英文完成	同意文完成	指示による書きかえ	正誤判断	整序作文	和文英訳	その他の英作文	問答・応答	絵や表を見て答える問題	会話文	長文読解	長文総合	音声・語い	文法事項	英文和訳	英作文	内容把握	文の整序・挿入	英問英答	要約
2024 年度	第一次選抜	○	○									○		○			○	○	○					○	○	○	○
2023 年度	第一次選抜	○	○									○		○			○	○	○					○	○	○	○
2022 年度	第一次選抜	○	○									○		○			○	○	○					○	○	○	○
2021 年度	第一次選抜	○	○									○		○			○	○	○	○				○	○	○	
2020 年度	第一次選抜	○	○					○				○	○	○			○		○					○	○	○	

出題分析

★長文問題は様々な形式で出題されており，分量は標準的である。設問は内容把握に関するものがほとんどである。作文問題は毎年，整序作文と条件作文が出題され，条件作文はあるテーマに関する絵やメモを見ながら英文を完成させる問題が出されており，しっかりとした作文力が求められる。

★リスニングテストは短い対話を聞いてその内容に合う絵を選ぶ問題や，英文を聞いて質問に対する答えとなる英文の空所を補充する問題が出題されている。

来年度の対策

①**長文を数多く読んでおくこと！**

日頃から長文をたくさん読んで，読むスピードを身につけておこう。その際，語いや文法も正確に理解しておくように心がけよう。会話文形式の長文も出題されているので，会話の内容と流れをしっかり押さえて読んでいく練習をしよう。**英語の近道問題シリーズ**の「**長文基礎**」（英俊社）を利用するとよい。

②**リスニングに慣れておくこと！**

標準的な難易度だが，記述問題もあるので，より正確に聞き取る力が求められる。日頃からネイティブスピーカーの話す英語に慣れるように練習しておこう。

③**作文力をきたえておくこと！**

整序作文や条件作文など，作文力を必要とする問題が多い。上記シリーズの「**文の書きかえ・英作文**」（英俊社）を利用して，英作文の基礎力をつけておくとよい。

❖傾向と対策〈社会〉

出題傾向

		地理							歴史							公民										融合問題
		世界地理			日本地理			世界地理・日本地理総合	日本史					世界史	日本史・世界史総合	政治				経済				国際社会	公民総合	
		全域	地域別	地図・時差（単独）	全域	地域別	地形図（単独）		原始・古代	中世	近世	近代・現代	複数の時代			人権・憲法	国会・内閣・裁判所	選挙・地方自治	総合・その他	しくみ・企業	財政・金融	社会保障・労働・人口	総合・その他			
2024 年度	第一次選抜							○					○												○	
2023 年度	第一次選抜							○					○												○	
2022 年度	第一次選抜							○					○												○	
2021 年度	第一次選抜							○					○												○	
2020 年度	第一次選抜							○					○												○	

出題分析

★**出題数と時間**　最近 5 年間の大問数は 3，小問数は 38 で一定。試験時間は 50 分なので，出題形式や内容から見ても適当な問題量といえる。

★出題形式　選択式・記述式の他，各分野に必ず１問は短文記述による説明が求められていることが特徴。作図の問題が出題されることもある。

★出題内容　**①地理的内容について**

日本地理・世界地理とも毎年出題されている。地図・グラフを使った出題が必ずあり，統計を利用した問題も出題率が高いので対策を立てておこう。

②歴史的内容について

日本史を中心に，あるテーマに沿って古代から現代までかたよりなく問われる。年表や写真を使った出題が多いことが特徴。世界史については，日本史と関連する内容をおさえておきたい。

③公民的内容について

政治を中心に経済・国際関係・時事問題について，総合的に出題されている。日本国憲法の内容といった基本的な問題以外にも短文説明問題や統計読解の問題などさまざまな角度から出題されるので応用力をつけておこう。

★難 易 度　全体的に標準的なレベルだが，簡潔な短文記述は慣れておかないと得点には結びつかないので練習を欠かさずに。

来年度の対策

①地形図，雨温図，地図，グラフなどを使って学習しておくこと！

地理的分野では教科書の内容だけでなく，地図帳・資料集などを利用し，広くていねいな学習を心がけること。

②人物や代表的な事件について年代とともにまとめておくこと！

年代順や同時代の出来事などを問う問題に対して，年表を作成・利用し，事項の整理をしておくことが大切。また，教科書や資料集にある写真や史料にも必ず目を通しておきたい。

③時事問題にも関心を持とう！

地理・公民分野では，最近話題になっていることを意識した問題も見られる。また，数値などのデータを読み取る練習も重ねておこう。

④標準的な問題に対するミスをなくすことが大切だ！

教科書を中心に基礎的な事項を整理し，さらに問題集を利用して知識の確認を進めよう。「**社会の近道問題シリーズ**（全４冊）」（英俊社）で苦手な部分を集中的に学習し，最後に，「**ニューウイング 出題率 社会**」（英俊社）を使ってもらいたい。この問題集には，分野ごとの重要事項についての例題がついており，入試直前の実力の最終チェックにも役立つ。

❖傾向と対策〈理科〉

出題傾向

		物理					化学					生物					地学					環境問題
		光	音	力	電流の性質とその利用	運動とエネルギー	物質の性質	物質どうしの化学変化	酸素が関わる化学変化	いろいろな化学変化	酸・アルカリ	植物	動物	ヒトのからだのつくり	細胞・生殖・遺伝	生物のつながり	火山	地震	地層	天気とその変化	地球と宇宙	
2024 年度	第一次選抜				○	○	○		○			○			○					○	○	
2023 年度	第一次選抜				○					○				○							○	
2022 年度	第一次選抜					○			○		○					○	○		○			
2021 年度	第一次選抜			○							○	○								○		
2020 年度	第一次選抜				○		○							○							○	

出題分析

★物　理…………力，電流回路，運動とエネルギーなど，偏りなく出題されている。問題内容は基本的なものだが，図示やグラフ作成の問題が出されやすい。

★化　学…………物理と同様に，出題単元に偏りはないが，試薬や実験器具の操作についての問題がよく出題されている。また，反応の量関係などの計算が比較的出されやすい。

★生　物…………出題単元に偏りはない。他の分野に比べて，基礎的な用語についての出題が多く見られる。また，図示や計算での出題は少なく，用語記述や選択が中心となっている。

★地　学…………出題単元に偏りはない。内容は基本レベルだが，計算や短文説明など様々な形式で出題されるため，注意が必要。

全体的にみると…各分野から１題ずつ出題されている。また，各分野を組み合わせた複合形式が１題出題されている。

来年度の対策

①重要事項をまとめよう！

教科書に載っている太字の重要語句は，必ず理解しておこう。こういった重要事項は問題として出されやすい。学習の仕上げに，「**ニューウイング 出題**

率 理科」（英俊社）をやってみよう。入試でよく出題される問題を集めた問題集なので，効率よく学習できる。

②計算問題にも慣れておこう！

数は多くないが，計算問題も出題される。そのほとんどが公式や基本的な考えで解くことができる問題なので，早めに慣れておきたい。**理科の近道問題シリーズ**の「**理科計算**」（英俊社）で練習しておこう。

③短文説明に備えよう！

語句や公式などを暗記しているだけでは，短文説明の問題でつまずいてしまう。実際に覚えた知識や語句は，正確に言葉で説明できるようになっておこう。対策には，上記シリーズの「**理科記述**」（英俊社）がおすすめだ。

❖傾向と対策〈国語〉

出題傾向

		現代文の読解									国語の知識									作文		古文・漢文								
		内容把握	原因・理由	接続語	適語挿入	脱文挿入	段落の働き・論の展開	要旨・主題	心情把握・人物把握	表現把握	漢字の読み書き	漢字・熟語の知識	ことばの知識	慣用句・ことわざ・四字熟語	文法	敬語	文学史	韻文の知識	表現技法	課題作文・条件作文	短文作成・表現力	読解問題	主語・動作主把握	会話文・心中文	要旨・主題	古語の意味・口語訳	仮名遣い	文法・係り結び	返り点・書き下し文	古文・漢文・漢詩の知識
2024 年度	第一次選抜	○	○						○		○	○			○	○				○		○					○			
2023 年度	第一次選抜	○	○	○				○	○		○	○		○	○					○		○					○			
2022 年度	第一次選抜	○	○				○		○		○	○			○	○				○		○							○	○
2021 年度	第一次選抜	○	○	○					○		○				○					○		○					○			
2020 年度	第一次選抜	○			○				○		○	○			○					○	○	○					○			

【出典】

2024年度　[2]文学的文章　万城目　学「八月の御所グラウンド」
[3]論理的文章　伊藤亜紗「手の倫理」　[4]古文　「十訓抄」

2023年度　[2]文学的文章　小前　亮「星の旅人　伊能忠敬と伝説の怪魚」
[3]論理的文章　橋爪大三郎「ふしぎな社会」　[4]古文　「土佐日記」

2022年度　[2]文学的文章　村山由佳「雪のなまえ」　[3]論理的文章　岩崎武雄「哲学のすすめ」
[4]漢詩　李白「贈汪倫」

2021年度　[2]文学的文章　熊谷達也「桃子」
[3]論理的文章　波平恵美子「生きる力をさがす旅　子ども世界の文化人類学」
[4]古文　「常山紀談」

2020年度　[2]文学的文章　岡崎ひでたか「魔の海に炎たつ」
[3]論理的文章　岡本夏木「子どもとことば」　[4]古文　「沙石集」

出題分析

★現代文…………論理的文章と文学的文章が各1題出されている。内容把握，心情把握といった基本的な読解問題を中心に，品詞の識別や助動詞の用法などの文法，熟語の構成，漢字に関する問いなどの国語の知識に関する問題も出題される。

★古文・漢文……古文では説話がよく出されており，2022年度には漢詩が出題された。返り点や現代かなづかいと，内容把握について出題されている。

★漢　字…………大問で，書きとりと読みがながあわせて10題出されている。

★作　文…………資料や与えられたテーマについて，自分の考えを具体的な理由と合わせて120～180字で書く問題が出されている。

来年度の対策

小問数が少ないが，本文を踏まえて20～60字程度でまとめる記述式の問題が出題されるので注意が必要。また，品詞や漢字などの国語の知識に関する問題も出題されるので，広く問題にあたっておくことが望ましい。古文の問題は一部口語訳もついており，細かい言葉の意味や口語訳の問題はないので，多くの問題にあたり，全体の話の流れをつかむ読解力をつけておきたい。また，作文への対策として文章をまとめたり，自分の意見をまとめたりする練習が重要。日頃から気になったテーマをもとに，150字前後で意見を書く練習をするとよい。

中学校で学習する内容からまんべんなく出題されるので，まず苦手分野をできるだけなくしておくことが大切。「**国語の近道問題シリーズ**（全5冊）」（英俊社）は分野ごとに1冊ずつまとまっているので，苦手分野の克服には最適だ。仕上げには，出題率の高い問題を中心に収録された「**ニューウイング 出題率 国語**」（英俊社）をぜひやっておこう。

【写真協力】 As6022014 · Wadogin · via Wikimedia · CC BY ／ As6673 · 20yen-M3 · via Wikimedia · CC BY-SA ／ As6673 · Kanei-tsuho-bun · via Wikimedia · CC BY-SA ／ Galopin commonswiki · Eiraku-Tsuho · via Wikimedia · CC BY-SA ／ Jeffrey Beall · Center pivot irrigation in Adams County, Colorado. · via Wikimedia · CC BY-SA ／ 株式会社フォトライブラリー ／ 国際連合広報センター ／ 東京書籍 ／ 東京書籍・佐賀県立九州陶磁器文化館 ／ 明るい選挙推進協議会 ／ 東京書籍

【地形図】 本書に掲載した地形図は，国土地理院発行の地形図・地勢図を使用したものです。

~MEMO~

~MEMO~

~MEMO~

岐阜県公立高等学校
(第一次選抜)

2024年度
入学試験問題

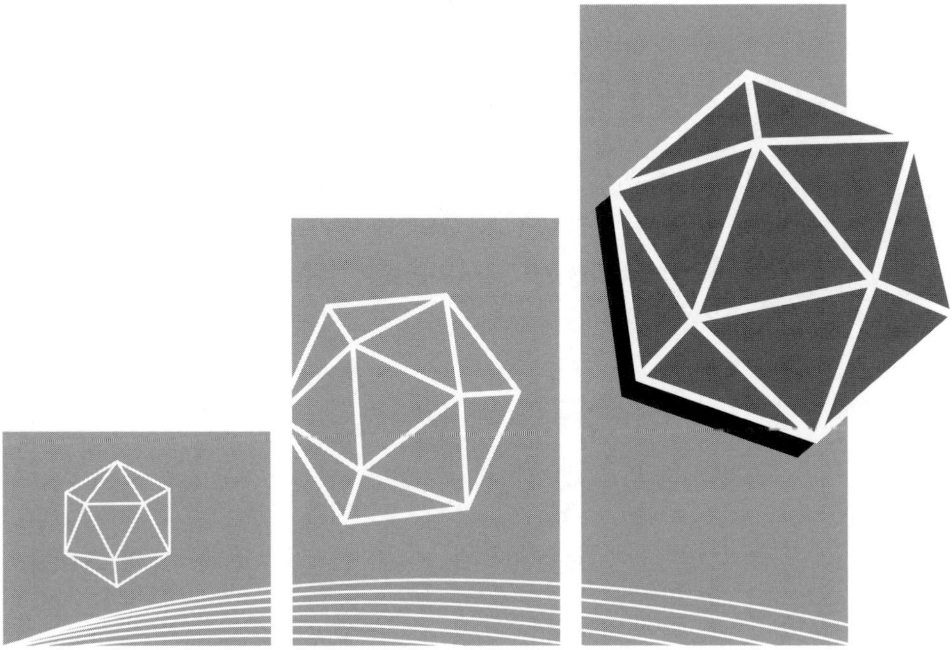

数学

時間　50分　　　満点　100点

(注)　答えに根号が含まれる場合は，根号を用いて書きなさい。
円周率は，π を用いなさい。

1　次の(1)～(6)の問いに答えなさい。

(1)　$8 + (-4) \div 2$ を計算しなさい。(　　　)

(2)　$3x + y - 2(x - 3y)$ を計算しなさい。(　　　)

(3)　$\sqrt{3} + \dfrac{9}{\sqrt{3}}$ を計算しなさい。(　　　)

(4)　y が x に反比例し，$x = -6$ のとき $y = 10$ である。$x = -3$ のときの y の値を求めなさい。
(　　　)

(5)　ある店で，8月の31日間，毎日ケーキとプリンが売られていた。下の図は，ケーキとプリンが8月の各日に売れた個数について，それぞれのデータの分布の様子を箱ひげ図に表したものである。この図から読み取れることとして正しいものを，ア～エから全て選び，符号で書きなさい。
(　　　)

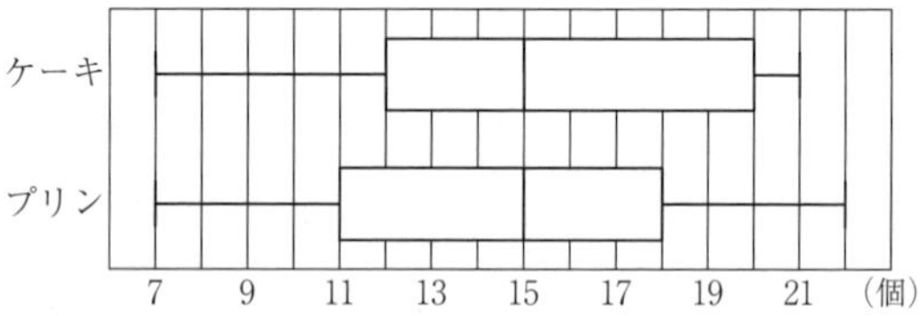

ア　ケーキとプリンでは，最大値が同じである。
イ　ケーキとプリンでは，中央値が同じである。
ウ　ケーキとプリンでは，プリンのほうが四分位範囲は大きい。
エ　ケーキとプリンでは，ケーキのほうが19個以上売れた日は多い。

(6)　右の図は，2つの半径OA，OBと$\overset{\frown}{AB}$で囲まれたおうぎ形と，長方形OBCDを組み合わせた図形である。この図形を，直線ADを軸として1回転させてできる立体の体積を求めなさい。(　　　cm^3)

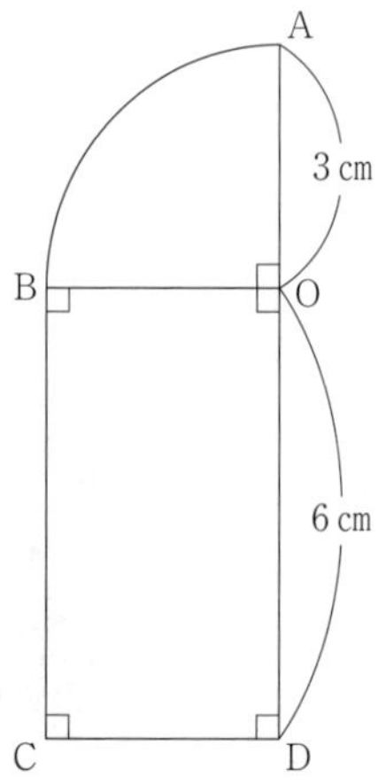

[2]　あるパーティー会場にテーブルが何台かある。これらを全て使い，パーティーの全ての参加者をテーブルごとに分けて座らせたい。いま，参加者をテーブルごとに6人ずつ分けると，テーブルが不足し，8人が座れない。

次の(1)，(2)の問いに答えなさい。

(1)　パーティー会場にあるテーブルの台数をx台とするとき，参加者の人数をxを使った式で表しなさい。(　　　人)

(2)　参加者をテーブルごとに7人ずつ分けると，テーブルは2台余るが，全ての参加者が7人ずつ座れる。

(ア)　パーティー会場にあるテーブルは全部で何台かを求めなさい。(　　　台)

(イ)　パーティー会場にあるテーブルを全て使い，全ての参加者をテーブルごとに6人か7人のどちらかに分けるとすると，6人のテーブルは全部で何台になるかを求めなさい。(　　　台)

[3]　右の図のような正三角形ABCがあり，点Pは頂点Aの位置にある。また，0から4までの数字が1つずつ書かれた5枚のカード[0][1][2][3][4]が，袋の中に入っている。

次の操作を2回行う。

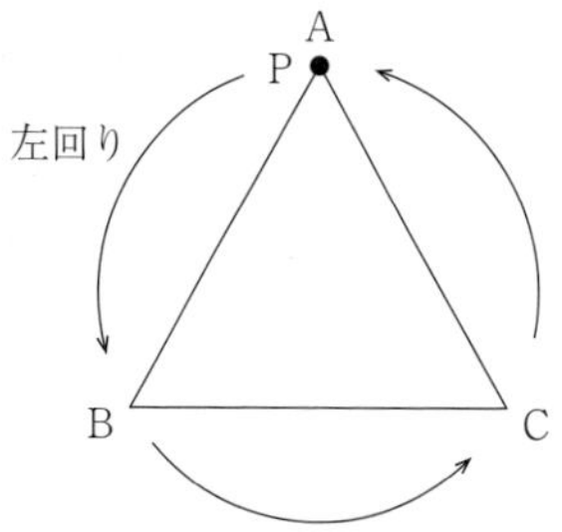

【操作】

袋からカードを1枚取り出し，そのカードに書かれた数字の回数だけ，Pを正三角形の頂点から頂点へ左回りに移動させる。Pを移動させた後，取り出したカードを袋に戻す。

例えば，1回目に[2]のカードを，2回目に[0]のカードを取り出したとき，1回目の操作後にPは頂点Cにあり，2回目の操作後もPは頂点Cにある。

次の(1)～(3)の問いに答えなさい。

(1)　1回目の操作後にPが頂点Aにある確率を求めなさい。(　　　)

(2)　1回目の操作後にPが頂点Aにあり，2回目の操作後もPが頂点Aにある確率を求めなさい。

(　　　)

(3)　2回目の操作後にPが頂点Aにある確率を求めなさい。(　　　)

4　右の図1のように，P駅があり，P駅から東に向かうまっすぐな線路がある。また，P駅には，車両全体の長さが160mの電車が停車しており，図2のように，電車の先頭部分は地点Aにある。電車は，P駅を出発してから20秒間は次第に速さを増していき，その後はP駅を出発してから40秒後まで一定の速さで走行する。電車がP駅を出発してからx秒後の地点Aから電車の先頭部分までの距離をymとすると，xとyの関係は下の表のようになり，$0 \leqq x \leqq 20$の範囲では，xとyの関係は$y = ax^2$で表されるという。

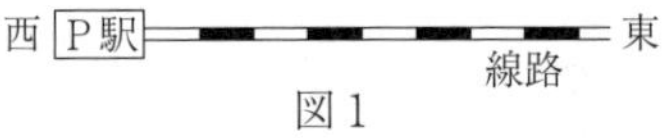

図1

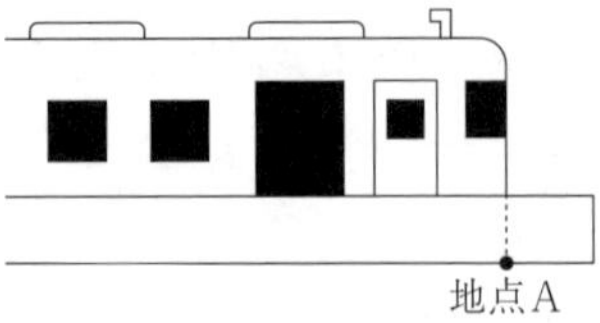

図2

x(秒)	0	10	20	30	40
y(m)	0	ア	200	400	イ

次の(1)～(5)の問いに答えなさい。

(1)　aの値を求めなさい。(　　　)

(2)　表中のア，イに当てはまる数を求めなさい。ア(　　　)　イ(　　　)

(3)　xの変域を$20 \leqq x \leqq 40$とするとき，yをxの式で表しなさい。(　　　)

(4)　xとyの関係を表すグラフをかきなさい。$(0 \leqq x \leqq 40)$

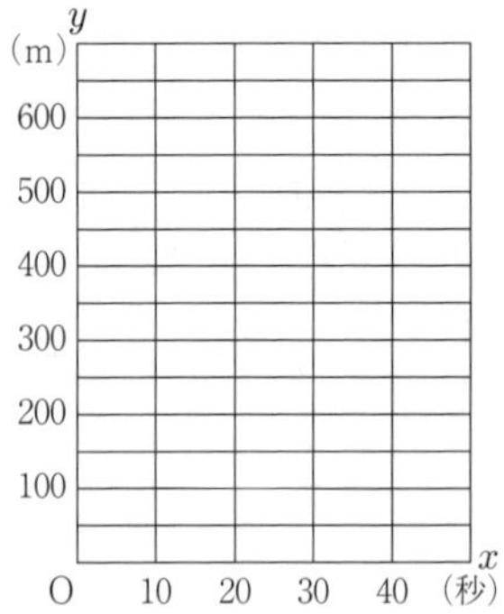

(5)　線路と平行な道路がある。太郎さんは，はじめ，道路上で，電車の先頭部分と並ぶ位置にいた。電車がP駅を出発すると同時に太郎さんも走り始め，この道路を東に向かって一定の速さで走った。太郎さんは，走り始めた直後は電車より前方を走っていたが，走り始めてから10秒後に電車の先頭部分に追いつかれた。その後，太郎さんの横を電車が通り過ぎていき，やがて太郎さんは電車に完全に追い越された。太郎さんが電車に完全に追い越されたのは，電車がP駅を出発してから何秒後であったかを求めなさい。(　　　秒後)

5　右の図で，四角形ABCDは平行四辺形であり，∠BADの二等分線と辺CD，辺BCを延長した直線との交点をそれぞれE，Fとする。また，点Gは線分AF上の点で，∠ABG＝∠CBEである。

次の(1)，(2)の問いに答えなさい。

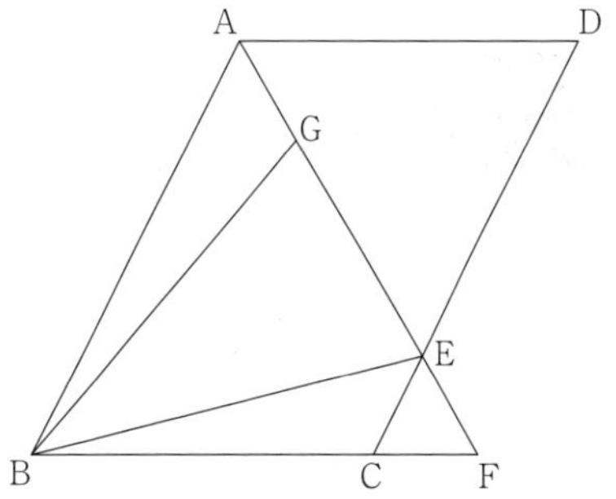

(1)　△ABG≡△FBEであることを証明しなさい。

(　　　　　　　　　　　　　　　　　　　　)

(2)　AB＝5cm，BC＝4cmのとき，

(ア)　AEの長さは，EFの長さの何倍であるかを求めなさい。(　　　倍)

(イ)　平行四辺形ABCDの面積は，△BEGの面積の何倍であるかを求めなさい。(　　　倍)

6　右の図のように，平面上に座標軸，原点O，点A(10，0)がある。この平面上に，x座標が1以上10以下の整数で，y座標が1以上8以下の整数である点Pをとり，OとA，AとP，PとOをそれぞれ結び，△OAPをつくる。

次の(1)～(3)の問いに答えなさい。

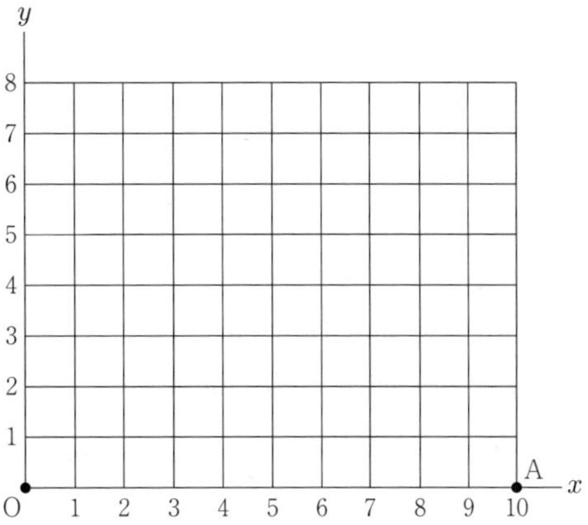

(1)　Pのとり方は，全部で何通りあるかを求めなさい。(　　　通り)

(2)　次の文章は，△OAPが直角三角形となるPのとり方について，花子さんが考えたことをまとめたものである。ア～エにそれぞれ当てはまる数を書きなさい。

ア(　　　)　イ(　　　)　ウ(　　　)　エ(　　　)

> △OAPの内角のうち，直角となるものに着目して，次の3つの場合に分けて考える。
>
> ①　∠OAP＝90°となるPのとり方は，全部で［ア］通りある。
>
> ②　∠AOP＝90°となるPのとり方は，ない。
>
> ③　∠OPA＝90°となるPのとり方は，点(5，［イ］)，点(1，［ウ］)など，全部で［エ］通りある。

(3)　△OAPの内角が全て鋭角となるPのとり方は，全部で何通りあるかを求めなさい。

(　　　通り)

英語

時間　50分　　　　満点　100点

（編集部注）放送問題の放送原稿は英語の末尾に掲載しています。
音声の再生についてはもくじをご覧ください。

1 放送を聞いて答える問題

1　これから短い英文を読みます。英文は(1)～(5)まで5つあります。それぞれの英文を読む前に，日本語で内容に関する質問をします。その質問に対する答えとして最も適切なものを，ア～エから1つずつ選び，符号で書きなさい。なお，英文は，(1)～(3)は1回ずつ，(4)，(5)は2回ずつ読みます。(1)(　　　)　(2)(　　　)　(3)(　　　)　(4)(　　　)　(5)(　　　)

(1)

(2)
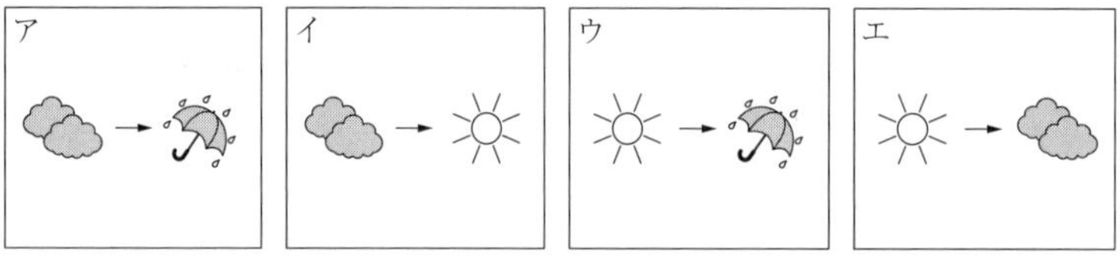

(3)　ア　four times a week　　イ　from 4 p.m.　　ウ　since last year.
エ　with many members.

(4)

	Maki and Sam will clean ...	Maki and Sam will meet at ...	Maki and Sam will bring ...
ア	Green Park	9:00 a.m.	plastic bags
イ	their school	9:00 a.m.	a cap and drinks
ウ	their school	8:45 a.m.	plastic bags
エ	Green Park	8:45 a.m.	a cap and drinks

(5)　ア　The music club members have held many concerts for the students this year.
イ　The music club members will sing songs which are popular among young people.
ウ　The students have to go to the gym after 5 p.m. if they want to enjoy the concert.
エ　The students have to practice the guitar hard if they want to join the music club.

2　これから読む英文は，中学生の健（Ken）が，学校新聞を作るために，動物園で働いているブラウンさん（Ms. Brown）にインタビューをしているときのものです。この英文を聞いて，(1)，(2)の問いに答えなさい。なお，英文は2回読みます。

英文を聞く前に，まず，(1)，(2)の問いを読みなさい。

(1)　次の①～③に対する答えを，健とブラウンさんの話の内容に即して完成させるとき，(　　)に入る最も適切な英語を，1語書きなさい。

① Who often took Ms. Brown to the zoo when she was small?

答え Her ( ) often took her to the zoo.

② What did Ms. Brown do for Taro when he was a baby?

答え She played with him in the water and ( ) with him at night.

③ According to Ms. Brown, why is it good for the students to go to the zoo?

答え Because they can find many ( ) animal facts that they can't learn from books or TV.

(2) 健とブラウンさんの話の内容に合っているものを，ア〜エから１つ選び，符号で書きなさい。

( )

ア Ms. Brown became a big fan of elephants after she started working in the zoo.

イ Ms. Brown found that Taro's mother gave Taro milk well when he was born.

ウ Ms. Brown said that giving baby elephants milk from a bottle is easy.

エ Ms. Brown was happy when Taro started drinking a lot of milk from a bottle.

2　次の1～3の問いに答えなさい。

1　次の会話の（　　）に入る最も適切な英語を，1語書きなさい。ただし，（　　）内に示されている文字で書き始め，その文字も含めて答えること。（　　　）

Kumi:　Hello. My name is Tanaka Kumi.

Josh:　Hi. I'm Joshua Santos. Please（c　　）me Josh.

Kumi:　OK. Nice to meet you, Josh.

2　次の英文は，ジョーンズ先生（Mr. Jones）から英語部の部員への連絡です。質問の答えとして最も適切なものを，ア～エから1つ選び，符号で書きなさい。（　　　）

My friend, Lucy White, will come to Japan from the U.K. next month. She plans to stay for a week. During her stay, she will visit this club. She is interested in Asian languages and wants you to teach her simple Japanese. She also wants you to learn about her country, so she will show you some pictures of the U.K. I hope you will have a good time.

What does Mr. Jones say about Ms. White?

ア　She wants the students to show pictures.　　イ　She wants to learn easy Japanese.

ウ　She will be in Japan for a month.　　エ　She will show pictures taken in Japan.

3　次の掲示物と会話を読んで，(1)，(2)の質問の答えとして最も適切なものを，ア～エから1つずつ選び，符号で書きなさい。

Sakura Town Shogi Tournament

Group	Shogi Level	Fee (yen)
A	Very High	2,000
B	High	1,000
C	Middle	600
D	Low	300

【Information】
・Date：Sunday, July 21
・Time：9:00 a.m. — 5:00 p.m.
・Place：Culture Center
・Application deadline：June 21

・If you are under 18 years old, you need to pay only half of the fee.
・If you want to join the tournament, please send us an e-mail.　***sakura@***.com

Kaito:　Look at that poster about a *shogi* tournament!

Tom:　Oh, that sounds exciting. I have been playing *shogi* for five years.

Kaito:　Really? Me, too. How about joining the same group together? There are four groups. Let's join this group.

Tom:　Sure. Well, I need only 300 yen to join the tournament because of my age. You are 15 years old, too, right?

Kaito:　Yes. Oh, we have only one week before the application deadline. Let's send an e-mail soon.

（注）level：レベル　　fee：参加料　　application deadline：申込締切

(1)　Which group are Kaito and Tom going to join?（　　　）

ア　Group A　　イ　Group B　　ウ　Group C　　エ　Group D

(2)　When are Kaito and Tom talking?（　　　）

ア　On June 14　　イ　On June 21　　ウ　On June 28　　エ　On July 14

3 次の英文は，美香（Mika）が，電子書籍（e-book）と紙の書籍（printed book）について，英語の授業で発表したときのものです。1～3の問いに答えなさい。

Do you read e-books? E-books are books that you can read on digital devices such as a tablet. They have become very popular. So do you think that people will read only e-books in the future?

Graph 1

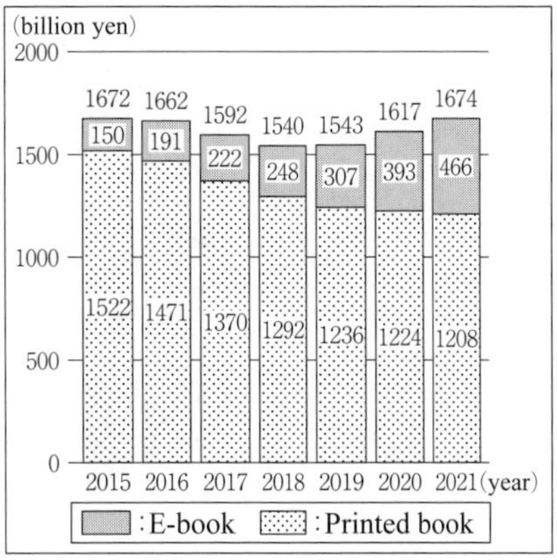

Look at Graph 1. This shows the sales of e-books and printed books in Japan from 2015 to 2021. You can see that the total sales of both books kept ① between 2015 and 2018, but they started rising from 2019. The sales of printed books kept decreasing, and in 2021 they became the ② in the seven years. On the other hand, the sales of e-books ③ increasing. In 2021, they became more than one quarter of the total sales of both books.

Actually, many kinds of books are becoming e-books today, but I found that picture books are different. One article says that most picture books are still read as printed books because they have special points. For example, children can enjoy touching books and turning their pages. They can also enjoy books of different shapes and sizes.

Then, how about the sales of picture books? Look at Graph 2. This shows the sales of picture books from 2013 to 2021. In 2013, they were 29.4 billion yen. In 2019, they decreased a little from 2017. However, they became more than 35 billion yen in 2021. According to one article, many long-selling picture books keep the sales of picture books good. In addition, many people who experienced different types of jobs became picture book artists. These new artists have been bringing unique ideas into picture books. These books are so attractive that children and even adults have become big fans of them. Because of these reasons, the sales of them got higher.

E-books are popular, but printed books have their own good points, too. So I believe printed books will still be read by many people in the future.

（注） digital device：デジタル端末　tablet：タブレット型端末　sales：売り上げ
total：合計の　on the other hand：一方で　picture book：絵本　turn：めくる
long selling：長期間売れ続けている

1 本文中の ① ～ ③ に入る英語の組み合わせとして最も適切なものを，ア～エから1つ選び，符号で書きなさい。（　　）

ア ①―decreasing ②―highest ③―stopped
イ ①―decreasing ②―lowest ③―continued
ウ ①―increasing ②―lowest ③―stopped
エ ①―increasing ②―highest ③―continued

2　本文で美香が見せた Graph 2 として最も適切なものを，ア～エから１つ選び，符号で書きなさい。(　　　)

ア
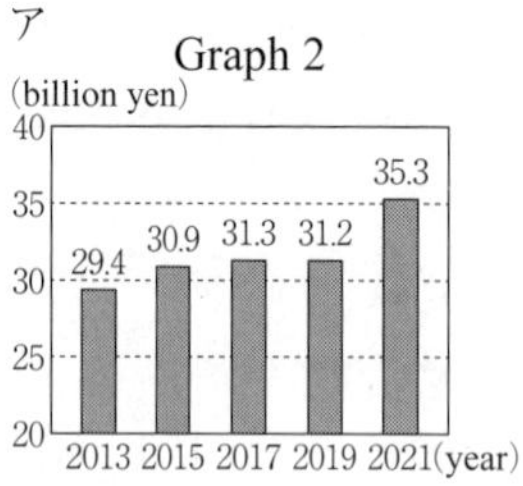

イ
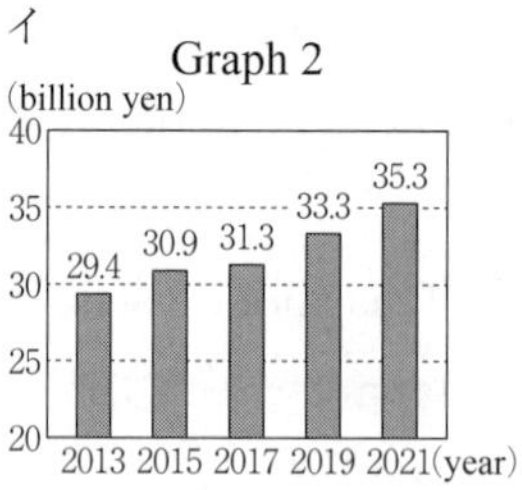

ウ
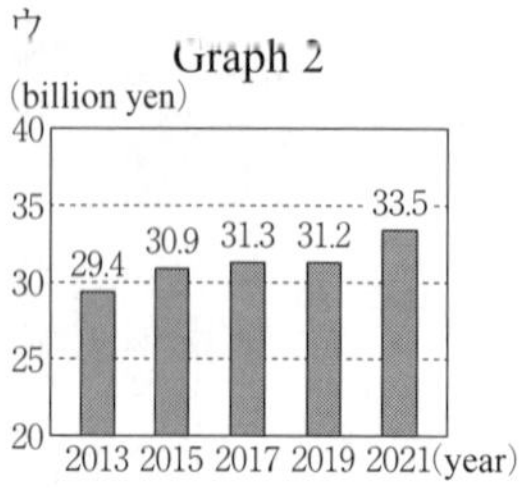

エ
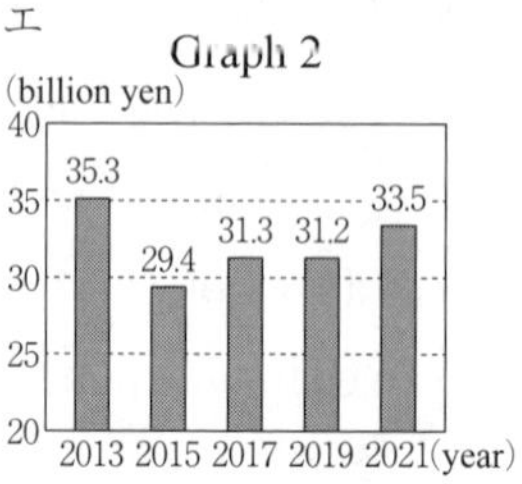

3　本文の内容に合っているものを，ア～エから１つ選び，符号で書きなさい。(　　　)

ア　Mika explains that the experience of working as a picture book artist is useful in other jobs.

イ　Mika says that new artists' attractive picture books are popular even among adults.

ウ　Mika shows that even long-selling picture books cannot keep their sales good today.

エ　Mika thinks that most people will stop reading printed books because of e-books in the future.

4 次の英文は，中学生のジョン (John)，陸 (Riku)，朝美 (Asami)，花 (Hana) が，道の駅 (roadside station) について調べ，英語の授業で発表するために話し合いをしているときのものです。1～6の問いに答えなさい。

John: Let's talk about roadside stations for our presentation. Today we are going to think about two questions: "Why were roadside stations made?" and "Why are roadside stations becoming popular?"

Riku: About the first question, I found a good article. It says that roadside stations were originally made as a place for resting along the road. Drivers used them for restrooms, drinks, and road information. In 1993, 103 places were registered as roadside stations. Then the number has been increasing for 30 years. In 2023, there were 1,209. Now Gifu has 56 roadside stations, and the number is the second largest in Japan! That made me surprised.

John: The second largest in Japan? I'm surprised to know that, too. We should show these facts first in our presentation. Let's move on to the second question.

Asami: Well, I found that some roadside stations are becoming popular because they give cultural and natural experiences to visitors. For example, at one roadside station in Gifu, visitors can experience making *soba*. I went there to do it with my family, and it was a lot of fun. At other roadside stations, visitors can enjoy picking fruits or even relax in hot springs!

John: I see. Now they are not just for resting. I think some of them have become a "destination" of a trip like an amusement park. Do you know any other reasons?

Asami: Yes. Many visitors look forward to getting special products from the area. For example, they can buy fresh fruits and vegetables. Actually, my grandmother sells vegetables at a roadside station. One day, I found her tomatoes with "POP advertising" there. Her name and smiling face were printed on it. It said, "Great tomato farmer with 35 years of experience!" I think people feel safe to see who made the products. In addition, she loves talking to people buying her tomatoes. She is happy that many people are now fans of her tomatoes. She says, "Because of the roadside station, I feel proud of my job."

John: Asami explained why roadside stations are attractive to visitors. They can enjoy cultural and natural experiences there. This should be the second point in our presentation. She also talked about the local people's feelings. It may be important to think about the value of roadside stations for the local people, too.

Hana: I agree. I visited one roadside station last Saturday and interviewed a staff member, Mr. Honda. He told me that the staff members and local people worked hard together to make the town attractive with the roadside station. They spent a long time and finally created special ice creams and jams with local milk and fruits. They also decided to sell traditional local dishes that they eat in their daily lives. He said, "I was glad that these new products and local dishes quickly got popular. But I was also glad that many people in the town were more connected and found the town's value that we didn't realize. Now we are proud of this town." It means that they discovered their town's attractive and unique points because of the roadside station. I thought this is a good point of roadside stations for the local people.

John:　That's an important point. Let's talk about it at the end of our presentation. Well, look at ① these notes. The main points of our presentation will be these three. Now we should decide the title. I think the best title to show the main idea of our presentation is "*Michi-no-Eki:* ② ." This includes all of your points. Do you agree?

〈*Riku, Asami, and Hana agree with John.*〉

John:　Thank you. I'm sure everyone will enjoy our presentation!

(注)　register：登録する　destination：目的地　POP advertising：ポップ広告　value：価値

1　朝美が，道の駅で家族と一緒に体験したことはどれか。本文で述べられているものを，ア～エから１つ選び，符号で書きなさい。(　　　)

2　右のスライドは，ジョンが本文中の下線部①で見せたメモをもとに作成し，発表の始めに話の流れを示すために使用したものである。スライドの（ X ）と（ Y ）に入る最も適切なものを，ア～エからそれぞれ１つずつ選び，符号で書きなさい。X（　　　）　Y（　　　）

Roadside Stations

1. The history and the number
2.（　X　）
3.（　Y　）

ア　Attractive things for visitors

イ　Road information for drivers

ウ　What is one good point for local people?

エ　What is one serious problem for farmers?

3　本文中の ② に入る最も適切なものを，ア～エから１つ選び，符号で書きなさい。(　　　)

ア　A place for buying, selling, and eating food from the local area

イ　A place for getting information and buying fruits and vegetables

ウ　A place for relaxing and feeling nature with family members

エ　A place for resting, having fun, and discovering the value of the area

4　次の質問に対する答えを，本文の内容に即して，英語で書きなさい。

(1)　Was Riku surprised that the number of roadside stations in Gifu is the second largest in Japan?

(　　　), he (　　　).

(2) Why did Hana think that roadside stations are good for the local people?

Because the local people discovered their town's attractive and (　　　) points that they didn't (　　　).

5 本文の内容に合っているものを，ア～オから１つ選び，符号で書きなさい。(　　　)

ア Asami explains that people can easily find cheap products because of POP advertising.

イ Asami's grandmother feels proud of her job as a farmer because of the roadside station.

ウ Hana says that Mr. Honda created some new products without spending a long time.

エ John thinks that roadside stations cannot be a destination of a trip like an amusement park.

オ Riku shows that there were over one thousand roadside stations in Japan in 1993.

6 次の英文は，ジョン，陸，朝美，花の発表を聞いたALT（外国語指導助手）が書いたコメントの一部です。(③)，(④) に入る最も適切な英語を，本文中から抜き出して１語ずつ書きなさい。ただし，(　) 内に示されている文字で書き始め，その文字も含めて答えること。

③(　　　) ④(　　　)

After your wonderful presentation, I decided to visit some roadside stations during my next vacation. You said that we can enjoy (③ c　　　) and natural experiences in the local area. It sounds like fun. By the way, people in this town often say, "We have nothing special around here." But to me, everything here is special. So it was interesting that Mr. Honda tried to make the town (④ a　　　) by using the things in the area. I hope more people here will be proud of this town.

5 次の１，２の会話について，それぞれの［　　］内の語を正しく並べかえて，英文を完成させなさい。

1 What (　　　) (　　　) (　　　) (　　　) (　　　) were a student?

2 I (　　　) (　　　) (　　　) (　　　) (　　　) practice for the speech.

1 （休み時間の教室で）

Mr. Baker: What do you want to do in the future, Misaki?

Misaki: I still don't know. What [you / your / dream / was / when] were a student?

Mr. Baker: My dream was to live in Japan. I'm happy to teach English here now.

2 （放課後の教室で）

Mike: I heard you will join the speech contest next month.

Saki: Yes. I think it will be a good experience, but I need to practice more.

Mike: You should ask Mr. Brown for help. I [he / you / help / think / will] practice for the speech.

6　次の１，２の問いに答えなさい。

１　次の(1)，(2)の会話について，□に示した〈例〉を参考にしながら，必要があれば［　］内の語を適切な形に変えたり，不足している語を補ったりして，それぞれの英文を完成させなさい。ただし，［　］内は４語以内とすること。また，文頭に来る語は，最初の文字を大文字にすること。

(1)(　　　　　　　　　　　　　　　　　　　　) there?

(2) French (　　　　　　　　　　　　) many countries as an official language now.

〈例〉（電話で）

Yumi:　Hi, Bill. [do] now?

Bill:　I'm studying math at home.　　　［答え］ What are you doing（４語）

(1)（休み時間の教室で）

Kenji:　I went to Hiroshima to see my grandmother last weekend.

Meg:　That's nice. [go] there?

Kenji:　By train and bus.

(2)（職員室で）

Rina:　I'm thinking about learning French.

Mr. White:　Nice. French [speak] many countries as an official language now.

Rina:　Wow, I see. I hope I can visit those countries in the future.

２　あなたは，英語の授業で，「映画を家で見ること」について，ALT（外国語指導助手）のグリーン先生（Mr. Green）から次のように質問をされました。グリーン先生との会話文の□に，映画を家で見ることの良い点について，あなたの考えを，次の《注意》に従って英語で書きなさい。

There are some good points about watching movies at home. For example, ______ ______

______ ______ ______ ______ ______ ______ ______ ______ ______ ______ ______ ______ ______

______ ______ ______ ______ ______

《注意》・文の数は問わないが，10語以上20語以内で書くこと。

・短縮形（I'm や don't など）は１語と数え，符号（, や . など）は語数に含めないこと。

〈グリーン先生との会話文〉

Mr. Green

I like watching movies at a movie theater. But we can also enjoy movies on a smartphone, a tablet, or TV at home. What are the good points about watching movies at home? Tell me your ideas.

You

There are some good points about watching movies at home.
For example, □

（注）smartphone：スマートフォン　　tablet：タブレット型端末

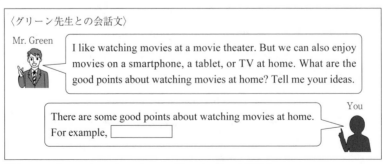

〈放送原稿〉

2024年度岐阜県公立高等学校入学試験英語の放送問題を始めます。

1　これから短い英文を読みます。英文は(1)から(5)まで5つあります。それぞれの英文を読む前に，日本語で内容に関する質問をします。その質問に対する答えとして最も適切なものを，アからエから1つずつ選び，符号で書きなさい。なお，英文は，(1)から(3)は1回ずつ，(4)，(5)は2回ずつ読みます。

(1)　これから読む英文は，エミリー（Emily）が，ある物について説明しているときのものです。何について説明をしているでしょう。

This is a present from my grandmother. I like wearing this on a cold day because I feel warm. This is one of my favorite clothes.

(2)　これから読む英文は，ボブ（Bob）と加奈（Kana）との会話です。加奈がハイキングに行ったときの天気の変化を正しく表しているものはどれでしょう。

Bob:　Kana, I heard you went hiking with your family yesterday. How was the weather?

Kana:　In the morning, the weather was cloudy, but nice for climbing a mountain. It became sunny when we were having lunch. We didn't have rain yesterday.

Bob:　That's nice.

(3)　これから読む英文は，恵美（Emi）と留学生のマーク（Mark）との会話です。その会話の最後で，恵美がひとこと付け加えるとすると，どの表現が最も適切でしょう。なお，恵美がひとこと付け加えるところで，チャイムが鳴ります。

Emi:　What club will you join, Mark?

Mark:　I want to join the tennis club.

Emi:　Wow, I'm a member of the tennis club. Do you have any questions?

Mark:　Yes. I have one question. How often do you practice?

Emi:　Usually,（チャイムの音）

(4)　これから読む英文は，真紀（Maki）が，サム（Sam）と一緒に参加する清掃活動について，電話に残したメッセージです。メッセージの内容を正しく表しているものはどれでしょう。

Hi, Sam. This is Maki. I got information about the summer cleaning activity at Green Park this Saturday. The activity will start at 9 a.m., so let's meet at 8:45 a.m. at our school and go there together. Plastic bags for trash will be given at the park, so we don't have to bring them. It will probably be hot on that day, so don't forget to bring a cap and drinks. See you on Saturday. Bye.

（くり返す）

(5)　これから読む英文は，ある中学校で流れた校内放送です。放送の内容を正しく表しているものはどれでしょう。

Hello, everyone. I'm a member of the music club. Today, we are going to hold a music concert for the first time this year. We will sing songs with the piano and the guitar. We chose many songs loved by young people and have been practicing hard. We are sure that you will enjoy them. The concert will start at four o'clock and finish at five o'clock. Please come to the gym after school and enjoy our concert! We will see you there!

（くり返す）

2　これから読む英文は，中学生の健（Ken）が，学校新聞を作るために，動物園で働いているブラウンさん（Ms. Brown）にインタビューをしているときのものです。この英文を聞いて，(1)，(2)の問いに答えなさい。なお，英文は２回読みます。英文を聞く前に，まず，(1)，(2)の問いを読みなさい。

では，始めます。

Ken: First, could you tell me why you decided to work in the zoo, Ms. Brown?

Ms. Brown: OK. I started working in the zoo because I love animals. When I was small, my father often took me to the zoo. That made me a big fan of animals, especially elephants. Now I feel happy to take care of the elephants.

Ken: Nice. Do you have any stories that made you happy in this zoo?

Ms. Brown: Yes. You know, there is an elephant named Taro in this zoo. When he was born, his mother couldn't give him milk well.

Ken: What did you do then?

Ms. Brown: I tried to give Taro milk from a bottle, but he didn't drink it at first. Giving milk to baby elephants is not easy. Actually, baby elephants only drink milk when they feel safe. So I did many things for Taro. For example, I played with him in the water and slept with him at night. I was so happy when he finally drank a lot of milk from the bottle.

Ken: That's great. Finally, could you give a message to the students in my school?

Ms. Brown: Sure. I think it's good to come to the zoo and see animals with your own eyes. You can find many interesting animal facts that you can't learn from books or TV.

Ken: Thank you for your time today.

Ms. Brown: You're welcome.

（くり返す）

これで放送問題を終わります。

社会

時間　50分　　　　満点　100点

1　かおりさんのクラスでは，歴史の授業で学習したことの中から，班ごとにテーマを設定して，まとめを書いた。1～13の問いに答えなさい。

A班　現代に伝わる奈良・京都の文化

奈良には，日本で最初の仏教文化である飛鳥文化を代表する資料1の[Ⅰ]や，①平城京に都が置かれていた時代の文化財が多くあり，世界遺産に認定されているものもある。また，京都では，桓武天皇が平安京に都を移してから，②天皇や貴族を中心とした政治が行われ，様々な文化が発展した。承久の乱後には，鎌倉幕府によって朝廷を監視するための[Ⅱ]が置かれ，南北朝時代には，③足利氏の将軍を中心とする幕府が開かれた。そして，④室町時代から安土桃山時代にかけて，現代にも伝わる文化がいくつも現れた。

[資料1]

1　[Ⅰ]に当てはまる，現存する世界最古の木造建築といわれている寺を，ア～エから一つ選び，符号で書きなさい。(　　　)

ア　延暦寺　　イ　興福寺　　ウ　法隆寺　　エ　東大寺

2　下線①について，次の[a]，[b]に当てはまる言葉の正しい組み合わせを，ア～エから一つ選び，符号で書きなさい。(　　　)

710年に[a]の都の長安にならって造られた平城京の都の跡からは，当時[b]として使われた資料2のような木簡が出土している。

ア　a＝隋　　b＝調や庸を都に運ぶときの荷札

イ　a＝隋　　b＝正式な貿易船の証明

ウ　a＝唐　　b＝調や庸を都に運ぶときの荷札

エ　a＝唐　　b＝正式な貿易船の証明

[資料2]

3　下線②について，次の[c]に当てはまる言葉を書きなさい。(　　　)

白河天皇は，自分の子孫を確実に天皇の位につけるため，位を譲って上皇になり，その後も政治を動かした。このように上皇が中心となって行う政治を[c]という。

4　[Ⅱ]に当てはまる機関の名を書きなさい。(　　　)

5　下線③について，次の[d]，[e]に当てはまる言葉と文の正しい組み合わせを，ア～エから一つ選び，符号で書きなさい。(　　　)

[資料3]　室町幕府の仕組み

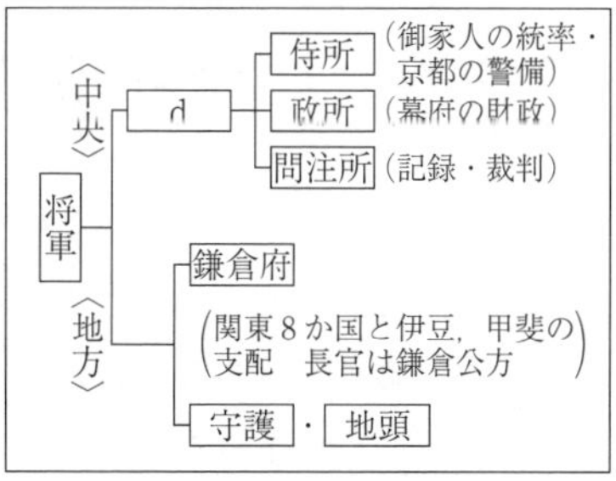

資料3は，室町幕府の仕組みを示したものであり，将軍の補佐役である[d]には，細川氏などの有力な守護大名が任命された。14世紀後半に将軍になっ

た足利義満は，[e]，その後，太政大臣となって権力を握った。

ア　d＝管領　　e＝南北朝の統一を実現し　　イ　d＝管領　　e＝建武の新政を始め

ウ　d＝老中　　e＝南北朝の統一を実現し　　エ　d＝老中　　e＝建武の新政を始め

6　下線④について，次のア～ウの出来事を，年代の古い順に並べ，符号で書きなさい。

(古い出来事　→　　→　新しい出来事)

ア　千利休は，妙喜庵待庵という茶室を造り，わび茶と呼ばれる芸能を完成させた。

イ　観阿弥・世阿弥の親子は，幕府の保護を受け，能を大成した。

ウ　足利義政は，銀閣と同じ敷地にある書院造の東求堂同仁斎を，書斎として用いた。

B班　江戸時代の防災と災害への対応

住宅の密集する江戸では火事が多く，1657年の明暦の大火では10万人もの死者が出た。その後，幕府は，火の燃え広がりを防ぐために，広小路や火除け地を設けたり，⑤町火消しを作らせたりするなど，火災に強いまちづくりを進め，⑥江戸は目覚ましく発展した。また，江戸時代には，たびたび，災害などによってききんが起こることがあった。特に，大きなききんが起こったときには，物価が大きく上がり，百姓一揆や打ちこわしが増加することもあったので，幕府は，こうした状況に対応するために様々な改革を行った。

7　下線⑤を組織させ，目安箱を設置した，江戸幕府の将軍の名を書きなさい。(　　　)

8　下線⑥について，次の[f]，[g]に当てはまる言葉の正しい組み合わせを，ア～エから一つ選び，符号で書きなさい。

(　　　)

［略地図1］

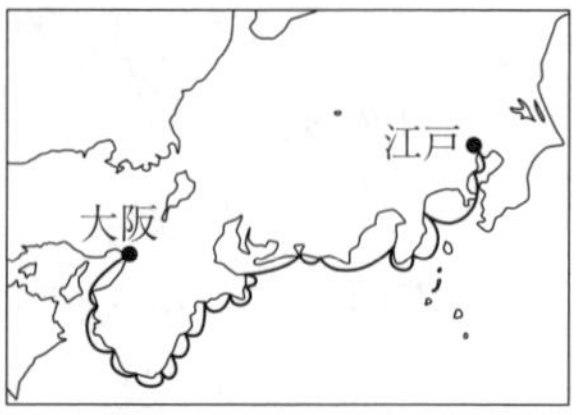

江戸は「[f]」といわれ，18世紀の初めには，人口が約100万人を数える世界最大級の大都市となった。江戸が大消費地になると，京都や大阪を中心とする上方で作られた上質の品物が，略地図1の━で示した[g]で大阪から大量に運ばれた。[g]では，酒などを運ぶ樽廻船や，その他の品物を運ぶ菱垣廻船が運航した。

ア　f＝将軍のおひざもと　　g＝南海路

イ　f＝将軍のおひざもと　　g＝西廻り航路

ウ　f＝天下の台所　　g＝南海路

エ　f＝天下の台所　　g＝西廻り航路

9　B班は，まとめを補うために，略年表1を作成した。次の出来事は，略年表1のア～エのどの期間の出来事か。一つ選び，符号で書きなさい。(　　　)

大阪町奉行所の元役人の大塩平八郎が，奉行所の対応に不満をもち，弟子など300人ほどで大商人を襲い，米や金を生活に苦しむ人々に分けようとした。

［略年表1］

年	主な出来事
1657	明暦の大火が起こる
	↕　……ア
1716	享保の改革が始まる
1732	享保のききんが起こる
	↕　……イ
1782	天明のききんが起こる
1787	寛政の改革が始まる
	↕　……ウ
1833	天保のききんが起こる
	↕　……エ
1841	天保の改革が始まる

C班　エネルギーと産業の発展

1872年に，新橋と幕末最大の貿易港であった［Ⅲ］との間に，日本で初めての鉄道が開通してから，鉄道などの輸送機関では石炭が利用された。また，石炭は，産業革命期に造られた大工場の動力源として，さらには，⑦その後発展した重化学工業の分野でも利用された。日本は，⑧アメリカから始まった世界恐慌の影響で深刻な打撃を受けたときに，重化学工業の発展によって経済を回復させたが，この時期にも石炭が主要なエネルギー源となった。第二次世界大戦後には，石炭の増産が最優先で進められ，経済復興を支えたが，1960年代には，石油が石炭にかわってエネルギーの中心となり，臨海型の工業地域が形成された。しかし，工業が発展した一方で，⑨公害が社会問題となり，その対策も進められてきた。

10　［Ⅲ］に当てはまる都市の名を，漢字2字で書きなさい。(　　　)

11　下線⑦について，次の［h］，［i］に当てはまる言葉の正しい組み合わせを，ア～エから一つ選び，符号で書きなさい。(　　　)

資料4の官営の八幡製鉄所は，［h］で得た賠償金を基に，略地図2の［i］の場所に建設された。初めは生産量の低い状況が続いたが，後に国内の鉄の大半をまかなうようになり，後の重化学工業発展の基礎になった。

［資料4］

［略地図2］

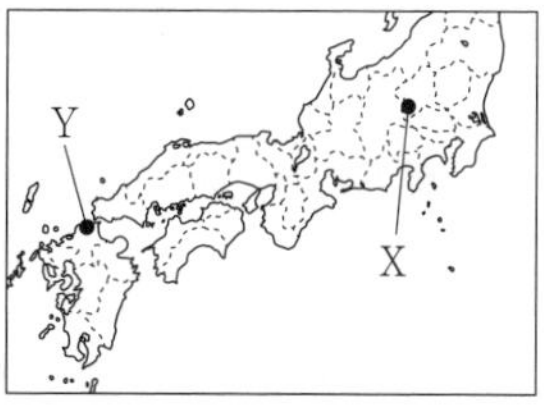

ア　h＝日清戦争　　i＝X　　イ　h＝日清戦争　　i＝Y　　ウ　h＝日露戦争　　i＝X
エ　h＝日露戦争　　i＝Y

12　下線⑧について，次の［j］に当てはまる文を，グラフを参考にして，「公共事業」，「失業者」という二つの言葉を用いて，簡潔に書きなさい。

(　　　　　　　　　　　　　　　　　　　　)

アメリカは，大不況に対応するため，ローズベルト大統領の下，1933年からニューディール（新規巻き直し）という政策を始めた。この政策では，農業や工業の生産を調整する一方で，［j］などして，景気の回復を図った。

［グラフ］　アメリカの失業者数の推移

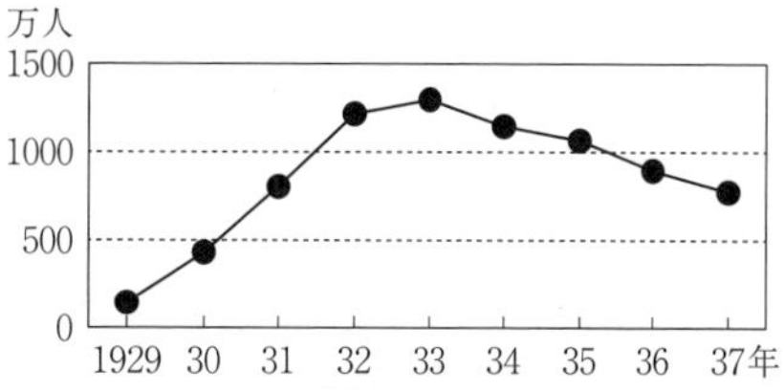

（「新編世界歴史統計」より作成）

13　下線⑨について，略年表2のZの期間に，日本で起きた出来事を，ア～エから一つ選び，符号で書きなさい。(　　　)

ア　足尾銅山鉱毒事件が社会問題となる
イ　京都議定書が採択される
ウ　環境基本法が制定される
エ　環境庁が設置される

［略年表2］

年	主な出来事
1950	特需景気が起こる
1960	所得倍増計画が出される
	↕　……Z
1973	石油危機が起こる

2　りょうさんとゆうなさんは，世界や日本の様々な地域の産業の変化に関心をもち，まとめを書いた。1～12の問いに答えなさい。

[りょうさんのまとめ]

《南アメリカの産業の変化》
　アンデス山脈は，プレートの境界付近の，①火山や地震の震源が帯のように分布する場所に位置している。山脈の中央部には，標高4000m付近でも暖かいところがあり，人々は日干しれんがや石で造られた家に住んでいる。また，住居より標高の低い場所で主食となる[Ⅰ]を栽培するなど，伝統的な暮らしも見られる。近年は，交通網の整備や資源の開発などにより，都市に移り住む人，鉱山で働く人，観光産業に従事する人もいる。

《南太平洋の産業の変化》
　②日付変更線の西側に位置する島国のサモアでは，河口や入り江の周辺に[Ⅱ]と呼ばれる森林が広がり，漁業などを中心とした生活が見られる。近年は，外国の生活様式が広まり，生活の中に増えてきた輸入製品を購入するお金を得るため，ニュージーランドなどへ出稼ぎに行く人もいる。

《アフリカの産業の変化》
　焼畑農業や牧畜などの伝統的な生活が見られる一方で，植民地時代以後，少ない種類の農作物や鉱産資源の輸出に頼るモノカルチャー経済も広まった。③ナイジェリアをはじめ多くの国では，現在でもモノカルチャー経済の状態にあるため様々な課題が生じており，解決するための取り組みが進められている。また，共通の問題を協力して解決するために④アフリカ連合を結成し，発展に向けた努力をしている。

1　下線①は，略地図1の　　　で示された場所である。この場所を何というか，書きなさい。(　　　)

[略地図1]

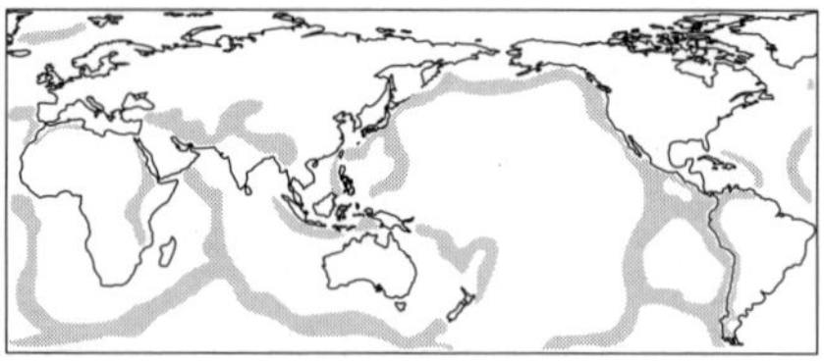

2　[Ⅰ]に当てはまる言葉を，ア～エから一つ選び，符号で書きなさい。(　　　)
ア　タロいも　　イ　じゃがいも　　ウ　米
エ　小麦

3　下線②について，次の[a]，[b]に当てはまる言葉の正しい組み合わせを，略地図2を参考にして，ア～エから一つ選び，符号で書きなさい。(　　　)

　標準時子午線の異なる国や地域の間では，その経度の差が15度につき1時間の時差が生じる。地球を一周すると[a]時間の時差になるため，経度180度を基準に日付変更線を設けて日付を調整している。そのため，略地図2の矢印の方向に日付変更線をまたいで移動するときは，日付を1日[b]ことになる。

ア　a = 12　　b = 進める　　イ　a = 12　　b = 遅らせる
ウ　a = 24　　b = 進める　　エ　a = 24　　b = 遅らせる

[略地図2] 北極を中心に描いた地図

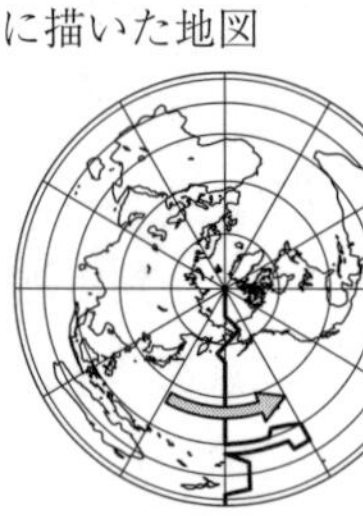

注：経線，緯線は30度ごとに示してある。また，━━ は日付変更線を示している。

4　[Ⅱ]に当てはまる言葉を，ア～エから一つ選び，符号で書きなさい。(　　　)

ア　マングローブ　　イ　タイガ　　ウ　サバナ　　エ　ステップ

5　下線③について，次の［　c　］に当てはまる文を，「原油の価格」，「国の収入」という二つの言葉を用いて，簡潔に書きなさい。(　　　　　　　　　　　　　　　　　　　　　　　　　　　)

輸出品の内訳がグラフ1のようになっているナイジェリアでは，グラフ2のように，世界的な経済の状況などによって［　　c　　］ことが難しいということが課題になっている。

[グラフ1]
ナイジェリアの主な輸出品の内訳（2017年）

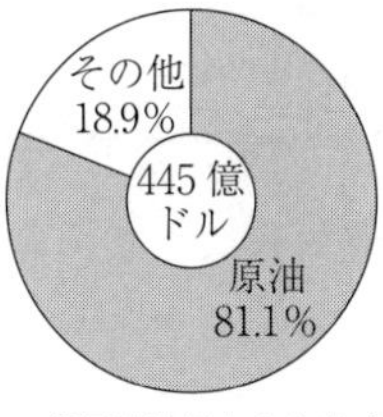

（「国連資料」より作成）

[グラフ2]　国際市場での1バレルあたりの原油の価格とナイジェリアの輸出額の推移

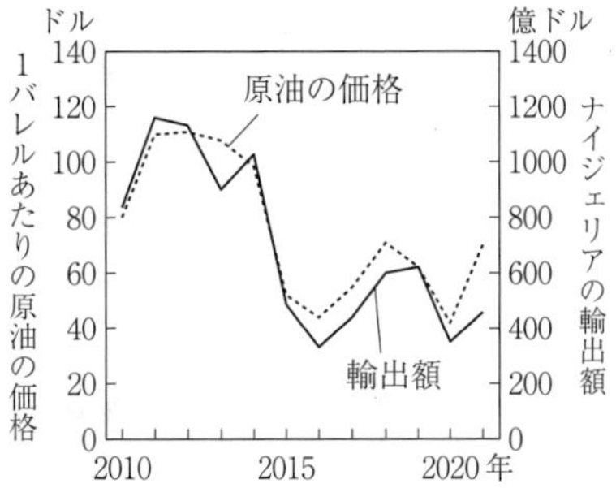

注：1バレル＝約159リットル。
（「THE WORLD BANK Commodity Markets」などより作成）

6　下線④の略称を，大文字のアルファベット2字で書きなさい。(　　　　)

[ゆうなさんのまとめ]

《中国・四国地方の産業の変化》

⑤中国・四国地方は，四国山地より南の南四国，中国山地より北の［　Ⅲ　］，その間の瀬戸内の三つの地域からなり，それぞれの地域の特徴を生かした農業や漁業，石油化学などの工業が盛んである。近年は，⑥交通網が発達したことで，近畿地方や関東地方への農産物などの出荷や，瀬戸内海を渡って通勤や通学をする人々も増えてきた。

《関東地方の産業の変化》

⑦都心に企業などが集中し，周辺の地域から通勤・通学する者も多い。臨海部には工業地帯が形成され，都市周辺では都市に向けた畜産や野菜の栽培が，内陸では火山灰が堆積した赤土の［　Ⅳ　］におおわれた台地で畑作が行われている。近年は，⑧交通網の発達により，関東地方だけでなく，その他の地方からも農産物が都市に届けられている。

7　下線⑤について，グラフ3のア～ウは，略地図3に示された都市の1月と8月の平均降水量を示している。高松市に当たるものを，ア～ウから一つ選び，符号で書きなさい。(　　　)

[グラフ3]　1月と8月の平均降水量

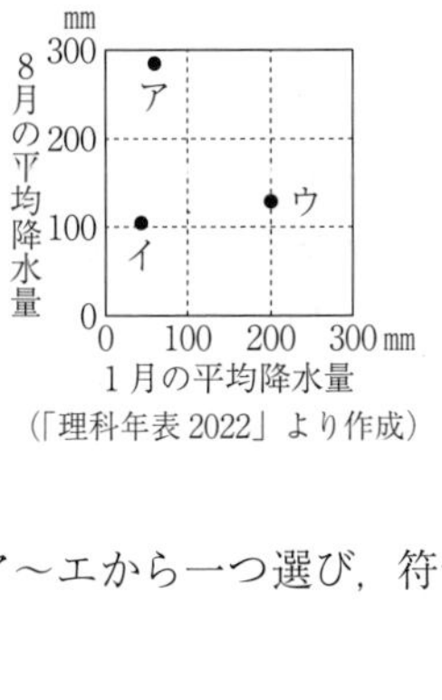

（「理科年表2022」より作成）

[略地図3]

8　［　Ⅲ　］に当てはまる地域の名を書きなさい。
(　　　)

9　下線⑥について，表1のA，Bは徳島県，愛媛県，グラフ4のC，Dは自動車，船舶のいずれかである。徳島県と自動車の正しい組み合わせを，ア～エから一つ選び，符号で書きなさい。

(　　　)

［表1］　四国発の高速バス利用者の割合 (2019年)

行き先＼出発地	大阪府・京都府・兵庫県	広島県岡山県	その他	利用者の合計(人)
A	57.2%	33.8%	9.0%	9,002
B	90.2%	2.8%	7.0%	19,590
香川県	86.4%	5.0%	8.6%	12,688
高知県	67.8%	22.7%	9.5%	5,522

注：「その他」の行き先は，関東地方，北陸地方，愛知県，福岡県

［グラフ4］　四国発国内貨物輸送量の，輸送手段別割合の変化

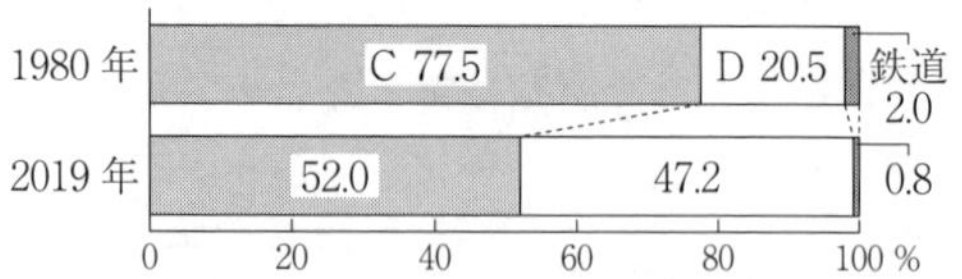

(表1，グラフ4とも「四国運輸局資料」より作成)

ア　徳島県＝A　　自動車＝C　　イ　徳島県＝A　　自動車＝D

ウ　徳島県＝B　　自動車＝C　　エ　徳島県＝B　　自動車＝D

10　下線⑦について，略地図4は東京都の港区の位置を示し，グラフ5のE，Fは1985年，2020年のいずれかである。次の［ d ］，［ e ］に当てはまる言葉の正しい組み合わせを，ア～エから一つ選び，符号で書きなさい。(　　　)

略地図4の港区では，1990年代に地価が下がりはじめ，再開発が進み，高層マンションや商業施設が建設され，人口が流入する［ d ］が起こった。2020年には，グラフ5のように人口や年齢別の人口割合も変化し，［ e ］歳代の割合が増加した。

［略地図4］

［グラフ5］　港区の年齢別人口割合

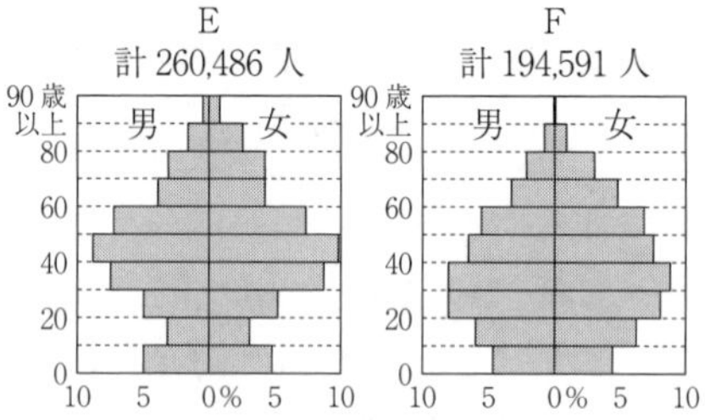

(「国勢調査資料」より作成)

ア　d＝都心回帰の現象　　e＝40　　イ　d＝都心回帰の現象　　e＝20

ウ　d＝ドーナツ化現象　　e＝40　　エ　d＝ドーナツ化現象　　e＝20

11　［ Ⅳ ］に当てはまる言葉を書きなさい。(　　　)

12　下線⑧について，表2のア～エは，キャベツ，なす，じゃがいも，もものいずれかである。キャベツに当たるものを，ア～エから一つ選び，符号で書きなさい。(　　　)

［表2］　東京都中央卸売市場の入荷量の割合 (2021年)

ア		イ		ウ		エ	
産地	%	産地	%	産地	%	産地	%
北海道	56.2	高知県	44.9	群馬県	25.9	山梨県	51.8
鹿児島県	16.2	群馬県	21.7	愛知県	23.7	福島県	28.3
長崎県	15.9	栃木県	13.8	千葉県	21.4	山形県	8.9
その他	11.7	その他	19.6	その他	29.0	その他	11.0

(「東京都中央卸売市場資料」より作成)

3　りこさんとゆうまさんは，職業講話を聞いて学んだことについてまとめを書いた。1～11の問いに答えなさい。

> ［りこさんのまとめ］　講師：裁判官のＳさん
>
> 《仕事の内容》
>
> 刑事裁判や [a] において，当事者の話をよく聞いて，法律に基づいて判決を下す。
>
> 《インタビューの記録（一部）》
>
> 質問：「どのようなところにやりがいを感じますか。」
>
> 答え：「裁判所は，公正な裁判が行われるように，①三権分立の原則に基づいて，②国会や③内閣から独立しています。したがって，他の権力からの圧力や干渉を受けることなく，自らが最終的に判断を下すことができるという点に，誇りとやりがいを感じます。」
>
> 《分かったこと，考えたこと》
>
> 裁判官の仕事は，④人権を守る責任感と公平さが必要だと分かった。今後⑤裁判員として裁判に参加することも考えられるので，主権者としてしっかりと制度について理解しておきたい。

1　[a] に当てはまる言葉を，次の文を参考にして書きなさい。(　　　　裁判)

[a] は，個人と企業の間，個人と個人の間など，私人の間の争いについての裁判である。審理では，訴えた人が原告，訴えられた人が被告となって，意見を述べ合う。

［資料1］

2　下線①について，18世紀に著書「法の精神」で三権分立を説いた，資料1のフランスの思想家の名を書きなさい。(　　　)

3　下線②について，(1)，(2)に答えなさい。

(1)　表1の [A] ～ [C] に当てはまる言葉の正しい組み合わせを，ア～エから一つ選び，符号で書きなさい。(　　　)

ア　A＝常会　　B＝特別会　　C＝臨時会

イ　A＝常会　　B＝臨時会　　C＝特別会

ウ　A＝臨時会　　B＝特別会　　C＝常会

エ　A＝臨時会　　B＝常会　　C＝特別会

［表1］　2021年の国会の動き

日にち	主な出来事
1月18日	[A] が召集される
10月 4日	[B] が召集される
10月14日	衆議院が解散される
10月31日	衆議院議員総選挙が行われる
11月10日	[C] が召集される
12月 6日	[B] が召集される

(2)　衆議院で可決された法律案が参議院で否決された場合でも，衆議院で再可決されれば法律となる。総議員数465人の衆議院で450人の議員が出席した場合，再可決のためには最低何人の賛成が必要となるか。ア～エから一つ選び，符号で書きなさい。(　　　)

ア　226人　　イ　233人　　ウ　300人　　エ　310人

4　下線③について，次の [b] に当てはまる文を，「過半数」という言葉を用いて，簡潔に書きなさい。

(　　　　　　　　　　　　　　　　　　　　　　　　　　　　　　)

内閣は，内閣総理大臣とその他の国務大臣で組織される。日本国憲法では，内閣総理大臣が国務大臣を任命することや，国務大臣のうち [b] ことが定められている。

5　下線④について，資料2は，1948年に国際連合の総会において採択された宣言の一部を示したものである。この宣言の名を書きなさい。(　　　)

［資料2］

> 第1条　すべての人間は，生れながらにして自由であり，かつ，尊厳と権利とについて平等である。人間は，理性と良心とを授けられており，互いに同胞の精神をもって行動しなければならない。

6　下線⑤について，裁判員が行うこととして適切なものを，ア～オから全て選び，符号で書きなさい。(　　　)

ア　被疑者を取り調べ，必要があれば起訴する。
イ　公判で必要があれば被告人や証人に質問する。
ウ　被告人が有罪か無罪かを評議・評決する。
エ　被告人が有罪の場合の刑罰を評議・評決する。
オ　被告人に判決を言い渡す。

［ゆうまさんのまとめ］　講師：スーパーマーケットの店長のTさん

《仕事の内容》

⑥商品の仕入れ・販売の計画を立てたり，⑦従業員の募集などの人事や会計事務の管理を行ったりする。

《インタビューの記録（一部）》

質問：「スーパーマーケットの経営で，工夫しているところは何ですか。」

答え：「⑧少子高齢化が進み，家族の形が多様化する中で，小分けのお総菜を増やすなどの工夫をしています。また，国産の食品に加えて，⑨様々な国や地域から輸入された食品を豊富に取りそろえています。さらに，支払いが簡単にできるように，⑩クレジットカードや電子マネーの利用ができるようにしています。」

《分かったこと，考えたこと》

スーパーマーケットでは，社会の変化や消費者の要望を，経営に生かしていることが分かった。私たち消費者は，お店や商品に関する多くの情報を集め，自分の意思と判断で適切な買い物ができるようにしていきたい。

7　下線⑥について，次の［ c ］，［ d ］に当てはまる言葉の正しい組み合わせを，ア～エから一つ選び，符号で書きなさい。(　　　)

グラフ1は，ある商品の需要量，供給量，価格の関係を示している。価格がP円であるとき，供給量が需要量を［ c ］おり，［ d ］が売れ残りの量となるので，一般に，この商品の価格は下落する。

［グラフ1］

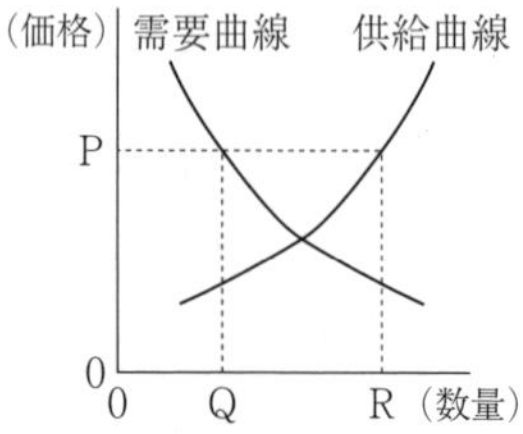

ア　c＝下回って　　d＝RとQの和
イ　c＝下回って　　d＝RとQの差
ウ　c＝上回って　　d＝RとQの和
エ　c＝上回って　　d＝RとQの差

8　下線⑦について，資料3はTさんが作成した求人広告の一部である。この内容は，労働三法の一つである，労働時間や賃金などの最低限の労働条件を定めた法律に基づいて作成された。この法律の名を書きなさい。(　　　)

［資料3］

> 業務：レジ，商品管理
> 給与：固定給18万円～
> 時間：9:00～18:00の間で
> 　　　実働8時間
> 休日：週休2日制

9　下線⑧について，表2のⅠ，Ⅱは1990年，2015年，グラフ2のⅢ，Ⅳは核家族世帯，単独世

帯のいずれかである。2015年と単独世帯の正しい組み合わせを，ア～エから一つ選び，符号で書きなさい。（　　　）

［表2］　高齢者一人に対する現役世代の人数

年	人
Ⅰ	2.1
Ⅱ	5.1

注：高齢者とは65歳以上，現役世代とは20～64歳の世代をさす。

（「国立社会保障・人口問題研究所資料」より作成）

［グラフ2］　家族類型別世帯数の変化

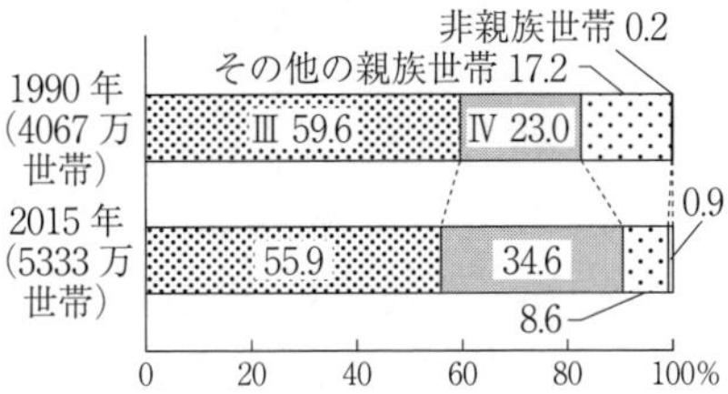

（「国勢調査報告」などより作成）

ア　2015年＝Ⅰ　　単独世帯＝Ⅲ　　イ　2015年＝Ⅰ　　単独世帯＝Ⅳ

ウ　2015年＝Ⅱ　　単独世帯＝Ⅲ　　エ　2015年＝Ⅱ　　単独世帯＝Ⅳ

10　下線⑨について，⑴，⑵に答えなさい。

⑴　次の e ， f に当てはまる言葉の正しい組み合わせを，ア～エから一つ選び，符号で書きなさい。（　　　）

表3を見ると，2023年5月は，2022年10月よりも1ドルあたりの円の価値が10円高かったので，1ドルは e 円である。日本の企業がアメリカの企業から50ドルの食品を輸入するときの金額を比べると，2023年5月は，2022年10月よりも，500円 f なる。

［表3］　為替相場

年月	1ドル
2022年10月	147円
2023年 5月	e 円

（「日本銀行資料」より作成）

ア　e＝137　　f＝安く　　イ　e＝137　　f＝高く　　ウ　e＝157　　f＝安く

エ　e＝157　　f＝高く

⑵　途上国の原料や製品を適正な価格で継続的に購入することを通じて，途上国の生産者の経済的な自立を目指す運動のことを何というか，ア～エから一つ選び，符号で書きなさい。

（　　　）

ア　マイクロクレジット　　イ　クーリング・オフ　　ウ　フェアトレード

エ　セーフティーネット

11　下線⑩について，次の g に当てはまる数字を書きなさい。（　　　）

現在，クレジットカードは，原則として g 歳から，本人の意思のみで申し込むことができる。

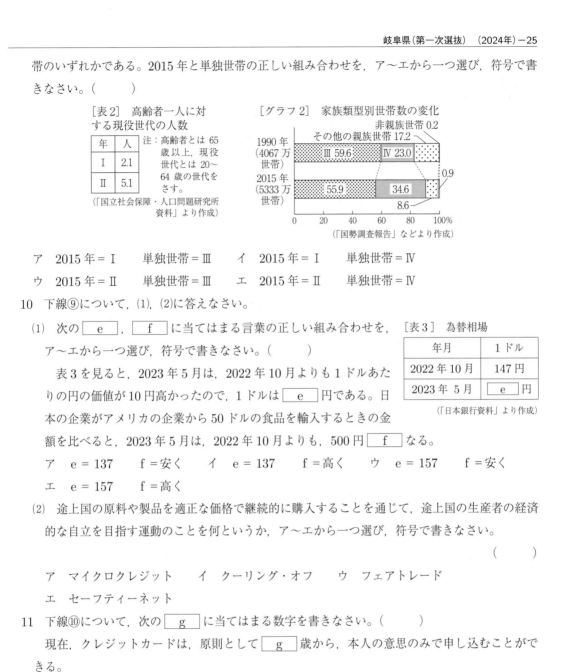

理科

時間　50分　　　満点　100点

1　1～4について，それぞれの問いに答えなさい。

1　太陽と星の日周運動について調べた。

(1)　図1は，夏至の日に，観察を行った地点Pで太陽が南中したとき，公転面上から見た地球と太陽の光を示した模式図である。a～dは角度を示している。南中高度を示す角度として最も適切なものを，図1のa～dから1つ選び，符号で書きなさい。(　　　)

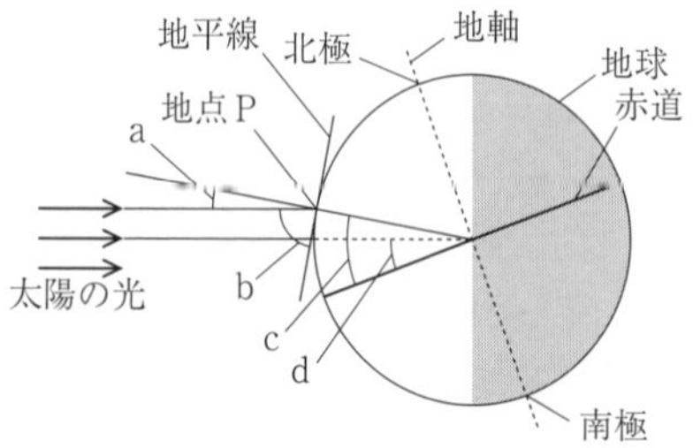

図1

(2)　図2は，同時刻に南中する星A～Cの動きを透明半球にかいたものである。星A～Cが沈む順序として最も適切なものを，ア～キから1つ選び，符号で書きなさい。(　　　)

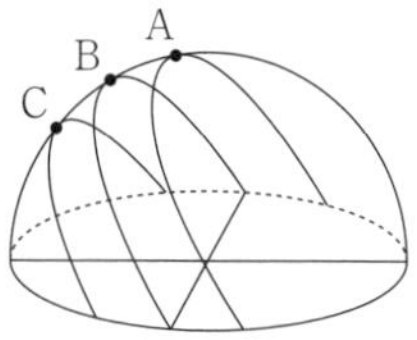

図2

ア　A，B，Cの順に沈む。　　イ　A，C，Bの順に沈む。
ウ　B，A，Cの順に沈む。　　エ　B，C，Aの順に沈む。
オ　C，A，Bの順に沈む。　　カ　C，B，Aの順に沈む。
キ　全て同時に沈む。

2　抵抗の値が分からない抵抗器Xと10Ωの抵抗器Yを用いて図3の回路を作り，電源の電圧を8.0Vにしたとき，電流計は0.20Aを示した。

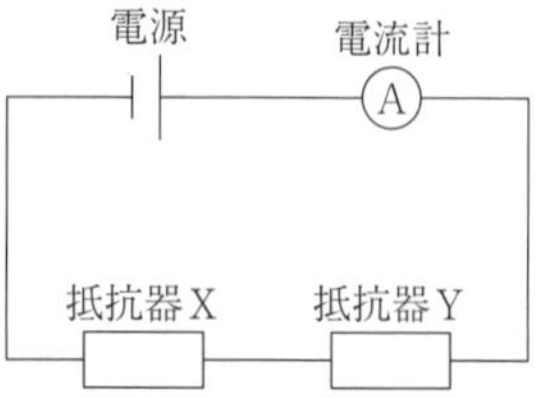

図3

(1)　回路全体の抵抗の値は何Ωか。(　　　Ω)

(2)　抵抗器Xに加わる電圧の大きさは何Vか。(　　　V)

3　銅の粉末を0.80gとり，ステンレス皿に入れ，次の操作1，2を5回くり返す実験を行った。表は，その結果をまとめたものである。

操作1…粉末をよくかき混ぜステンレス皿全体にうすく広げ，図4のようにガスバーナーで加熱する。

操作2…ガスバーナーの火を消し，よく冷ましてから，ステンレス皿の上の粉末の質量をはかる。

図4

熱した回数〔回〕	1	2	3	4	5
粉末の質量〔g〕	0.90	0.95	1.00	1.00	1.00

表

(1)　実験の結果から，0.80gの銅の粉末に結びつくことができる酸素の質量は最大何gか。

(　　　g)

(2)　操作を5回くり返す間に，銅の粉末はだんだん黒い物質になった。この黒い物質は何か。化学式で書きなさい。(　　　　)

4　エンドウを用いて，遺伝の規則性を調べる実験を行った。丸い種子をつくる純系のエンドウの花に，しわのある種子をつくる純系のエンドウの花粉を受粉させた。こうしてできた子の代にあたる種子は全て丸い種子になった。

(1)　次の[　　　]の①～③に当てはまる正しい組み合わせをア～カから1つ選び，符号で書きなさい。(　　　　)

エンドウの種子を丸くする遺伝子をA，しわにする遺伝子をaとすると，子の代にあたる丸い種子のエンドウの遺伝子の組み合わせは全て[　①　]である。このように，[　②　]が行われ，対になっている遺伝子が分かれて別々の生殖細胞に入ることを[　③　]という。

ア　①　AA　②　体細胞分裂　③　対立形質
イ　①　AA　②　体細胞分裂　③　分離の法則
ウ　①　AA　②　減数分裂　③　対立形質
エ　①　Aa　②　体細胞分裂　③　分離の法則
オ　①　Aa　②　減数分裂　③　対立形質
カ　①　Aa　②　減数分裂　③　分離の法則

(2)　実験でできた子の代にあたる種子を育てて自家受粉させると，孫の代にあたる種子が1200個できた。このうち，丸い種子はおよそ何個か。ア～カから最も適切なものを1つ選び，符号で書きなさい。(　　　　)

ア　300個　イ　400個　ウ　600個　エ　800個　オ　900個　カ　1200個

2　次の観察と実験を行った。1～7の問いに答えなさい。

〔観察〕　植物の体のつくりを調べるために，ツバキの葉の切片を作り，プレパラートを作成し，顕微鏡で断面を観察した。図1は，そのスケッチである。

〔実験〕　枝の長さ，葉の大きさや枚数がほぼ同じである4本のサクラの枝A～Dを用意した。枝Aは何も処理せず，枝Bは葉の裏側にワセリンを塗り，枝Cは葉の表側にワセリンを塗り，枝Dは葉を全てとった。図2のように，枝A～Dをメスシリンダーに1本ずつさし，水を入れ，最後に水面に油を入れた。次に，枝A～Dをさしたメスシリンダー全体の質量をそれぞれ測定した後，明るく風通しのよいところに置いた。2時間後，枝A～Dをさしたメスシリンダー全体の質量をそれぞれ測定し，水の減少量を調べた。表は，その結果をまとめたものである。ただし，蒸散以外による水の減少はないものとする。

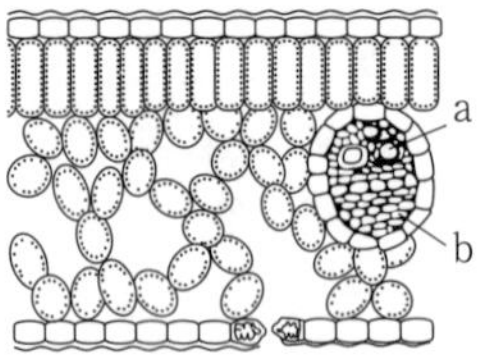

図1

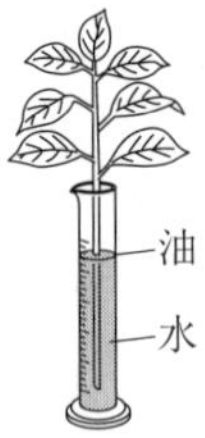

図2

	水の減少量〔g〕
枝A	4.8
枝B	1.5
枝C	3.7
枝D	0.4

表

1　観察について，正しく述べている文はどれか。ア～エから最も適切なものを1つ選び，符号で書きなさい。(　　　)

ア　切片を作るときは，葉をできるだけ厚く切る。

イ　プレパラートを作成するときは，切片に水を1～2滴程度たらしてからカバーガラスをかける。

ウ　顕微鏡で観察を行うときは，反射鏡に直射日光が当たる明るく水平なところに顕微鏡を置く。

エ　顕微鏡で観察を行うときは，最初に最も高倍率の対物レンズで観察する。

2　観察で，ツバキの葉の細胞の中にはたくさんの緑色の粒が見られた。この緑色の粒を何というか。言葉で書きなさい。(　　　)

3　次の□には同じ言葉が当てはまる。□に当てはまる言葉を書きなさい。(　　　)

植物の葉や茎は器官である。動物や植物は，多くの細胞からできており，形やはたらきが同じ細胞が集まって□をつくり，いくつかの□が集まって特定のはたらきをもつ器官をつくる。

4　ツバキは双子葉類である。双子葉類に分類されるものを，ア～オから全て選び，符号で書きなさい。(　　　)

ア　イネ　　イ　トウモロコシ　　ウ　タンポポ　　エ　ユリ　　オ　アサガオ

5　次の□の(1)に当てはまる言葉を書きなさい。また，(2)に当てはまるものを，ア～エから1つ選び，符号で書きなさい。(1)(　　　)　(2)(　　　)

図3は，ツバキの茎の横断面を示した模式図である。植物の体で，根から吸収した水が通る管を (1) といい， (2) が (1) である。

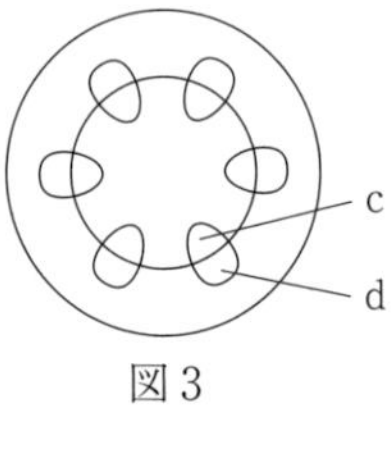

図3

ア　図1のaと図3のc　　イ　図1のbと図3のc

ウ　図1のaと図3のd　　エ　図1のbと図3のd

6 実験で，葉にワセリンを塗った目的を，「ワセリンを塗った部分における」に続けて，簡潔に説明しなさい。(ワセリンを塗った部分における)

7 次の[ ]の(1)，(2)に当てはまる正しい組み合わせを，ア〜エから1つ選び，符号で書きなさい。( )

実験の結果から，この植物の葉の蒸散量は葉の[(1)]で多いことが分かる。また，葉以外の部分で蒸散が[(2)]ことが分かる。

ア (1) 表側 (2) わずかに起こる　イ (1) 裏側 (2) わずかに起こる

ウ (1) 表側 (2) 全く起こらない　エ (1) 裏側 (2) 全く起こらない

3　次の実験を行った。1～7の問いに答えなさい。

〔実験〕　種類の分からない白い粉末A～Cがある。粉末A～Cはショ糖，塩化ナトリウム，硝酸カリウムのいずれかである。3つのビーカーa～cを用意し，それぞれに水を50.0g入れた。次に，ビーカーaには粉末Aを，ビーカーbには粉末Bを，ビーカーcには粉末Cを，それぞれ25.0gずつ入れ，ビーカーa～cを40℃まで温め，よくかき混ぜて水への溶け方を調べた。その後，ビーカーa～cを20℃まで冷やし，よくかき混ぜて水への溶け方を調べた。表1はその結果をまとめたものであり，表2は3種類の物質の溶解度（100gの水に溶ける物質の質量）をまとめたものである。

温度〔℃〕	40	20
ビーカーa	透明になった	透明になった
ビーカーb	透明になった	溶け残った
ビーカーc	溶け残った	溶け残った

表1

水の温度〔℃〕	20	40
ショ糖〔g〕	197.6	235.2
塩化ナトリウム〔g〕	37.8	38.3
硝酸カリウム〔g〕	31.6	63.9

表2

1　次の［　　］の(1)，(2)に当てはまる言葉をそれぞれ書きなさい。

(1)(　　　)　(2)(　　　)

実験で，ショ糖や塩化ナトリウム，硝酸カリウムのように水に溶けている物質を［(1)］といい，水のように［(1)］を溶かす液体を［(2)］という。

2　実験で，粉末Aを溶かしたビーカーaの水溶液の質量パーセント濃度は何％か。小数第1位を四捨五入して，整数で書きなさい。(　　　％)

3　物質を水に入れてよくかき混ぜて時間がたった後の水溶液に，物質が溶けている様子を粒子のモデルで表したものとして最も適切なものを，ア～エから1つ選び，符号で書きなさい。なお，○は溶けている物質を表している。(　　　)

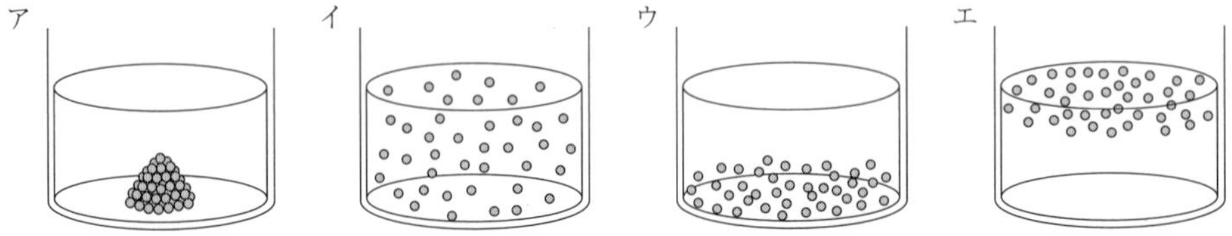

4　実験で，水に溶けている塩化ナトリウムは電離している。塩化ナトリウムが電離する様子を表す式を，化学式を使って書きなさい。(　　　→　　　)

5　実験の結果から，粉末A，B，Cはそれぞれ何か。正しい組み合わせを，ア～カから1つ選び，符号で書きなさい。(　　　)

ア　粉末A：ショ糖　粉末B：塩化ナトリウム　粉末C：硝酸カリウム

イ　粉末A：ショ糖　粉末B：硝酸カリウム　粉末C：塩化ナトリウム

ウ　粉末A：塩化ナトリウム　粉末B：ショ糖　粉末C：硝酸カリウム

エ　粉末A：塩化ナトリウム　粉末B：硝酸カリウム　粉末C：ショ糖

オ　粉末A：硝酸カリウム　粉末B：ショ糖　粉末C：塩化ナトリウム

カ　粉末A：硝酸カリウム　粉末B：塩化ナトリウム　粉末C：ショ糖

6　水に溶けた塩化ナトリウムと硝酸カリウムのうち，温度を下げることで結晶として取り出しやすい物質はどちらか。言葉で書きなさい。また，取り出しやすいと考えた理由を，「溶解度」という言葉を用いて，簡潔に説明しなさい。

物質(　　　)　理由(　　　　　　　　　　　　　　　　　　　　　　　)

7　実験で，ビーカーbを20℃まで冷やしたとき，結晶として取り出すことができる物質は何gか。(　　　g)

4　次の観測と調査を行った。1～7の問いに答えなさい。

〔観測〕　ある日の午前9時に校庭で空を見渡したところ，雲量は6であり，雨は降っていなかった。同時に風力と風向も観測したところ，風力は3で風向は東北東であった。このとき，教室内の乾湿計を見ると乾球は24.0℃，湿球は22.0℃を示していた。

〔調査〕　インターネットを使って，日本の海沿いの地点Xについて，午前5時から午後9時までの風速と風向を調べた。図1は，その結果をまとめたものである。この日は海風と陸風がはっきりと観測されていた。

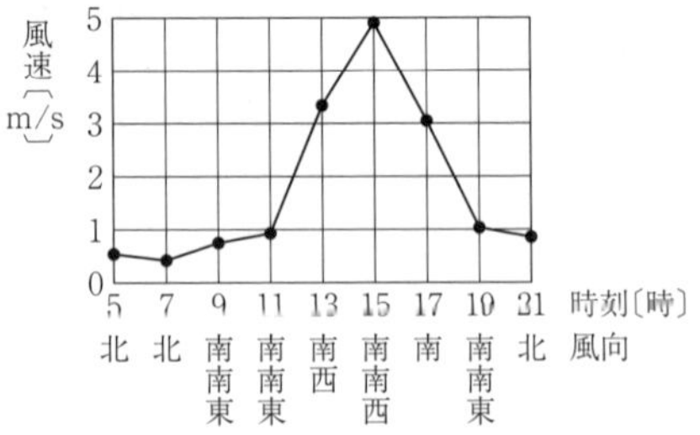

図1

1　次の［　　］の(1)，(2)に当てはまる正しい組み合わせを，ア～エから1つ選び，符号で書きなさい。(　　　)

気象観測で，気温は地上から約［(1)］の高さの，直射日光が［(2)］ところではかる。

ア　(1)　1.5m　(2)　当たる　　イ　(1)　15cm　(2)　当たる

ウ　(1)　1.5m　(2)　当たらない　　エ　(1)　15cm　(2)　当たらない

2　観測の結果から，午前9時の天気，風向，風力を表す天気図記号をかきなさい。

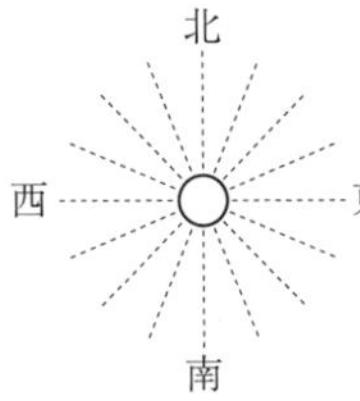

3　表は，湿度表の一部である。観測を行った日の午前9時における教室内の湿度は何%か。

(　　　%)

乾球の示度〔℃〕	乾球と湿球の示度の差〔℃〕					
	1	2	3	4	5	6
28	92	85	77	70	64	57
27	92	84	77	70	63	56
26	92	84	76	69	62	55
25	92	84	76	68	61	54
24	91	83	75	68	60	53

表

4　観測を行った日の午前10時，教室内の乾球は27.0℃を示していた。午前9時から午前10時まで，教室内の空気中に含まれている水蒸気量が変化しないとき，午前10時の湿度は何%か。小数第1位を四捨五入して，整数で書きなさい。ただし，24.0℃の飽和水蒸気量を21.8g/m^3，27.0℃の飽和水蒸気量を25.8g/m^{3}とする。(　　　%)

5　次の［　　］の(1)，(2)に当てはまる正しい組み合わせを，ア～エから1つ選び，符号で書きなさい。(　　　)

図2は，海風と陸風を説明する模式図である。陸風は図2の［(1)］の向きにふく風であり，陸上の気温が海上の気温より［(2)］なることで気圧に差が生じてふく風である。

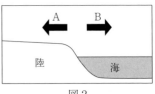

図2

ア　(1)　A　(2)　高く

イ　(1)　B　(2)　高く

ウ　(1)　A　(2)　低く

エ　(1)　B　(2)　低く

6　調査の結果から，地点 X を含む地域を上から見たときの模式図として最も適切なものを，ア～エから 1 つ選び，符号で書きなさい。なお，海岸線の長さは 5 km であり，●は地点 X の位置を表している。(　　　)

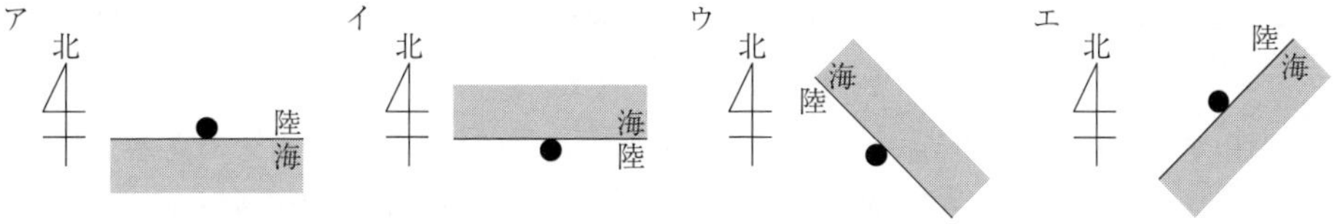

7　次の［　　］の(1)～(3)に当てはまる正しい組み合わせを，ア～エから 1 つ選び，符号で書きなさい。(　　　)

日本付近の気象は，大陸と海洋の影響を受けている。夏になると［ (1) ］高気圧によって南東の風がふき，冬になると［ (2) ］高気圧によって北西の風がふく。このような風を［ (3) ］という。

ア　(1)　太平洋　　(2)　シベリア　　(3)　季節風

イ　(1)　シベリア　　(2)　太平洋　　(3)　季節風

ウ　(1)　太平洋　　(2)　シベリア　　(3)　偏西風

エ　(1)　シベリア　　(2)　太平洋　　(3)　偏西風

5　台車を用いて実験を行った。1～7の問いに答えなさい。ただし，100gの物体にはたらく重力の大きさを1Nとする。

〔実験〕 図1のように，おもりを付けた糸を結んだ台車を水平な机の上に置いた。次に，静かに手をはなし，おもりを付けた糸に引かれて台車が運動する様子を，1秒間に60打点を打つ記録タイマーで，紙テープに記録した。図2は，紙テープを最初の打点から0.1秒ごとに切り取り，初めの10本をそれぞれ区間a～jとして左から順に台紙にはり付けたものである。なお，おもりの質量は60g，台車の質量は220gであり，台車が動き始めた後，おもりは床に達して静止したが，台車はそのまま動き続け，車止めに当たって静止した。

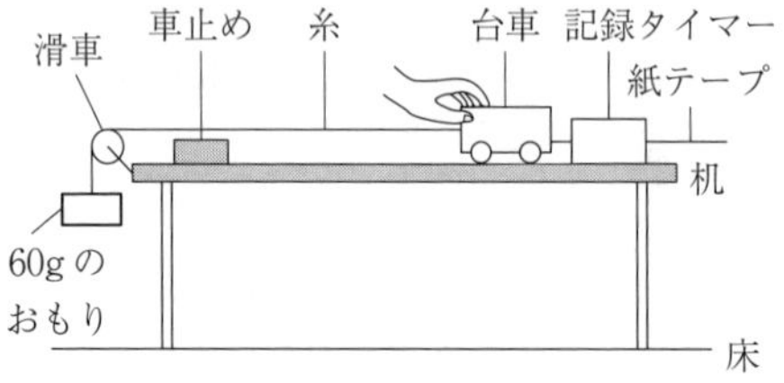

図1

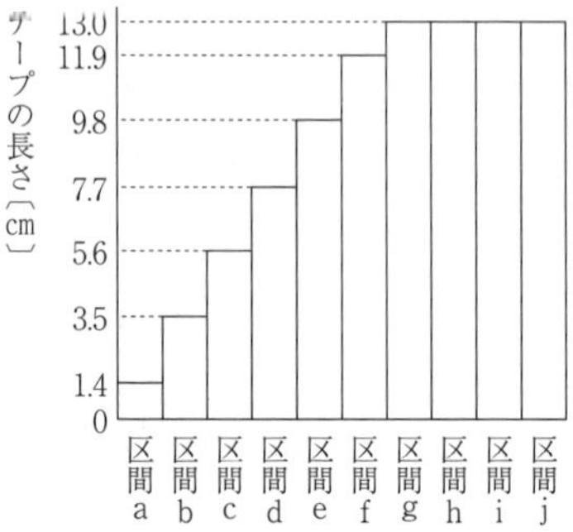

図2

1　実験で使用した台車にはたらく重力の大きさは何Nか。(　　　N)

2　台車を手で止めているとき，おもりには重力とつり合う力がはたらいている。その力を矢印で表しなさい。

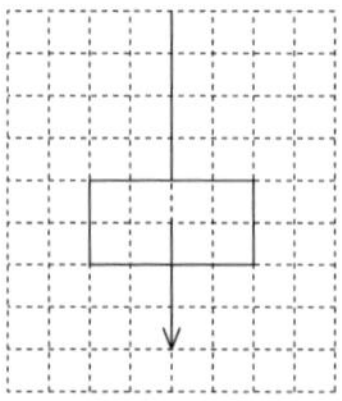

3　図3は，紙テープの記録の最初の打点をAとしたものである。実験で，最初の打点から0.1秒で切り取るためには，どの打点で切り取るとよいか。図3のア～エから1つ選び，符号で書きなさい。(　　　)

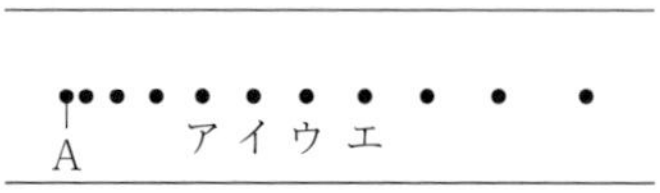

図3

4　実験で，区間c～fの台車の平均の速さは何cm/sか。小数第1位を四捨五入して，整数で書きなさい。(　　　cm/s)

5　実験で，区間g～jの台車にはたらく力について，正しく述べている文はどれか。ア～ウから1つ選び，符号で書きなさい。(　　　)

ア　台車にはたらく力は，糸が引く力と重力のみである。

イ　台車にはたらく力の合力の大きさは0Nである。

ウ　台車にはたらく力の合力の向きは，台車が進む向きと同じである。

6　実験で使用したおもりを，大きさは同じで質量が大きいおもりにかえ，同様の実験を行った。紙テープを切り取り，台紙にはり付けたものとして最も適切なものを，ア～エから1つ選び，符号で書きなさい。(　　　)

ア

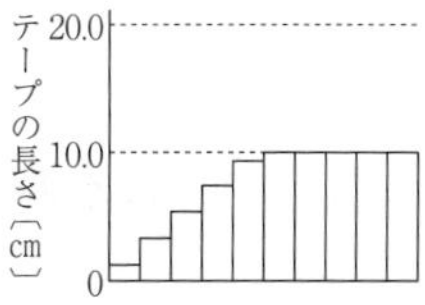

イ

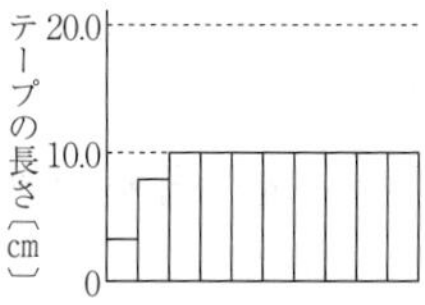

ウ

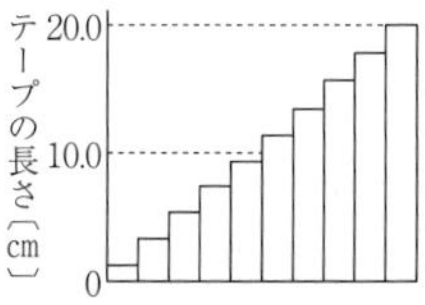

エ

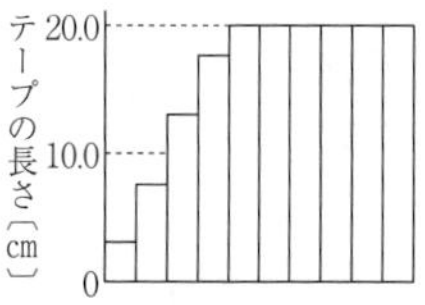

7　図4のように，机の片側を少し高くし，同様の実験を行った。台車が動き始めた後，おもりは床に達して静止したが，台車はそのまま動き続け，車止めに当たって静止した。台車が動き始めてから静止するまでの，手で止めた位置からの距離と時間の関係を表したグラフとして最も適切なものを，ア～エから1つ選び，符号で書きなさい。なお，それぞれのグラフにおいて，点線は最初の実験を表す。(　　　)

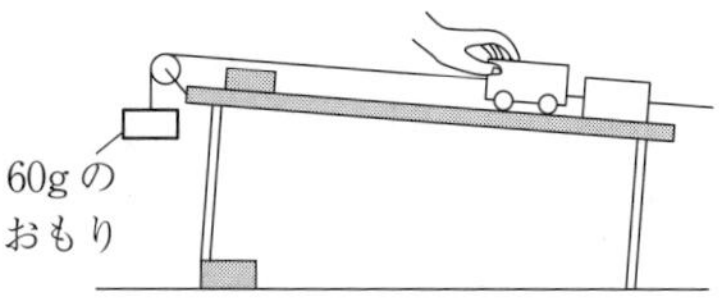

図4

ア

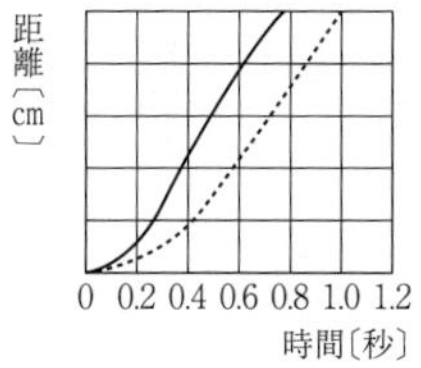

イ

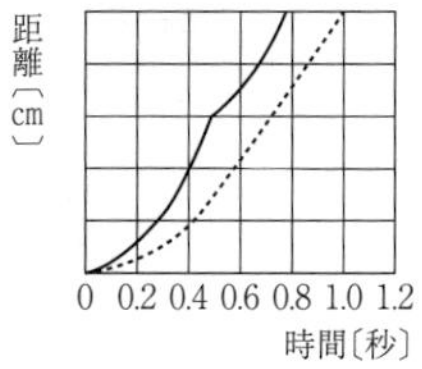

ウ

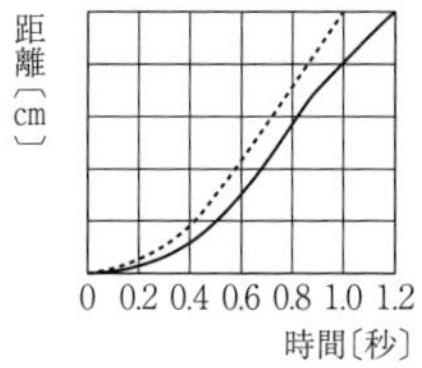

エ

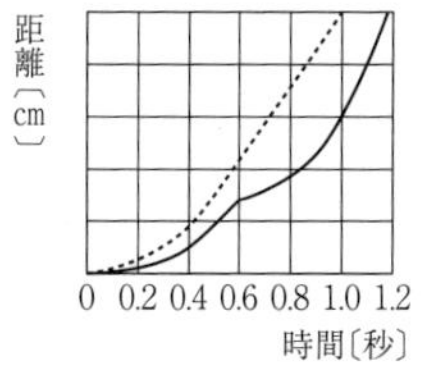

【候補A】

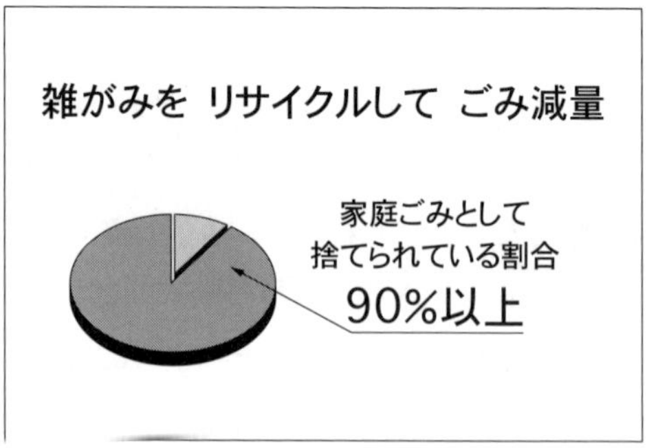

雑がみを リサイクルして ごみ減量

【候補B】

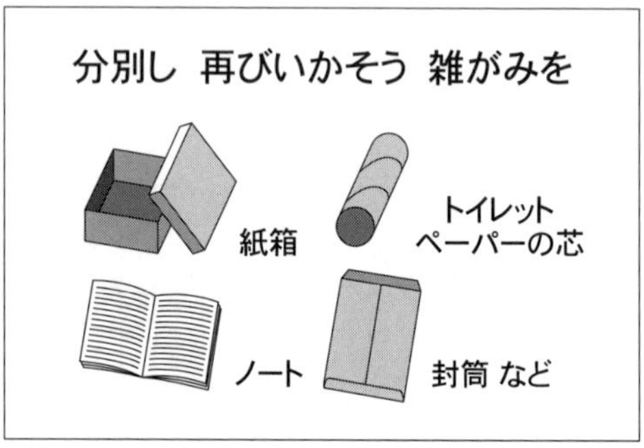

分別し 再びいかそう 雑がみを

《注意》

㈠　題名や氏名は書かないこと。

㈡　書き出しや段落の初めは一字下げること。

㈢　六行以上九行以内で書くこと。

㈣　候補AをA、候補BをBと書いてもよい。

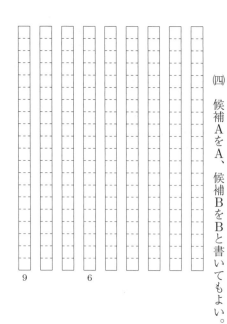

（注）畳紙＝畳んでふところに入れておく紙。

問一　いはれけりを現代仮名遣いに改め、全て平仮名で書きなさい。（　　）

問二　あながちに問はせたまひければとあるが、この場面の説明として最も適切なものを、ア～エから選び、符号で書きなさい。（　）

ア　家隆の様子を見て、後京極摂政が家隆に対して尋ねた。

イ　家隆の様子を見て、定家が後京極摂政に対して尋ねた。

ウ　定家の様子を見て、家隆が後京極摂政に対して尋ねた。

エ　定家の様子を見て、後京極摂政が定家に対して尋ねた。

問三　次の文は、本文の内容をまとめた一例である。［A］、［B］に入る最も適切な言葉を、それぞれ現代語で書きなさい。ただし、字数は［A］、［B］にそれぞれ示した字数とする。

A［　　　　　］　B［　　　　］

家隆は、傾く十五夜の名月だけでなく、［A（五字）］を惜しむ心情を詠んだ定家の歌を紙に書いて持っていたことから、前々からこの歌を［B（四字）］と考えていたことが分かる。

5　X市のある中学校では、「環境問題への取り組み」というテーマで調べ学習を行い、地域住民に向けてグループごとに発表することになった。田中さんたちのグループは、「家庭から出るごみを減らすためにX市が取り組んでいること」について調査した結果をもとに、発表原稿を作成した。次の［　］内の発表原稿の一部を読んで、後の問いに答えなさい。

> 私たちは、家庭から出るごみを減らすためにX市が取り組んでいることについて、X市の職員の方がくれた資料をもとにまとめました。その結果について発表します。
>
> まずはこちらの紙製の空き箱をご覧ください。このような紙箱は「雑がみ」と呼ばれるものの一例です。X市では、紙箱・トイレットペーパーの芯・ノート・封筒などを雑がみとして、分別してリサイクルすることを推進しています。ところが、雑がみのうち九割以上が家庭ごみとして捨てられています。（以下略）

問一　くれたを「X市の職員の方」に対する適切な敬語表現に直して書きなさい。（　　）

問二　田中さんたちのグループでは、雑がみを分別してリサイクルすることを呼びかけるちらしを地域に配布することになり、次の二つが候補となった。

候補A、Bのどちらを配布するのがよいと思うか。あなたの考えを書きなさい。段落構成は二段落構成とし、第一段落ではあなたの考えを、第二段落ではその候補を選んだ理由を書きなさい。ただし、後の《注意》に従うこと。

「さわる」	「ふれる」
・［A（三字）］＝物的なかかわり	・相互的＝［B（八字）］
・医師が患者のお腹を「さわる」＝患者の体を［C（五字）］と捉えて見る態度	・人が一点物のうつわに「ふれる」＝一点物のうつわを［D（五字）］ように扱う態度

問四　4「ふれる」という言葉の使用を引き寄せているとあるが、対象が空気である場合に、「ふれる」という言葉の使用が引き寄せられると筆者が考える理由として最も適切なものを、ア～エから選び、符号で書きなさい。（　　）

ア　空気の場合は、空気の動きがなくても、人が意志をもってはたらきかけて接触することに相互性がみられるから。

イ　空気の場合は、空気を入れ替えることによって、屋内の空気と屋外の空気とが接触することに相互性がみられるから。

ウ　空気の場合は、人が意志をもってはたらきかけることと、空気が流れ込んできて接触することに相互性がみられるから。

エ　空気の場合は、人の意志がなくても、空気が外から流れ込んできて接触することに相互性がみられるから。

問五　5接触面には「人間関係」がありますとあるが、接触面に人間関係があるのは、私たちが接触面を通してどのようなことを読み取り、どのようにすることもあるためと筆者は述べているか。三十字以上三十五字以内でまとめて書きなさい。ただし、「接触面を通して」という書き出しに続けて書くこと。

接触面を通して［　　　　　　　　　　　　　　　　　　　　　　　　　　　　　　　　　　　］こともあるため。

4　次の文章を読んで、後の問いに答えなさい。

近ごろの歌仙には、民部卿《みんぶきやう》定家《ていか》、宮内卿《くないきやう》家隆《いへたか》とて、一双にいはれけり。そのころ、「われも、われも」とたしなむ（好んで歌に打ちこむ）人多けれど、いづれも、この二人には及ばざりけり（及ばなかった）。

ある時、後京極摂政《ごきやうごくのせつしやう》、宮内卿を召して（お呼びになって）、「この世に歌詠《よ》みに多く聞《きこ》ゆるなかに（歌人が大勢知られる中で）、いづれかすぐれたる。心に思はむやう、ありのままにのたまへ」（思っていることを、正直にお話しなされ）と御尋ねありけるに、「いづれも分《わ》きがたく」（優劣のつけようがございません）と申して、思ふやうありけるを（心に思っていることがありそうなのを）、「いかに、いかに」（さあ遠慮なく、遠慮なく）と、あながちに問はせたまひければ（ひたすらお尋ねになったので）、ふところより畳紙《たたうがみ》を落《お》として、やがて罷《まか》り出《い》でける（そのまま退出してしまった）を、御覧《ごらん》ぜられければ（その紙をご覧になると）、

明けばまた秋のなかばも過ぎぬべし（この十五夜が明けると、秋の半ばが過ぎてしまうだろう）

かたぶく月の惜しきのみかは（傾く名月が惜しいだけではない。過ぎゆく秋も惜しいのだ）

と書きたりけり。

これは民部卿の歌なり。かねて（前々から、）かかる御尋ねあるべしとは（このようなお尋ねがあるとは）、いかでか知らむ（どうして分かろうか）。もとよりおもしろくて（もともと、この歌を趣があると思って）、書きて持たれたりけるなめり（紙に書いて持っていたのだろう）。

（「十訓抄」より）

は、「さわる」と言うほうが自然です。触診は、医師の専門的な知識を前提とした触覚です。ある意味で、医師は患者の体を科学の対象として見ている。この態度表明が「さわる」であると考えられます。

同じように、相手が人間でないからといって、必ずしもかかわりが非人間的であるとは限りません。物であったとしても、それが一点物のうつわで、作り手に思いを馳《は》せながら、あるいは壊れないように気をつけながら、いつくしむようにかかわるのは「ふれる」です。では「外の空気にふれる」はどうでしょう。対象が気体である場合には、ふれようとするこちらの意志だけでなく、実際に流れ込んでくるという気体側のアプローチ（注）が必要です。この出会いの相互性が 4 「ふれる」という言葉の使用を引き寄せていると考えられます。

人間を物のように「さわる」こともできるし、物に人間のように「ふれる」こともできる。このことが示しているのは、「ふれる」は容易に「さわる」に転じうるし、逆に「さわる」のつもりだったものが「ふれる」になることもある、ということです。

（中略）

あらためて気づかされるのは、私たちがいかに、接触面のほんのわずかな力加減、波打ち、リズム等のうちに、相手の自分に対する「態度」を読み取っているか、ということです。相手は自分のことをどう思っているのか。あるいは、どうしようとしているのか。「さわる」「ふれる」はあくまで入り口であって、そこから「つかむ」「なでる」「ひっぱる」「もちあげる」など、さまざまな接触的動作に移行することもあるでしょう。こうしたことすべてをひっくるめて、5 接触面には「人間関係」があります。

この接触面の人間関係は、ケアの場面はもちろんのこと、子育て、教育、性愛、スポーツ、看取《みと》りなど、人生の重要な局面で、私たちが出会うことになる人間関係です。そこで経験する人間関係、つまりさわり方／ふれ方は、その人の幸福感にダイレクト（注）に影響を与えるでしょう。

（伊藤亜紗「手の倫理」より）

（注）スライム＝ゼリー状の物質。
坂部恵＝日本の哲学者。
アプローチ＝対象に迫ること。
ダイレクト＝直接。

問一 1 ないと同じ品詞を含むものを、ア～エから選び、符号で書きなさい。（　）

ア くじけない　イ 欠点がない
ウ 少ない　エ 頼りない

問二 2 抽象的の対義語を含むものを、ア～エから選び、符号で書きなさい。（　）

ア 表面的なものの見方をする。
イ 具体的に例を挙げて説明する。
ウ 原因について論理的に考える。
エ 本質的な問題に直面する。

問三 3 「さわる」と「ふれる」という二つの触覚に関する動詞とあるが、次の表は、筆者が述べる「さわる」と「ふれる」の使い方について、本文中の対照的な表現を整理した一例である。 A ～ D に入る最も適切な言葉を、それぞれ本文中から抜き出して書きなさい。ただし、字数は A ～ D にそれぞれ示した字数とする。

A □□□　B □□□□□□□□　C □□□□□

D □□□□□

3　次の文章を読んで、後の問いに答えなさい。

日本語には、触覚に関する二つの動詞があります。

①さわる

②ふれる

英語にするとどちらも「touch」ですが、それぞれ微妙にニュアンスが異なっています。

たとえば、怪我《けが》をした場面を考えてみましょう。傷口に「さわる」というと、何だか痛そうな感じがします。さわってほしくなくて、思わず患部を引っ込めたくなる。

では、「ふれる」だとどうでしょうか。傷口に「ふれる」というと、状態をみたり、薬をつけたり、さすったり、そっと手当をしてもらえそうなイメージを持ちます。痛いかもしれないけど、ちょっと我慢してみようかなという気になる。

虫や動物を前にした場合はどうでしょうか。「怖くてさわれ1ない」とは言いますが、「怖くてふれられない」とは言いません。物に対する触覚も同じです。(注)スライムや布地の質感を確かめてほしいとき、私たちは「さわってごらん」と言うのであって、「ふれてごらん」とは言いません。

不可解なのは、気体の場合です。部屋の中の目に見えない空気を、「さわる」ことは基本的にできません。ところが窓をあけて空気を入れ替えると、冷たい外の空気に「ふれる」ことはできるのです。

2抽象的な触覚もあります。会議などで特定の話題に言及することは「ふれる」ですが、すべてを話すわけではない場合には、「さわりだけ」になります。あるいは怒りの感情はどうでしょう。「逆鱗《げきりん》にふれる」というと怒りを爆発させるイメージがありますが、「神経にさわる」というと必ずしも怒りを外に出さず、イライラと腹立たしく思っている状態を指します。

つまり私たちは、3「さわる」と「ふれる」という二つの触覚に関する動詞を、状況に応じて、無意識に使い分けているのです。もちろん曖昧な部分もたくさんあります。「さわる」と「ふれる」の両方が使える場合もあるでしょう。けれども、そこに私たちは微妙な意味の違いを感じとっている。同じ触覚なのに、いくつかの種類があるのです。

哲学の立場からこの違いに注目したのが、(注)坂部《さかべ》恵《めぐみ》です。(中略)

「ふれる」が相互的であるのに対し、「さわる」は一方的である。ひとことで言えば、これが坂部の主張です。

言い換えれば、「ふれる」は人間的なかかわり、「さわる」は物的なかかわり、ということになるでしょう。そこにいのちをいつくしむような人間的なかかわりがある場合には、それは「ふれる」であり、おのずと「ふれ合い」に通じていきます。逆に、物としての特徴や性質を確認したり、味わったりするときには、そこには相互性は生まれず、ただの「さわる」にとどまります。

重要なのは、相手が人間だからといって、必ずしもかかわりが人間的であるとは限らない、ということです。(中略)傷口に「さわる」のが痛そうなのは、それが一方的で、さわられる側の心情を無視しているように感じられるからです。そこには「ふれる」のような相互性、つまり相手の痛みをおもんぱかるような配慮はありません。

もっとも、人間の体を「さわる」こと、つまり物のように扱うことが、必ずしも「悪」とも限りません。たとえば医師が患者の体を触診する場合。お腹《なか》の張り具合を調べたり、しこりの状態を確認したりする場合に

ア　規則　イ　寒暖　ウ　開会　エ　若者

問三　3思わず声が漏れてしまうとあるが、このときの坂東の気持ちとして最も適切なものを、ア～エから選び、符号で書きなさい。（　　）

ア　留学生選手の、今まで見たことがない走りを支えるしなやかな体つきに気づき、留学生選手の走る姿を見続けていられないほど動揺している。

イ　留学生選手の、今まで見たことがない走るために鍛えられた体つきに気づき、留学生選手の走る姿を見続けていられないほど落ち込んでいる。

ウ　留学生選手の、今まで見たことがない跳ねるように地面を蹴るフォームに気づき、留学生選手が過ぎ去るまで見続けるほど走る姿に夢中になっている。

エ　留学生選手の、今まで見たことがない歩幅の広いフォームに気づき、留学生選手が過ぎ去るまで分析しながら見続けるほど落ち着いている。

問四　4緊張の気配が身体から消え去っているとあるが、緊張の気配が坂東の身体から消え去ったのは、どのようなことを思い出し、足にどのような感じを受けたからか。三十五字以上四十字以内でまとめて書きなさい。ただし、「走り」という言葉を使い、「咲桜莉が、」という書き出しに続けて書くこと。

咲桜莉が、［　　　　　　　　　　］感じを受けたから。

問五　5早く、走りたいとあるが、次の文は、このときの坂東の気持ちについて、本文を踏まえてまとめた一例である。［A］、［B］に入る最も適切な言葉を、それぞれ本文中から抜き出して書きなさい。ただし、字数は［A］、［B］にそれぞれ示した字数とする。

A ［　　　　　　　　　　］

B ［　　　　　　　　　　］

都大路のような大舞台は、［A（十五字）］ため、この瞬間をじっくりと楽しみ、この舞台を［B（十二字）］という図々しい気持ちが高まってきたと同時に、走る前の心構えが整ってきている。

「すごい。」

3思わず声が漏れてしまうほど、今まで見たことがない走りのフォームだった。

まわりの選手たちもハッとした表情で彼女の後ろ姿を目で追っていた。走る際の、足のモーション(注)がまるで違った。走るためのマシーンと化した下半身に、まったくぶれない上半身がくっついているようだ。跳ねるように地面を蹴る、その歩幅の広さといい、それを支える筋肉のしなやかさといい、何て楽しそうに走るんだろう、とほれぼれしてしまうフォームで、彼女はあっという間に走り去っていった。

彼女の残像を思い浮かべながら、視線を中継所に戻したとき、

「私は好きだよ、サカトゥー(注)の走り方。大きくて、楽しそうな感じがして。」

緊張のしすぎで、まったくごはんを食べる気が起きない朝食会場で、正面に座る咲桜莉に突然告げられた言葉が耳の奥で蘇《よみがえ》った。

そんなことを彼女から言われたのははじめてだった。私は咲桜莉の機敏で跳ねるような足の運び方や、テンポのよい腕の振り方が、自分にはできない動きでうらやましく、自分の走り方は大雑把《おおざっぱ》で無駄が多いと思っていたから、驚くとともに純粋にうれしかった。おかげで用意された朝食を全部平らげることができた。

私が留学生の彼女を見て楽しそうと感じたように、咲桜莉が私の走りを見て楽しそうと感じてくれている――。

留学生の彼女と私じゃレベルがまったく違うけれど、不思議なくらい勇気が太ももに、ふくらはぎに、足裏に宿ったように感じた。

気づくと、あれほど我が物顔でのさばっていた4緊張の気配が身体から消え去っている。

そうだ、私も楽しまないと――。

こんな大舞台、二度と経験できないかもしれない。もちろん、来年だってここに戻ってきたいけれど、私が走れる保証はどこにもないのだ。ならば、この瞬間をじっくりと楽しまないと。最初で最後のつもりで、(注)都大路《みやこおおじ》を味わわないともったいないぞ、サカトゥー。

図々《ずうずう》しい気持ちがじわりじわりと盛り上《あ》がってくると同時に、走る前の心構えが整ってきた。さらには、周囲の様子もよく見えてきた。もっともそれは、半分の選手がすでにゼッケン番号を呼ばれ、待機組の人数が減ったせいかもしれないけれど。

5早く、走りたい――。

身体がうずいて、その場で二度、三度とジャンプして、ステップを踏んだ。

（万城目　学「八月の御所グラウンド」より）

（注）ダミ声＝濁った声。
咲桜莉＝坂東の所属する陸上部の部員。
モーション＝動き。
サカトゥー＝陸上部内での坂東の呼ばれ方。
都大路＝ここでは、全国高校駅伝大会のコースのこと。

問一　1ながらと同じ意味・用法の「ながら」を、ア～エから選び、符号で書きなさい。（　　）

ア　子どもながらによく我慢した。
イ　実践さながらの訓練を行う。
ウ　昔ながらのたたずまいが残る。
エ　発表を聞きながらメモをとる。

問二　2寸前と同じ構成の熟語を、ア～エから選び、符号で書きなさい。（　　）

国語

時間　五〇分
満点　一〇〇点

（注）　字数を指示した解答については、句読点、かぎ（「）なども一字に数えなさい。

1　次の①～⑩の傍線部について、漢字は平仮名に、片仮名は漢字に改めなさい。

① 淡い色の服を着る。（　　い）
② 管理者の許諾を得る。（　　）
③ 卓越した技術を世界に示す。（　　）
④ 業務が繁忙を極める。（　　）
⑤ 公園は市民の憩いの場だ。（　　い）
⑥ 意味がニた言葉を調べる。（　　た）
⑦ 劇で主要な役をエンじる。（　　じる）
⑧ 落とし物をケイサツに届ける。（　　）
⑨ キンベンな態度で働く。（　　な）
⑩ 大人数の部員をタバねる。（　　ねる）

2　次の文章は、陸上部に所属する高校一年生の坂東《さかとう》が、京都で行われる全国高校駅伝大会に出場した場面を描いたものである。これを読んで、後の問いに答えなさい。

先頭が通過してから一分近くが経《た》って、

「26番、28番、46番――。」

とようやく三人の番号が呼ばれた。

それからは続々と、ゼッケン番号が（注）ダミ声でもって拡声器経由で告げられていく。周囲から急に、パチンパチンという肉を叩《たた》く音が聞こえ始めた。寒さで固くなった太ももを叩き、少しでも筋肉をほぐそうとしているのだ。

本当に私、走るんだ――。

スタジアムからこの中継所までの連絡バスに乗っている間も、雪とともに流れていく京都の街並みを眺め1ながら、いっそこのまま家の前まで走って帰ってくれないかな、と内心、真面目に願っていた私である。

バスから下りたのち、待機所になっている病院のロビーでは、はじめて留学生のランナーを見た。彼女のことは陸上競技雑誌で見かけたことがあった。私や（注）咲桜莉《さおり》が得意とする中距離走の高校記録を持つ超有名選手だった。驚いたのは、彼女が自分よりもずっと身長が低かったことだ。

緊張のしすぎで、身体をどこかに置き去りにしてしまったような私に対し、留学生の彼女は同じデザインのベンチコートを着た女の子二人と談笑していた。サポート要員として、中継所まで部員が駆けつけているのだ。ひとり呼び出しの2寸前まで、留学生は足のマッサージを受けていた。ひとりでやることもなく、キャラメルを舐《な》めていた私とはエラい違いだった。

第二集団のトップを切って、その留学生選手がタスキを受けて出発する。

2024年度／解答

数　学

1 【解き方】(1) 与式 $= 8 + (-2) = 6$

(2) 与式 $= 3x + y - 2x + 6y = x + 7y$

(3) 与式 $= \sqrt{3} + \dfrac{9 \times \sqrt{3}}{\sqrt{3} \times \sqrt{3}} = \sqrt{3} + 3\sqrt{3} = 4\sqrt{3}$

(4) $y = \dfrac{a}{x}$ とおき，$x = -6$，$y = 10$ を代入すると，$10 = \dfrac{a}{-6}$ より，$a = -60$　$y = -\dfrac{60}{x}$ に $x = -3$ を代入すると，$y = -\dfrac{60}{-3} = 20$

(5) ア．ケーキの最大値は21個，プリンの最大値は22個なので，正しくない。イ．ケーキとプリンの中央値はどちらも15個なので，正しい。ウ．ケーキの四分位範囲は，$20 - 12 = 8$ (個)　プリンの四分位範囲は，$18 - 11 = 7$ (個)　よって，ケーキのほうが四分位範囲は大きいので，正しくない。エ．ケーキの第3四分位数は20個なので，19個以上売れた日は8日以上である。また，プリンの第3四分位数は18個なので，19個以上売れた日は7日以下である。よって，正しい。

(6) 1回転させてできる立体は，半径3cmの半球と，底面の半径が3cm，高さが6cmの円柱を組み合わせた図形であるから，体積は，$\dfrac{4}{3} \times \pi \times 3^3 \times \dfrac{1}{2} + (\pi \times 3^2) \times 6 = 72\pi$ (cm^3)

【答】(1) 6　(2) $x + 7y$　(3) $4\sqrt{3}$　(4) 20　(5) イ，エ　(6) 72π (cm^3)

2 【解き方】(1) 参加者の人数は，$6x + 8$ (人)

(2) (ア) 7人いるテーブルが $(x - 2)$ 台あるから，参加者の人数は，$7(x - 2)$ (人)と表せる。よって，$6x + 8 = 7(x - 2)$ より，$x = 22$　(イ) 参加者の人数は，$7 \times (22 - 2) = 140$ (人)　6人のテーブルを a 台とすると，7人のテーブルは $(22 - a)$ 台だから，$6a + 7(22 - a) = 140$ が成り立つ。これを解いて，$a = 14$

【答】(1) $6x + 8$ (人)　(2) (ア) 22 (台)　(イ) 14 (台)

3 【解き方】(1) 1回目の操作後にPが頂点Aにあるのは0または3のカードを取り出すときだから，確率は $\dfrac{2}{5}$。

(2) 2回の操作でのカードの取り出し方は全部で，$5 \times 5 = 25$ (通り)　1回目の操作後も2回目の操作後もPが頂点Aにあるカードの取り出し方は，(1回目，2回目)とすると，(0，0)，(0，3)，(3，0)，(3，3)の4通りだから，確率は $\dfrac{4}{25}$。

(3) 2回目の操作後にPが頂点Aにあるカードの取り出し方は，(0，0)，(0，3)，(1，2)，(2，1)，(2，4)，(3，0)，(3，3)，(4，2)の8通りだから，確率は $\dfrac{8}{25}$。

【答】(1) $\dfrac{2}{5}$　(2) $\dfrac{4}{25}$　(3) $\dfrac{8}{25}$

4 【解き方】(1) $y = ax^2$ に $x = 20$，$y = 200$ を代入すると，$200 = a \times 20^2$ より，$a = \dfrac{1}{2}$

(2) ア．$y = \dfrac{1}{2}x^2$ に $x = 10$ を代入すると，$y = \dfrac{1}{2} \times 10^2 = 50$　イ．20秒後から30秒後までの速さは毎秒，$\dfrac{400 - 200}{30 - 20} = 20$ (m)で，これは40秒後まで一定だから，40秒後は，$y = 400 + 20 \times (40 - 30) = 600$

(3) (2)より，$20 \leqq x \leqq 40$ のとき，変化の割合は一定の20であるから，式は，$y = 20x + b$ と表せる。これに

$x = 20$，$y = 200$ を代入すると，$200 = 20 \times 20 + b$ より，$b = -200$　よって，$y = 20x - 200$

(4) (1)，(3)の結果よりグラフは，$0 \leqq x \leqq 20$ は放物線，$20 \leqq x \leqq 40$ は直線となる。

(5) 10秒後に追いつかれたので，太郎さんの速さは毎秒，$50 \div 10 = 5$ (m)　走り始めてから20秒後の電車の先頭と太郎さんの間の距離は，$200 - 5 \times 20 = 100$ (m)なので，太郎さんが完全に追い越されるのは，20秒後より後である。t 秒後に完全に追い越されるとすると，t 秒間で太郎さんが走る距離は $5t$ m だから，$(20t - 200) - 5t = 160$ より，$t = 24$

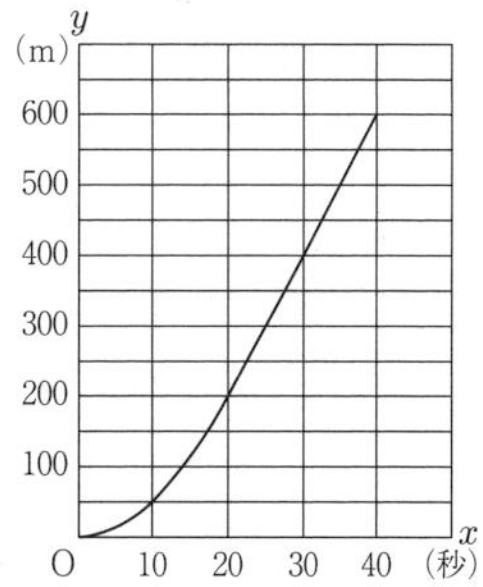

【答】 (1) $\dfrac{1}{2}$　(2) ア．50　イ．600　(3) $y = 20x - 200$　(4) (右図)　(5) 24 (秒後)

5 **【解き方】** (2) (ア) FB = AB = 5 cm なので，CF = FB − BC = 1 (cm)　また，四角形 ABCD は平行四辺形なので，AD = BC = 4 cm　AD ∥ BF より，AE：FE = AD：CF = 4：1　よって，AE の長さは，EF の長さの，$4 \div 1 = 4$ (倍)　(イ) 平行四辺形 ABCD の面積を S とする。対角線 AC によって平行四辺形 ABCD の面積は2等分されるから，$\triangle ABC = \dfrac{1}{2}S$　AB ∥ DC より，$\triangle ABE = \triangle ABC = \dfrac{1}{2}S$　また，AG：AE = 1：4 より，$\triangle BEG = \dfrac{4-1}{4} \times \triangle ABE = \dfrac{3}{4} \times \dfrac{1}{2}S = \dfrac{3}{8}S$　これより，平行四辺形 ABCD の面積は△BEG の面積の，$S \div \dfrac{3}{8}S = \dfrac{8}{3}$ (倍)

【答】 (1) △ABG と△FBE で，仮定から，∠ABG = ∠FBE……①　仮定から，∠BAG = ∠DAG……②　AD ∥ BF より，平行線の錯角だから，∠DAG = ∠BFE……③　②，③から，∠BAG = ∠BFE……④　④から，△ABF は二等辺三角形だから，AB = FB……⑤　①，④，⑤から，1組の辺とその両端の角がそれぞれ等しいので，△ABG ≡ △FBE

(2) (ア) 4 (倍)　(イ) $\dfrac{8}{3}$ (倍)

6 **【解き方】** (1) P の x 座標は10通り，y 座標は8通りだから，P のとり方は，$10 \times 8 = 80$ (通り)

(2) ア．∠OAP = 90° となるのは，P の x 座標が10，y 座標は1から8のどれかのときであるから，8通り。イ．∠OPA = 90° のとき，三平方の定理より，$OP^2 + AP^2 = OA^2 = 100$……①　P (5，a) とすると，①より，$(5^2 + a^2) + \{(10-5)^2 + a^2\} = 100$　よって，$2a^2 + 50 = 100$ より，$a^2 = 25$ であり，$1 \leqq a \leqq 8$ より，$a = 5$　ウ．P (1，b) とすると，①より，$(1^2 + b^2) + \{(10-1)^2 + b^2\} = 100$　よって，$2b^2 + 82 = 100$ より，$b^2 = 9$ であり，$1 \leqq b \leqq 8$ より，$b = 3$　エ．P (2，c) とすると，①より，$(2^2 + c^2) + \{(10-2)^2 + c^2\} = 100$　よって，$2c^2 + 68 = 100$ より，$c^2 = 16$ であり，$1 \leqq c \leqq 8$ より，$c = 4$　以下同様に，P (3，d)，P (4，e) も調べると，条件に合う d，e はない。ここで，∠OPA = 90° となるとき，円周角の定理の逆より，点 P は OA を直径とする円の周上にとれるから，前図の点(5，0)を中心とする半径，$10 \div 2 = 5$ の半円の周上の点となる。半円は，$x = 5$ の直線を軸として対称だから，P (1，3)，P (2，4) と対称な点 P (9，3)，P (8，4) も条件に合う。よって，∠OPA = 90° となる点 P は，P (5，5) も含めて5通りある。

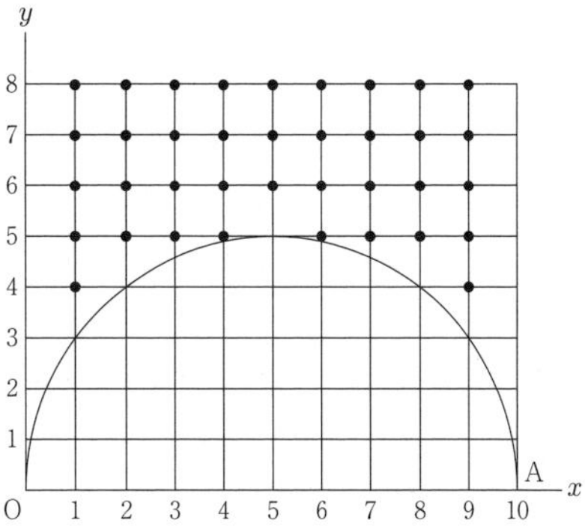

(3) (2)の①より，∠OAP が鋭角になるのは，P の x 座標が10以外のときで，②より，∠AOP は全ての場合で鋭角になる。∠OPA が鋭角になるのは，前図の半円の外側に点 P をとった場合だから，△OAP の内角が全て鋭角となるのは，図で • をつけた，$5 + 4 + 4 + 4 + 3 + 4 + 4 + 4 + 5 = 37$ (通り)

【答】 (1) 80 (通り)　(2) ア．8　イ．5　ウ．3　エ．5　(3) 37 (通り)

英　語

1 【解き方】1. (1) エミリーは寒い日に着ると暖かく感じるお気に入りの服について説明している。(2) 朝は曇っていて，昼ご飯を食べていたときには晴れてきたと加奈は話している。(3) マークはテニス部の練習の頻度を尋ねている。four times a week =「1 週間に 4 回」。(4) 清掃活動はグリーンパークで行われる。真紀とサムは午前 8 時 45 分に学校で会い，帽子と飲み物を持ってくる。(5)「若い人々に愛されている歌を選んだ」と述べている。イの「音楽部の部員たちは若い人々の間で人気のある歌を歌うでしょう」が適切。

2. (1) ① 質問は「ブラウンさんが小さかったとき，誰がブラウンさんをしばしば動物園へ連れていきましたか？」。ブラウンさんは彼女の父親が連れていってくれたと言っている。② 質問は「タローが赤ちゃんだったときブラウンさんは彼のために何をしましたか？」。ブラウンさんは「私は彼と水の中で遊んで夜には彼と寝ました」と言っている。③ 質問は「ブラウンさんによると，なぜ生徒にとって動物園に行くことは良いことなのですか？」。ブラウンさんは「本やテレビからは学ぶことができないたくさんの興味深い動物の事実を見つけることができます」と言っている。(2) ブラウンさんは「彼がついにびんからたくさんのミルクを飲んだとき，私はとても幸せでした」と言っている。start ～ing =「～し始める」。

【答】1. (1) ウ　(2) イ　(3) ア　(4) エ　(5) イ　2. (1) ① father　② slept　③ interesting　(2) エ

◀全訳▶　1.

(1) これは私の祖母からのプレゼントです。私は暖かく感じるので寒い日にこれを着るのが好きです。これは私のお気に入りの服の 1 つです。

(2)

ボブ：加奈，僕は君が昨日家族とハイキングに行ったと聞いたよ。天気はどうだった？

加奈：朝，天気は曇っていたけれど，山に登るには良かったわ。私たちが昼ご飯を食べているときには晴れてきたわ。昨日は雨は降らなかったわ。

ボブ：それは良かったね。

(3)

恵美　：あなたは何のクラブに入るつもりなの，マーク？

マーク：僕はテニス部に入りたいんだ。

恵美　：まあ，私はテニス部の部員なのよ。あなたは何か質問がある？

マーク：あるよ。僕は 1 つ質問があるんだ。君たちはどのくらいの頻度で練習するの？

恵美　：たいていは，1 週間に 4 回よ。

(4) こんにちは，サム。こちらは真紀です。私は今週土曜日のグリーンパークでの夏の清掃活動についての情報を手に入れたわ。その活動は午前 9 時に始まるから，午前 8 時 45 分に私たちの学校で会って，そしてそこへ一緒に行きましょう。ごみ用のビニール袋は公園で渡されるから，私たちはそれらを持っていく必要がないの。その日はおそらく暑いでしょうから，帽子と飲み物を持ってくるのを忘れないでね。土曜日に会いましょう。さようなら。

(5) こんにちは，みなさん。私は音楽部の部員です。今日，私たちは今年初めて音楽コンサートを開きます。私たちはピアノとギターに合わせて歌を歌う予定です。私たちは若い人々に愛されているたくさんの歌を選び，熱心に練習してきました。私たちはきっとあなたたちがそれらを楽しむだろうと思っています。コンサートは 4 時に始まり 5 時に終わります。放課後に体育館に来て私たちのコンサートを楽しんでください！　そこで会いましょう！

2.

健　　　　：まず，なぜあなたは動物園で働くことを決心したのか私に話していただけますか，ブラウンさん？

ブラウンさん：いいですよ。私は動物が大好きだったので，動物園で働き始めました。私が小さかったとき，私の父親はしばしば私を動物園に連れていきました。そのことが私を動物，特に象の大ファンにさせました。今は私は象の世話をすることができて幸せだと感じます。

健　　　　　：素敵ですね。この動物園であなたを幸せにした話は何かありますか？

ブラウンさん：はい。ご存じのとおり，タローという名前の象がこの動物園にいます。彼が生まれたとき，彼の母親は彼に上手にミルクをあげることができなかったのです。

健　　　　　：そのときあなたは何をしましたか？

ブラウンさん：私はタローにびんからミルクをあげようとしましたが，最初彼はそれを飲みませんでした。赤ちゃんの象にミルクをあげることは簡単ではありません。実は，赤ちゃんの象は彼らが安全だと感じたときだけミルクを飲むのです。そこで私はタローのためにたくさんのことをしました。例えば，私は彼と水の中で遊んで夜には彼と寝ました。彼がついにびんからたくさんのミルクを飲んだとき，私はとても幸せでした。

健　　　　　：それはすばらしいですね。最後に，私の学校の生徒たちへのメッセージをいただけますか？

ブラウンさん：もちろんです。私は動物園に来てあなたたち自身の目で動物を見るのが良いことだと思います。あなたたちは本やテレビからは学ぶことができないたくさんの興味深い動物の事実を見つけることができます。

健　　　　　：今日はお時間を取っていただきありがとうございました。

ブラウンさん：どういたしまして。

2 **【解き方】** 1. ジョシュはクミに対して「私をジョシュとよんでください」と言っている。call A B =「A を B とよぶ」。

2. 質問は「ジョーンズ先生はホワイトさんについて何と言っていますか？」。ホワイトさんは英語部の部員に簡単な日本語を教えてほしいと思っている。イの「彼女は簡単な日本語を学びたがっている」が適切。

3. ⑴ 質問は「カイトとトムはどのグループに参加するつもりですか？」。トムは2つ目のせりふで「僕の年齢なら参加するには300円だけ必要だ」と言っている。カイトとトムは15歳で，掲示物の下部に「18歳未満なら参加料の半分だけ払う必要がある」とあるので，本来600円が必要なグループCが適切。⑵ 質問は「カイトとトムはいつ話をしていますか？」。カイトは最後のせりふで「申込締切まで1週間しかない」と言っており，「情報」を見ると申込締切は6月21日である。

【答】 1. call　2. イ　3. ⑴ ウ　⑵ ア

3 **【解き方】** 1. ① 2015年から2018年まで書籍の合計の売り上げは「減少し」続けた。② 2021年に紙の書籍の売り上げが7年間で「最低」となった。③ 電子書籍の売り上げは増加し「続けた」。

2. 第4段落の5文目に絵本の売り上げが2019年には2017年から少し減少したと述べられており，6文目に2021年には350億円以上となったと述べられている。この2つの条件に当てはまるのはアのグラフ。

3. ア. 美香が「絵本作家として働く経験が他の仕事に有益だ」と説明している場面はない。イ.「美香は新しい作家の魅力的な絵本が大人の間でも人気があると言っている」。第4段落の最後から2文目を見る。内容に合っている。ウ. 第4段落の7文目で「多くの長期間売れ続けている絵本が絵本の売り上げを良好に保っている」と述べられている。エ. 第5段落の最終文に「私は紙の書籍が将来でもまだ多くの人々に読まれるだろうと信じています」と述べられている。

【答】 1. イ　2. ア　3. イ

◀全訳▶　あなたは電子書籍を読みますか？　電子書籍はあなたがタブレット型端末のようなデジタル端末で読むことができる本です。それらはとても人気が高くなっています。そこであなたは将来は人々が電子書籍だけを読むだろうと思いますか？

グラフ1を見てください。これは日本における2015年から2021年までの電子書籍と紙の書籍の売り上げを示しています。両方の書籍の合計の売り上げは2015年から2018年の間に減少し続けましたが，2019年から増加し始めたということがわかります。紙の書籍の売り上げは減少し続け，2021年には7年間で最低になりました。一方で，電子書籍の売り上げは増加し続けました。2021年には，それらは両方の書籍の合計の売り上げの4分の1以上になりました。

実際に，多くの種類の書籍が今日では電子書籍になっていますが，私は絵本は異なるということに気がつきました。ある記事にはほとんどの絵本が特別な特徴を持つためにいまだに紙の書籍として読まれていると書いてあります。例えば，子どもたちは本に触れてそれらのページをめくるのを楽しむことができます。彼らは異なった形や大きさの本を楽しむこともできます。

では，絵本の売り上げはどうでしょうか？　グラフ2を見てください。これは2013年から2021年までの絵本の売り上げを示しています。2013年，それらは294億円でした。2019年，それらは2017年から少し減少しました。しかし，それらは2021年には350億円以上になりました。ある記事によると，多くの長期間売れ続けている絵本が絵本の売り上げを良好に保っています。そのうえ，異なる種類の仕事を経験した多くの人々が絵本作家になりました。これらの新しい作家は絵本に独特な発想をもたらしています。これらの書籍はとても魅力的なので子どもと，大人でさえもそれらの大ファンになっています。これらの理由から，それらの売り上げはより高くなりました。

電子書籍は人気がありますが，紙の書籍にもそれら自体の良さがあります。したがって私は紙の書籍が将来でもまだ多くの人々に読まれるだろうと信じています。

4 【解き方】1. 朝美は1つ目のせりふで，道の駅で家族とそば作りを体験してとても楽しかったと言っている。

2. X. ジョンの4つ目のせりふの前半を見る。訪問客が道の駅で文化と自然の体験を楽しめることが2つ目の要点だと言っている。attractive things for visitors =「訪問客にとって魅力的なこと」。Y. 花が地元の人々にとっての道の駅の良い点を説明し，ジョンは次のせりふで発表の最後にそれについて話そうと提案している。What is one good point for local people? =「何が地元の人々にとって1つの良い点なのか？」。

3. 発表のタイトルとして，道の駅が本来の目的である休憩に加えて，訪問者が楽しんだり，地元の人々が地域の価値を発見できたりする場であることを示しているものを選ぶ。

4. (1) 質問は「陸は岐阜にある道の駅の数が日本で2番目に多いことに驚きましたか？」。陸はせりふの最後の文で「これは私を驚かせました」と言っている。(2) 質問は「なぜ花は道の駅が地元の人々にとって良いと思ったのですか？」。花のせりふの後半を見る。解答例は「地元の人々が，彼らが気づかなかった彼らの町の魅力的で独特な点を発見したから」。

5. ア. 朝美は「ポップ広告のおかげで安い商品が簡単に見つかる」とは述べていない。イ.「朝美の祖母は道の駅のおかげで農家として彼女の仕事を誇りに感じる」。朝美の2つ目のせりふの最終文を見る。内容に合う。ウ. 花のせりふの4文目を見る。ホンダさんたちは長い時間を費やして特別な商品を作り出した。エ. ジョンの3つ目のせりふの3文目を見る。いくつかの道の駅が「遊園地のように『目的地』になっていると思います」と言っている。オ. 陸のせりふの4文目を見る。1993年に道の駅として登録されたのは103か所だった。

6. ③ 朝美の1つ目のせりふの1文目にある「文化と自然の体験」に着目する。④ 花のせりふの3文目にある「道の駅を利用してその町を魅力的にする」に着目する。「AをBにする」= make A B。

【答】1. エ　2. X. ア　Y. ウ　3. エ　4. (1) Yes, was　(2)(例) unique, realize
5. イ　6. ③ cultural　④ attractive

◀全訳▶

ジョン：私たちの発表のために道の駅について話しましょう。今日私たちは「なぜ道の駅は作られたのか？」と「なぜ道の駅は人気になってきているのか？」という2つの疑問について考えるつもりです。

陸　　：最初の疑問について，私は良い記事を見つけました。それには道の駅が本来は休憩のための場所として道沿いに作られたと書いてあります。運転手がトイレ，飲み物と道路情報のためにそれらを使いました。1993 年に，103 か所が道の駅として登録されました。それからその数は 30 年間で増え続けています。2023 年には，1,209 か所ありました。現在岐阜には 56 の道の駅があり，その数は日本で 2 番目に多いのです！　それは私を驚かせました。

ジョン：日本で 2 番目に多い？　私もそれを知って驚いています。私たちは発表でこれらの事実を最初に示すべきです。2 つ目の疑問に移りましょう。

朝美　：そうですね，いくつかの道の駅は，それらが訪問者に文化と自然の体験を与えるので人気になってきていると私はわかりました。例えば，岐阜のある道の駅では，訪問者はそば作りを体験できます。私は家族と一緒にそれをするためにそこへ行き，それはとても楽しかったです。他の道の駅では，訪問者は果物狩りを楽しみ温泉でくつろぐことさえもできるのですよ！

ジョン：なるほど。今それらは休憩のためだけではないのですね。私はそれらのいくつかが遊園地のように旅の「目的地」になっていると思います。あなたは何か他の理由を知っていますか？

朝美　：はい。多くの訪問者はその地域からの特産物を手に入れることを楽しみにしています。例えば，彼らは新鮮な果物や野菜を買うことができます。実は，私の祖母は道の駅で野菜を売っています。ある日，私はそこで「ポップ広告」の付いた彼女のトマトを見つけました。彼女の名前とほほ笑んでいる顔がそれに印刷されていました。それには「35 年の経験を持つ素晴らしいトマト農家！」と書いてありました。人々は誰がその商品を作ったかを見て安全に感じると私は思います。そのうえ，彼女は彼女のトマトを買っている人々に話しかけるのが大好きです。彼女はたくさんの人々が今彼女のトマトのファンであることを喜んでいます。彼女は「道の駅のおかげで，私は私の仕事を誇りに思っている」と言います。

ジョン：朝美はなぜ道の駅が訪問者にとって魅力的なのか説明しました。彼らは文化と自然の体験をそこで楽しむことができます。これは私たちの発表の中で 2 つ目の要点であるべきです。彼女はまた地元の人々の気持ちについても話しました。地元の人々にとっての道の駅の価値について考えることも重要かもしれません。

花　　：私も賛成します。私は先週の土曜日にある道の駅を訪ねて職員のホンダさんにインタビューしました。彼は私に，職員と地元の人々が道の駅を利用してその町を魅力的にするために熱心に一緒に働いていると話しました。彼らは長い時間を費やし，ついに地元の牛乳と果物を使った特別なアイスクリームとジャムを作り出しました。彼らは日常生活で彼らが食べる伝統的な地元の料理を売ることも決めました。彼は「私はこれらの新しい商品と地元の料理がすぐに人気になってうれしかったです。しかし私は町にいる多くの人々がよりつながり，私たちが気がつかなかった町の価値を発見したことも嬉しかったです。今私たちはこの町を誇りに思います」と言いました。それは道の駅のおかげで彼らが自分たちの町の魅力的で独特な点を発見したということを意味します。私はこれが地元の人々にとっての道の駅の良い点だと思いました。

ジョン：それは重要な点です。私たちの発表の最後にそれについて話しましょう。では，これらのメモを見てください。私たちの発表の主な要点はこれらの 3 つでしょう。さて私たちはタイトルを決めるべきです。私は私たちの発表の主な考えを示すもふさわしいタイトルは「道の駅：休憩のため，楽しむため，そして地域の価値を発見するための場所」だと思います。これはあなたたちの要点の全てを含んでいます。あなたたちは賛成しますか？

〈陸，朝美，花はジョンに賛成します。〉

ジョン：ありがとう。私はきっとみんなが私たちの発表を楽しんでくれるだろうと思います。

（6 の和訳）

あなたたちの素晴らしいプレゼンテーションのあとで，私は次の休暇の間にいくつかの道の駅を訪問することに決めました。あなたたちは地元の地域の文化と自然の体験ができると言いました。それはとても楽しそうです。ところが，この町の人々はしばしば「私たちはこの辺りに何も特別なものを持っていない」と言います。しかし私にとって，ここにある全てが特別です。だから，ホンダさんが地域の物事を利用することでその町を魅力的にしようとしていたことは興味深かったです。私はここにいる多くの人々がこの町を誇りに思うことを望みます。

5 **【解き方】** 1.「あなたが学生だったとき，あなたの夢は何でしたか？」。「あなたが学生だったとき」= when you were a student.

2.「私はあなたがスピーチのために練習するのを彼が手伝ってくれると思います」。「A が～するのを手伝う」=〈help ＋ A ＋原形不定詞〉。

【答】 1. was, your, dream, when, you　2. think, he, will, help, you

6 **【解き方】** 1. (1) ケンジが「電車とバスで」と答えているのでメグは移動の手段を質問した。解答例は「どのようにしてあなたはそこへ行きましたか？」。(2) 解答例は「今日フランス語は多くの国で公用語として話されている」。受動態〈be 動詞＋過去分詞〉を用いる。

2. 映画を家で見ることの良い点を説明する。some good points と書かれているので 2 つ以上の例をあげる。解答例は「私たちは映画館に行く必要がありません。そのうえ，私たちはチケットを買わなくてもいいです」。

【答】（例）1. (1) How did you go　(2) is spoken in

2. we don’t need to go to movie theaters. In addition, we don’t have to buy any tickets.（17 語）

社　会

1 【解き方】1. 聖徳太子が奈良の斑鳩《いかるが》に建てた寺院。「法隆寺地域の仏教建造物」の構成資産として世界文化遺産に登録されている。

2. a.「唐」は，618 年に隋を滅ぼして建国された王朝。b. 調は地方の特産物，庸は労役の代わりに布を納める税で，律令制下の成人男子に課された。

3. 院政の開始は 1086 年のこと。

4. 六波羅探題が置かれ，西国に新たに地頭が任命されたことから，幕府の支配が西国にも広がった。

5. d. 細川氏・畠山氏・斯波《しば》氏が交代で就任した。「老中」は，江戸幕府の政務全般を担当した職。e.「建武の新政」は，後醍醐天皇が鎌倉幕府を滅ぼした後に開始した。

6. アは 16 世紀後半，イは 14 世紀後半，ウは 15 世紀後半の出来事。

7. 徳川吉宗は，享保の改革の一環として町奉行に大岡忠相《ただすけ》を登用し，町火消しを設置するなどした。

8. f.「天下の台所」とは，年貢米や特産物が全国から集められた「大阪」を指す言葉。g.「西廻り航路」は，東北地方の酒田を起点に，日本海側の都市を経由し，下関を通って大阪に至る航路。

9. 大塩平八郎は，1837 年に大塩の乱を起こした。

10. 日米修好通商条約で開港され，特にイギリスとの貿易が盛んに行われた。

11. h. 下関条約で，日本は清から 2 億 両《テール》（約 3.1 億円）の賠償金を得た。i. 八幡製鉄所は北九州に建設され，筑豊炭田の石炭と中国から輸入した鉄鉱石を用いて鉄鋼を生産した。

12. ニューディール政策では，テネシー川流域でのダム建設など，多数の公共事業が行われた。

13. 高度経済成長期に全国で多発した公害への対応のため，1971 年に環境庁が設立された。アは 19 世紀末～，イは 1997 年，ウは 1993 年の出来事。

【答】1. ウ　2. ウ　3. 院政　4. 六波羅探題　5. ア　6. イ→ウ→ア　7. 徳川吉宗　8. ア　9. エ
10. 横浜　11. イ　12. 公共事業をおこし，失業者を減らす（同意可）　13. エ

2 【解き方】1. プレート境界に位置する，活発な地殻変動や火山活動が見られる地帯。

2. 高山気候のため，1 年を通して気温が高くなく，降水量が少ないアンデス地域では，じゃがいもが主食となっている。

3. a. 地球一周が 360 度のため，360 ÷ 15 より，24 時間の時差が生じる。b. 日付変更線の西側から 1 日が始まると考えると，日付変更線を西から東へまたぐと，日付を 1 日遅らせることとなる。

4. 潮の満ち引きの影響を受ける，熱帯や亜熱帯の河口付近に生育する木々の総称。イは北半球の冷帯（亜寒帯）に広がる針葉樹林，ウはサバナ気候の地域に広がる丈の長い草と低木の交ざった草原，エはステップ気候の地域に広がる背丈の低い草原。

5. 特定の一次産品の輸出に頼った経済を，「モノカルチャー経済」という。一次産品の価格は，国際市場の影響を受けて大きく変動するため，モノカルチャー経済の国は収入が不安定となりやすい。

6. 55 の国・地域が加盟する地域機構で，アフリカの政治的・経済的な統合や紛争の予防などを目的としている。

7. 瀬戸内海の沿岸部は，冬は中国山地に，夏は四国山地に季節風がさえぎられるため，1 年を通して降水量が少ない。アは高知市，ウは鳥取市。

8. 鳥取県・島根県・山口県の一部が含まれる。

9. A・B. 兵庫県神戸市と徳島県鳴門市は神戸・鳴門ルートで結ばれているため，徳島県発の高速バスは「大阪府・京都府・兵庫県」行きの割合が高い。C・D. 1980 年代後半から 1990 年代後半にかけて本州四国連絡橋が開通したため，1980 年から 2019 年にかけて自動車の利用割合が高まっている。

10. d.「ドーナツ化現象」とは，都市の中心部で人口が減少し，郊外で増加する現象のこと。e. 人口が増加するとともに，少子高齢化が進んでいるため，E が 2020 年，F が 1985 年となる。

11. 関東地方の西部や北部にある火山から噴出した火山灰が堆積した。

12. キャベツは，抑制栽培の盛んな群馬県や近郊農業が盛んな愛知県などで生産量が多い。アはじゃがいも，イはなす，エはもも。

【答】1. 変動帯　2. イ　3. エ　4. ア　5. 原油の価格が変動しやすく，安定した国の収入を得る（同意可）
6. AU　7. イ　8. 山陰　9. エ　10. ア　11.〔関東〕ローム　12. ウ

3 【解き方】1. 刑事裁判は，被告人が罪を犯したかどうかを判断する裁判で，検察官が被疑者を起訴した場合に行われる。

2. 三権分立は，国家権力を立法・行政・司法に分け，それぞれを別の機関に持たせることで，権力の行き過ぎを防ぎ，国民の人権を守る仕組み。

3. ⑴ A. 年に1回，1月中に召集される国会で，会期は原則150日。B. 内閣が必要と認めた場合，あるいは，衆議院・参議院いずれかの議院の総議員の4分の1以上の要求があった場合に開かれる。C. 衆議院の解散による総選挙の後，30日以内に開かれ，内閣総理大臣の指名が行われる。⑵ 法律案を再可決するためには，出席議員の3分の2以上の賛成が必要となる。

5. 世界人権宣言は，すべての人が生まれながらに基本的人権を持っていることを認めている。

6. 裁判員裁判では，無作為の抽選で選ばれた18歳以上の国民が裁判員として，重大な内容の刑事裁判の第一審に参加し，被告人が有罪かどうか，有罪の場合にはどれくらいの刑を科すかを判断する。アは検察官，オは裁判官が行う。

7. Rが供給量，Qが需要量となるため，供給量が需要量を上回っており，その差が売れ残りとなる。

8. 労働三法とは，労働基準法・労働組合法・労働関係調整法の総称。労働基準法は，労働時間や休日などの最低基準を定め，労働者を保護している。

9. Ⅰ・Ⅱ. 少子高齢化の進展により，高齢者一人に対する現役世代の人数は，徐々に少なくなっている。Ⅲ・Ⅳ. 結婚しない独身者や高齢者の一人暮らしが多くなり，単独世帯の占める割合が高まっている。

10. ⑴ e. 他国の通貨に対する円の価値が高いことを円高といい，他国の通貨を円と交換する時，得られる円が少なくなる。f. 50ドルの食品を輸入した場合，2022年10月には7350円，2023年5月には6850円支払う必要がある。⑵ アは低所得者を対象とした少額の融資，イは訪問販売や電話勧誘などで商品を購入した場合に，契約から一定期間内であれば，無条件で契約を解除できる制度。エは何らかの危険や損害に対して備える仕組みのことで，特に社会保障制度を指すことが多い。

11. 民法が改正され，2022年から成年年齢が満18歳に引き下げられた。

【答】1. 民事(裁判)　2. モンテスキュー　3. ⑴ イ　⑵ ウ　4. 過半数は国会議員の中から選ぶ（同意可）
5. 世界人権宣言　6. イ・ウ・エ　7. エ　8. 労働基準法　9. イ　10. ⑴ ア　⑵ ウ　11. 18

理　科

1 【解き方】1. (1) 図1より，南中高度は地平線と太陽の光とがなす角度。(2) 図2より，曲線の長さが長いほど見えている時間が長い。よって，曲線の長さが短いほど早く沈む。

2. (1) オームの法則より，$\frac{8.0\,(\mathrm{V})}{0.20\,(\mathrm{A})} = 40\,(\Omega)$　(2) (1)より，回路全体の抵抗の値は40 Ωなので，抵抗器Xの抵抗の値は，$40\,(\Omega) - 10\,(\Omega) = 30\,(\Omega)$　抵抗器Xに流れる電流の大きさは0.20Aなので，抵抗器Xに加わる電圧の大きさは，$30\,(\Omega) \times 0.20\,(\mathrm{A}) = 6\,(\mathrm{V})$

3. (1) 表より，熱した粉末の質量は1.00gより大きくならないので，このとき酸素は限度の量まで結びついている。よって，0.80gの銅の粉末に結びつくことができる酸素の質量の最大は，$1.00\,(\mathrm{g}) - 0.80\,(\mathrm{g}) = 0.20\,(\mathrm{g})$

4. (1) 丸い種子をつくる純系のエンドウの遺伝子の組み合わせはAAなので，減数分裂によってできる生殖細胞の遺伝子はA。また，しわのある種子をつくる純系のエンドウの遺伝子の組み合わせはaaなので，生殖細胞の遺伝子はa。よって，子の代にあたる丸い種子のエンドウの遺伝子の組み合わせは全てAa。(2) (1)より，子の代にあたる種子のエンドウの遺伝子の組み合わせはAaなので，孫の代にあたる種子のエンドウの遺伝子の組み合わせの比は，AA：Aa：aa ＝ 1：2：1となり，形質の比は，丸い種子：しわのある種子＝(1 ＋ 2)：1 ＝ 3：1　よって，$1200\,(\text{個}) \times \frac{3}{3+1} = 900\,(\text{個})$

【答】1. (1) b　(2) カ　2. (1) 40（Ω）　(2) 6（V）　3. (1) 0.2（g）　(2) CuO　4. (1) カ　(2) オ

2 【解き方】1. ア. 切片を作るときは，葉をできるだけ薄く切る。ウ・エ. 顕微鏡で観察を行うときは，反射鏡に直射日光が当たらない明るく水平なところに顕微鏡を置き，最初に最も低倍率の対物レンズで観察する。

4. イネ，トウモロコシ，ユリは単子葉類。

5. 図1のbと図3のdは師管。

7. 枝Aは葉の表側・裏側・葉以外の部分，枝Bは葉の表側・葉以外の部分，枝Cは葉の裏側・葉以外の部分，枝Dは葉以外の部分から蒸散する。表より，葉の表側の蒸散量は枝Aと枝Cの水の減少量の差なので，$4.8\,(\mathrm{g}) - 3.7\,(\mathrm{g}) = 1.1\,(\mathrm{g})$　葉の裏側の蒸散量は枝Aと枝Bの水の減少量の差なので，$4.8\,(\mathrm{g}) - 1.5\,(\mathrm{g}) = 3.3\,(\mathrm{g})$　葉以外の部分の蒸散量は枝Dの水の減少量なので0.4g。

【答】1. イ　2. 葉緑体　3. 組織　4. ウ・オ　5. (1) 道管　(2) ア

6. （ワセリンを塗った部分における）蒸散をおさえるため。（同意可）　7. イ

3 【解き方】2. 水50.0gに粉末A 25.0gが溶けているので，$\frac{25.0\,(\mathrm{g})}{50.0\,(\mathrm{g}) + 25.0\,(\mathrm{g})} \times 100 \fallingdotseq 33\,(\%)$

5. 水50.0gに粉末25.0gを溶かしたときのようすは，水100gに，$25.0\,(\mathrm{g}) \times \frac{100\,(\mathrm{g})}{50.0\,(\mathrm{g})} = 50.0\,(\mathrm{g})$を溶かしたときのようすと同じ。表1より，粉末Aは20℃でも40℃でも水100gに50.0g以上溶ける。粉末Bは水100gに20℃では50.0gは溶けず，40℃では50.0g以上溶ける。粉末Cは20℃でも40℃でも水100gに50.0gは溶けない。表2より，粉末Aはショ糖，粉末Bは硝酸カリウム，粉末Cは塩化ナトリウム。

7. 5より，ビーカーbに入れたのは硝酸カリウム25.0g。表2より，20℃の水100gに硝酸カリウムは31.6gまで溶けるので，20℃の水50.0gに溶ける硝酸カリウムの質量は，$31.6\,(\mathrm{g}) \times \frac{50.0\,(\mathrm{g})}{100\,(\mathrm{g})} = 15.8\,(\mathrm{g})$　よって，結晶として取り出すことができる物質は，$25.0\,(\mathrm{g}) - 15.8\,(\mathrm{g}) = 9.2\,(\mathrm{g})$

【答】1. (1) 溶質　(2) 溶媒　2. 33（%）　3. イ　4. $NaCl \rightarrow Na^{+} + Cl^{-}$　5. イ

6. （物質）硝酸カリウム　（理由）温度によって溶解度が大きく変わるから。（同意可）　7. 9.2（g）

4 【解き方】2. 雲量が2～8のときは晴れ。

3. 乾球と湿球の示度の差は，24.0 (℃) − 22.0 (℃) = 2.0 (℃)　表より，乾球の示度が24℃，乾球と湿球の示度の差が2℃のときの湿度は83％。

4. 3より，午前9時の湿度は83％なので，空気中に含まれている水蒸気量は，$21.8\,(\mathrm{g/m^3}) \times \frac{83}{100} = 18.094$ (g)　よって，午前10時の湿度は，$\frac{18.094\,(\mathrm{g})}{25.8\,(\mathrm{g})} \times 100 \fallingdotseq 70\,(\%)$

5. 海風と陸風はともに気温が低い方から高い方に向かってふく。陸風は陸から海に向かってふく風なので，陸上の気温が海上の気温より低い。

6. 図1より，11時くらいから19時くらいまでは陸上の気温が海上の気温よりも高くなるので海風がふき，15時くらいに最も強くなる。このとき，ほぼ南寄りの風となっているので，地点Xの北側は陸，南側は海となっている。

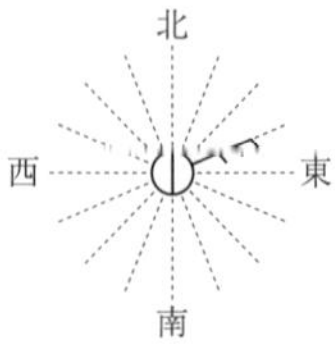

【答】1. ウ　2. (右図)　3. 83 (％)　4. 70 (％)　5. エ　6. ア　7. ア

5 【解き方】1. 台車の質量は220gなので，$1\,(\mathrm{N}) \times \frac{220\,(\mathrm{g})}{100\,(\mathrm{g})} = 2.2\,(\mathrm{N})$

2. 重力は地球がおもりを下向きに引く力だから，重力とつり合う力は，糸がおもりを上向きに引く力。

3. 1秒間に60打点を打つ記録タイマーなので，0.1秒間に，60 (打点) × 0.1 (s) = 6 (打点)を打つ。

4. 図2より，区間c～fで台車が進んだ距離は，5.6 (cm) + 7.7 (cm) + 9.8 (cm) + 11.9 (cm) = 35 (cm)　よって，区間c～fの台車の平均の速さは，$\frac{35\,(\mathrm{cm})}{0.1\,(\mathrm{s}) \times 4} \fallingdotseq 88\,(\mathrm{cm/s})$

5. 図2より，区間g～jの台車は等速直線運動をしている。等速直線運動をしている物体にはたらく力は机に水平な方向，垂直な方向ともにつり合っている。

6. おもりの重力が大きくなるので，おもりの速さも変化が大きくなり，床に早く達する。また，台車の進む向きにはたらく力も大きくなるので，台車の運動の変化は大きくなり，早く等速直線運動が始まり，その速さも速くなる。

7. 図4より，台車の進む向きと反対の力がはたらき続けるので，同じ時間で進む距離は図1のときより小さくなる。また，おもりが床に達した後は，進む距離が少しずつ小さくなる。

【答】1. 2.2 (N)　2. (右図)　3. ウ　4. 88 (cm/s)　5. イ　6. エ　7. ウ

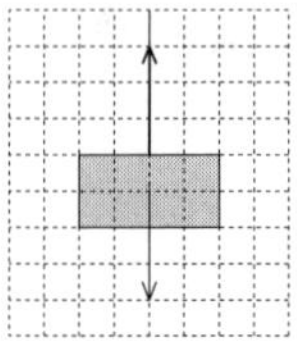

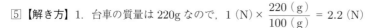

国　語

1 【答】① あわ(い)　② きょだく　③ たくえつ　④ はんぼう　⑤ いこ(い)　⑥ 似(た)　⑦ 演(じる)
⑧ 警察　⑨ 勤勉(な)　⑩ 束(ねる)

2 【解き方】問一．1は「街並みを眺めながら」「願っていた」，エは「聞きながら」「メモをとる」という，二つの動作を並行して行っていることを示す接続助詞である。アは，「(子ども) ではあるけれど」という逆接の意味を示す接続助詞。イは，「さながら」という副詞の一部。ウは，「昔のまま」という意味を示す接尾語。

問二．2とエは，上の漢字が下の漢字を修飾している。アは，同意の漢字の組み合わせ。イは，反意の漢字の組み合わせ。ウは，上の漢字が動作を表し，下の漢字がその対象を表している。

問三．「今まで見たことがない走りのフォームだった」「跳ねるように地面を蹴る…ほれぼれしてしまうフォームで」という記述から，坂東が心を動かされたのは，留学生のフォームであることをつかむ。また，「彼女はあっという間に走り去っていった」と続くので，走り去るところまでずっと留学生を見ていたことにも注目。

問四．足に受けた感じについては，直前に「不思議なくらい勇気が…足裏に宿ったように感じた」とある。「何て楽しそうに走るんだろう」と留学生のフォームに見とれた後，坂東は朝食会場での咲桜莉の「私は好きだよ…楽しそうな感じがして」という言葉を思い出し，「私が留学生の彼女を見て楽しそうと感じたように…楽しそうと感じてくれている」と気づいて「勇気」を持てるようになっている。

問五．「私も楽しまないと」という走ることへの前向きな気持ちの後に，「こんな大舞台，二度と経験できないかもしれない」「最初で最後のつもりで…図々しい気持ちがじわりじわりと盛り上ってくる」と気持ちが高まっている。

【答】問一．エ　問二．エ　問三．ウ

問四．(咲桜莉が，)自分の走りを楽しそうと感じてくれていることを思い出し，足に勇気が宿ったような(感じを受けたから。)(38字)(同意可)

問五．A．二度と経験できないかもしれない　B．味わわないともったいない

3 【解き方】問一．1とアは，「ず」「ぬ」に置き換えられるので打ち消しの助動詞。イは，「ず」「ぬ」に置き換えることができないので形容詞。ウは「少ない」，エは「頼りない」という形容詞の一部。

問三．A・B.「坂部恵」の主張を使って，「さわる」と「ふれる」の違いを説明している。「『ふれる』が相互的で…『さわる』は一方的である」「言い換えれば，『ふれる』は人間的…『さわる』は物的なかかわり，ということになるでしょう」という説明に注目。C.「医師が患者の体を触診する場合」は，「相手が人間だからといって，必ずしもかかわりが人間的であるとは限らない」という言葉の後で，「人間」を相手にしているにもかかわらず，「ふれる」ではなく，「物的なかかわり」を示す「さわる」を使う例として用いられている。「さわる」という言葉は，「専門的な知識」のもとで行われる触診では「患者の体を科学の対象として見ている」という医師の態度を表明したものである。D.「相手が人間でないからといって，必ずしもかかわりが非人間的であるとは限りません」という例として，「一点物のうつわ」の話を用いており，「作り手に思いを馳せながら…かかわるのは『ふれる』です」と述べている。

問四.「この出会いの相互性が」とあるので，直前の一文に注目。空気のように「対象が気体である場合」には，「ふれようとするこちらの意志」と「流れ込んでくるという気体側のアプローチ」との両方が必要で，そこに相互性がみられることをおさえる。

問五.「こうしたことすべてをひっくるめて」とあるので，直前で「接触面のほんのわずかな力加減…相手の自分に対する『態度』を読み取っている」「『つかむ』『なでる』…さまざまな接触的動作に移行することもある」と述べていることに着目する。

【答】問一．ア　問二．イ　問三．A．一方的　B．人間的なかかわり　C．科学の対象　D．いつくしむ

問四．ウ

問五．(接触面を通して)相手の自分に対する「態度」を読み取り，さまざまな接触的動作に移行する(こともあるため。)(34字)(同意可)

4【解き方】問一．語頭以外の「は・ひ・ふ・へ・ほ」は「わ・い・う・え・お」にする。

問二．後京極摂政が「宮内卿を召し」たときのことであり，この二人の会話であることをおさえる。「宮内卿を召して」「『この世に…のたまへ』と御尋ねありける」と二つの動作を続けていることから，どちらも後京極摂政の言動。「いづれも分きがたく」と言いながらも，「思ふやうありける」雰囲気で本音を話していない様子であるのが宮内卿家隆である。

問三．A．定家とは民部卿定家のことであり，「これは民部卿の歌なり」の前の「明けばまた…惜しきのみかは」が定家の歌である。下の句に「傾く名月が惜しいだけではない…惜しいのだ」とある。B．家隆が「定家の歌を紙に書いて持っていた」ことについて，「もともと，この歌を趣があると思って」「紙に書いて持っていたのだろう」と筆者は推測している。

【答】問一．いわれけり　問二．ア　問三．A．過ぎゆく秋　B．趣がある（それぞれ同意可）

◀口語訳▶（当時）最近の歌仙としては，民部卿定家，宮内卿家隆と言って，いつも二人の名前が挙げられていた。そのころ，「我も，我も」と好んで歌に打ちこむ人が多かったが，誰も，この二人には及ばなかった。

ある時，後京極摂政が，宮内卿をお呼びになって，「この世の中に歌人が大勢知られる中で，誰が優れているか。心に思っていることを，正直にお話しなされ」とお尋ねになった際に，「どちらとも優劣のつけようがございません」と申し上げて，心に思っていることがありそうなのを，「さあ遠慮なく，遠慮なく」と，ひたすらお尋ねになったので，懐から懐紙を落として，そのまま退出してしまったのを，その紙をご覧になると，

　　この十五夜が明けると，秋の半ばが過ぎてしまうだろう

　　傾く名月が惜しいだけではない。過ぎゆく秋も惜しいのだ

と書いてあった。

これは民部卿の歌である。前々から，このようなお尋ねがあるとは，どうして分かろうか。もともと，この歌を趣があると思って，紙に書いて持っていたのだろう。

5【解き方】問一．「X市の職員の方」の動作なので，動作主への敬意を表す尊敬語に直す。「くれる」の尊敬語である「くださる」を用いる。

【答】問一．くださった　問二．(例)

私は候補Bを配布するのがよいと思う。

私自身は，雑がみと聞いても，それが実際に何を指すのかすぐにわからなかった。そういう人は多いと思う。Bは，紙箱やトイレットペーパーの芯など，身近にあるのにリサイクル対象と認識されず，家庭ごみとして捨てられてしまいがちなものの例を具体的にあげている。このちらしを配布すれば，地域の人が市の取り組みに協力しやすくなると思う。(9行)

~MEMO~

~MEMO~

岐阜県公立高等学校
（第一次選抜）

2023年度
入学試験問題

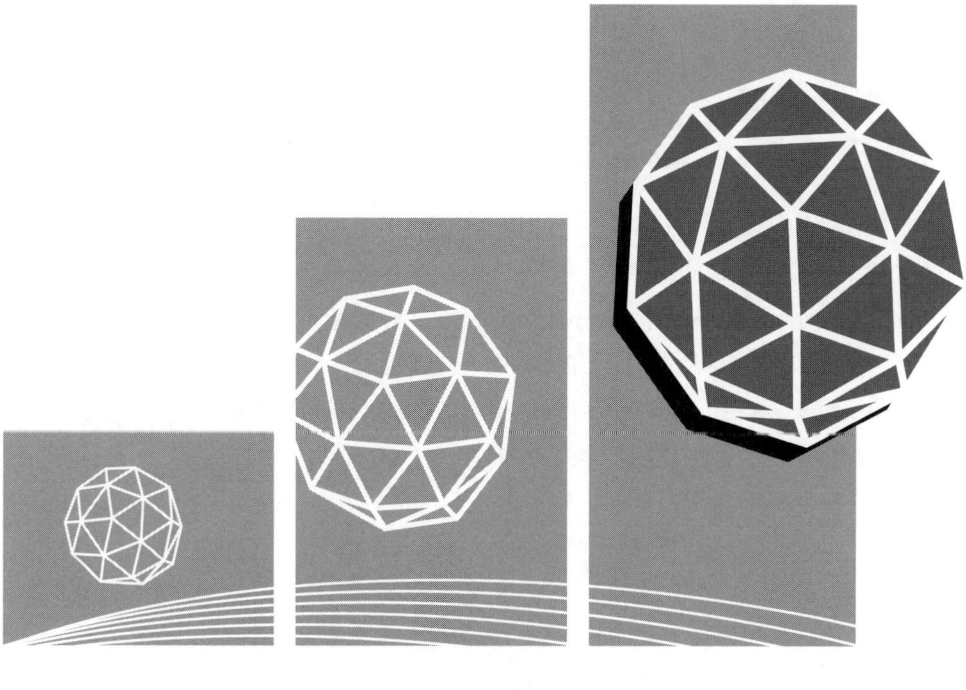

数学

時間　50分　　　　満点　100点

1　次の(1)～(6)の問いに答えなさい。

(1)　$2 \times (-3) + 3$ を計算しなさい。(　　　)

(2)　$2ab \div \dfrac{b}{2}$ を計算しなさい。(　　　)

(3)　$(\sqrt{5} - \sqrt{3})^2$ を計算しなさい。(　　　)

(4)　2個のさいころを同時に投げるとき，出る目の数の和が6の倍数にならない確率を求めなさい。
(　　　)

(5)　関数 $y = -2x^2$ について述べた文として正しいものを，ア～エから全て選び，符号で書きなさい。(　　　)

ア　x の値が1ずつ増加すると，y の値は2ずつ減少する。

イ　x の変域が $-2 \leqq x \leqq 4$ のときと $-1 \leqq x \leqq 4$ のときの，y の変域は同じである。

ウ　グラフは x 軸について対称である。

エ　グラフは下に開いている。

(6)　線分ABの垂直二等分線を，定規とコンパスを使って作図しなさい。なお，作図に用いた線は消さずに残しなさい。

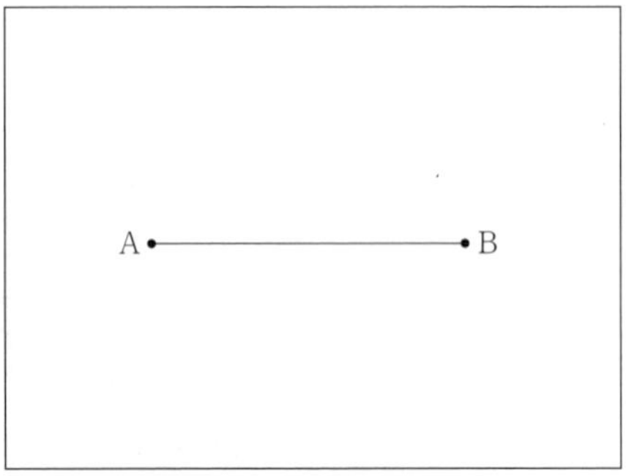

2　右の図のように，水平に置かれた直方体状の容器A，Bがある。Aの底面は，周の長さが20cmの正方形で，Bの底面は，周の長さが20cmの長方形である。また，AとBの高さは，ともに40cmである。

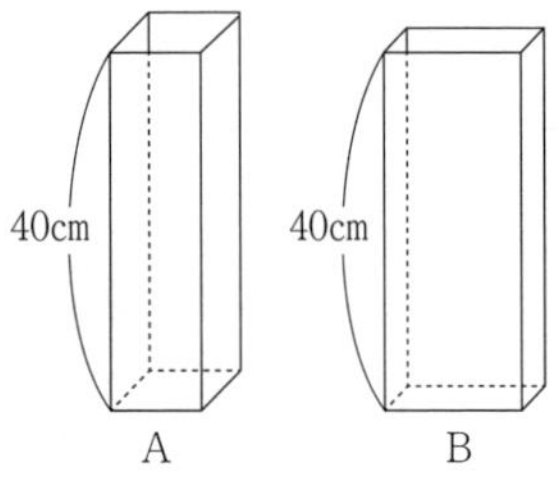

次の(1)～(3)の問いに答えなさい。

(1)　Aの底面の面積を求めなさい。(　　　cm^2)

(2)　Bの底面の長方形の1辺の長さを x cmとしたとき，Bの底面の面積を x を使った式で表しなさい。(　　　cm^2)

(3)　Bに水をいっぱいになるまで入れ，その水を全て空のAに移したところ，水面の高さが30cmになった。Bの底面の長方形において，短いほうの辺の長さを求めなさい。(　　　cm)

3　下の図は，ある中学校の3年A組の生徒35人と3年B組の生徒35人が1学期に読んだ本の冊数について，クラスごとのデータの分布の様子を箱ひげ図に表したものである。

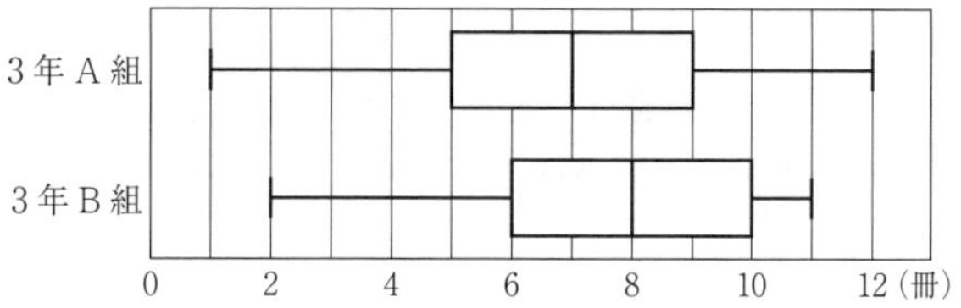

次の(1)~(3)の問いに答えなさい。

(1)　3年A組の第1四分位数を求めなさい。(　　　冊)

(2)　3年A組の四分位範囲を求めなさい。(　　　冊)

(3)　図から読み取れることとして正しいものを，ア～エから全て選び，符号で書きなさい。(　　　)

ア　3年A組と3年B組は，生徒が1学期に読んだ本の冊数のデータの範囲が同じである。

イ　3年A組は，3年B組より，生徒が1学期に読んだ本の冊数のデータの中央値が小さい。

ウ　3年A組は，3年B組より，1学期に読んだ本が9冊以下である生徒が多い。

エ　3年A組と3年B組の両方に，1学期に読んだ本が10冊である生徒が必ずいる。

4　ある遊園地に，図1のような，A駅からB駅までの道のりが4800mのモノレールの線路がある。モノレールは，右の表の時刻に従ってA駅とB駅の間を往復し，走行中の速さは一定である。

モノレールが13時にA駅を出発してからx分後の，B駅からモノレールのいる地点までの道のりをymとする。13時から13時56分までのxとyの関係をグラフに表すと，図2のようになる。

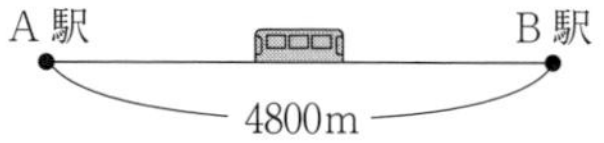

図1

モノレールの時刻表	
A発 → B着	B発 → A着
13：00 → 13：08	13：16 → 13：24
13：32 → 13：40	13：48 → 13：56

表

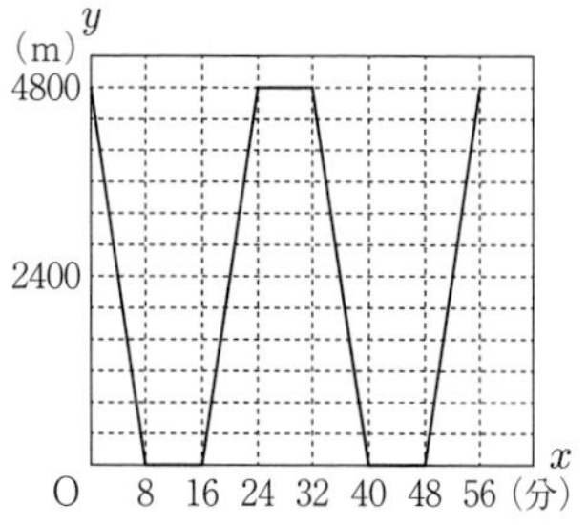

図2

次の(1)~(3)の問いに答えなさい。ただし，モノレールや駅の大きさは考えないものとする。

(1)　モノレールがA駅とB駅の間を走行するときの速さは，分速何mであるかを求めなさい。(分速　　　m)

(2)　xの変域を次の(ア)，(イ)とするとき，yをxの式で表しなさい。

(ア)　$0 \leqq x \leqq 8$のとき(　　　)

(イ)　$16 \leqq x \leqq 24$のとき(　　　)

(3)　花子さんは13時にB駅を出発し，モノレールの線路沿いにある歩道をA駅に向かって一定の速さで歩いた。花子さんはB駅を出発してから56分後に，モノレールと同時にA駅に到着した。

(ア)　花子さんが初めてモノレールとすれ違ったのは，モノレールが13時にA駅を出発してから，何分後であったかを求めなさい。(　　　分後)

(イ)　花子さんは，初めてモノレールとすれ違った後，A駅に向かう途中で，B駅から戻ってくるモノレールに追い越された。花子さんが初めてモノレールとすれ違ってから途中で追い越され

るまでに，歩いた道のりは何 m であったかを求めなさい。(　　　m)

5　右の図で，△ABC の 3 つの頂点 A，B，C は円 O の周上にあり，点 D は∠BAC の二等分線と円 O との交点である。また，線分 AD と辺 BC の交点を E とし，B を通り線分 DC に平行な直線と AD，辺 AC との交点をそれぞれ F，G とする。

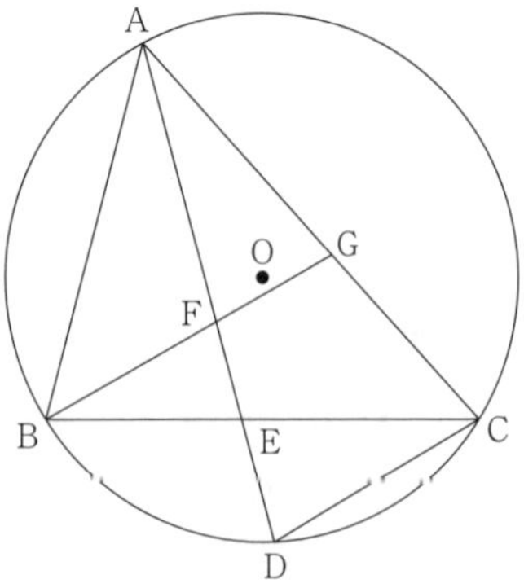

次の(1)，(2)の問いに答えなさい。

(1)　△AEC ∽△BGC であることを証明しなさい。

[　　　　　　　　　　]

(2)　AB ＝ 4 cm，BC ＝ 5 cm，CA ＝ 6 cm のとき，

(ア)　CE の長さを求めなさい。(　　　cm)

(イ)　△BEF の面積は，△AFG の面積の何倍であるかを求めなさい。(　　　倍)

6　10以上の自然数について，次の作業を何回か行い，1けたの自然数になったときに作業を終了する。

【作業】　自然数の各位の数の和を求める。

例えば，99の場合は，〈例〉のように自然数が変化し，2回目の作業で終了する。

〈例〉　99 → 18 → 9

次の(1)～(5)の問いに答えなさい。

(1)　1999の場合は，作業を終了するまでに自然数がどのように変化するか。〈例〉にならって書きなさい。(1999 →　　　　　　　)

(2)　10以上30以下の自然数のうち，2回目の作業で終了するものを全て書きなさい。(　　　　)

(3)　次の文章は，3けたの自然数の場合に何回目の作業で終了するかについて，太郎さんが考えたことをまとめたものである。アにはa，b，cを使った式を，イ，ウには数を，それぞれ当てはまるように書きなさい。ア(　　　　)　イ(　　　　)　ウ(　　　　)

3けたの自然数の百の位の数をa，十の位の数をb，一の位の数をcとすると，1回目の作業でできる自然数は，[ア]と表すことができる。[ア]の最小値は1で，最大値は[イ]である。

①　[ア]が1けたの自然数のとき

1回目の作業で終了する。

②　[ア]が2けたの自然数のとき

1回目の作業では終了しない。作業を終了するためには，[ア]が[ウ]のときはあと2回，他のときはあと1回の作業を行う必要がある。

したがって，3けたの自然数のうち，3回目の作業で終了するものでは，[ア] = [ウ]が成り立つ。

(4)　百の位の数が1である3けたの自然数のうち，3回目の作業で終了するものを求めなさい。

(　　　　)

(5)　3けたの自然数のうち，3回目の作業で終了するものは，全部で何個あるかを求めなさい。

(　　　　個)

英語

時間　50分　　　満点　100点

（編集部注）放送問題の放送原稿は英語の末尾に掲載しています。
音声の再生についてはもくじをご覧ください。

1　放送を聞いて答える問題

1　これから短い英文を読みます。英文は(1)～(5)まで5つあります。それぞれの英文を読む前に，日本語で内容に関する質問をします。その質問に対する答えとして最も適切なものを，ア～エから1つずつ選び，符号で書きなさい。なお，英文は2回ずつ読みます。

(1)(　　　)　(2)(　　　)　(3)(　　　)　(4)(　　　)　(5)(　　　)

(1)

(2)
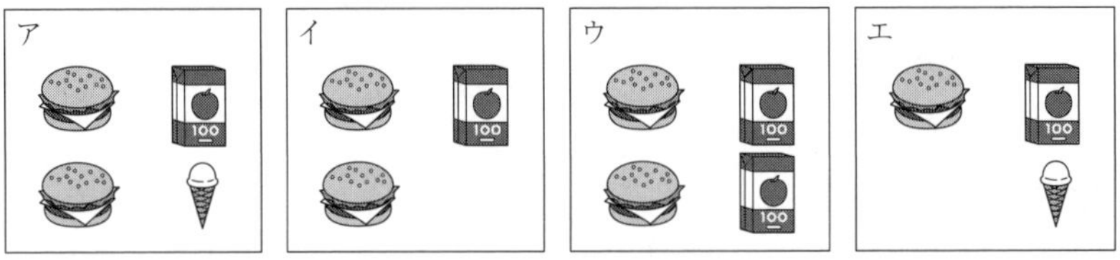

(3)　ア　I'll teach you how to do it.
　　イ　I'm also busy on Friday.
　　ウ　You have no plans on Tuesday.
　　エ　You've done it many times before.

(4)

	The shoes are …	The colors of the shoes are …	The shoes are …
ア	light and soft	red, blue and green	60 dollars
イ	light and hard	red, blue and green	40 dollars
ウ	light and soft	red, blue and yellow	40 dollars
エ	light and hard	red, blue and yellow	60 dollars

(5)　ア　John Green came to Japan to make his new movie.
　　イ　John Green is going to watch his new movie with his fans.
　　ウ　John Green has visited Japanese temples and shrines many times.
　　エ　John Green will go back to America without visiting other countries.

2　これから読む英文は，中学生の加奈（Kana）とブラウン先生（Mr. Brown）が話をしているときのものです。この英文を聞いて，(1)，(2)の問いに答えなさい。なお，英文は2回読みます。

英文を聞く前に，まず，(1)，(2)の問いを読みなさい。

(1)　次の①～③に対する答えを，加奈とブラウン先生の話の内容に即して完成させるとき，(　　)

に入る最も適切な英語を，1語書きなさい。

① Why is Mr. Brown surprised about the windows of Kana's house?

答え Because they are (　　　) of leaves.

② Who told Kana about energy problems?

答え Her (　　　) told her about them.

③ Why does Mr. Brown think that Kana's idea is good?

答え Because she can (　　　) electricity and eat vegetables.

(2) 加奈とブラウン先生の話の内容に合っているものを，ア～エから1つ選び，符号で書きなさい。

(　　)

ア Mr. Brown says that it's a good idea to talk about the colors of plants in English class.

イ Mr. Brown says that the plants have not grown higher than the windows.

ウ Kana says that she should use an air conditioner to keep the room cool for plants.

エ Kana says that she can make the room a little cooler by using plants.

2　次の1～3の問いに答えなさい。

1　次の会話の（　　）に入る最も適切な英語を，1語書きなさい。ただし，（　　）内に示されている文字で書き始め，その文字も含めて答えること。(　　　)

Meg:　Which season do you like the best, Yumi?

Yumi:　I like summer the best. I enjoy swimming in the sea. How about you?

Meg:　My favorite season is (w　　). It's the coldest season, but I can enjoy skiing.

Yumi:　I see. I think every season has some good points.

2　次の会話を読んで，質問の答えとして最も適切なものを，ア～エから1つ選び，符号で書きなさい。(　　　)

Yuki:　I hear you are going to visit Nara during the next holidays. What are you going to do there?

Mike:　I am going to visit Todai-ji Temple. Do you know any other good places to visit?

Yuki:　Sorry, I don't know. How about asking Ken about good places? He has visited Nara many times because he has a cousin there.

Mike:　Good idea!

What is Yuki's advice?

ア　To tell Ken's cousin to make plans in Nara

イ　To get some information about Nara from Ken

ウ　To ask Ken's cousin to travel together in Nara

エ　To give Ken some information about Nara

3　次のデパートの掲示物と会話を読んで，(1)，(2)の質問の答えとして最も適切なものを，ア～エから1つずつ選び，符号で書きなさい。

【Floor Information】

Fifth Floor	Eating Area / Event Stage
Fourth Floor	Restaurants / Books
Third Floor	Clothes / Shoes
Second Floor	Watches / Bags
First Floor	Food / Information

【Event Information】

・Concerts at the Event Stage
First concert　2:00 p.m. — 2:30 p.m.
Second concert　3:00 p.m. — 3:30 p.m.
・If you buy clothes from 2:00 p.m. to 2:30 p.m., you can get a discount.

Aki:　It's already 1:00 p.m. I'm hungry. Let's go to a restaurant on the fourth floor.

Bill:　Well, the restaurants may be crowded. Why don't we buy food on the first floor and bring it to the Eating Area? There are many tables, so we can have lunch there.

Aki:　Sounds good! Oh, look at the event information. After lunch, I want to go to a concert. I also want to buy a T-shirt as a present for my brother. His birthday is next week.

Bill:　OK. Well, if we go to the second concert, we can visit the clothes stores first and get a discount.

Aki:　Perfect!

(注) floor：階　Eating Area：食事スペース

(1) Where will Aki and Bill eat lunch? (　　)

ア On the first floor　イ On the third floor　ウ On the fourth floor

エ On the fifth floor

(2) What is Aki going to do first with Bill after eating lunch? (　　)

ア To go to the first concert

イ To go to the second concert

ウ To go to the clothes stores

エ To go back home

3　次の英文は，春樹（Haruki）が，キャンプ場（camping site）での経験をきっかけに，キャンプについて調べ，英語の授業で発表したときのものです。1～3の問いに答えなさい。

During summer vacation this year, I went camping with my father for the first time. At night, we ate delicious food and looked at the beautiful stars. My father said, "When I was your age, I often went camping." He also said, "We're lucky to live in Gifu because we have many good camping sites. Each camping site has its own good points." On that day, I became a big fan of camping. Then I used the Internet and some books to learn about camping.

Look at the table. This shows five prefectures with the largest number of camping sites in Japan in 2021. I am glad to find that Gifu is one of them. Hokkaido has more than 200 camping sites. The second is Nagano. You can see the number of camping sites in Yamanashi is a little larger than the number in Gifu. I think all of these five prefectures have great nature.

Next, look at the graph. This shows the number of people who went camping from 1989 to 2019 in Japan. The largest number was in 1994. It is called the first camping boom. But the number [①] in 1999. In 2009, the number became about a [②] of the number in 1994. However, from 2009 to 2019, it kept [③] again.

Why is camping becoming popular again? I read an article and found two reasons. First, many young people think camping is cool and attractive. Because of camping anime and camping videos of famous people, they are interested in camping now. Second, a lot of people who experienced camping in the first camping boom have become parents, and started to go camping again with their children today. My father is one of them.

When I go camping, I can relax in nature. I hope the beautiful nature will continue to grow into the future.

Table

First	[A]	222
Second	[B]	149
Third	[C]	99
Fourth	[D]	93
Fifth	Niigata	79

Graph

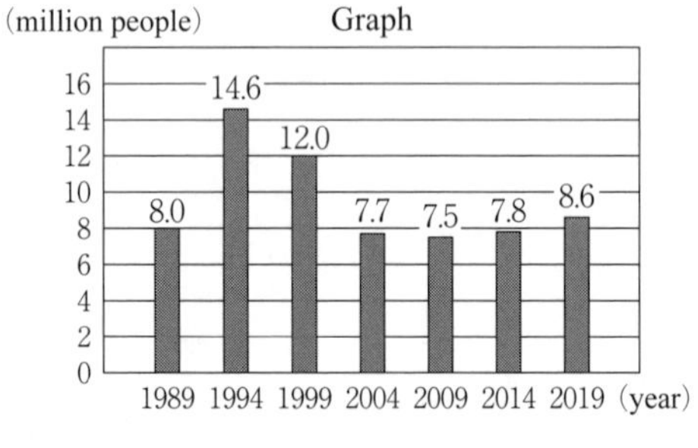

（注）　table：表　　prefecture：都道府県　　first camping boom：第一次キャンプブーム

1　Tableの[C]に入る最も適切なものを，ア～エから1つ選び，符号で書きなさい。(　　　)

ア　Gifu　　イ　Hokkaido　　ウ　Nagano　　エ　Yamanashi

2　本文中の[①]～[③]に入る英語の組み合わせとして最も適切なものを，ア～エから1つ選び，符号で書きなさい。(　　　)

ア　①－increased　　②－half　　③－decreasing

イ　①－increased　　②－third　　③－decreasing

ウ　①－decreased　　②－half　　③－increasing

エ　①－decreased　②－third　③－increasing

3　本文の内容に合っているものを，ア～エから１つ選び，符号で書きなさい。（　　）

ア　Haruki found that the number of people who went camping kept increasing from 1989 and it never decreased.

イ　Haruki found that many people who went camping in the first camping boom go camping again with their children today.

ウ　Haruki said that his father went camping this summer for the first time because he thought it was cool.

エ　Haruki said that the first camping boom happened because of camping anime and videos of famous people.

4　次の英文は，中学生の花（Hana），海斗（Kaito），陸（Riku），美香（Mika）が，ペットボトル（plastic bottle）のリサイクル（recycling）について調べ，英語の授業で話し合いをしているときのものです。1～6の問いに答えなさい。

Hana: Today's topic is the recycling of plastic bottles. It's important to think about how to solve the problem of plastic bottle waste. What do you think about it? Kaito, could you tell us your idea first?

Kaito: OK. I think we can do some small things in our daily lives for recycling. For example, when we throw away plastic bottles at home, we can remove the caps and labels, and wash the bottles for recycling. It may sound like a small thing. But when I went to the recycling center, I learned it's very important for recycling. In the center, I was surprised to see what the staff members were doing. They were removing the caps with their hands. I still remember that one of them said, "We'll be happy if you just remove the caps and labels, and wash the bottles. Then, more waste can turn into resources!" Through this experience, I found that everyone should do something good for recycling.

Hana: Wow, you had a great experience. You learned that [　①　]. Is that right?

Kaito: That's right.

Riku: I see your point, Kaito. But in my opinion, we should think about how to live without plastic bottles first. If we don't buy drinks in plastic bottles, we don't even need to think about recycling. Do you remember the 3Rs? Among the 3Rs, I think "Reduce" is the most important. "Reuse" is the second most important, and "Recycle" should be the last choice. After recycling, most of the plastic bottles become different products such as food trays or clothes. But it's not possible to collect all the plastic bottles for recycling. Also, I hear that it's difficult to repeat the recycling of these products many times. So recycling isn't perfect. We should think about how to stop using plastic bottles. For example, we can use our own water bottles. It seems a small change, but it's important to start something.

Hana: Thank you Riku. You mean that [　②　], right?

Riku: Yes.

Mika: Well, I understand Riku's idea. But because of new technology, we can make new plastic bottles from used plastic bottles. This way is called "B to B", "Bottle to Bottle". According to research, the recycling rate of "B to B" is still low. It was only 15.7% in 2020. But the number of plastic bottles made from used plastic bottles has been increasing little by little.

Hana: I don't know much about "B to B". Can you tell us more about "B to B"?

Mika: Sure. There are some good points of "B to B". For example, plastic bottles can be used as "resources" almost forever. It means that used plastic bottles can become resources to make new plastic bottles. Now, imagine your life without plastic bottles.

It would be difficult to live. They're very useful, so I don't think a lot of people will stop using them. The number of plastic bottles will not decrease a lot with Riku's idea. We should start from small things for recycling. So I agree with Kaito. As one way, we should send clean plastic bottles without caps and labels to the recycling center.

Hana:　Thank you. I think only [③] has a different opinion about recycling of plastic bottles. [③] explained a different way to solve the problem of plastic bottle waste. But I think all of your ideas are almost the same in one point. You all want to say that the things we do may be small, but [④], right?

〈*Kaito, Riku and Mika agree with Hana.*〉

Hana:　Thank you. "All great things have small beginnings." It was nice talking with you today.

(注)　waste：ごみ　throw away：捨てる　cap：ふた　label：ラベル
recycling center：リサイクル施設　resource：資源　Reduce：リデュース
Reuse：リユース　Recycle：リサイクル　food tray：食品トレー　water bottle：水筒
recycling rate：リサイクル率　little by little：少しずつ

1　海斗は，リサイクル施設の職員がどのような作業をしているのを見て驚いたか。本文で述べられているものを，ア～エから１つ選び，符号で書きなさい。(　　　)

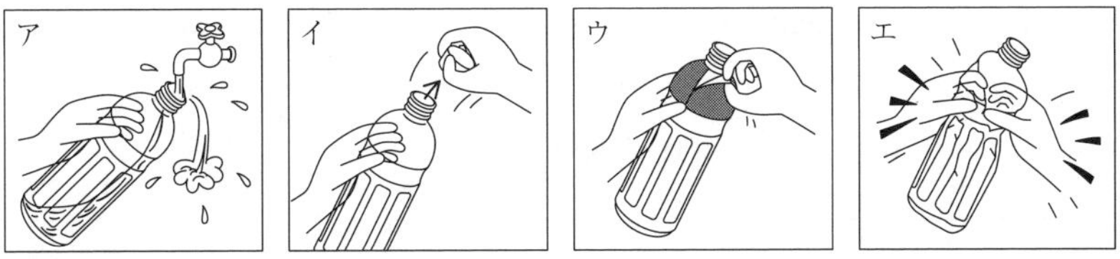

2　本文中の[①]と[②]に入る最も適切なものを，ア～エからそれぞれ１つずつ選び，符号で書きなさい。①(　　　)　②(　　　)

ア　even small things that we do in our daily lives are related to recycling

イ　there is new technology to solve the problem of plastic bottle waste

ウ　we should think about how we can stop using plastic bottles before recycling

エ　the 3Rs are not important to solve the problem of plastic bottle waste now

3　本文中の[③]と[④]に入る組み合わせとして最も適切なものを，ア～エから１つ選び，符号で書きなさい。(　　　)

ア　③　Kaito　④　it's necessary to think about how to increase the recycling rate

イ　③　Kaito　④　it's important for us to think about what we can do and to take action

ウ　③　Riku　④　it's necessary to think about how to increase the recycling rate

エ　③　Riku　④　it's important for us to think about what we can do and to take action

4　次の質問に対する答えを，本文の内容に即して，英語で書きなさい。

(1)　Does Riku think "Recycle" is the most important thing to do among the 3Rs?

(　　　), he (　　　).

(2) According to Mika, what is one good point of “B to B”?

We can (　　　) plastic bottles as resources to make new plastic bottles almost (　　　).

5　本文の内容に合っているものを，ア～オから１つ選び，符号で書きなさい。(　　　)

ア　Mika says that the number of plastic bottles made from used ones has not been increasing.

イ　Mika says that the recycling rate of “B to B” was lower than 15% in 2020.

ウ　Mika thinks that many people will continue using plastic bottles because they are useful.

エ　Hana knew a lot about “B to B” before she talked with Kaito, Riku and Mika.

オ　Hana thinks that the ideas of Kaito, Riku and Mika are the same in all points.

6　次の英文は，陸が英語の授業で花，海斗，美香と話し合ったことをもとに，考えをまとめたレポートの一部です。(⑤)，(⑥) に入る最も適切な英語を，本文中から抜き出して１語ずつ書きなさい。ただし，(　) 内に示されている文字で書き始め，その文字も含めて答えること。

⑤(　　　)　⑥(　　　)

I think “Reduce” is really important, but I learned different ideas about the recycling of plastic bottles today. Mika told us about a (⑤ w　　) that is called “B to B”. I was surprised to know that used plastic bottles can become resources to make new plastic bottles. I also learned a lot from Kaito. Now, I think we should do something good for recycling. Then, more waste can (⑥ t　　) into resources. I want to think more about how to live with plastic bottles well.

5　次の１，２の会話について，それぞれの [　　] 内の語を正しく並べかえて，英文を完成させなさい。

1　Well, (　　) (　　) (　　) (　　) (　　) reading it?

2　I’ll show (　　) (　　) (　　) (　　) (　　).

1　(家で)

Mother:　Tom, are you still reading a book? It’s time to go to bed! It’s already 11:00 p.m.

Tom:　Yes, but this book is so interesting that I can’t stop reading it.

Mother:　Well, [been / long / you / have / how] reading it?

Tom:　Oh, for more than four hours. I should stop here and go to bed.

2　(休み時間の教室で)

Emi:　I heard you went to the zoo. Did you see the baby lion?

Ms. Baker:　Yes. I’ll show [it / you / some / of / pictures].

Emi:　Wow, it’s so cute! I want to go and see it.

6　あなたは，英語の授業で，「インターネットショッピング（online shopping）」について，長所と短所を述べる立場に分かれて話し合いをしました。それぞれの人物のメモをもとに，実際に話し合いをしたときの会話文を完成させなさい。会話文の［①］，［②］には，それぞれメモに即して，適切な英語を書きなさい。また，［③］には，インターネットショッピングの長所についてのあなたの考えを，次の《注意》に従って英語で書きなさい。ただし，［③］は，朝美（Asami）の意見とは違う内容とすること。

① I think that online shopping is good because you (　　　　　　) goods from the shop.

② Some people don't (　　　　　　　　　　　　　　　) the Internet in a safe way.

③ But I still think online shopping is good because _____ _____ _____ _____ _____ _____
_____ _____ _____ _____ _____ _____ _____ _____ _____ _____ _____ _____ _____
_____

《注意》・文の数は問わないが，10語以上20語以内で書くこと。
・短縮形（I'm や don't など）は1語と数え，符号（, や . など）は語数に含めないこと。

〈Asami のメモ〉

長所	・家まで直接配送してもらえるため，商品を運ぶ必要がない。

〈Kenji のメモ〉

短所	・インターネットの安全な使い方を知らない人もいるため，問題が起こるかもしれない。

〈実際に話し合いをしたときの会話文〉

Asami

I think that online shopping is good because you ［①］ goods from the shop. They are directly sent to your house.

Kenji

You may be right, Asami. But online shopping has a bad point, too. Some people don't ［②］ the Internet in a safe way. So some of them may have problems.

You

I see what you mean, Kenji. But I still think online shopping is good because ［③］

（注） directly：直接に

〈放送原稿〉

2023年度岐阜県公立高等学校入学試験英語の放送問題を始めます。

1　これから短い英文を読みます。英文は(1)から(5)まで5つあります。それぞれの英文を読む前に，日本語で内容に関する質問をします。その質問に対する答えとして最も適切なものを，アからエから1つずつ選び，符号で書きなさい。なお，英文は2回ずつ読みます。

(1)　これから読む英文は，ジュディ（Judy）が，電車に置き忘れたノートについて駅員に説明しているときのものです。ジュディが探しているノートを正しく表しているものはどれでしょう。

I'm looking for my notebook. The color is black. It has a picture of a white bear. And my name "Judy" is written under the white bear.

（くり返す）

(2)　これから読む英文は，ハンバーガーショップでの店員とエミリー（Emily）との会話です。エミリーが注文したものを正しく表しているものはどれでしょう。

Staff:　Hello. May I help you?

Emily:　I want two hamburgers and one apple juice, please.

Staff:　Sure. Anything else? Would you like an ice cream?

Emily:　No, thank you.

（くり返す）

(3)　これから読む英文は，久美（Kumi）とボブ（Bob）との会話です。その会話の最後で，久美がひとこと付け加えるとすると，どの表現が最も適切でしょう。なお，久美がひとこと付け加えるところで，チャイムが鳴ります。

Kumi:　Hi, Bob. Are you free after school next Tuesday or Friday?

Bob:　I already have plans on Tuesday. But I'm free on Friday.

Kumi:　Then, how about coming to the tea ceremony club on Friday? I want to enjoy the tea ceremony with you.

Bob:　Well, I've seen the tea ceremony on TV, but I've never experienced it before. Do you think I can do it well?

Kumi:　Don't worry.（チャイムの音）

（くり返す）

(4)　これから読む英文は，ある商品のコマーシャルです。コマーシャルの内容を正しく表しているものはどれでしょう。

So fast, so cool! These shoes are designed for running. They are called "Shoes X". "Shoes X" are not heavy at all. They are light and soft like feathers. You will realize that you can run much faster than before with "Shoes X". You can choose from three colors: red, blue and yellow. "Shoes X" are only 40 dollars. If you buy them this month, you can get a bag for free though the bag is usually 20 dollars. Buy "Shoes X" now!

（くり返す）

(5)　これから読む英文は，来日したジョン・グリーン（John Green）に関するニュースです。ニュースの内容に合っているものはどれでしょう。

The American actor, John Green, arrived in Japan today. He came here to introduce his new movie “The Best Hero” to his fans. He is going to visit movie theaters in Tokyo, Nagoya and Osaka, and watch the movie with his fans at one of the theaters. John is interested in Japanese temples and shrines, but he has never been to any of them before. So he is excited to visit some temples and shrines in Kyoto. He will stay in Japan for five days and then visit other Asian countries before he goes back to America.

（くり返す）

2　これから読む英文は，中学生の加奈（Kana）とブラウン先生（Mr. Brown）が話をしているときのものです。この英文を聞いて，(1)，(2)の問いに答えなさい。なお，英文は2回読みます。英文を聞く前に，まず，(1)，(2)の問いを読みなさい。

では，始めます。

Kana:　Hello, Mr. Brown. Do you have time now?

Mr. Brown:　Hi, Kana. What’s up?

Kana:　I’m preparing for the presentation in English class. I want to talk about “Green Curtains”. Could you tell me what you think about my topic?

Mr. Brown:　Green Curtains?

Kana:　Yes. Please look at this picture.

Mr. Brown:　Oh, I’m surprised! The windows are full of leaves. The plants have grown higher than the windows.

Kana:　These are called Green Curtains. I make them at my house every year.

Mr. Brown:　I see. Why did you become interested in them?

Kana:　My sister told me about energy problems. Then, I learned that making Green Curtains is one way to save energy.

Mr. Brown:　Great. Can you tell me more about Green Curtains?

Kana:　Of course. Because of Green Curtains, the sun light doesn’t come into the room so much, and that makes the room a little cooler. So I don’t have to use the air conditioner a lot. It means I can save electricity in my house.

Mr. Brown:　Wow, that’s nice. And these are cucumbers, right?

Kana:　Yes. Cucumbers are popular vegetables for making Green Curtains.

Mr. Brown:　Your idea is good. You can both save electricity and eat vegetables. Your classmates will be interested in your topic.

Kana:　Thank you, Mr. Brown.

Mr. Brown:　You’re welcome.

（くり返す）

これで放送問題を終わります。

社会

時間　50分　　満点　100点

1　あやこさんは，歴史の授業で学んだ法に関心をもち，時代区分ごとに関連する内容について調べ，まとめを書いた。1～12の問いに答えなさい。

［あやこさんのまとめ］

古代

聖徳太子は，仏教や儒学の考え方を取り入れた［　Ⅰ　］で，天皇の命令に従うべきことなど，役人の心構えを示した。8世紀には，唐の法律にならって①大宝律令が作られるなど，律令国家が成立していった。律令国家は，天皇や貴族が中心となって運営され，②様々な文化が発展した。

中世

鎌倉時代，執権の北条泰時は1232年に，③御成敗式目（貞永式目）を定めた。武士は，朝廷の律令とは別に，独自の法を制定し，御成敗式目は長く武士の法律の見本となった。応仁の乱以後の戦国時代には，④戦国大名が独自の分国法を定めて，領国を統一して支配する新しい政治を行った。

近世

江戸幕府の3代将軍［　Ⅱ　］は，武家諸法度で，大名が原則1年おきに領地と江戸とを往復する参勤交代を制度化し，外交面では，禁教，貿易統制，外交独占の鎖国体制を築いた。しかし，長崎では中国やオランダと交流が続き，次第に国内で⑤ヨーロッパの学問を学ぶ者が現れた。一方で，幕府は財政が悪化すると，⑥様々な政治改革を行った。

近代

明治政府は，⑦近代国家を造るための諸政策を進めた。ヨーロッパへの憲法調査や内閣制度の創設が行われた後，1889年に大日本帝国憲法が発布され，翌年には資料1のような⑧議会政治が始まった。続いて，民法や商法なども公布され，法制度が整備された。その後，⑨国民の政治意識が次第に高まり，大正時代には政党政治が発展した。

現代

政府は，GHQの指示を受けて憲法の改正に着手し，1946年に日本国憲法が公布された。また，民法が改正され，個人の尊厳と男女の本質的平等に基づく家族制度が定められた。その後，⑩高度経済成長が進む中で公害問題が深刻化すると，それに対応する法整備が必要となった。

［資料1］

1　［　Ⅰ　］に当てはまる，資料2の法の名を書きなさい。(　　　　)

［資料2］

一に曰く，和をもって貴しとなし，さからう（争う）ことなきを宗と（第一に）せよ。
二に曰く，あつく三宝を敬え。三宝とは仏・法（仏教の教え）・僧なり。
三に曰く，詔（天皇の命令）をうけたまわりては必ずつつしめ（守りなさい）。

（初めの3条の一部）

2　下線①について，次の［　a　］，［　b　］に当てはまる言葉の正しい組み合わせを，ア～エから

一つ選び，符号で書きなさい。(　　　)

6年ごとに作られる[a]に登録された6歳以上の全ての人々には，性別や良民，賤民の身分に応じて[b]が与えられた。人々は[b]の面積に応じて租を負担したほか，調や庸などの税が課された。

ア　a＝検地帳　　b＝口分田　　イ　a＝戸籍　　b＝口分田

ウ　a＝検地帳　　b＝荘園　　エ　a＝戸籍　　b＝荘園

3　下線②について，次のア～ウの出来事を，年代の古い順に並べ，符号で書きなさい。

(古い出来事　→　→　新しい出来事)

ア　神話や伝承，記録などを基にした歴史書の「古事記」と「日本書紀」がまとめられた。

イ　紫式部の「源氏物語」や，清少納言の「枕草子」など，女性による文学作品が生まれた。

ウ　仏教の新しい教えとして，唐に渡った最澄が天台宗を，空海が真言宗を日本に伝えた。

4　下線③について，資料3の[c]に当てはまる，国ごとに置かれた役職の名を書きなさい。(　　　)

[資料3]　御成敗式目（部分要約）

一　諸国の[c]の職務は，頼朝公の時代に定められたように，京都の御所の警備と，謀反や殺人などの犯罪人の取りしまりに限る。

5　下線④が保護した商人により開発された鉱山の一つに石見銀山がある。石見銀山の位置を，略地図のア～エから一つ選び，符号で書きなさい。(　　　)

6　[Ⅱ]に当てはまる人物の名を，漢字で書きなさい。

(　　　)

[略地図]

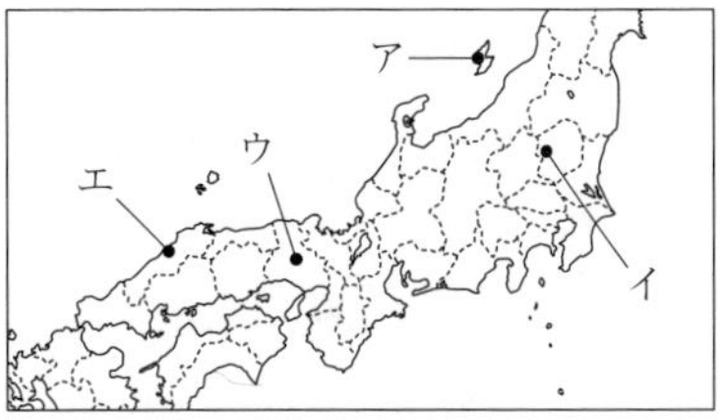

7　下線⑤について，次の出来事は，略年表のア～エのどの期間の出来事か。一つ選び，符号で書きなさい。(　　　)

伊能忠敬がヨーロッパの技術で全国の海岸線を測量し，正確な日本地図を作ることに着手した。

[略年表]

1641年　平戸のオランダ商館を長崎の出島に移す
↕ ……ア
1720年　徳川吉宗が禁書をゆるめる
↕ ……イ
1792年　ラクスマンが根室に来航する
↕ ……ウ
1842年　外国船にまきや水を与える政策をとる
↕ ……エ
1854年　日米和親条約を結び開国する

8　下線⑥について，次の[d]に当てはまる言葉を書きなさい。(　　　)

18世紀後半，老中になった田沼意次は，[d]という商工業者の同業者組織を作ることを奨励し，特権を与えるかわりに営業税を取り，幕府の財政を立て直そうとした。

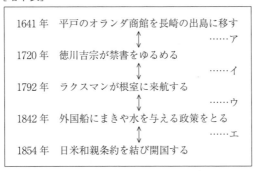

9　下線⑦について，表のア～エは，板垣退助，伊藤博文，大久保利通，大隈重信のいずれかである。伊藤博文に当たるものをア～エから一つ選び，符号で書きなさい。(　　　)

［表］ 近代国家を造った政治家たち

	ア	イ	ウ	エ
岩倉使節団に参加した	×	×	○	○
大日本帝国憲法制定前に政党を結成した	○	○	×	×
内閣総理大臣になった	×	○	○	×

注：○は該当する，×は該当しないことを意味する。

10　下線⑧について，(1)，(2)に答えなさい。

(1)　次の[e]に当てはまる文を，資料4を参考にして，「投票」という言葉を用いて，簡潔に書きなさい。

(　　　　　　　　　　　　　　　　　　　　　　　　　　)

大日本帝国憲法によって，天皇を中心とした国の仕組みが作られ，帝国議会は，国民が[e]と，皇族や華族，天皇が任命した議員などで構成する貴族院の二院制が採られた。

［資料4］ビゴーの風刺画

(2)　世界で最初に議会政治を始めたイギリスについて，次の[f]に当てはまる言葉を，ア～エから一つ選び，符号で書きなさい。(　　　)

イギリスでは，1688年から89年の名誉革命によって議会を尊重する国王が新たに選ばれ，[f]が定められた。こうして，世界初の立憲君主制と議会政治が始まった。

ア　権利章典　　イ　人権宣言　　ウ　独立宣言　　エ　マグナ・カルタ

11　下線⑨について，次のア～ウの出来事を，年代の古い順に並べ，符号で書きなさい。

古い出来事　　　　新しい出来事
(　　→　　→　　)

ア　普通選挙法が制定された。　　イ　第一次護憲運動が起こった。

ウ　原敬が政党内閣を組織した。

12　下線⑩について，このころの日本の社会の様子として最も適切なものを，ア～エから一つ選び，符号で書きなさい。(　　　)

ア　地主が持つ小作地を政府が強制的に買い上げて，小作人に安く売りわたした。

イ　ラジオ放送が始まり，新聞とならぶ情報源となった。

ウ　インターネットが普及し，国境をこえて高速で双方向にやりとりができるようになった。

エ　国民の所得が増え，テレビ，洗濯機，冷蔵庫などの家庭電化製品や自動車が広く普及した。

2 岐阜県に住むひできさんは，興味をもった国や地域についてクラスで発表するためのメモを作成した。1～11の問いに答えなさい。

［ひできさんのメモ1］ 日本と同緯度にある国：イタリア
《言語》 イタリア語は，［ I ］などと同じラテン系言語である。
《国際》 1993年に発足した①ヨーロッパ連合の原加盟国の一つである。
《産業》 イタリアやスペインなどの地中海沿岸では，②夏は高温で乾燥し，冬は温暖で雨が多いため，ぶどうやオリーブなどの果樹，小麦などの穀物を栽培する地中海式農業が行われている。

［ひできさんのメモ2］ 日本と同経度にある国：オーストラリア
《言語》 かつてイギリスの植民地であり，主として英語が使われている。
《国際》 貿易相手上位国は③中国，日本，アメリカで，特にアジアの国との関係が強くなっている。
《産業》 南東部や南西部では，小麦などの作物栽培と牧畜を組み合わせた農業が行われている。大規模で品質の良い鉱産資源を採掘することができ，④鉱業が重要な輸出産業になっている。

1 ひできさんは発表にあたり，略地図1を作成した。(1)，(2)に答えなさい。

［略地図1］

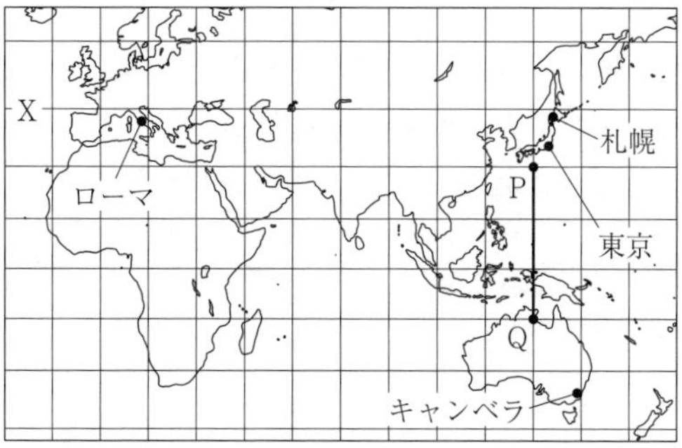

注：赤道及び15度ごとの緯線と，本初子午線及び15度ごとの経線が示してあり，緯線と経線は直角に交わっている。

［略地図2］

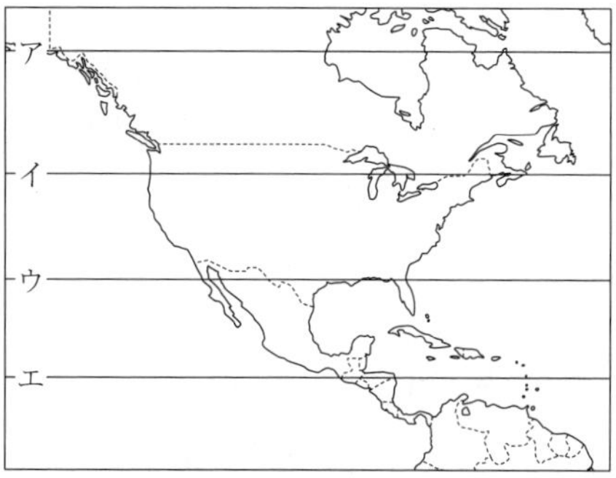

注：赤道から15度ごとの緯線が示してある。

(1) 略地図1の緯線Xと同じ緯線を，略地図2のア～エから一つ選び，符号で書きなさい。

( )

(2) 略地図1のP―Q間の実際の距離はおよそどれくらいか。地球の周囲を40,000kmとして，適切な距離を，ア～エから一つ選び，符号で書きなさい。( )

ア 約2,500km イ 約3,300km ウ 約5,000km エ 約7,500km

2 ［ I ］に当てはまる言語名を，ア～エから一つ選び，符号で書きなさい。( )

ア 英語 イ ドイツ語 ウ ロシア語 エ フランス語

3 下線①の略号を，大文字のアルファベット2字で書きなさい。( )

4 下線②の地中海性気候の特徴をもつ気温と降水量のグラフを，ア～エから一つ選び，符号で書きなさい。( )

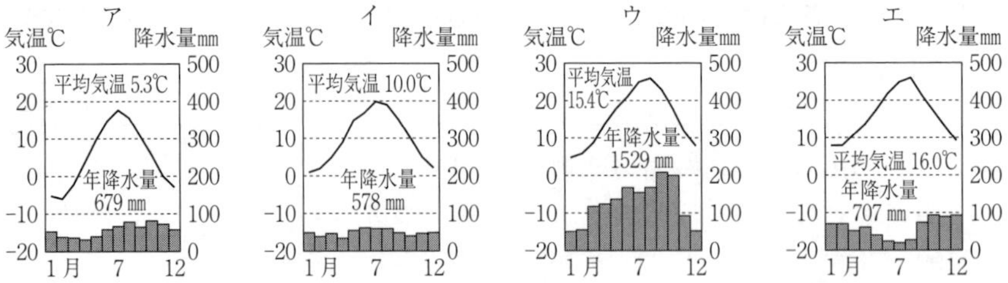

（「理科年表 2021」などより作成）

5　下線③について，表1のア〜エは，オーストラリア，中国，日本，アメリカのいずれかである。オーストラリアに当たるものを，ア〜エから一つ選び，符号で書きなさい。（　　　）

［表1］　オーストラリア，中国，日本，アメリカの人口密度（2020年）とエネルギー自給率（2018年）

	ア	イ	ウ	エ
人口密度（人/km^2）	3	34	150	339
エネルギー自給率（%）	321.5	97.4	80.2	11.8

（「世界国勢図会 2021／22」より作成）

6　下線④について，次の［a］，［b］に当てはまる言葉の正しい組み合わせを，ア〜エから一つ選び，符号で書きなさい。（　　　）

表2から，オーストラリアの輸出総額に占める日本への輸出額の割合を計算すると約［a］%で，日本は中国に続いて第2位の輸出相手国である。また，表3から，日本のオーストラリアからの輸入品目は，液化天然ガス，石炭，［b］のような鉱産資源が多いことが分かる。

［表2］　オーストラリアの貿易（2020年）

項目	金額（億ドル）
輸出総額	2,519
輸入総額	2,147
日本への輸出額	310
日本からの輸入額	129

［表3］　日本の，オーストラリアからの輸入上位3品目と，それぞれの輸入先上位2か国の金額の割合（2020年）

輸入品目	1位	2位
液化天然ガス	オーストラリア 40.2 %	マレーシア 13.2 %
石炭	オーストラリア 60.2 %	インドネシア 13.3 %
［b］	オーストラリア 52.3 %	ブラジル 29.6 %

注：割合（%）とは，それぞれの品目の輸入額全体に占める割合である。

（表2，表3とも「日本国勢図会 2022／23」より作成）

ア　a＝6　　b＝鉄鉱石　　イ　a＝6　　b＝石油　　ウ　a＝12　　b＝鉄鉱石
エ　a＝12　　b＝石油

［ひできさんのメモ3］ 岐阜県の属する中部地方

《地形》 略地図3の■で示した3000m級の山々が連なる三つの山脈は，ヨーロッパの［ Ⅱ ］山脈にちなんで，日本［ Ⅱ ］と総称される。これらの山脈の影響もあり，東海，北陸，中央高地のそれぞれに地域的特色が見られる。

《産業》 東海では⑤中京工業地帯や東海工業地域が広がり，⑥北陸では伝統産業や地場産業が各地に見られる。また，⑦東海では野菜や花の施設園芸農業，中央高地では高冷地で野菜の栽培，北陸では米の生産が盛んである。

《人口》 人口の多くは平野部に集中しており，特に東海には名古屋，浜松，静岡といった［ Ⅲ ］をはじめ，たくさんの都市が連なっている。

［略地図3］

7 ［ Ⅱ ］に当てはまる言葉を書きなさい。(　　　)

8 下線⑤について，グラフ1のア～ウは，中京工業地帯，京浜工業地帯，阪神工業地帯のいずれかである。中京工業地帯に当たるものを，ア～ウから一つ選び，符号で書きなさい。(　　　)

［グラフ1］

三大工業地帯の工業生産額とその内訳（2016年）

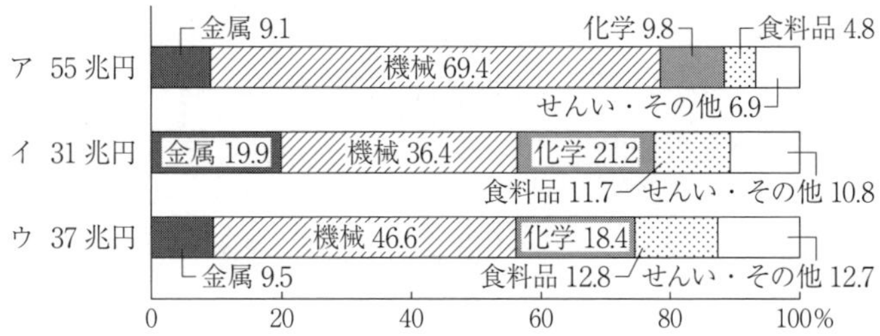

（「工業統計調査 平成29年版」より作成）

9 下線⑥について，次の［ c ］に当てはまる文を，グラフ2を参考にして，「雪」，「副業」の二つの言葉を用いて，簡潔に書きなさい。

(　　　　　　　　　　　　　　　　　　　　　　　　　　　)

北陸では，小千谷ちぢみや加賀友禅などの伝統産業や，富山の売薬などの地場産業が見られる。略地図3の輪島市の輪島塗も，［ c ］として始まり，伝統産業として継承されている。

［グラフ2］輪島市の気温と降水量

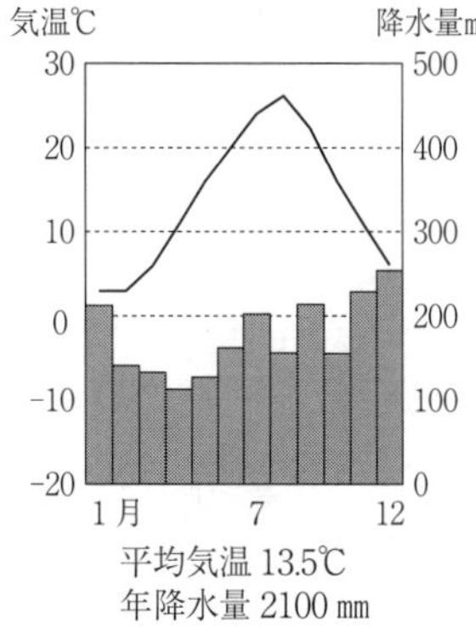

（「理科年表 2021」より作成）

10 下線⑦について，次の［ d ］に当てはまる言葉を書きなさい。

(　　　　栽培)

長野県の高原野菜の栽培では，夏でも冷涼な気候を利用して，他の温暖な地域と出荷時期をずらし，高い価格で販売できるように工夫している。また，愛知県の電照菊の栽培では，夜間に照明を当てて，花の開く時期を遅らせ，秋から冬にかけて出荷するように工夫している。このように，他の産地より出荷時期を遅らせる栽培方法を［ d ］という。

11 ［ Ⅲ ］は，政府によって指定を受けた人口50万人以上の市で，市域を複数の行政区に分けて区役所を設置し，市民の健康や福祉に関する多くの事務を都道府県に代わって行うことができる都市のことである。［ Ⅲ ］に当てはまる言葉を書きなさい。(　　　　都市)

3　あおいさんのクラスでは，公民の授業で，「住民の社会参画」について，班ごとに事例を調べ，クラスで意見交流をした。1〜9の問いに答えなさい。

《住民の社会参画の事例》

A班

X市のある商店街では，1991年の[あ]以降客数が減少し，地価が下落した。そこで，商店街がまちづくり会社を設立し，再開発を行った。商店街にマンション，医療機関や保育園を設け，商店街が生活の場として機能するようにして，住民が安心して暮らせる環境づくりに取り組んでいる。

B班

Y市では，スマートフォンなどの①ICT機器の活用により，地域の課題を市民と②行政が共有し，効率的な解決を目指す仕組みを作った。例えば，市民が道路の不具合など地域の困りごとをいつでも簡単に投稿することができるようにして，地域の課題解決に役立っている。

C班

Z市では，住民による地域活性化の企画に補助金を出す事業を始めた。この事業では，企画の内容や補助金の使い方などを住民が審査する。例えば，まちの③文化遺産のボランティアガイドの養成やガイドマップづくりが採用され，文化遺産を生かしたまちづくりが進められている。

《クラスでの意見交流》

・これからの少子高齢社会に対応するには，国の④社会保障制度とともに，X市の事例のように住民の社会参画による取り組みも大切になる。

・Y市の事例は，若い世代でも手軽に地域の課題解決に貢献できる工夫だと感じた。選挙権年齢や成年年齢が18歳になったことで，若い世代の社会参画や⑤政治参加に期待が高まっているので，主体的に行動したい。

・Z市で養成されたボランティアガイドや，作成されたガイドマップは，⑥外国人観光客が日本に来たときにも利用できる。

・以前，授業で，⑦企業が社会貢献活動をしていることを学習した。これからは，企業が，地域住民と協力して地域課題を解決するような取り組みも工夫できる可能性がある。

・三つの班の調べた事例は，住民が地域の課題を解決し，持続可能な社会をつくるための取り組みである。持続可能な社会を実現するためには，さらに⑧地球規模の課題をどう解決するかを考える必要もある。

1　[あ]に当てはまる言葉を，ア〜エから一つ選び，符号で書きなさい。(　　　)

ア　石油危機　　イ　バブル経済崩壊　　ウ　世界金融危機　　エ　アメリカ同時多発テロ

2　下線①が進むと同時に，課題も生じている。プライバシーの権利の一つで，自分の顔などを勝手に撮影されたり，その写真や映像を公表されたりしない権利を，ア〜エから一つ選び，符号で書きなさい。(　　　)

ア　環境権　　イ　肖像権　　ウ　著作権　　エ　知る権利

3　下線②について，行政改革の一つに，行政が企業などに出す許認可権を見直して，自由な経済活動をうながす規制緩和がある。日本での規制緩和の例として最も適切なものを，ア〜エから一つ選び，符号で書きなさい。(　　　)

ア　旅館が，宿泊希望の多い時期に，宿泊料金を高くする。

イ　少数の企業が相談して，生産量や価格を決める。

ウ　一般市民が住宅を活用して，旅行者などに宿泊場所を提供する。

エ　食料品店が，閉店間際に生鮮食品や惣菜を値引きする。

4　下線③について，17 世紀初めに出雲の阿国という女性がはじめた踊りが発達し，江戸時代には資料のように栄えた伝統芸能の名を書きなさい。(　　　)

[資料]

5　下線④について，次の［　a　］に当てはまる言葉を書きなさい。

(　　　)

日本の社会保障制度は，四つの柱からなっており，そのうち，生活環境の改善や感染症の対策などにより，人々の健康や安全な生活を守ることを［　a　］という。

6　下線⑤について，(1)～(3)に答えなさい。

(1)　次の［　b　］に当てはまる言葉を，漢字で書きなさい。(　　　)

地域は住民自身によって運営されるべきであり，そのために国から自立した地方公共団体を作るという［　b　］の原則は，日本国憲法第 92 条に「［　b　］の本旨」として示されている。そして，地方公共団体の仕組みや運営の方法などについては，［　b　］法で定められている。

(2)　表 1 は，有権者が 240,000 人の M 市についてのものである。表 1 の［　c　］，［　d　］に当てはまる数字と言葉の正しい組み合わせを，ア～エから一つ選び，符号で書きなさい。(　　　)

[表 1]　M 市における条例の制定・改廃の請求に必要な有権者の署名数

必要な有権者の署名数	請求先
［　c　］以上	M 市の［　d　］

ア　c = 4,800　　d = 首長　　イ　c = 4,800　　d = 議会

ウ　c = 80,000　　d = 首長　　エ　c = 80,000　　d = 議会

(3)　現在の選挙の 4 原則のうち，どの政党や候補者に投票したかを他人に知られないように無記名で投票する原則を何というか，書きなさい。(　　　選挙)

7　下線⑥について，次の［　e　］，［　f　］に当てはまる言葉の正しい組み合わせを，図 1 とグラフを参考にして，ア～エから一つ選び，符号で書きなさい。(　　　)

[図 1]　円高と円安

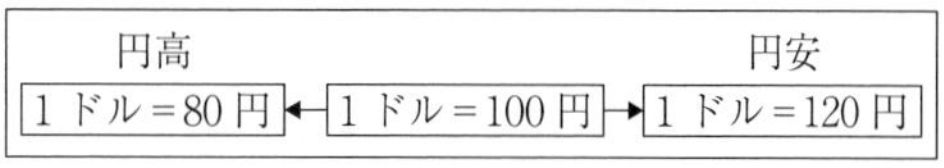

[グラフ]　円とドルの為替相場の推移

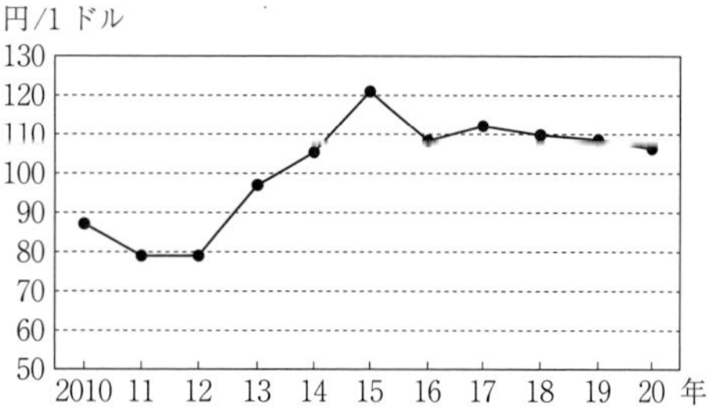

(「日本銀行資料」より作成)

アメリカから日本への旅行者が，1,200 ドルを日本円に交換した場合，図 1 の円安のときには［　e　］になる。したがってグラフの，2012 年と 2015 年を比較すると，一般に，［　f　］の方が，アメリカから日本へ旅行するには有利であったと考えられる。

ア　e = 96,000 円　　f = 2012 年

イ　e = 144,000 円　　f = 2012 年

ウ　e = 96,000 円　　f = 2015 年

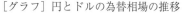

エ　e ＝ 144,000 円　　f ＝ 2015 年

8　下線⑦について，図 2 は，あおいさんが授業のときに作成したウェビングマップである。図 2 の D～F について，(1)～(3)に答えなさい。

［図 2］ 企業からイメージされるもの

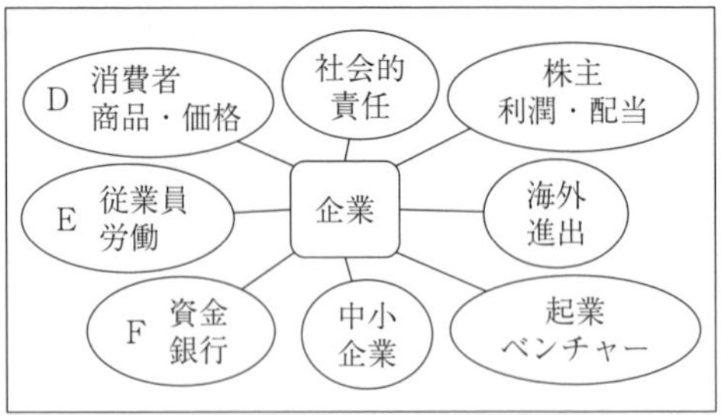

(1)　D について，次の [g] に当てはまる法律の名を書きなさい。(　　　)

2000 年に制定された [g] には，契約上のトラブルから消費者を保護するために，事業者による一定の行為によって，消費者が誤認したり，とまどったりした状態で契約を結ぶなどした場合は，その契約や意思表示を取り消すことができると定められている。

(2)　E について，日本では近年，ワーク・ライフ・バランスの実現が重要になっている。表 2 の Ⅰ，Ⅱ，表 3 のⅢ，Ⅳは，1995 年，2019 年のいずれかである。2019 年の正しい組み合わせを，ア～エから一つ選び，符号で答えなさい。(　　　)

［表 2］　1995 年と 2019 年の正規労働者と非正規労働者の数と割合

	正規労働者		非正規労働者	
	数（万人）	割合（%）	数（万人）	割合（%）
Ⅰ	3,779	79.1	1,001	20.9
Ⅱ	3,476	61.5	2,169	38.5

（「総務省資料」より作成）

［表 3］
1995 年と 2019 年の年間総労働時間

	年間総労働時間
Ⅲ	1,733 時間
Ⅳ	1,909 時間

（「厚生労働省資料」より作成）

ア　表 2 ＝ Ⅰ　　表 3 ＝ Ⅲ　　イ　表 2 ＝ Ⅰ　　表 3 ＝ Ⅳ　　ウ　表 2 ＝ Ⅱ　　表 3 ＝ Ⅲ
エ　表 2 ＝ Ⅱ　　表 3 ＝ Ⅳ

(3)　F について，銀行の主な業務には預金の受け入れとお金の貸し出しがある。次の [h] に当てはまる文を，「貸し出し」，「預金」という二つの言葉を用いて，簡潔に書きなさい。
(　　　　　　　　　　　　　　　　　　　　　　　　　　)

図 3 は，銀行の働きの一部を模式的に示したものである。銀行は，一般に，[h] ことで，その差から収入を得ている。

［図 3］ 銀行の働き（一部）

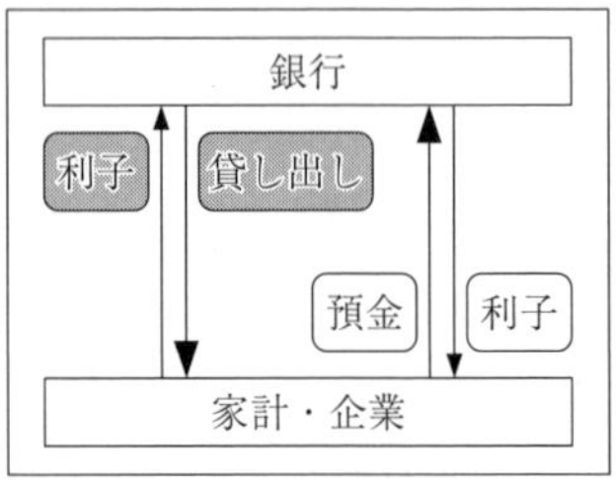

9　下線⑧について，2015 年に，温室効果ガスの排出量が増大した産業革命の前からの気温上昇を，地球全体で 2 度未満におさえる目標を設定し，途上国を含む各国・地域がそれぞれ立てた目標に取り組むことを決めた国際協定の名を書きなさい。(　　　)

理科

時間　50分　　　　満点　100点

1　1～4について，それぞれの問いに答えなさい。

1　堆積岩を観察して調べた。

(1)　次の［　　］の①，②に当てはまる正しい組み合わせを，ア～カから1つ選び，符号で書きなさい。(　　　)

砂，泥，れきは，粒の大きさで分類されている。粒の大きさが最も大きいものを［①］といい，最も小さいものを［②］という。

ア　①　砂　　②　泥　　イ　①　泥　　②　砂　　ウ　①　れき　　②　砂
エ　①　砂　　②　れき　オ　①　泥　　②　れき　カ　①　れき　　②　泥

(2)　堆積岩について，正しく述べている文はどれか。ア～エから最も適切なものを1つ選び，符号で書きなさい。(　　　)

ア　堆積岩はマグマが冷えて固まった岩石である。
イ　凝灰岩にうすい塩酸をかけると，とけて気体が発生する。
ウ　石灰岩は火山灰が固まった岩石である。
エ　チャートは，鉄のハンマーでたたくと鉄が削れて火花が出るほどかたい。

2　コリウスを光の当たらないところに一晩置いた。翌日，図1のように，ふ入りの葉の一部をアルミニウムはくでおおい，十分に光を当てた。その後，エタノールで脱色してからヨウ素液にひたした。

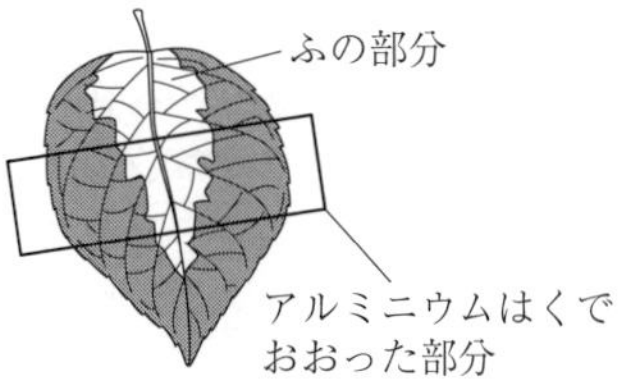

図1

(1)　ヨウ素液にひたしたときの葉の模式図として最も適切なものを，ア～エから1つ選び，符号で書きなさい。なお，模式図で黒くぬられている部分は，青紫色になった部分を示している。(　　　)

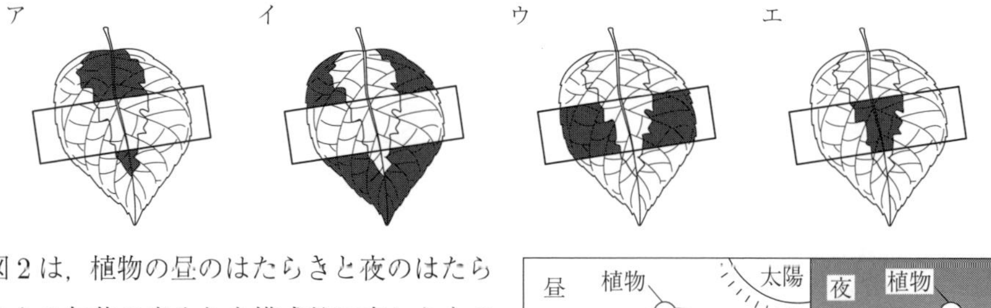

(2)　図2は，植物の昼のはたらきと夜のはたらきによる気体の出入りを模式的に表したものである。①，②は気体，③，④は植物のはたらきを示している。①～④に当てはまる正しい組み合わせを，ア～エから1つ選び，符号で書きなさい。(　　　)

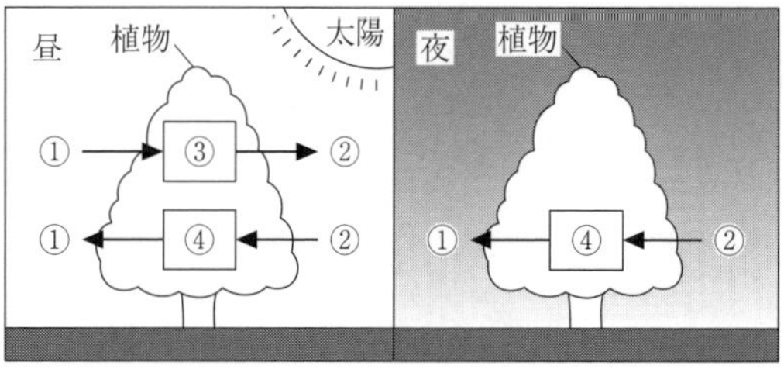

図2

ア　①　二酸化炭素　②　酸素　③　光合成　④　呼吸
イ　①　二酸化炭素　②　酸素　③　呼吸　④　光合成
ウ　①　酸素　②　二酸化炭素　③　光合成　④　呼吸
エ　①　酸素　②　二酸化炭素　③　呼吸　④　光合成

3　図3のように，1辺の長さが6 cmの正方形に切りとったプラスチック板をスポンジの上に置き，水を入れてふたをしたペットボトルを逆さまにして立てると，スポンジが沈んだ。このとき，正方形のプラスチック板と，水を入れてふたをしたペットボトルの質量の合計は360gであった。ただし，100gの物体にはたらく重力の大きさを1Nとする。また，$1\,\mathrm{Pa} = 1\,\mathrm{N/m^2}$ である。

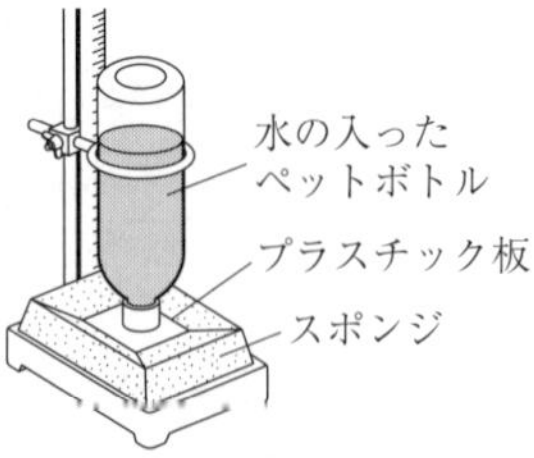

図3

(1)　プラスチック板からスポンジの表面が受ける圧力は何Paか。(　　　Pa)

(2)　プラスチック板を1辺の長さが半分の正方形にしたとき，プラスチック板からスポンジの表面が受ける圧力は約何倍になるか。ア～オから最も適切なものを1つ選び，符号で書きなさい。
(　　　)

ア　約$\frac{1}{4}$倍　イ　約$\frac{1}{2}$倍　ウ　約1倍　エ　約2倍　オ　約4倍

4　表は，4種類の物質における，固体がとけて液体に変化するときの温度と，液体が沸騰して気体に変化するときの温度をまとめたものである。

	鉄	パルミチン酸	窒素	エタノール
固体がとけて液体に変化するときの温度〔℃〕	1535	63	－210	－115
液体が沸騰して気体に変化するときの温度〔℃〕	2750	360	－196	78

表

(1)　固体がとけて液体に変化するときの温度を何というか。言葉で書きなさい。(　　　)

(2)　表の4種類の物質のうち，20℃のとき固体の状態にあるものを，ア～エから全て選び，符号で書きなさい。(　　　)

ア　鉄　イ　パルミチン酸　ウ　窒素　エ　エタノール

2　次の実験を行った。1～6の問いに答えなさい。

〔実験〕 4本の試験管A～Dを用意し，それぞれにデンプン溶液を$10cm^3$入れた。さらに，試験管A，Cには，水で薄めただ液を$2cm^3$ずつ入れ，試験管B，Dには，水を$2cm^3$ずつ入れた。それぞれの試験管を振り混ぜた後，図1のようにヒトの体温に近い約40℃の湯の中に試験管A，Bを，氷水の中に試験管C，Dを，それぞれ10分間置いた。その後，試験管A～Dに入っている液体を半分に分け，一方にヨウ素液を入れ，もう一方にベネジクト液と沸騰石を入れてガスバーナーで加熱し，それぞれの試験管の中の様子を観察した。表は，その結果をまとめたものである。

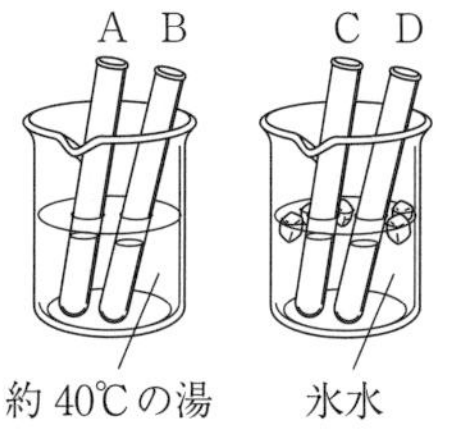

図1

	ヨウ素液との反応による色の変化	ベネジクト液との反応による変化
A	変化しなかった。	赤褐色の沈殿が生じた。
B	青紫色に変化した。	変化しなかった。
C	青紫色に変化した。	変化しなかった。
D	青紫色に変化した。	変化しなかった。

表

1　実験で，試験管B，Dに水を入れた理由として最も適切なものを，ア～エから1つ選び，符号で書きなさい。（　　　）

ア　反応しやすくするため。　　イ　溶液中のにごりを完全になくすため。

ウ　溶液の色の変化を見やすくするため。　　エ　調べる条件以外の条件を同じにするため。

2　次の［　　］の(1)，(2)に当てはまる最も適切なものを，ア～カからそれぞれ1つずつ選び，符号で書きなさい。(1)（　　　）　(2)（　　　）

実験で，試験管［(1)］の結果を比べると，だ液にはデンプンを他の糖に分解するはたらきがあることが分かる。また，試験管［(2)］の結果を比べると，だ液のはたらきが温度によって変化することが分かる。

ア　AとB　　イ　AとC　　ウ　AとD　　エ　BとC　　オ　BとD　　カ　CとD

3　だ液に含まれる，デンプンを分解する消化酵素として最も適切なものを，ア～エから1つ選び，符号で書きなさい。（　　　）

ア　トリプシン　　イ　リパーゼ　　ウ　ペプシン　　エ　アミラーゼ

4　図2は，ヒトの体内における血液の循環の様子を模式的に表したものである。デンプンは分解されてブドウ糖になる。この分解されたブドウ糖を最も多く含む血液が流れる部位はどれか。図2のa～eから最も適切なものを1つ選び，符号で書きなさい。（　　　）

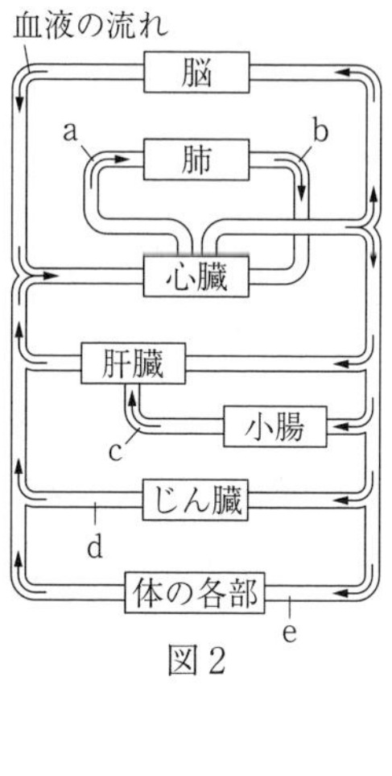

図2

5　タンパク質や脂肪などの養分の分解には，様々な器官の消化液や消化酵素が関わっている。脂肪の分解に関わるものを，ア～エから全て選び，符号で書きなさい。（　　　）

ア　小腸の壁の消化酵素　　イ　胃液中の消化酵素　　ウ　胆汁

エ　すい液中の消化酵素

6　次の［　　］の(1)～(3)に当てはまる正しい組み合わせを，ア～カから1つ選び，符号で書きなさい。(　　　)

脂肪は消化の過程で［(1)］とモノグリセリドに分解される。［(1)］とモノグリセリドは，［(2)］で吸収され，再び脂肪になって［(3)］に入り，やがて血管に入って全身の細胞へ運ばれる。

ア　(1)　脂肪酸　　(2)　柔毛　　(3)　リンパ管
イ　(1)　アミノ酸　(2)　肝臓　　(3)　毛細血管
ウ　(1)　脂肪酸　　(2)　肝臓　　(3)　リンパ管
エ　(1)　アミノ酸　(2)　柔毛　　(3)　毛細血管
オ　(1)　脂肪酸　　(2)　柔毛　　(3)　毛細血管
カ　(1)　アミノ酸　(2)　肝臓　　(3)　リンパ管

[3]　次の実験1，2を行った。1～7の問いに答えなさい。

〔実験1〕　図1のように，マイクロプレートの縦の列に同じ種類の金属板，横の列に同じ種類の水溶液を入れ，それぞれの金属板の様子を観察した。表は，その結果をまとめたものである。

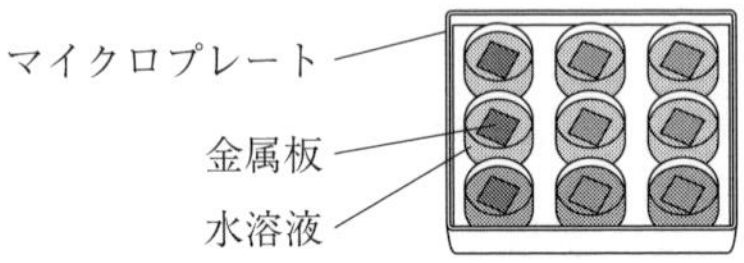

図1

	銅板	亜鉛板	マグネシウム板
硫酸マグネシウム水溶液	変化しなかった。	変化しなかった。	変化しなかった。
硫酸亜鉛水溶液	変化しなかった。	変化しなかった。	マグネシウム板がうすくなり，物質が付着した。
硫酸銅水溶液	変化しなかった。	亜鉛板がうすくなり，赤色の物質が付着した。	マグネシウム板がうすくなり，赤色の物質が付着した。

表

〔実験2〕　ビーカーに5％の硫酸亜鉛水溶液と亜鉛板を入れ，12％の硫酸銅水溶液と銅板を入れた袋状のセロハンを，ビーカーの中に入れた。図2のように，亜鉛板と銅板に，光電池用プロペラ付きモーターをつなぐと，プロペラが回転した。

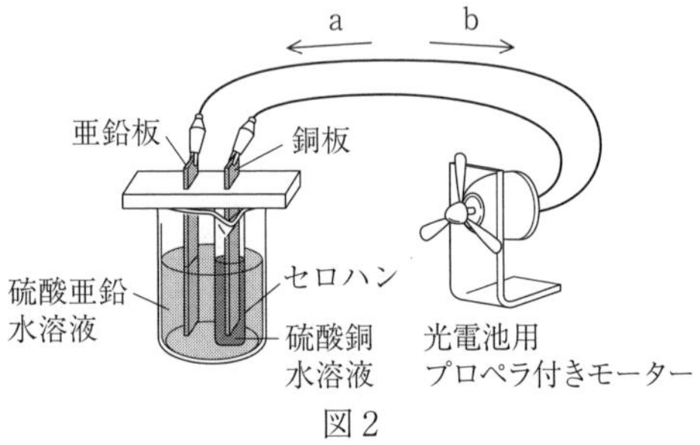

図2

1　次の［　　］の(1)，(2)に当てはまる正しい組み合わせを，ア～エから1つ選び，符号で書きなさい。(　　　)

実験1で，硫酸亜鉛水溶液にマグネシウム板を入れたとき，マグネシウム板に付着した物質は亜鉛である。これは，マグネシウム原子が電子を［(1)］マグネシウムイオンになり，亜鉛イオンが電子を［(2)］亜鉛原子になったからである。

ア　(1)　1個失って　(2)　1個受け取って　　イ　(1)　1個受け取って　(2)　1個失って
ウ　(1)　2個失って　(2)　2個受け取って　　エ　(1)　2個受け取って　(2)　2個失って

2　実験1で，硫酸銅水溶液にマグネシウム板や亜鉛板を入れたとき，赤色の物質が付着した。このとき，硫酸銅水溶液の青色は実験前と比べてどうなったか。ア～ウから最も適切なものを1つ選び，符号で書きなさい。(　　　)

ア　濃くなった。　　イ　変化しなかった。　　ウ　うすくなった。

3　実験1の結果から，銅，亜鉛，マグネシウムの3種類の金属を，イオンへのなりやすさが大きい順に左から並べたものはどれか。ア～カから最も適切なものを1つ選び，符号で書きなさい。

(　　　)

ア　銅，亜鉛，マグネシウム　　イ　亜鉛，銅，マグネシウム　　ウ　マグネシウム，銅，亜鉛

エ　銅，マグネシウム，亜鉛　　オ　亜鉛，マグネシウム，銅　　カ　マグネシウム，亜鉛，銅

4　次の［　　　］の(1)，(2)に当てはまる正しい組み合わせを，ア～エから1つ選び，符号で書きなさい。(　　　)

実験2で，銅板は電池の［(1)］極であり，図2の［(2)］の向きに電流が流れる。

ア　(1)　＋　　(2)　a　　イ　(1)　＋　　(2)　b　　ウ　(1)　－　　(2)　a

エ　(1)　－　　(2)　b

5　実験2で使用した12％の硫酸銅水溶液100mLに含まれる硫酸銅の質量は何gか。小数第1位を四捨五入して，整数で書きなさい。ただし，12％の硫酸銅水溶液の密度は$1.13g/cm^3$とする。

(　　　g)

6　実験2で，銅板では銅イオンが銅に変化する反応が起こる。銅板で起こる反応を，化学反応式で書きなさい。ただし，電子はe^-で表すものとする。(　　　　　　　　　　)

7　実験2で使われているセロハンには，イオンなどが通過できる小さな穴があいている。亜鉛板側から銅板側にセロハンを通過する主なイオンは何か。イオンの化学式で書きなさい。(　　　)

4　県内のある場所で月と金星を観察した。1～5の問いに答えなさい。

〔観察1〕 ある日の日の出前に，月と金星を東の空に観察することができた。図1は，そのスケッチである。

〔観察2〕 別の日の日の入り後に，月を観察したところ，月食が見られた。

〔観察3〕 観察2から29日間，日の入り後の西の空に見えている金星を天体望遠鏡の倍率を一定にしたまま観察した。図2は，そのスケッチの一部である。ただし，天体望遠鏡で見える像は上下左右が逆になっているので，肉眼で見たときの向きに直してある。

図1

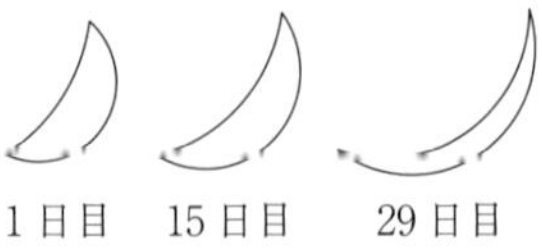

図2

1　地球のまわりを公転する月のように，惑星のまわりを公転する天体を何というか。言葉で書きなさい。(　　　)

2　図3は，地球の北極側から見た，地球と月の位置関係と太陽の光を示した模式図である。

(1)　月が公転する向きは図3のA，Bのどちらか。符号で書きなさい。(　　　)

(2)　観察1で見た月の，地球との位置関係として最も適切なものを，図3のア～クから1つ選び，符号で書きなさい。(　　　)

(3)　観察2で見た月の，地球との位置関係として最も適切なものを，図3のア～クから1つ選び，符号で書きなさい。(　　　)

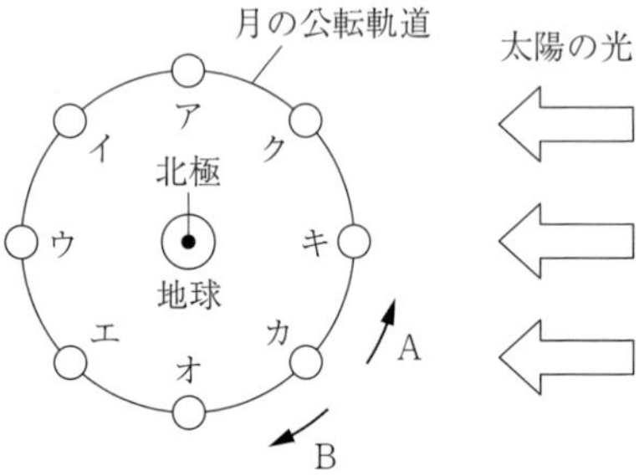

図3

3　図4は，太陽と金星と地球の位置関係を示した模式図である。観察1の結果から，この日の地球から見た金星の位置として最も適切なものを，図4のア～エから1つ選び，符号で書きなさい。(　　　)

4　金星は，日の出前の東の空か，日の入り後の西の空に見ることができるが，真夜中には見ることができない。その理由を，「金星は」に続けて，簡潔に説明しなさい。

(金星は　　　　　　　　　　　　　　　　　　　　)

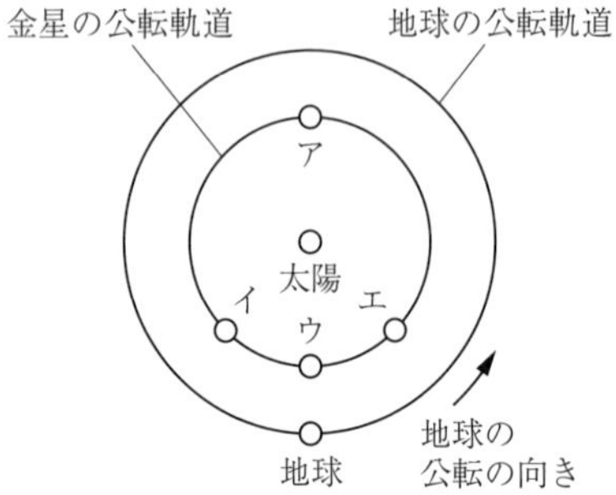

図4

5　次の□の(1)，(2)に当てはまる正しい組み合わせを，ア～カから1つ選び，符号で書きなさい。(　　　)

観察3の結果から，観察された金星の大きさは，観察1日目に比べ29日目の方が大きくなった。これは，金星の公転周期が地球の公転周期よりも［(1)］，金星の位置が地球に近くなったからである。また，日の入り後から金星が沈むまでの金星が観察できる時間を，観察1日目と29日目で比べると，［(2)］。

ア　(1)　長く　(2)　1日目の方が長かった　　イ　(1)　短く　(2)　1日目の方が長かった

ウ　(1)　長く　(2)　変わらなかった　　エ　(1)　短く　(2)　変わらなかった

オ　(1)　長く　(2)　1日目の方が短かった　　カ　(1)　短く　(2)　1日目の方が短かった

5 次の実験を行った。1～6の問いに答えなさい。

〔実験〕 図1のような回路を作り，抵抗器Aに流れる電流と加わる電圧の大きさを調べた。次に，抵抗の値が異なる抵抗器Bに変え，同様の実験を行った。表は，その結果をまとめたものである。

電圧〔V〕		0	3.0	6.0	9.0	12.0
電流〔A〕	抵抗器A	0	0.15	0.30	0.45	0.60
	抵抗器B	0	0.10	0.20	0.30	0.40

表

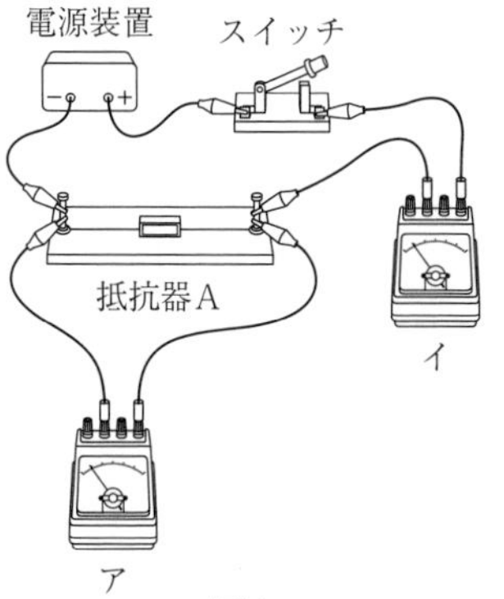

図1

1 図1で，電圧計はア，イのどちらか。符号で書きなさい。

（　　　）

2 抵抗器を流れる電流の大きさは，加わる電圧の大きさに比例する。この法則を何というか。言葉で書きなさい。（　　　　の法則）

3 実験の結果から，抵抗器Aの抵抗の値は何Ωか。（　　　　Ω）

4 実験で使用した抵抗器Bの両端に5.0Vの電圧を4分間加え続けた。抵抗器Bで消費された電力量は何Jか。（　　　　J）

5 図2のように，実験で使用した抵抗器A，Bを並列につないだ回路を作った。表をもとに，図2の抵抗器Aに加わる電圧と回路全体に流れる電流の関係をグラフにかきなさい。なお，グラフの縦軸には適切な数値を書きなさい。

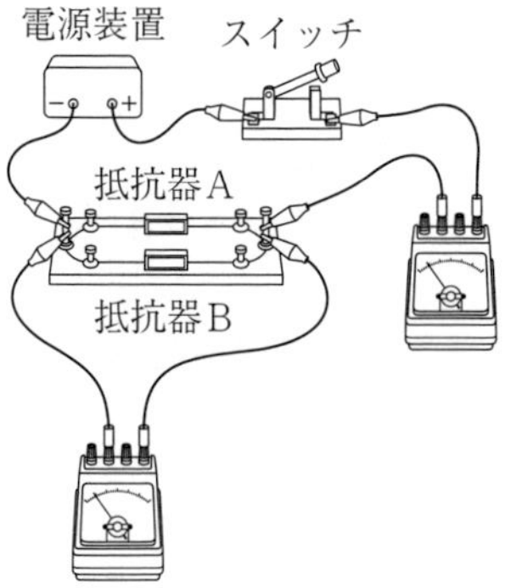

図2

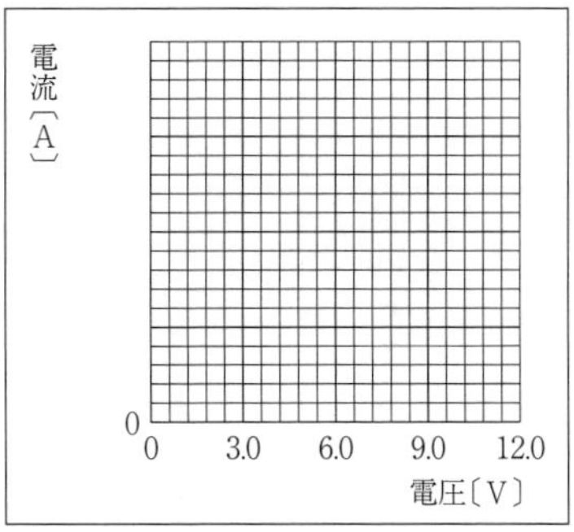

6 図3のように，実験で使用した抵抗器A，Bと抵抗器Cをつないだ回路を作った。抵抗器Bに加わる電圧を6.0Vにしたところ，回路全体に流れる電流は0.30Aであった。抵抗器Cの抵抗の値は何Ωか。

（　　　　Ω）

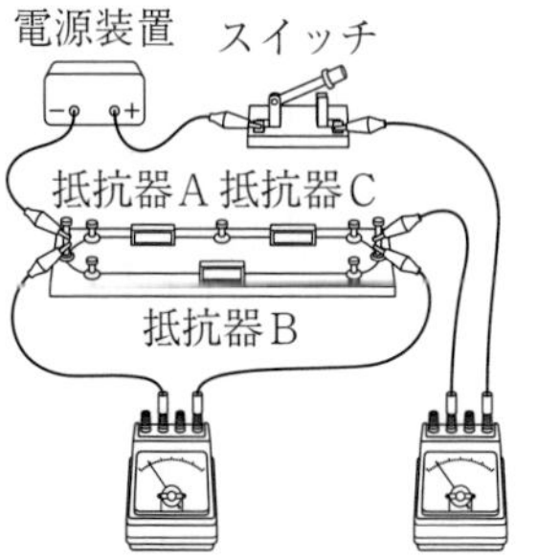

図3

5　Ａ中学校では、「情報機器の普及」というテーマで調べ学習を行い、グループごとに発表することになった。あるグループは、市内で調査した結果をもとに、発表原稿を作成した。次の【調査結果】と、【発表原稿の一部】を読んで、後の問いに答えなさい。

【調査結果】

「情報機器の普及によって受けると思う影響」（複数回答可）

① 手で字を書くことが減る。89％
② 漢字を手で正確に書く力が衰える。89％
③ 人に直接会いに行って話すことが減る。55％
④ パソコンやスマートフォンなどで、気軽に文章を作成するようになる。23％
⑤ パソコンやスマートフォンなどで、漢字を多く使うようになる。16％

【発表原稿の一部】

私たちは、情報機器の普及によって受けると思う影響について、市内で調査を行いました。その結果について発表します。

「情報機器」とは、現在、私たちの身の回りに広く行き渡っている「パソコン」や「スマートフォン」などのことです。

調査結果の④と⑤から分かるように、約二割の人は、気軽に文章を作成したり、漢字を多く使うようになったりすると回答しています。

一方、①と②から分かるように、[　　]と回答しています。

（中略）

情報機器の普及によって私たちはさまざまな影響を受けていることが分かりました。このような社会において、私たちはどのようなことを大切にしていくとよいか考えていきたいです。以上で発表を終わります。ありがとうございました。

問一　[　　]に入る適切な言葉を、三十字以上四十字以内で書きなさい。

問二　情報機器が普及し、インターネットが発達する社会において、あなたはどのようなことを大切にしたいと思うか。あなたの考えを書きなさい。段落構成は二段落構成とし、第一段落ではあなたが大切にしたいと思うことを、第二段落ではそのように考えた理由を書きなさい。ただし、次の《注意》に従うこと。

《注意》㈠ 題名や氏名は書かないこと。
㈡ 書き出しや段落の初めは一字下げること。
㈢ 六行以上九行以内で書くこと。

4　次の【Ⅰ】の文章と【Ⅱ】の和歌を読んで、後の問いに答えなさい。

【Ⅰ】

八日。障《さは》ること（都合の悪い）ありて、なほ（依然として）同じ所なり。今夜《こよひ》、月は□にぞ入る。これを見て、業平《なりひら》の君《きみ》の「山の端《は》逃げて入れずもあらなむ」（山の陵線よ、逃げて月を入れないでほしい）といふ歌なむ思ほゆる（歌のことが思い出される）。もし、海辺にて詠《よ》ましかば（業平の君が海辺で詠んだならば）、「波立ち障《さ》へて入れずもあらなむ」（波が立って邪魔をして月を入れないでほしい）とも（とでも）、詠みてましや（詠んだのだろうか）。今、この歌を思ひ出でて、或人《ある》の詠めりける（ある人が詠んだ歌は）、

A　照る月のながるる見れば（照る月が流れて沈んでいくのを見ると）
　　天の川出づるみなとは海にざりける（天の川が流れ出る所は海だったのだなあ）

とや（とかいうのであった）。

（「土佐日記」より）

【Ⅱ】　業平の君の歌

飽《あ》かなくにまだきも月の隠るるか（まだ見足りないのにもう月が隠れてしまうのか）
　　山の端逃げて入れずもあらなむ（山の陵線よ、逃げて月を入れないでほしい）

（注）業平の君＝平安時代の歌人。

問一　なほを現代仮名遣いに改め、全て平仮名で書きなさい。（　　）

問二　□に入る最も適切な言葉を、【Ⅰ】のAの和歌から抜き出して書きなさい。（　　）

問三　波立ち障へては、【Ⅱ】の和歌のどの部分を言い換えているか。【Ⅱ】の和歌から抜き出して書きなさい。（　　）

問四　【Ⅰ】の内容を説明したものとして最も適切なものを、ア～エから選び、符号で書きなさい。（　　）

ア　作者は、月が沈んでゆく情景を目にして、同じように月が沈む情景を詠んだ業平の和歌を思い浮かべ、業平ならどのような和歌を詠むだろうかと想像したことを日記に書いている。

イ　作者は、月が沈んでゆく情景を目にして、月が見えなくなることを残念に思っていたところ、作者の気持ちを紛らわそうと業平が和歌を詠んでくれたと日記に書いている。

ウ　作者は、月が沈んでゆく情景を目にして、同じように月が沈む情景を詠んだ業平の和歌を思い出そうとしてみたが、自分は思い出すことができなかったと日記に書いている。

エ　作者は、月が沈んでゆく情景を目にして、一緒に月を見ている業平が詠んだ和歌を思い出したので、その和歌の出来ばえについて二人で語り合ったと日記に書いている。

大切なものを手に入れるためには、あれもこれもと考えて、A（八字）することがないよう、大切なもの以外はB（七字）を持つことが必要である。

問四　3のと同じ意味・用法の「の」を、ア～エから選び、符号で書きなさい。（　）

ア　友人の作ったケーキを食べる。　イ　何時に帰ってくるの。

ウ　学校の宿題に取り組む。　エ　外を歩くのが好きだ。

問五　4社会学は、どういうものかとあるが、筆者が考える社会学とはどのような学問か。最も適切なものを、ア～エから選び、符号で書きなさい。（　）

ア　社会のルールや決まりから独立した勝手な希望や意思を尊重しあい、人びとは社会を動かしている。その希望や意思を科学的・客観的に研究する学問。

イ　社会の中で人びとはルールや決まりに背いて、勝手な空想から各自が法則性を見いだしている。その法則性を科学的・客観的に研究する学問。

ウ　社会の法則を常に意識した生き方を強いられた人びとは、勝手に生きることを否定されている。その生き方を科学的・客観的に研究する学問。

エ　社会の中で、人びとは勝手に生きているように見えるが、法則に従ったルールや決まりができあがっている。その法則を科学的・客観的に研究する学問。

問六　この文章で述べられている筆者の考えと合っているものはどれか。最も適切なものを、ア～エから選び、符号で書きなさい。（　）

ア　幸福を手に入れるためには、他人と自分とを比べず自分を大事にすることと、他人の役に立ち喜んでもらうことを自分の喜びとすることが必要である。

イ　幸福を手に入れるためには、他人と自分とを比べ自分を大事にすることと、自分に合う生き方を他人に探してもらうことが必要である。

ウ　幸福を手に入れるためには、他人に頼らずに周囲より高い評価を得ることと、自分の人生の条件を自らの力で整えていくことが必要である。

エ　幸福を手に入れるためには、他人の気持ちに寄り添い自分の気持ちは優先しないことと、他人が自分のために活動するのを受け入れないことが必要である。

ほかのひとと比べるんなら、みんなのためにがんばって、自分の苦労をいとわないひとと比べなさい。そのひとがどれぐらい大変で、どれぐらいの(注)コストを払い、どれぐらいのことをしているのかを、具体的に知ることです。そしたら自分なんか、まだまだだ。まだ楽をしている。まだ恵まれている、というふうに思えるはずです。そうしたら、がんばれます。

なんやかんや言っても、たいていのひとは、そのひと3の人生の条件を、ほかの誰かに整えてもらっています。親が整えてくれたり、友人や知り合いが整えてくれたり、社会が整えてくれたり、学校や、会社が整えてくれたり。本当に自分ひとりでがんばりました、なんていうひとはいないのです。

どのようにそれが整ったかというと、ほかのひとが見返りなしに、あなたのために活動してくれたからです。それを考えたら、ではお返しに自分は何をすればいいか、というところに頭が回るはずです。

もうひとつ、ほかのひとの役に立ち、ほかのひとに喜んでもらうことと、自分の喜びとが、(注)シンクロしてくるというのがとても大事です。見《み》栄《え》を張っても無駄だし、嘘《うそ》をついてもしょうがないし。素直に社会の法則を理解して、社会の中で生きていくのがよろしい。

4社会学は、どういうものか。社会には、法則性があるんです。おおぜいの人びとがてんでんばらばら、勝手に生きていますけど、その結果、社会にはルールや決まりができあがっています。それは、法則によって動いていて、それを科学的・客観的に研究できます。これに背くようなことを考えても、空想的な議論になってしまいます。社会の法則に合致しないんですから。

社会学を学ぶということは、社会がこのように、人びとの勝手な希望や意思から、独立に動いているんだということを知ることです。それを踏まえて、自分が行動するには、じゃあ、どうしたらいいかっていうふうに作戦を立てます。そうすると、少ないコストで、無駄なコストを払わないで、必要なところにエネルギーを集中できるので、あなたが幸せになる可能性がぐんと高まります。

社会学を学ばないで、友だちの噂《うわさ》話なんかに左右されたり、マスメディアや雑誌の情報を［　　］にして行動しても、ろくな結果になりません。（中略）

あなたは世界でたった一人の、ユニークな存在です。あなたにピッタリ合う生き方の処方箋《せん》は、あなた自身が見つけるしかありません。そうやって自分の人生に責任を持つというのが、幸福を手に入れる、いちばんよい方法だと思います。

（橋爪大三郎「ふしぎな社会」より）

（注）コスト＝ここでは、何かをするためにかかる労力のこと。
シンクロ＝シンクロナイズの略。同時に起こること。

問一　［　　］には、「人の言葉の真偽などをよく考えずそのまま受け入れること」という意味の言葉が入る。［　　］に入る適当な言葉を平仮名三字で書きなさい。［　　］

問二　1調整と同じ構成の熟語を、ア～エから選び、符号で書きなさい。（　　）

ア　視点　イ　豊富　ウ　興亡　エ　消火

問三　2大切なものとあるが、次の文は、大切なものを手に入れるために筆者が必要だと考えていることについて、本文を踏まえてまとめた一例である。［A］、［B］に入る最も適切な言葉を、それぞれ本文中から抜き出して書きなさい。ただし、字数は［A］、［B］にそれぞれ示した字数とする。

A［　　］　B［　　］

忠敬の言葉に A（八字） を感じ、自分の覚悟に自信を持てなかったが、父の言葉を思い出し、一歩ずつ進むことでしかたどりつけない B（八字） の中の真理を追究しようとしている。

3　次の文章を読んで、後の問いに答えなさい。

幸福だけしか起こらない、なんてことは人生にはありません。

いちばん大事なひとを失ってしまう。これこそはと思っていた大事なことで何か失敗する。自信があって、やっていたことなのに、自分よりもっとうまくできるひとを見つけてしまった。信頼していた友人に裏切られた。など、とにかくさまざまなマイナスが、間隔を置いて、ときにはまとまって、やってくることもあるでしょう。

読者のあなたには、幸せになってもらいたいですが、世界はあなたを中心に回っているわけではありません。あなたが幸せになるように、みんなが1調整してくれているわけでもありません。必ず不本意な出来事は起こるのです。そういうときに、あきらめてしまうかどうかです。

ちょっとしたことであきらめるのなら、それは、あなたが本当にやりたかったことではありません。本当にやりたいことだと覚悟を決めるためには、それ以外のことをあきらめなければならないかもしれません。何かを手に入れるということは、何かをあきらめるということなのです。

自分のことをよくわからないひとは、あきらめる勇気がないために、あれもこれもと欲張って、けっきょく2大切なものを手に入れられない可能性が多い。たとえば年に何回かはディズニーランドに行きたいし、三十代で新築マンションも買いたいし、（中略）親の面倒は見たいし、などあれもこれもと考えていたら、エネルギーが分散してしまいます。

ほかのひとがわけなく手に入れているように見えるものでも、自分は手に入らないかもしれない。そんなことは、気にしないことです。ほかのひとと自分を比べてはいけません。これは、幸福になる秘訣《ひけつ》のひとつです。ほかの人びとなんかどうでもいいと思うことです。それは、自分を大事にすることに通じます。

「みなが寝静まってから、星が出るとはな。」

つぶやきながら外へ出ると、忠敬は空を指さした。流れの速い雲のあいだに、ちらちらと星がまたたいている。

「いくら手を伸ばしても、天の星にはとどかぬ。［　　］、頭で道理を考え、手足を動かして測量すれば、地を歩いていても星にとどくかもしれぬ。それが学問だ。」

そう語った忠敬は、振り返って、照れたように表情を崩した。

「わしがこんなことを言うのは、まだ早いな。十年ばかり地べたをはいずれば、格好がつくかもしれぬが。」

言葉のひとつひとつにとてつもない重みを感じて、平次はかたくなっていた。自分は広大な学問の世界の、入り口をちらりとのぞいただけである。踏みこむ覚悟ができているのか、まだ自信がない。

蝦夷地に行けば、それが手に入るだろうか。

ふいに、父の言葉を思い出した。

「はるか昔、西洋の偉い学者が言ったそうだ。『学問に王道なし』。近道をしようとすると、必ずしっぺ返しをくらうぞ。」

そのときは聞き流していた言葉の意味が、今実感された。数をかぞえながら、一歩ずつ歩いていくことで、たどりつける場所がある。4自分もそこへ行きたいと思った。

人の思いをよそに、星はただ輝いている。

（小前　亮「星の旅人　伊能忠敬と伝説の怪魚」より）

（注）津和野＝島根県の町。平次の出身地。
父＝平次の父は蝦夷地の測量中に行方不明になっており、平次は忠敬の手伝いをしながら父の行方を捜そうとしていた。
秀蔵＝忠敬の息子で、測量隊の一員。記録を書き換えた平次をかばっている。

問一　［　　］に入る最も適切な言葉を、ア～エから選び、符号で書きなさい。（　　）

ア　ところで　　イ　まして　　ウ　だが　　エ　なぜなら

問二　1質問に怒りは感じられなかったがの中から、動詞をそのまま抜き出して書きなさい。また、この場合の活用形を書きなさい。

動詞（　　）　活用形（　　形）

問三　2大切なことを忘れていたのだとあるが、平次が父から教えられた大切なこととは、どのようなことか。本文中から最も適切な部分（二十字）を抜き出して書きなさい。

［　　　　　　　　　　］こと。

問四　3平次は心の奥が温かくなってくるのを感じていたとあるが、平次の心の奥が温かくなったのは、忠敬が自分の何を認め、どのような言葉をかけてくれたと感じたからか。三十字以上三十五字以内でまとめて書きなさい。ただし、「学問」、「反省」という二つの言葉を使い、「自分の」という書き出しに続けて書くこと。

自分の［　　　　　　　　　　］という言葉をかけてくれたと感じたから。

問五　4自分もそこへ行きたいと思ったとあるが、次の文は、このときの平次の気持ちについて本文を踏まえてまとめた一例である。［A］、［B］に入る最も適切な言葉を、それぞれ本文中から抜き出して書きなさい。ただし、字数は［A］、［B］にそれぞれ示した字数とする。

A［　　　　　　］　B［　　　　　　］

そこからはじまるのだ。」

言いたいことはわかる。でも今回は、それほど重要な問題ではなかったはずだ。どうしても言い訳したくなってしまうが、平次はこらえた。

ところが、忠敬は平次の頭の中を読んでいた。

「一事が万事だよ。小さなことだから、ほかに影響がないから……そう言って、いいかげんなことをしていたら、悪いくせがついてしまう。基本をおろそかにせず、コツコツと努力するのが肝心《かんじん》だ。父上から教えられなかったか。」

「……教わりました。」

平次は自分が恥ずかしくなっていた。失敗を取り返そう、褒めてもらおう、とばかり考えて、2大切なことを忘れていたのだ。

「読みとれないところはそのまま空白にしておけばよかったのですね。」

「そうだ。ひとつでもでっちあげたら、記録全体が信用のおけぬものとなってしまう。」

自分のしでかしたことをようやく理解して、平次は畳に額をすりつけた。

「本当に申し訳ございませんでした。このまま江戸に、そして(注)津和野に帰ります。」

本心であった。もうここにいてはいけない、と思った。(注)父のことは(注)秀《しゅう》蔵《ぞう》に頼んで、自分は一からやりなおすしかない。

「それでよいのか。」

「え?」

思わず、口にしていた。

「それでよいのか、と聞いておる。」

「よくはないのですが……。」

とまどいながら、平次は答えた。

「あいつは学問には向いておらん。」

話が飛んだ。あいつとは、秀蔵のことだろう。

「頭は悪くないが、まじめさがない。おまえをかばったのは、帰りたくてのことかもしれぬ。それでも、おまえに見所《みどころ》がなければ、あんなことはしないだろう。」

忠敬はかすかに笑みを浮かべたようだった。

「わしはまだあいつを信じておる。ゆえに、今回は不問にしよう。」

「あ、ありがとうございます。」

すわったまま飛びあがりそうな勢いで、平次は言った。

「ただし、今回だけだぞ。」

忠敬はもう、笑みを引っこめている。

「蝦夷地の測量は大切な任務だ。二度と同じあやまちをくりかえしてはならぬ。」

「はい。肝に銘じます。」

3平次は心の奥が温かくなってくるのを感じていた。父がいなくなってから、多くの人がやさしくしてくれる。それは同情からくるものだ。しかし、今度はちがう。秀蔵も忠敬も、平次の熱意を認めてくれたのだ。やり方はまちがっていた。学問に対する気持ちも、褒められたものではない。でも、それを反省して前に進め、と言ってもらえた。

「おれ、がんばります。まだ未熟で、失敗も多いけど、できることを地道にしっかりやります。」

「そうだ。失敗をおそれるなよ。失敗から学べばいいのだ。」

（中略）

忠敬は立ちあがって、平次を手招きした。

国語

時間　五〇分
満点　一〇〇点

（注）　字数を指示した解答については、句読点、かぎ（「）なども一字に数えなさい。

1　次の①～⑩の傍線部について、漢字は平仮名に、片仮名は漢字に改めなさい。

① 数種類の塗料を混ぜ合わせる。（　　）
② 誰もが羨むほど仲が良い。（　　む）
③ 経営者として敏腕をふるう。（　　）
④ 湖畔には多くの観光施設がある。（　　）
⑤ 緩やかな坂道が続く。（　　やかな）
⑥ 贈り物をきれいにホウソウする。（　　）
⑦ 図書館で本をカりる。（　　りる）
⑧ ツウカイな冒険小説を楽しむ。（　　な）
⑨ バスのテイリュウ所で待つ。（　　）
⑩ 日本の夏はムし暑い。（　　し）

2　次の文章は、江戸時代に、忠敬《ただたか》のもとで測量の手伝いをしている平《へい》次《じ》が、測量の記録を書き換えてしまったことについて謝罪する場面を描いたものである。平次は、忠敬たちとともに各地の測量を行いながら、蝦夷地《えぞち》（現在の北海道）に向かっている。これを読んで、後の問いに答えなさい。

忠敬は少し間をおいてから、口を開いた。

「おまえは学問を何と心得ておるのだ。」

1 質問に怒りは感じられなかったが、すぐに答えることはできなかった。出世の手段、と正直に答えたら、見捨てられるに決まっている。

淡い灯《あか》りがかすかにゆれた。

「身を立てる手段か。」

見抜かれている。仕方なく、平次はうなずいた。

「うむ、わしもかつてはそうであった。おまえと同じような年のころだな。」

平次は少し顔をあげた。今はちがうのだろうか。無言の問いに、忠敬が答える。

「今は多少なりとも学問がわかって、より真剣に向き合っておる。人は、金を持った年寄りが道楽でやっている、と言うがな。」

「おれも真剣です。」

それだけは言っておきたかった。学問を軽んじているつもりはない。

「その点は否定せんよ。だが、方向がまちがっておる。」

忠敬は手厳しく断定した。

「あらかじめ用意した答えを導くために、都合のいい数字をあてはめる。それは学問においては絶対にやってはならないことだ。予想と観測結果がちがうことなど、いくらでもある。それがどうしてか考える。学問は

2023年度／解答

数　学

1 **【解き方】** (1) 与式 $= -6+3=-3$

(2) 与式 $= 2ab \times \dfrac{2}{b} = 4a$

(3) 与式 $= (\sqrt{5})^2 - 2 \times \sqrt{5} \times \sqrt{3} + (\sqrt{3})^2 = 5 - 2\sqrt{15} + 3 = 8 - 2\sqrt{15}$

(4) 2個のさいころの目の数を a，b とすると，$a+b$ が6の倍数となるのは，$(a,\ b) = (1,\ 5)$，$(2,\ 4)$，$(3,\ 3)$，$(4,\ 2)$，$(5,\ 1)$，$(6,\ 6)$ の6通り。a，b の組み合わせは全部で，$6 \times 6 = 36$ (通り)だから，$a+b$ が6の倍数にならないのは，$36-6=30$ (通り)　よって，求める確率は，$\dfrac{30}{36} = \dfrac{5}{6}$

(5) ア．2次関数の変化の割合は一定ではない。イ．どちらの変域でも，y の値は，$x=0$ で最大値 $y=0$，$x=4$ で最小値，$y=-2\times4^2=-32$ をとる。ウ．グラフは y 軸について対称である。エ．比例定数が負だから，グラフは下に開いている。したがって，イ，エが正しい。

(例)

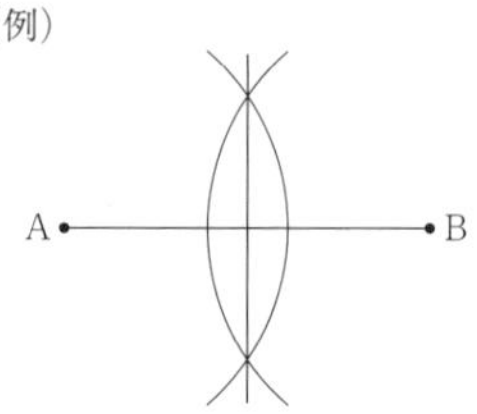

【答】 (1) -3　(2) $4a$　(3) $8-2\sqrt{15}$　(4) $\dfrac{5}{6}$　(5) イ，エ　(6) (右図)

2 **【解き方】** (1) 周の長さが20cmの正方形の1辺は，$20 \div 4 = 5$ (cm)だから，Aの底面の面積は，$5 \times 5 = 25$ (cm^2)

(2) 周の長さが20cmの長方形の1辺を x cmとすると，もう1辺の長さは，$20 \div 2 - x = 10 - x$ (cm)だから，Bの底面の面積は，$x(10-x)$ cm^2

(3) 移した水の体積は，$25 \times 30 = 750$ (cm^3)　Bの容器の容積は，$x(10-x) \times 40 = 40x(10-x)$ (cm^3)だから，$40x(10-x)=750$　整理して，$4x^2 - 40x + 75 = 0$　解の公式より，

$$x = \frac{-(-40) \pm \sqrt{(-40)^2 - 4 \times 4 \times 75}}{2 \times 4} = \frac{40 \pm \sqrt{400}}{8} = \frac{40 \pm 20}{8} = \frac{10 \pm 5}{2}$$

よって，$x = 7.5,\ 2.5$

したがって，短いほうの辺の長さは2.5cmとなる。

【答】 (1) 25 (cm^2)　(2) $x(10-x)$ (cm^2)　(3) 2.5 (cm)

3 **【解き方】** (1) 箱ひげ図より，第1四分位数は5冊。

(2) 箱ひげ図より第3四分位数は9冊だから，四分位範囲は，$9-5=4$ (冊)

(3) ア．データの範囲は，A組が，$12-1=11$ (冊)，B組が，$11-2=9$ (冊)　イ．中央値（第2四分位数）は，A組が7冊，B組が8冊。ウ．A組，B組ともに35人だから，第3四分位数はデータを小さい順に並べたときの27番目の値である。A組は第3四分位数が9冊だから，9冊以下の生徒は少なくとも27人いる。B組は第3四分位数が10冊だから，9冊以下の生徒は多くても26人。エ．A組に10冊である生徒がいるかは箱ひげ図からは読み取れない。したがって，イとウが正しい。

【答】 (1) 5 (冊)　(2) 4 (冊)　(3) イ，ウ

4 **【解き方】** (1) 4800mを8分間で進んでいるから，その分速は，$4800 \div 8 = 600$ (m)

(2) (ア) グラフは，傾きが -600，切片が4800の直線だから，$y = -600x + 4800$　(イ) グラフは，傾きが600で，点(16, 0)を通るから，$y = 600x + b$ とおくと，$0 = 600 \times 16 + b$ が成り立つ。$b = -9600$ より，$y = 600x - 9600$

(3)(ア) 花子さんが歩く様子を表すグラフを書き加えると，右図のようになる。花子さんのグラフの傾きは，$\frac{4800}{56}=\frac{600}{7}$ だから，グラフの式は，$y=\frac{600}{7}x$　初めてモノレールとすれ違ったのが，13時 s 分とすると，図より，$0 \leqq s \leqq 8$ だから，$-600s+4800=\frac{600}{7}s$ を解いて，$s=7$　したがって，モノレールが13時にA駅を出発してから7分後となる。(イ) モノレールに追い越されたのが，13時 t 分とすると，図より，$16 \leqq t \leqq 24$ だから，$600t-9600=\frac{600}{7}t$ を解いて，$t=\frac{56}{3}$　$t-s=\frac{56}{3}-7=\frac{35}{3}$ だから，求める道のりは，$\frac{600}{7}\times\frac{35}{3}=1000$ (m)

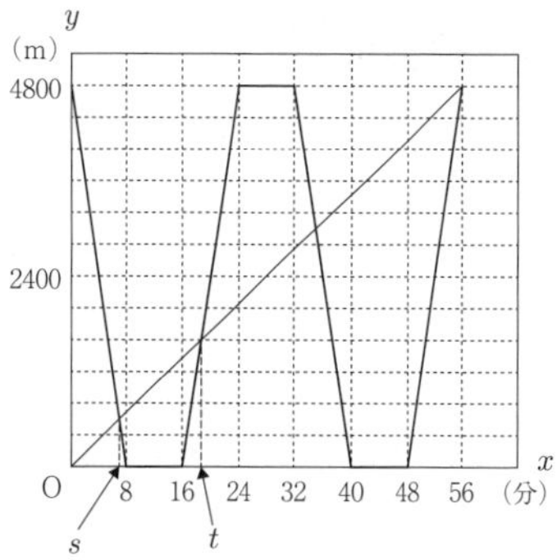

【答】 (1) (分速) 600 (m)　(2)(ア) $y=-600x+4800$　(イ) $y=600x-9600$　(3)(ア) 7 (分後)　(イ) 1000 (m)

5 **【解き方】** (2)(ア) ADは∠BACの二等分線だから，角の二等分線の性質より，BE : CE = AB : AC = 4 : 6 = 2 : 3　よって，$CE=5\times\frac{3}{2+3}=5\times\frac{3}{5}=3$ (cm)　(イ) △BEFと△AGFにおいて，(1)より，∠EBF = ∠GAF　また，∠BFE = ∠AFG (対頂角) だから，△BEF∽△AGF　また，(1)より，AC : BC = EC : GC だから，6 : 5 = 3 : GC より，6GC = 15　よって，$GC=\frac{15}{6}=\frac{5}{2}$ (cm) だから，$AG=6-\frac{5}{2}=\frac{7}{2}$ (cm) となる。また，BE = 5 − 3 = 2 (cm) だから，△BEFと△AGFの相似比は，$BE : AG = 2 : \frac{7}{2} = 4 : 7$　よって，$△BEF : △AGF = 4^2 : 7^2 = 16 : 49$ だから，$△BEF=\frac{16}{49}△AGF$

【答】 (1) △AECと△BGCにおいて，共通だから，∠ACE = ∠BCG……①　仮定より，∠CAE = ∠BAE……②　$\overset{\frown}{BD}$ に対する円周角だから，∠BAE = ∠BCD……③　DC∥BGより，錯角は等しいから，∠BCD = ∠CBG……④　②，③，④より，∠CAE = ∠CBG……⑤　①，⑤より，2組の角がそれぞれ等しいから，△AEC∽△BGC

(2)(ア) 3 (cm)　(イ) $\frac{16}{49}$ (倍)

6 **【解き方】** (1) 1 + 9 + 9 + 9 = 28，2 + 8 = 10，1 + 0 = 1 より，1999 → 28 → 10 → 1 となる。

(2) 十の位の数と一の位の数の和が，2けたになるときだから，19，28，29。

(3) 1回目の作業でできる自然数は，$a+b+c$。この最大値は，$a=b=c=9$ のときで，9 + 9 + 9 = 27 となる。$a+b+c$ が2けたの自然数のとき，最小値は10，最大値は27で，3回目の作業で終了するのは，この2けたの自然数の十の位の数と一の位の数の和が2けたになるとき，すなわち，19の場合である。

(4) $a=1$ のとき，$a+b+c=19$ ならば，$b+c=18$　これは，$b=c=9$ の場合だけだから，条件を満たす自然数は199。

(5) 3けたの自然数について，a を1～9まで考えると，$a+b+c=19$ となるのは，$(a,\ b+c)=(1,\ 18)$，$(2,\ 17)$，$(3,\ 16)$，$(4,\ 15)$，$(5,\ 14)$，$(6,\ 13)$，$(7,\ 12)$，$(8,\ 11)$，$(9,\ 10)$ の9通りとなる。それぞれの $b+c$ の値について，$b+c=18$ のとき，(4)より1通り。$b+c=17$ のとき，$(b,\ c)=(8,\ 9)$，$(9,\ 8)$ の2通り。$b+c=16$ のとき，$(b,\ c)=(7,\ 9)$，$(8,\ 8)$，$(9,\ 7)$ の3通り。$b+c=15$ のとき，$(b,\ c)=(6,\ 9)$，$(7,\ 8)$，$(8,\ 7)$，$(9,\ 6)$ の4通り。このように，$b+c$ の値が1減ると，それを満たす b，c の組は1通りずつ増えるから，条件を満たす a，b，c の組は全部で，1 + 2 + 3 + … + 9 = 45 (個)

【答】 (1) (1999 →) 28 → 10 → 1　(2) 19，28，29　(3) ア．$a+b+c$　イ．27　ウ．19　(4) 199　(5) 45 (個)

英　語

1 **【解き方】** 1. (1) ジュディが探しているノートは黒色で，白いクマの絵があり，白いクマの下にはジュディの名前が書かれている。(2) エミリーは2つのハンバーガーと1つのりんごジュースを注文した。(3) 茶道を経験したことがなく，うまくできるか心配するボブに対する返答にふさわしい表現を選ぶ。I'll teach you how to do it.＝「私があなたにそれをやる方法を教えます」。(4) シューズXは軽くて柔らかく，色は赤，青，黄の3色から選ぶことができ，値段は40ドルである。(5) ジョン・グリーンは東京，名古屋，大阪の映画館を訪れ，その映画館のうちの1つでファンと映画を見る予定である。

2. (1) ① 質問は「ブラウン先生は，なぜ加奈の家の窓について驚いていますか？」。ブラウン先生は加奈の家の窓の写真を見て，「窓が葉っぱでいっぱいだ」と言っている。be full of ～＝「～でいっぱいである」。② 質問は「誰が加奈にエネルギー問題について教えましたか？」。加奈は「私の姉がエネルギー問題について教えてくれた」と言っている。③ 質問は「なぜブラウン先生は，加奈の考えが良いと思うのですか？」。ブラウン先生は「電気を節約することと，野菜を食べることの両方ができる」と言っている。(2) 加奈は「グリーンカーテンのおかげで，太陽の光が部屋にあまり入らず，そのことが部屋が少し涼しくさせる」と言っている。make A B＝「AをBにする」。a little＝「少し」。by ～ing＝「～することによって」。

【答】 1. (1) ウ　(2) イ　(3) ア　(4) ウ　(5) イ　2. (1) ① full　② sister　③ (例) save　(2) エ

◀全訳▶ 1.

(1) 私のノートを探しています。色は黒です。白いクマの絵があります。そして，白いクマの下には私の名前「ジュディ」が書かれています。

(2)

スタッフ：こんにちは。お手伝いしましょうか？

エミリー：ハンバーガー2つとアップルジュース1つください。

スタッフ：わかりました。他に何かありますか？　アイスクリームはいかがですか？

エミリー：いいえ，結構です。

(3)

久美：こんにちは，ボブ。来週の火曜日か金曜日の放課後はひまかしら？

ボブ：火曜日はもう予定があるんだ。でも金曜日は空いてるよ。

久美：そうしたら，金曜日に茶道部に来るのはどう？　あなたと一緒に茶道を楽しみたいわ。

ボブ：うーん，茶道はテレビで見たことはあるけれど，これまでに体験したことは一度もないんだ。僕はうまくできると思う？

久美：心配しないで。私があなたにそれをやる方法を教えるわ。

(4) とても速く，とてもかっこいい！　これらの靴は，ランニング用にデザインされています。それらは「シューズX」と呼ばれています。「シューズX」はまったく重くありません。羽毛のように軽くて柔らかいです。あなたは「シューズX」で今までよりずっと速く走れることに気づくでしょう。色は，赤，青，黄の3色から選べます。「シューズX」は，たった40ドルです。今月買うと，いつもは20ドルしますが，かばんを無料で手に入れることができます。今すぐ「シューズX」を買ってください！

(5) アメリカの俳優，ジョン・グリーンが今日，日本に到着しました。彼の新しい映画「ザ・ベストヒーロー」をファンに紹介するためにここに来ました。彼は東京，名古屋，大阪の映画館を訪れ，その映画館のうちの1つでファンと映画を見る予定です。ジョンは日本の寺と神社に興味がありますが，それらのどれにも一度も行ったことがありません。そこで，京都のいくつかの寺や神社を訪れることにわくわくしています。彼は日本に5日間滞在し，その後，アメリカに帰る前に他のアジアの国々を訪れる予定です。

2.

加奈　　　　：こんにちは，ブラウン先生。今，お時間ありますか？

ブラウン先生：やあ，加奈。どうしたのですか？

加奈　　　　：英語の授業での発表の準備をしているんです。私は「グリーンカーテン」について話したいと思います。私のトピックについてどう思うか教えていただけますか？

ブラウン先生：グリーンカーテン？

加奈　　　　：そうです。この写真を見てください。

ブラウン先生：ああ，驚きました！　窓が葉っぱでいっぱいですね。植物が窓より高く成長しています。

加奈　　　　：これらはグリーンカーテンと呼ばれます。私は家で毎年それらを作っています。

ブラウン先生：なるほど。どうしてそれらに興味を持ったんですか？

加奈　　　　：私の姉がエネルギー問題について教えてくれました。それで，グリーンカーテンを作ることがエネルギーを節約するための1つの方法であることを学びました。

ブラウン先生：素晴らしい。グリーンカーテンについてもっと教えてくれますか？

加奈　　　　：もちろんです。グリーンカーテンのおかげで，太陽の光が部屋にあまり入らず，そのことが部屋を少し涼しくさせます。だから，エアコンをあまり使う必要がありません。それは家で電気を節約することができることを意味します。

ブラウン先生：わあ，それはいいですね。そして，これらはキュウリですよね？

加奈　　　　：はい。キュウリはグリーンカーテンを作るために人気がある野菜です。

ブラウン先生：あなたの考えは良いですね。電気を節約することと，野菜を食べることの両方ができます。クラスメートもあなたのトピックに興味を持つはずです。

加奈　　　　：ありがとうございます，ブラウン先生。

ブラウン先生：どういたしまして。

2【解き方】1. 好きな季節について聞かれ，メグは最も寒い季節だが，スキーが楽しめると言っていることから，好きな季節は冬だということがわかる。

2. 質問は「ユキのアドバイスは何ですか？」。マイクがユキに奈良の訪れるべき場所についてたずねると，ユキは「良い場所についてケンにたずねるのはどう？」と言っている。

3. (1) 質問は「アキとビルはどこで昼食を食べるつもりですか？」。4階のレストランへ行こうと言ったアキに対し，ビルは「1階で食べ物を買って食事スペースに持っていくのはどう？」と言っている。(2) 質問は「昼食を食べたあと，アキはビルと何を最初にする予定ですか？」。弟へのプレゼントとしてTシャツを買いたいと言ったアキに対し，ビルは「2回目のコンサートに行けば，最初に衣服店を訪れて割引を受けることができる」と言っている。

【答】1. winter　2. イ　3. (1) エ　(2) ウ

3【解き方】1. 第2段落を見る。北海道は200か所以上のキャンプ場があり，2番目は長野である。山梨のキャンプ場の数が岐阜の数より少し多い。a little larger than ～=「～より少し多い」。

2. グラフを見る。1994年から2009年にかけてキャンプに行った人の数は「減少し」，2009年には，その数は1994年の約「半分」になっている。しかし，2009年から2019年まで，また「増加」し続けている。

3. ア. 第3段落とグラフを見る。1989年から2019年までに日本でキャンプに行った人の数を表すグラフでは，1994年から2009年にかけてその数が減少している。イ.「春樹は，第一次キャンプブームでキャンプに行ったたくさんの人々が，今日子どもと一緒に再びキャンプに行くことがわかった」。第4段落の最後から2文目を見る。内容と合っている。ウ. 第4段落の最後の文を見る。春樹の父は第一次キャンプブームでキャンプを経験している。エ. 第4段落の前半を見る。キャンプアニメや有名人のキャンプ動画によって，今キャンプが再び人気になっている。第一次キャンプブームの原因についての記述はない。

【答】1. エ　2. ウ　3. イ

◀全訳▶　今年の夏休みの間，僕は初めて父とキャンプに行きました。夜に，おいしい食べ物を食べ，きれいな星を見ました。父は，「私があなたの年齢のときは，よくキャンプに行ったよ」と言いました。彼はまた，「たくさんの良いキャンプ場があるから，岐阜に住んでいて幸運だね。それぞれのキャンプ場にはそれぞれの良いところがあるんだよ」と言いました。その日，僕はキャンプの大ファンになりました。それから，キャンプについて勉強するためにインターネットや本を使いました。

その表を見てください。これは，2021年の日本で最もキャンプ場の数が多い5都道府県を示しています。岐阜がそれらの1つであることがわかりうれしいです。北海道は200か所以上のキャンプ場があります。2番目は長野です。山梨のキャンプ場の数が岐阜の数より少し多いことがわかるでしょう。これらの5都道府県すべてが素晴らしい自然を持っていると僕は思います。

次に，グラフを見てください。これは，1989年から2019年までに日本でキャンプに行った人の数を示しています。一番多い数は1994年です。それは第一次キャンプブームと呼ばれています。しかし，1999年にその数は減少しました。2009年には，その数は1994年の約半分になりました。しかし，2009年から2019年まで，また増加し続けました。

なぜ，キャンプが再び人気になっているのでしょうか？　ある記事を読んで2つの理由を見つけました。第一に，多くの若者がキャンプをかっこよくて魅力的だと考えています。キャンプアニメや有名人のキャンプ動画のおかげで，彼らは今キャンプに興味を持っています。第二に，第一次キャンプブームでキャンプを経験したたくさんの人々が親になり，今日子どもたちと一緒に再びキャンプに行き始めました。僕の父も彼らのうちの一人です。

キャンプに行くと，僕は自然の中でリラックスできます。美しい自然が未来に育ち続けていくことを願っています。

4【解き方】1. 海斗の1つ目の発言の中ごろを見る。リサイクル施設のスタッフは手でふたを外していた。

2. ① 海斗の発言を聞いた花が，海斗の発言をまとめている場面。海斗は，リサイクルのために日常生活でいくつかの小さなことができると言っている。even =「～でさえ」。small things that we do in our daily lives =「私たちが日常生活でする小さなこと」。be related to ～ =「～に関連している」。② 陸の発言を聞いた花が，陸の発言をまとめている場面。陸はペットボトルを使うことをやめる方法を考えるべきだと言っている。how we can stop using plastic bottles =「どのように私たちはペットボトルを使うことをやめることができるか」。

3. リサイクルのために小さなことができると考える海斗と美香に対し，陸はリサイクルの前に，ペットボトルを使うことをやめるべきと考えている。一方で，3人は共通して「自分たちは何ができるかを考え，行動することが大切だ」と考えている。「行動する」= take action。

4. (1) 質問は「陸は3Rの中で『リサイクル』がすべき最も大切なことだと思っていますか？」。陸の1つ目の発言の5文目を見る。陸は「リデュース」が一番大切だと思っている。(2) 質問は「美香によると，『B to B』の1つの良い点は何ですか？」。美香の2つ目の発言で，「ペットボトルは『資源』としてほぼ永久に使われることができる」と言っている。

5. ア. 美香の1つ目の発言の最後の文を見る。使われたペットボトルから作られるペットボトルの数は少しずつ増えてきている。イ. 美香の1つ目の発言の中ごろを見る。2020年の「B to B」のリサイクル率は15.7％で，15％を超えている。ウ.「美香はペットボトルは便利なので，多くの人々はそれらを使い続けると思っている」。美香の2つ目の発言の中ごろを見る。内容と合っている。エ. 花の4つ目の発言を見る。花は「B to B」についてあまり知らない。オ. 花の5つ目の発言の最後から2文目を見る。花は，海斗，陸，美香たちの考え全ては，1点においてほとんど同じだと思っている。

6. ⑤ 美香の1つ目の発言の3文目から，「美香は『B to B』と呼ばれる『方法』について教えてくれました」となる。「方法」= way。⑥ 海斗の1つ目の発言の後半から，「そうすれば，より多くのごみが資源に『変わる』ことができる」となる。「～に変わる」＝ turn into ～。

【答】 1. イ　2. ①ア　②ウ　3. エ　4. ⑴ No, doesn't　⑵(例) use, forever　5. ウ　6. ⑤ way　⑥ turn

◀全訳▶

花　：今日のトピックは，ペットボトルのリサイクルについてです。ペットボトルのごみ問題をどう解決するか考えることが大切です。あなたたちはどう思いますか？　海斗，最初にあなたの考えを教えてくれますか？

海斗：わかりました。私たちはリサイクルのために日常生活でいくつかの小さなことをすることができると思います。例えば，家でペットボトルを捨てるとき，リサイクルのためにふたやラベルをはずし，ボトルを洗うことができます。小さなことのように聞こえるかもしれません。しかし，リサイクル施設に行ったとき，リサイクルのためにそれはとても大切だと知りました。施設で，スタッフの人たちが何をしているのかを見て驚きました。彼らは手でふたを外していました。彼らの 1 人が，「あなたたちがふたとラベルを取って，ボトルを洗ってくれるだけで私たちはうれしいです。そうすれば，より多くのごみが資源になることができます！」と言ったことをまだ覚えています。この体験を通して，私はリサイクルのためにみんなが何か良いことをすべきだとわかりました。

花　：わあ，素晴らしい経験をしましたね。私たちが日常生活でする小さなことでさえ，リサイクルに関係していることを学びました。そうですよね？

海斗：その通りです。

陸　：あなたの考えはわかります，海斗。しかし僕の意見では，まずペットボトルなしで生活する方法を考えるべきです。ペットボトルの飲み物を買わなければ，リサイクルについて考える必要さえありません。3R を覚えていますか？　3R の中で，僕は「リデュース」が一番大切だと思います。そして，「リユース」が 2 番目に大切で，「リサイクル」は最後の選択肢であるべきです。リサイクルのあとで，ペットボトルのほとんどは食品トレーや衣服のような，異なる製品になります。しかし，リサイクルのためにすべてのペットボトルを集めることは可能ではありません。また，これらの製品のリサイクルを何回も繰り返すことは難しいと聞きます。だからリサイクルは完璧ではありません。僕たちは，ペットボトルを使うことをやめる方法を考えるべきです。例えば，自分の水筒を使うことができます。小さな変化のようですが，何かを始めることは大切です。

花　：ありがとうございます，陸。リサイクルの前に，ペットボトルを使うことをどうやってやめるかについて考えるべきという意味ですよね？

陸　：はい。

美香：うーん，陸の考えはわかります。しかし，新しい技術のおかげで，使われたペットボトルから新しいペットボトルを作ることができます。この方法は「B to B」，「ボトル to ボトル」と呼ばれます。研究によると，「B to B」のリサイクル率はまだ低いです。2020 年にはたったの 15.7 ％でした。しかし，使われたペットボトルから作られるペットボトルの数は少しずつ増えてきています。

花　：私は「B to B」についてあまり知りません。「B to B」についてもっと教えてくれますか？

美香：もちろんです。「B to B」の良い点はいくつかあります。例えば，ペットボトルは「資源」としてほぼ永久に使われることができます。それは，使われたペットボトルは，新しいペットボトルを作るための資源になることができるということを意味します。では，ペットボトルなしの生活を想像してみてください。生きていくことは難しいでしょう。それらはとても便利なので，多くの人々がそれらを使うことをやめるとは思いません。陸の考えではペットボトルの本数が大きく減らないでしょう。リサイクルのために小さなことから始めるべきです。だから，私は海斗に賛成です。1 つの方法として，ふたやラベルのないきれいなペットボトルをリサイクル施設に送るべきです。

花　：ありがとうございます。ペットボトルのリサイクルについて，陸だけが違う意見を持っていると思います。陸はペットボトルのごみの問題を解決するために，異なる方法を説明しました。しかし，あなたたちの考え全ては，1点においてほとんど同じだと思います。あなたたちみんなは，私たちがすることは小さいかもしれないけれど，自分たちは何ができるかを考え，行動することが大切だということが言いたいのですよね？

〈海斗，陸，美香が花に同意しています。〉

花　：ありがとうございます。「すべての偉大な物事には小さな始まりがある」。今日はあなたたちとお話できてよかったです。

5【解き方】1.「あなたはどれくらいの間それを読み続けているのですか？」という意味になる。動作の継続を表す現在完了進行形〈have + been +～ing〉で表す。「あなたはどれくらいの間～し続けているのですか？」= How long have you been ～ing?。

2.「あなたにそれのいくつかの写真を見せてあげます」という意味になる。「A に B を見せる」= show A B。「それのいくつかの写真」= some pictures of it。

【答】1. how, long, have, you, been　2. you, some, pictures, of, it

6【解き方】① 直前に because があるので朝美のメモに書かれているインターネットショッピングの長所を述べる。「～する必要がない」= don't have to ～。

② ケンジのメモに注目する。「～の使い方」= how to use ～。

③ 直前に because があるので〈主語＋動詞〉から始める。解答例は「私たちが欲しいものを見つけるのは簡単だ」。

【答】(例) ① don't have to carry　② know how to use

③ it is easy for us to find the things that we want. (12 語)

社　会

1 【解き方】1. 聖徳太子は蘇我馬子とともに天皇中心の国のしくみを整えようとした。

2. 戸籍は家族などの身分関係を明らかにして班田の基準とした。口分田を支給された人が死亡すると国に返すしくみになっていた。

3. アは奈良時代，イは平安時代中期，ウは平安時代初期の出来事。

4. 荘園・公領ごとには地頭が置かれた。

5. 石見銀山は島根県にある世界文化遺産。アは佐渡金山，イは足尾銅山，ウは生野銀山の位置。

7. ロシアのラクスマンやレザノフが通商を求めてきたが幕府は要求を受け入れなかった一方で，北方を調査するために間宮林蔵や近藤重蔵に千島や樺太を探検させるとともに，伊能忠敬にも蝦夷地の測量を行わせた。

8. 19 世紀半ばに，老中の水野忠邦は物価を引き下げるために株仲間を解散したが，効果はあがらなかった。

9. 伊藤博文は 1885 年に初代の内閣総理大臣となった。アは自由党を結成した板垣退助。イは立憲改進党を結成し，2 度総理大臣を務めた大隈重信。エは大久保利通。

10. (1) 当時の衆議院は，直接国税を 15 円以上納める満 25 歳以上の男子が投票で選んだ議員 300 人で構成されていた。(2) イは 1789 年にフランス革命の際に出された宣言。ウは 1776 年にアメリカ独立戦争中に出された。エは 1215 年にイギリスで出された。

11. アは 1925 年，イは 1912 年，ウは 1918 年の出来事。

12. アは太平洋戦争後すぐのころ，イは大正時代，ウは平成時代の社会の様子。

【答】1. 十七条の憲法(または，憲法十七条)　2. イ　3. ア→ウ→イ　4. 守護　5. エ　6. 徳川家光　7. ウ　8. 株仲間　9. ウ　10. (1) 投票して選んだ議員で構成する衆議院 (同意可)　(2) ア　11. イ→ウ→ア　12. エ

2 【解き方】1. (1) 緯線 X は北緯 45 度の緯線でアメリカ合衆国の五大湖周辺を通る。(2) P—Q 間は緯度 45 度分に当たる。地球一周が約 40,000km なので，緯度 1 度分の長さは約 111km。111 × 45 から約 4,995km となる。

2. ア・イはゲルマン系言語，ウはスラブ系言語。

3. 本部はベルギーのブリュッセルにある。多くの国で共通通貨ユーロが使用されている。

4. 地中海性気候の夏は高温となり乾燥し，冬は温暖でまとまった降水が見られる。

5. オーストラリアの人口密度は非常に低い。イはアメリカ，ウは中国，エは日本。

6. a.「日本への輸出額」÷「輸出総額」× 100 を計算する。b. 日本は「石油」の多くをサウジアラビアやアラブ首長国連邦などの西アジアの国々から輸入している。

8. 中京工業地帯は自動車工業が盛んな愛知県を含み，機械工業の割合が高い。イは阪神工業地帯，ウは京浜工業地帯のグラフ。

9. 冬の積雪量が多く，農作業ができないために家内工業が発達した。

10. 長野県の高原地域ではレタスやキャベツなどの高冷地野菜の栽培が盛ん。

11. 中部地方では愛知県名古屋市，新潟県新潟市，静岡県静岡市と浜松市が政令指定都市となっている。

【答】1. (1) イ　(2) ウ　2. エ　3. EU　4. エ　5. ア　6. ウ　7. アルプス　8. ア　9. 雪におおわれる冬の副業 (同意可)　10. 抑制(栽培)　11. 政令指定(都市)

3 【解き方】1. アは 1973 年と 1979 年，ウは 2008 年～，エは 2001 年の出来事。

2. アは新しい人権の一つで，よい環境のもとで生活を維持する権利。ウは作品を創作した者などが所有する権利。エは国の政治に関する情報を国民が自由に入手する権利。

3. ウは「民泊」と呼ばれる。これまでは旅館業法の営業許可を取ることなどの規制があったが，規制緩和により，比較的簡単な届出によって合法民泊が可能になった。

5. 社会保障制度の四つの柱のほかの三つは，社会保険・公的扶助・社会福祉。

6. ⑴ 地方自治では住民の意見が反映しやすく，地方の政治に参加することによって，民主主義の運営について学べるので「地方自治は民主主義の学校」と言われている。⑵ 条例の制定・改廃の請求には，有権者の50分の1以上の署名，議員や首長の解職請求には有権者の3分の1以上の署名が必要。⑶ 他には，普通選挙，平等選挙，直接選挙が原則となっている。

7. e. 120円×1200ドルから144,000円となる。f. 円安は，円の価値が他の通貨に対して低い状態なので，外国人の日本への海外旅行の代金は安くなる。

8. ⑵ 年々，パートやアルバイトなどの非正規労働者は増加している。また，政府の推進する「働き方改革」により時間外労働の上限規制や罰則が導入されたこともあり，年間総労働時間は減少傾向にある。⑶ 各種の手数料も銀行の利益となっている。

9. 京都議定書では先進工業国のみ温室効果ガスの削減義務を負ったが，パリ協定では先進工業国だけではなく発展途上国も温室効果ガス削減に取り組むことが義務づけられた。

【答】 1. イ　2. イ　3. ウ　4. 歌舞伎　5. 公衆衛生　6. ⑴ 地方自治　⑵ ア　⑶ 秘密(選挙)　7. エ

8. ⑴ 消費者契約法　⑵ ウ　⑶ 貸し出しの利子を，預金している人々に支払う利子よりも高くする（同意可）

9. パリ協定

理　科

1 【解き方】1. (2) アは火成岩，イは石灰岩，ウは凝灰岩についての説明。

2. (1) 光合成が行われる部分でデンプンができるので，葉緑体があり，光が当たる部分が青紫色になる。(2) 植物は夜は呼吸だけを行っているので，酸素を取り込み，二酸化炭素を排出する。昼は光合成と呼吸を同時に行っている。光合成では二酸化炭素を取り込み，酸素を排出する。

3. (1) プラスチック板と水の入ったペットボトルにはたらく重力の大きさは，$1\,(\mathrm{N}) \times \dfrac{360\,(\mathrm{g})}{100\,(\mathrm{g})} = 3.6\,(\mathrm{N})$　プラスチック板の面積は，$6\,(\mathrm{cm}) \times 6\,(\mathrm{cm}) = 36\,(\mathrm{cm}^2)$ より，$0.0036\mathrm{m}^2$。よって，プラスチック板からスポンジの表面が受ける圧力は，$\dfrac{3.6\,(\mathrm{N})}{0.0036\,(\mathrm{m}^2)} = 1000\,(\mathrm{Pa})$　(2) プラスチック板を，1 辺の長さが半分の正方形にすると，プラスチック板の面積は，$\dfrac{1}{2}$ (倍) × $\dfrac{1}{2}$ (倍) = $\dfrac{1}{4}$ (倍)になる。プラスチック板からスポンジの表面が受ける圧力は，プラスチック板の面積に反比例するので，圧力は 4 倍になる。

4. (2) 20 ℃で固体の状態にあるのは，融点が 20 ℃よりも高い物質。

【答】1. (1) カ　(2) エ　2. (1) イ　(2) ア　3. (1) 1000 (Pa)　(2) オ　4. (1) 融点　(2) ア・イ

2 【解き方】2. 表より，デンプンが他の糖に変化しているのは試験管 A だけなので，だ液にはデンプンを他の糖に分解するはたらきがあることは，試験管 A と，だ液の有無以外の条件が同じである試験管 B の結果を比べることで分かる。また，だ液のはたらきの温度による変化は，試験管 A と，温度以外の条件が同じである試験管 C の結果を比べることで分かる。

4. ブドウ糖は小腸の柔毛で毛細血管に取り入れられる。

5. アは炭水化物とタンパク質，イはタンパク質を分解する。

【答】1. エ　2. (1) ア　(2) イ　3. エ　4. c　5. ウ・エ　6. ア

3 【解き方】2. 硫酸銅水溶液中の銅イオンが銅原子になり金属板に付着するので，硫酸銅水溶液中で青色を示す銅イオンの数が少なくなる。

3. 硫酸亜鉛水溶液とマグネシウム板の反応から，マグネシウムは亜鉛よりもイオンになりやすいことが分かる。また，硫酸銅水溶液と亜鉛板の反応から，亜鉛は銅よりもイオンになりやすいことが分かる。

4. 亜鉛板から亜鉛原子が電子を失って亜鉛イオンとなって溶けだすので，電子は導線中を亜鉛板から銅板に移動する。電流の向きは電子の移動の向きと逆なので，電流は銅板から亜鉛板に向かって流れる。電池では，電流が導線に流れ出る側が＋極になる。

5. 12 %の硫酸銅水溶液 100mL の質量は，$100\mathrm{mL} = 100\mathrm{cm}^3$ より，$1.13\,(\mathrm{g/cm}^3) \times 100\,(\mathrm{cm}^3) = 113\,(\mathrm{g})$　よって，12 %の硫酸銅水溶液 100mL に含まれる硫酸銅の質量は，$113\,(\mathrm{g}) \times \dfrac{12}{100} \fallingdotseq 14\,(\mathrm{g})$

6. 銅イオンは 2 個の電子を受け取って銅原子になる。

7. 亜鉛板側では硫酸亜鉛水溶液中に亜鉛イオンが増えるので，水溶液が電気的に＋にかたよっている。銅板側では硫酸銅水溶液中の銅イオンが減るので，水溶液が電気的に－にかたよっている。よって，電気的なかたよりが少なくなるように，亜鉛板側からは陽イオンである亜鉛イオンが銅板側に移動する。

【答】1. ウ　2. ウ　3. カ　4. ア　5. 14 (g)　6. $Cu^{2+} + 2e^- \rightarrow Cu$　7. Zn^{2+}

4 【解き方】2. (1) 月が公転する向きは，地球の自転の向きと同じ。(2) 地球は北極側から見て，反時計回りに自転するので，月が明け方東の空に観察できるのは，図 3 のカ，キの位置にあるとき。図 1 より，月の位置が地平線よりある程度高い位置にあり，新月ではないので，観察 1 で見た月の位置はカと考えられる。(3) 月食のときには，太陽，地球，月の順に一直線上に並ぶ。

3. 地球は反時計回りに自転するので，図4のイの位置の金星は夕方西の空に見え，エの位置の金星は明け方東の空に見える。アとウの位置の金星は太陽と同じ方向にあるので観察できない。

5. 1日目のほうが金星の位置が地球から遠く，日の入り後に金星が観察される高度が高くなるので，地平線に沈むまでの時間は長くなり，観察できる時間が長くなる。

【答】 1. 衛星　2. (1) A　(2) カ　(3) ウ　3. エ　4. (金星は)地球よりも内側を公転するから。(同意可)　5. イ

5 **【解き方】** 1. 電圧計は，はかりたい位置に並列につなぐ。

3. 表より，電圧が3.0Vのとき抵抗器Aに流れる電流は0.15Aなので，抵抗器Aの抵抗の値は，オームの法則より，$\dfrac{3.0\,(\mathrm{V})}{0.15\,(\mathrm{A})} = 20\,(\Omega)$

4. 表より，電圧が3.0Vのとき抵抗器Bに流れる電流は0.10Aなので，抵抗器Bの抵抗の値は，$\dfrac{3.0\,(\mathrm{V})}{0.10\,(\mathrm{A})} = 30\,(\Omega)$　抵抗器Bの両端に5.0Vの電圧をかけたときに流れる電流は，$\dfrac{5.0\,(\mathrm{V})}{30\,(\Omega)} = \dfrac{1}{6}\,(\mathrm{A})$　よって，抵抗器Bの両端に5.0Vの電圧を4分間加え続けたときに，抵抗器Bで消費された電力量は，4分＝240秒より，$5.0\,(\mathrm{V}) \times \dfrac{1}{6}\,(\mathrm{A}) \times 240\,(\mathrm{s}) = 200\,(\mathrm{J})$

5. 図2は並列回路なので，抵抗器Aと抵抗器Bには同じ大きさの電圧が加わり，回路全体に流れる電流は，抵抗器Aと抵抗器Bに流れる電流の和になる。

6. 4より，抵抗器Bの抵抗の値は30Ωなので，抵抗器Bに加わる電圧を6.0Vにしたとき，抵抗器Bに流れる電流は，$\dfrac{6.0\,(\mathrm{V})}{30\,(\Omega)} = 0.20\,(\mathrm{A})$　図3は抵抗器Aと抵抗器Cの直列部分と，抵抗器Bとの並列回路なので，回路全体に流れる電流が0.30Aのとき，抵抗器Aと抵抗器Cの直列部分に流れる電流は，$0.30\,(\mathrm{A}) - 0.20\,(\mathrm{A}) = 0.10\,(\mathrm{A})$　抵抗器Aと抵抗器Cの直列部分に加わる電圧は6.0Vなので，抵抗器Aと抵抗器Cの直列部分の抵抗の値は，$\dfrac{6.0\,(\mathrm{V})}{0.10\,(\mathrm{A})} = 60\,(\Omega)$　3より，抵抗器Aの抵抗の値は20Ωなので，抵抗器Cの抵抗の値は，$60\,(\Omega) - 20\,(\Omega) = 40\,(\Omega)$

【答】 1. ア　2. オーム(の法則)　3. 20(Ω)　4. 200(J)　5. (右図)
6. 40(Ω)

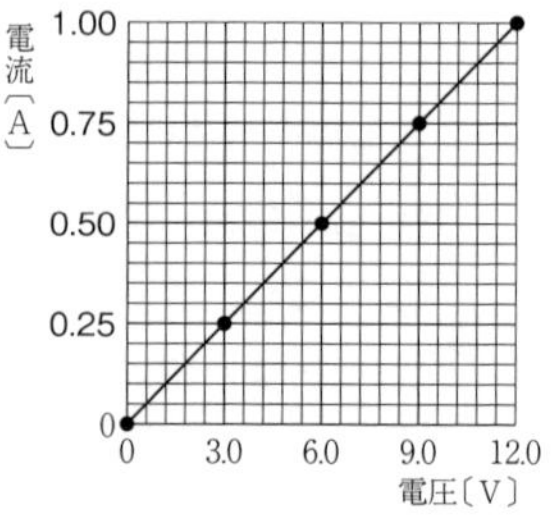

国　語

1 【答】① とりょう ② うらや(む) ③ びんわん ④ こはん ⑤ ゆる(やかな) ⑥ 包装 ⑦ 借(りる) ⑧ 痛快(な) ⑨ 停留 ⑩ 蒸(し)

2 【解き方】問一. 前後で,「天の星にはとどかぬ」「星にとどくかもしれぬ」と反対の内容が続いていることに着目する。

問二. 動詞は, 活用のある自立語で, 言い切りの形が「ウ段」の音で終わる語。可能の助動詞「られる」は, 未然形に接続する。

問三. 父から教えられた大切なことなので, 忠敬が, 平次に「一事が万事だよ…父上から教えられなかったか」と言っていることをおさえる。

問四. 忠敬から「二度と…くりかえしてはならぬ」と言われて, 平次が「秀蔵も忠敬も, 平次の熱意を認めてくれたのだ」「やり方はまちがっていた…それを反省して前に進め, と言ってもらえた」と感じていることに着目する。

問五. A.「忠敬の言葉に」とあるので,「わしがこんなことを言うのは…格好がつくかもしれぬが」という忠敬の言葉に, 平次が「言葉のひとつひとつに…感じ」てかたくなっていたことに着目する。B.「そこ」は,「一歩ずつ歩いていくことで, たどりつける場所」を指している。忠敬の言葉を聞いて,「自分は…踏みこむ覚悟ができているのか, まだ自信がない」と感じていたが,「はるか昔…必ずしっぺ返しをくらうぞ」という父の言葉も思い出したことから, 平次の行きたい場所が「学問」の世界であることをふまえて探す。

【答】問一. ウ 問二. (動詞) 感じ (活用形) 未然(形)

問三. 基本をおろそかにせず, コツコツと努力する(こと。)

問四. (自分の)熱意を認め, これまでの学問に対する気持ちや, やり方を反省して前に進め(という言葉をかけてくれたと感じたから。) (34字) (同意可)

問五. A. とてつもない重み B. 広大な学問の世界

3 【解き方】問二. 同意の漢字の組み合わせ。アは, 上の漢字が下の漢字を修飾している。ウは, 反意の漢字の組み合わせ。エは, 上の漢字が動作を表し, 下の漢字がその対象を表している。

問三. A.「あれもこれもと考えて」とあるので, 本文中で同様に「あれもこれもと考えていたら, エネルギーが分散してしまいます」と述べていることに着目する。B. 直前に「何かを手に入れるということは, 何かをあきらめるということなのです」とあることをおさえる。

問四. 連体修飾格を表している。アは主体, イは疑問, エは「～こと」を表す。

問五. 社会学について, 直後で「社会には, 法則性があるんです…社会にはルールや決まりができあがっています」「それを科学的・客観的に研究できます」と説明を続けている。

問六. 幸福を手に入れる「秘訣」について,「ほかのひとと自分を比べてはいけません」「ほかの人びとなんかどうでもいいと思うことです…自分を大事にすることに通じます」「もうひとつ…シンクロしてくるというのがとても大事です」と述べている。

【答】問一. うのみ 問二. イ 問三. A. エネルギーが分散 B. あきらめる勇気 問四. ウ 問五. エ 問六. ア

4 【解き方】問一. 語頭以外の「は・ひ・ふ・へ・ほ」は「わ・い・う・え・お」にする。

問二.「月は」「にぞ入る」とあるので, 和歌から「月」が沈んだ先を探す。

問三. 業平の和歌にも「入れずもあらなむ」という, 共通した言い回しがあることに注目。

問四.「土佐日記」の作者は,「海辺にて詠まましかば…詠みてましや」と, 業平が詠んだかもしれない和歌について考えている。

【答】問一. なお 問二. 海 問三. 山の端逃げて 問四. ア

◀口語訳▶　【Ⅰ】

八日。都合の悪いことがあり，依然として同じ場所にいる。今夜，月は海に沈む。これを見て，在原業平の君の「山の陵線よ，逃げて月を入れないでほしい」という歌のことが思い出される。もし，業平の君が海辺で詠んだならば，「波が立って邪魔をして月を入れないでほしい」とでも，詠んだのだろうか。今，この歌を思い出して，ある人が詠んだ歌は，

A　照る月が流れて沈んでいくのを見ると，天の川が流れ出る所は海だったのだなあ

とかいうのであった。

【Ⅱ】　業平の君の歌

まだ見足りないのにもう月が隠れてしまうのか，山の陵線よ，逃げて月を入れないでほしい

5 **【解き方】** 問一.「①と②から分かるように」とあるので，**【調査結果】** の「①　手で字を書くことが減る。89 %」「②　漢字を手で正確に書く力が衰える。89 %」から考える。

【答】 問一. 約九割の人は，手で字を書くことが減ったり，漢字を手で正確に書く力が衰えたりする（39字）（同意可）

問二.（例）

情報機器の普及で，いつでもどこからでも人と手軽にやり取りできるようになったが，私は実際に会って話すことを大切にしたい。

用事があるとき，スマホで相手にメッセージを送って済ますことが増えた。便利だが，文字だけだと感情は伝わりにくい。実際，誤解がもとで関係が悪くなることもある。会って話せば，表情や声のトーンから，お互いの思いや考え方がもっと正確に伝わると思う。（九行）

岐阜県公立高等学校
(第一次選抜)

2022年度
入学試験問題

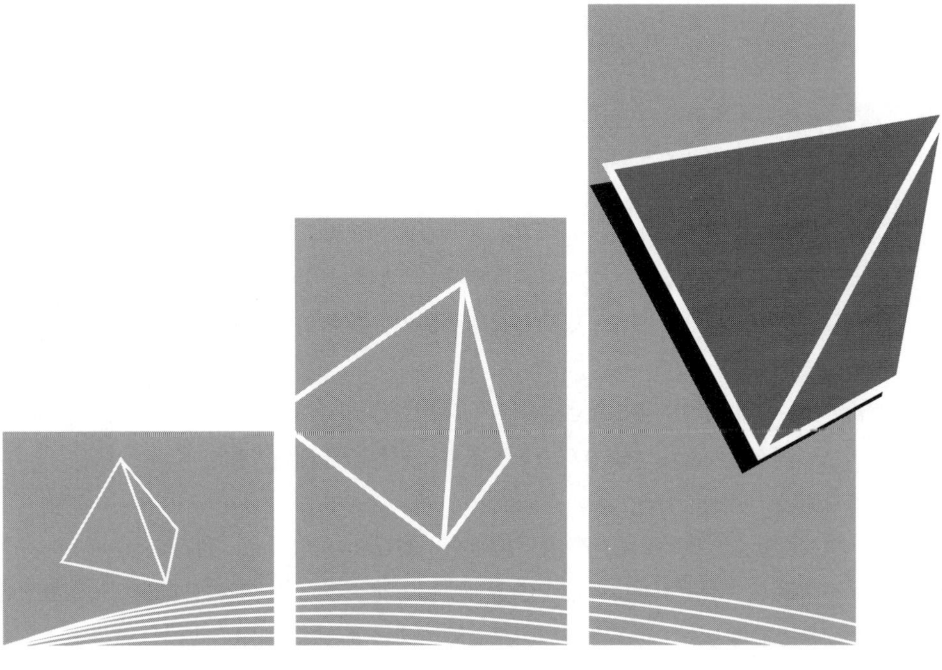

数学

時間 50分　　満点 100点

1 次の(1)～(6)の問いに答えなさい。

(1) $6-4\times(-2)$ を計算しなさい。(　　　)

(2) $3(-x+y)-(2x-y)$ を計算しなさい。(　　　)

(3) $x=5+\sqrt{3}$，$y=5-\sqrt{3}$ のときの，式 $x^2+2xy+y^2$ の値を求めなさい。(　　　)

(4) 2個のさいころを同時に投げるとき，出る目の数の積が5の倍数になる確率を求めなさい。

(　　　)

(5) 連立方程式 $\begin{cases} 5x+2y=4 \\ 3x-y=9 \end{cases}$ を解きなさい。(　　　　　)

(6) 右の図は，正四角すいの投影図である。立面図が正三角形，平面図が1辺の長さが6 cmの正方形であるとき，この正四角すいの体積を求めなさい。(　　　cm^3)

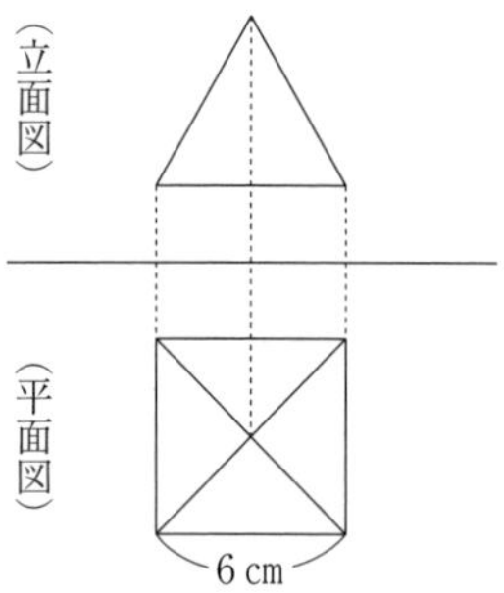

2 2次方程式 $x^2+ax-8=0$ について，次の(1)，(2)の問いに答えなさい。

(1) $a=-1$ のとき，2次方程式を解きなさい。(　　　)

(2) $x=1$ が2次方程式の1つの解であるとき，

(ア) a の値を求めなさい。(　　　)

(イ) 他の解を求めなさい。(　　　)

3 A中学校のバスケットボール部は，ある日の練習で，全ての部員がそれぞれシュートを5回ずつ行い，成功した回数を記録した。右の図は，その記録をもとに，成功した回数別の人数をグラフに表したものである。

次の(1)～(3)の問いに答えなさい。

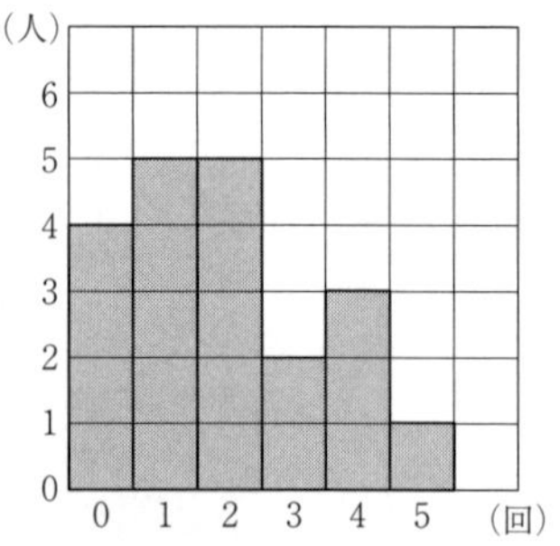

(1) 右の図から，A中学校のバスケットボール部の部員の人数を求めなさい。(　　　人)

(2) 右の図から，成功した回数の平均値を求めなさい。(　　　回)

(3) バスケットボール部に入部を予定している花子さんも，別の日にシュートを5回行い，成功した回数を記録した。花子さんの記録を右の図に表された記録に加え，成功した回数の平均値と中央値を求めると，2つの値が等しくなった。花子さんの成功した回数を求めなさい。(　　　回)

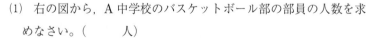

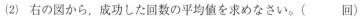

4　右の図のような台形ABCDがある。点P，Qが同時にAを出発して，Pは秒速2cmで台形の辺上をAからBまで動き，Bで折り返してAまで動いて止まり，Qは秒速1cmで台形の辺上をAからDを通ってCまで動いて止まる。P，QがAを出発してからx秒後の△APQの面積をy cm^{2}とする。

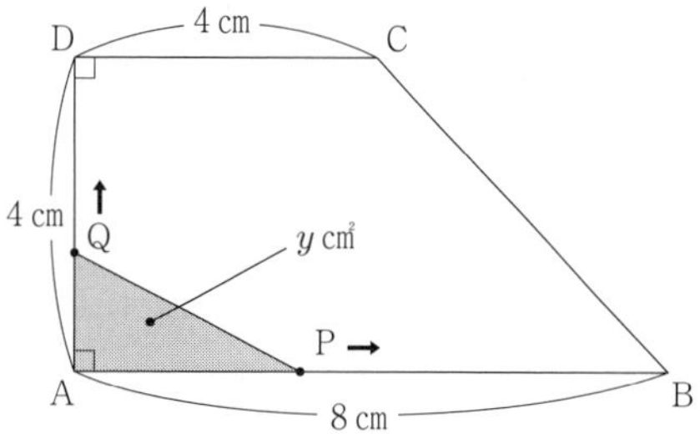

次の(1)～(4)の問いに答えなさい。

(1)　表中のア，イに当てはまる数を求めなさい。ア（　　　）　イ（　　　）

x（秒）	0	…	4	…	6	…	8
y（cm^2）	0	…	ア	…	イ	…	0

(2)　xの変域を次の(ア)，(イ)とするとき，yをxの式で表しなさい。

(ア)　$0 \leqq x \leqq 4$のとき（　　　）

(イ)　$4 \leqq x \leqq 8$のとき（　　　）

(3)　xとyの関係を表すグラフをかきなさい。（$0 \leqq x \leqq 8$）

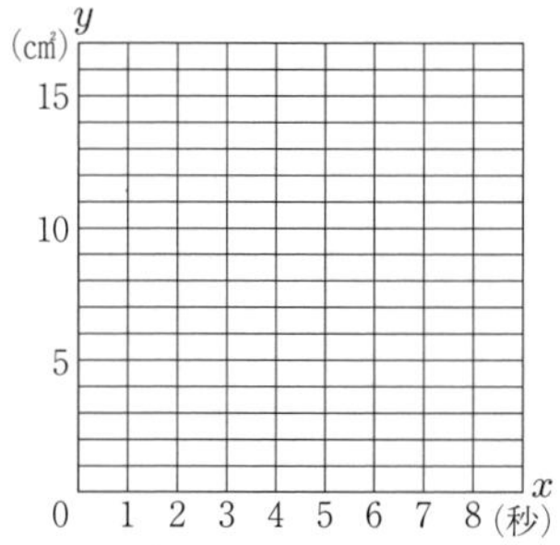

(4)　△APQの面積と，台形ABCDから△APQを除いた面積の比が，3：5になるのは，P，QがAを出発してから何秒後と何秒後であるかを求めなさい。（　　　秒後）（　　　秒後）

5　右の図の△ABCで，点Dは∠ABCの二等分線と辺ACとの交点である。また，点Eは線分BDの延長線上の点で，CD = CEである。

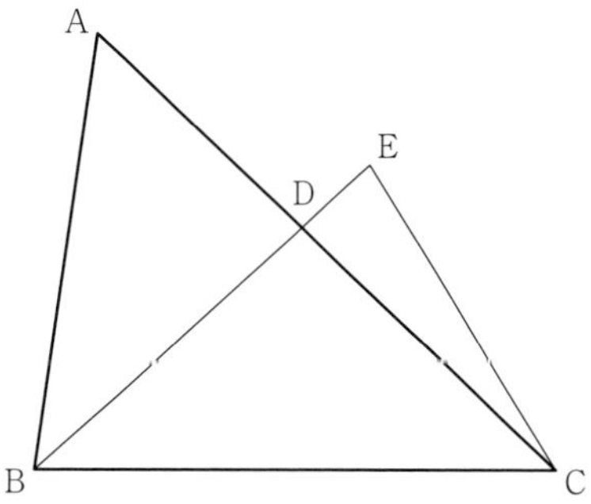

次の(1)，(2)の問いに答えなさい。

(1)　△ABD ∽ △CBEであることを証明しなさい。

（　　　　　　　　　　　　　　　　　　　　　）

(2)　AB = 4 cm，BC = 5 cm，CA = 6 cmのとき，

(ア)　CEの長さを求めなさい。（　　　cm）

(イ)　△ABDの面積は，△CDEの面積の何倍であるかを求めなさい。（　　　倍）

6　大きな白い紙に，正方形の形に並ぶように連続した自然数を書いていく。まず，1回目の作業として，1のみを書き，以後，次の作業を繰り返し行う。

> 【作業】　すでに正方形の形に並んでいる自然数の下側に1行，右側に1列を加え，再び正方形の形に並ぶように新たに自然数を書く。自然数は，前の作業で書いた自然数の続きから，まず左下から右下へ，次に右下から右上へ小さい順に書く。

下の図は，1回目から3回目までの作業後の結果である。例えば，3回目の作業については，新たに書いた自然数の個数は5個であり，正方形の右下に書いた自然数は7である。

【1回目】

1

【2回目】

1	4
2	3

【3回目】

1	4	9
2	3	8
5	6	7

次の(1)～(3)の問いに答えなさい。

(1)　5回目の作業について，

(ア)　新たに書く自然数の個数を求めなさい。(　　　　個)

(イ)　正方形の右下に書く自然数を求めなさい。(　　　　)

(2)　次の文章は，nが2以上であるときのn回目の作業で新たに書く自然数について，太郎さんが考えたことをまとめたものである。ア～エにnを使った式を，それぞれ当てはまるように書きなさい。

n回目の作業で書く最も大きい自然数は［ア　　　］である。

また，$(n-1)$回目の作業で書く最も大きい自然数は［イ　　　］であるから，n回目の作業では新たに（［ウ　　　］）個の連続した自然数を書くことになる。

したがって，n回目の作業で，正方形の右下に書く自然数は，［エ　　　］である。

(3)　10回目の作業について，

(ア)　正方形の右下に書く自然数を求めなさい。(　　　　)

(イ)　新たに書く自然数の和を求めなさい。(　　　　)

英語

時間 50分　　満点 100点

（編集部注） 放送問題の放送原稿は英語の末尾に掲載しています。
音声の再生についてはもくじをご覧ください。

1 放送を聞いて答える問題

1 これから短い英文を読みます。英文は(1)～(5)まで5つあります。それぞれの英文を読む前に，日本語で内容に関する質問をします。その質問に対する答えとして最も適切なものを，ア～エから1つずつ選び，符号で書きなさい。なお，英文は2回ずつ読みます。

(1)(　　　) (2)(　　　) (3)(　　　) (4)(　　　) (5)(　　　)

(1)
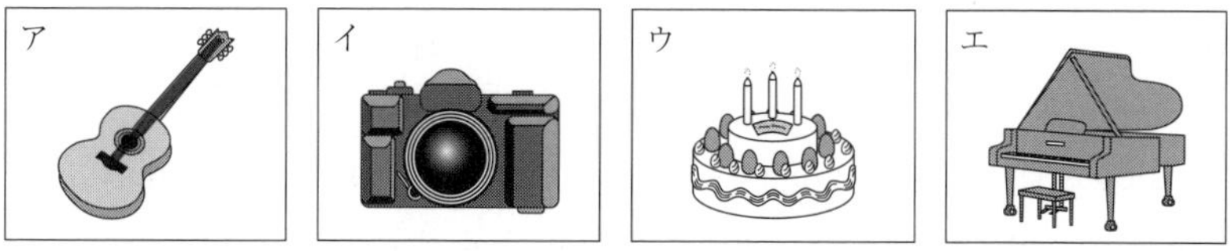

(2)
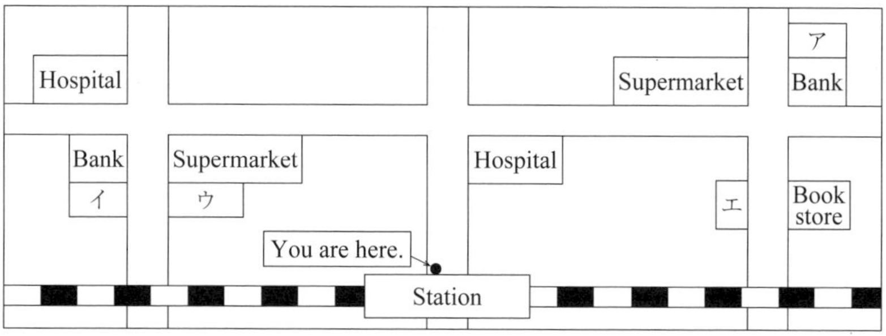

(3) ア do you have cheaper ones?

イ how about white ones?

ウ what color are you looking for?

エ what size do you want?

(4)

	Flight number is...	The weather in London now is...	Flight time will be...
ア	Flight 735		10 hours and 12 minutes
イ	Flight 735		12 hours and 10 minutes
ウ	Flight 753		10 hours and 12 minutes
エ	Flight 753		12 hours and 10 minutes

(5) ア Maki bought a green towel with a blue star because Takuya likes blue and green.

イ Maki knew that Takuya likes blue and green before she talked with Tom.

ウ Tom hasn't bought a present yet, but he is going to buy a blue bag.

エ Tom will buy a towel because Takuya plays soccer on weekends.

2　これから読む英文は，ベーカー先生（Mr. Baker）が，英語の授業で自己紹介をしているときのものです。この英文を聞いて，(1)，(2)の問いに答えなさい。なお，英文は２回読みます。

英文を聞く前に，まず，(1)，(2)の問いを読みなさい。

(1)　次の①～③に対する答えを，ベーカー先生の話の内容に即して完成させるとき，（　　）に入る最も適切な英語を，１語書きなさい。

①　What did Mr. Baker study at his university?

答え　He studied Japanese culture and (　　　).

②　Why is Mr. Baker surprised about school life in Japan?

答え　Because Japanese students (　　　) their classroom every day.

③　According to Mr. Baker, what are good ways to improve English?

答え　Watching exciting movies and singing (　　　) songs in English.

(2)　ベーカー先生の話の内容に合っているものを，ア～エから１つ選び，符号で書きなさい。

（　　　）

ア　Mr. Baker hopes that the students will visit many temples in Japan.

イ　Mr. Baker knows about Japan well because he has stayed there before.

ウ　Mr. Baker says that about 50 languages are spoken in New York.

エ　Mr. Baker tells the students that it's fun to learn other languages.

2 次の1～3の問いに答えなさい。

1 次の会話の（ ）に入る最も適切な英語を，1語書きなさい。ただし，（ ）内に示されている文字で書き始め，その文字も含めて答えること。（ ）

Shin: Hello, Martha. Are you free next Saturday?

Martha: Yes. I have (n) to do on that day. What's up?

Shin: I have two concert tickets. Would you like to come with me?

Martha: Of course!

2 次の英文は，グリーン先生から英語部の部員への連絡です。英文の［　　］に入る最も適切なものを，ア～エから1つ選び，符号で書きなさい。（ ）

Next Thursday is Mike's birthday. I think it will be great to hold a party. He likes music, ［　　］ for Mike. Tomorrow, let's talk about what Japanese songs we will sing at the party. Please come to the music room at 4 p.m.

ア but I don't want to sing Japanese songs

イ but I would like him to sing Japanese songs

ウ so I want to sing Japanese songs with you

エ so I think we should give flowers

3 次の掲示物と会話を読んで，(1)，(2)の質問の答えとして最も適切なものを，ア～エから1つずつ選び，符号で書きなさい。

Welcome to the City Zoo

Open: 9:30 a.m. — 6:00 p.m.

Closed: Every Monday and the last day of every month

【Special Events】

- You can take pictures with a baby panda every Friday and Sunday.
- You can feed an elephant and touch a snake every Sunday.
- You can ride a horse every weekend.

Ms. White: Kana, look at this. We can join some special events here.

Kana: Wow, I'm so excited. I want to try this event because I have loved pandas since I watched them on TV. They're so cute.

Anne: I want to feed an elephant because it is my favorite animal.

Ms. White: Oh, that's too bad. Those two events are not held today. We can try only this one.

Kana: No problem. I also love horses.

Anne: Let's ride a horse!

(1) What special event did Kana want to do at the beginning? （ ）

ア　To feed an elephant　　イ　To ride a horse

ウ　To take pictures with a baby panda　　エ　To touch a snake

(2)　When are they talking?（　　　）

ア　On Friday　　イ　On Saturday　　ウ　On Sunday　　エ　On Monday

③　次の英文は，真衣（Mai）が，平均睡眠時間（average sleep hours）について，英語の授業で発表したときのものです。1～3の問いに答えなさい。

Some of you may count sheep when you can't sleep. Do you know why? The sound "sheep" and "sleep" are similar, so counting sheep may be one of the good ways to sleep. Sleep is important for all of us. We can't live without sleeping. But many Japanese people say that they want to sleep longer if they can. How many hours do people sleep in Japan and around the world?

Look at the graph. This is the average sleep hours in Japan and the four other countries in 2018. You can see that people in Japan sleep 7 hours and 22 minutes on average. You may think that 7 hours of sleep is enough, but when you look at the graph, you will find that it is very short. The graph shows that people in China sleep the longest of all, and people in India sleep almost as long as people in America. People in Germany sleep shorter than people in those three countries, but I was surprised that they sleep about one hour longer than us.

Now look at the table. This is the average sleep hours of people in Japan in 2007, 2011 and 2015. What can you see from this table? In 2007, about one third of the people sleep 7 hours or longer. But in 2015, almost 40% of the people sleep less than 6 hours, and only about a quarter of the people sleep 7 hours or longer. It means that more people in Japan sleep（①s　　）than before.

You may watch TV or use the Internet until late at night. But we need to sleep longer especially when we are young. Sleep is important not only for our bodies but also for our minds. To make our bodies and minds more active, let's go to bed earlier and count sheep tonight.

Graph

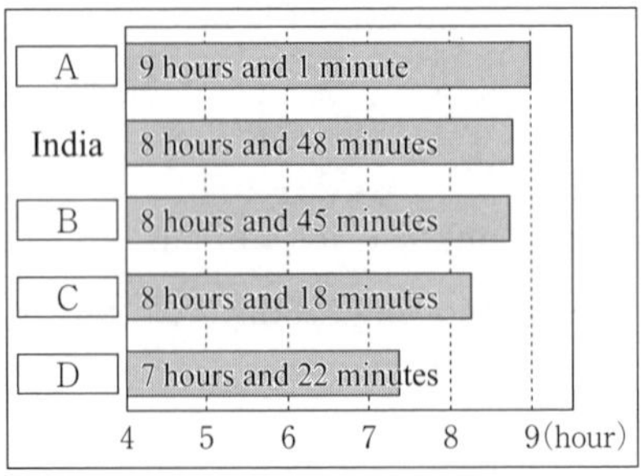

Table

	Less than 6 hours	Between 6 and 7 hours	7 hours or longer
2007	28.4%	37.8%	33.8%
2011	34.1%	36.7%	29.2%
2015	39.4%	34.1%	26.5%

(注)　sheep：羊　　similar：似ている　　on average：平均して　　one hour longer：1時間長く
table：表　　mind：心

1 Graph の B に入る最も適切なものを，ア～エから1つ選び，符号で書きなさい。(　　)

ア America　イ China　ウ Germany　エ Japan

2 本文中の（ ① ）に入る最も適切な英語を，本文中から抜き出して1語書きなさい。ただし，(　　)内に示されている文字で書き始め，その文字も含めて答えること。(　　)

3 本文の内容に合っているものを，ア～エから1つ選び，符号で書きなさい。(　　)

ア Mai is surprised that people in China sleep the shortest in the five countries.

イ Mai says that people need to sleep longer especially when they are young.

ウ Mai thinks that watching TV and using the Internet are more important than sleeping.

エ Mai uses the table which shows how long people in the five countries sleep from 2007 to 2015.

4　次の英文は，中学生の賢治（Kenji）が，最近印象に残ったできごとについて，英語の授業でスピーチをしたときのものです。1～7の問いに答えなさい。

Have you ever heard the sound of a cello? It's soft and warm, and I like the sound. I have been playing the cello since I was eleven, and now I practice it almost every day. My grandpa is a cello maker, so cellos are always close to me. He lives in a small house in the woods.

One sunny morning, I visited Grandpa. He was cutting an old maple tree near his house to make a new cello, so I helped him cut it. While we were working, I asked, "How old is this tree, Grandpa?" He answered. "It's more than a hundred years old, Kenji." "Wow, it was here before you and I were born!" I said. He taught me that older trees make the sound of a cello deeper and softer. Then he said, "Well, we worked hard today. Let's go back to the house and I'll make you a cup of coffee!"

While we were drinking coffee together in his house, Grandpa told me many things about cellos. He asked, "Do you still use the cello I made?" The cello I use was given by Grandpa when I started to play. "Of course, I do. I like your cello. I want to be a cellist in the future." Grandpa said, "I'm glad to hear that. And what do you want to do when you become a cellist?" I never thought about that, so I couldn't answer his question. I only said, "Well, (①)." He thought for a while and said, "Come with me, Kenji."

Grandpa took me to the next room. There were a lot of cellos on the wall, and the smell of trees was everywhere in the room. I asked, "How many cellos have you made?" He said, "I have made hundreds of them. Your cello is the one I made when you were born, and it's my favorite." "Why did you decide to be a cello maker?" I asked. Then he answered, "Actually I once wanted to be a cellist like you, Kenji. But when I was your age, I hurt my arm and it was difficult to continue playing the cello. I wish I could play it well again." I was surprised because he never talked about it before. I could imagine ② how he felt when he lost his dream at the age of fifteen. I said, "Then, you decided to be a cello maker, right?" He said, "Yes. I wanted to do something related to cellos because I still liked them. Well, I was lucky because I found something I really like early in my life." He continued, "Look at all the cellos, Kenji. Every cello is made of old maple trees. Those trees were cut down a long time ago, but they can live forever as a cello." I said, "I never thought about it that way. But when I listen to the sound of a cello, I really feel relaxed even when I am nervous." He smiled and said, "It's like a voice from the woods that encourages you. I want to make a cello that can express the most beautiful voice of the maple trees, Kenji." Grandpa's face looked soft and warm when he said so. Again, I looked around the cellos he made. I was impressed that he made a lot of cellos and still continued to hold his dream.

Now I play the cello in a different way. I just played it to be a famous cellist before, but now I try to play the cello to deliver the voice of the trees to people. I want to express it someday with the cello Grandpa made.

（注）　cello：チェロ　　grandpa：おじいさん　　cello maker：チェロ職人　　close：身近な
maple tree：カエデの木　　cellist：チェロ奏者　　smell：香り　　be impressed：感動する
deliver：届ける

1　次のA～Cの絵を，本文の内容に合わせて並べかえたとき，正しい順序になるものを，ア～エから1つ選び，符号で書きなさい。(　　　)

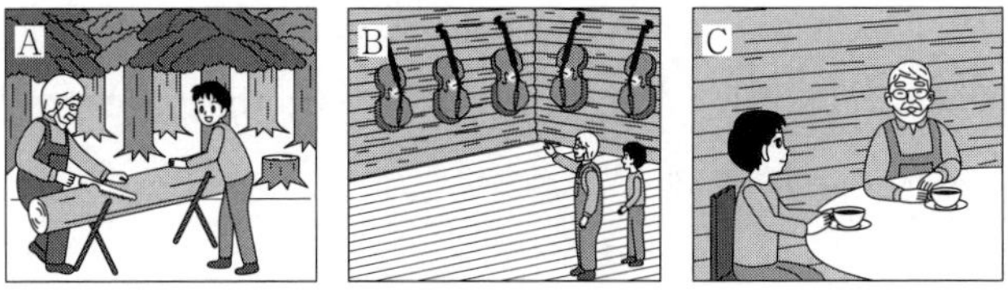

ア　A→B→C　　イ　A→C→B　　ウ　B→A→C　　エ　B→C→A

2　本文中の(①)に入る最も適切なものを，ア～エから1つ選び，符号で書きなさい。(　　　)

ア　I just want to be a famous cellist　　イ　I just want to be a famous cello maker

ウ　I want to be a cellist like you　　エ　I want to be a cello maker like you

3　本文中の下線部②のおじいさんの気持ちとして最も適切なものを，ア～エから1つ選び，符号で書きなさい。(　　　)

ア　excited　　イ　glad　　ウ　proud　　エ　sad

4　次の質問に対する最も適切な答えを，本文の内容に即して，ア～エから1つ選び，符号で書きなさい。(　　　)

When did Grandpa give the cello to Kenji?

ア　Grandpa gave it when Kenji was born.

イ　Grandpa gave it when Kenji was five years old.

ウ　Grandpa gave it when Kenji was eleven years old.

エ　Grandpa gave it when Kenji was fifteen years old.

5　次の質問に対する答えを，本文の内容に即して，英語で書きなさい。

(1)　Did Grandpa want to be a cellist before he hurt his arm?

(　　　), he (　　　).

(2)　How does Kenji feel when he listens to the sound of a cello?

He feels (　　　) even when he is (　　　).

6　本文の内容に合っているものを，ア～オから1つ選び，符号で書きなさい。(　　　)

ア　Kenji has been playing the cello for a long time, but he doesn't practice it now.

イ　Kenji still uses the cello Grandpa made, and both Kenji and Grandpa like it.

ウ　Kenji visited Grandpa on a rainy day, so they didn't work in the woods.

エ　Grandpa can play the cello very well now because he is a cello maker.

オ　Grandpa is very old now, so he doesn't want to make a new cello.

7　次の英文は，賢治がおじいさんに書いた手紙の一部です。(③)，(④)に入る最も適切な英語を，本文中から抜き出して1語ずつ書きなさい。ただし，(　　)内に示されている文字で書き始め，その文字も含めて答えること。③(　　　)　④(　　　)

Thank you for spending time with me and talking a lot last week, Grandpa. I respect you because you still continue to have your dream even after you became a cello maker. I can't forget that you told me that the sound of a cello is like the (③ v　　) of the trees. Now I want to express and deliver it to the people who listen to my cello. Please tell me when you finish making a new cello with the maple tree that we (④ c　　) together! See you soon, Grandpa.

5　次の1，2の会話について，それぞれの［　　］内の語を正しく並べかえて，英文を完成させなさい。

1 Well, (　　)(　　)(　　)(　　)(　　) do for you?

2 Do you (　　)(　　)(　　)(　　)(　　)?

1　(放課後の教室で)

Bob:　I can't finish this homework by tomorrow. I wish I had more time.

Kumi:　Are you OK? Well, [anything / can / I / is / there] do for you?

Bob:　Thank you. Can I call you tonight if I need your help?

Kumi:　Sure.

2　(図書館で)

Tracy:　Look at the shrine in this book. It looks great!

Hiroshi:　This is a very famous shrine in Japan.

Tracy:　Do you [built / it / know / was / when]?

Hiroshi:　About six hundred years ago.

6　あなたは，英語の授業で，自分の関心のあることについて発表することになり，次のメモを作成しました。メモをもとに，原稿を完成させなさい。原稿の［ ① ］，［ ② ］には，それぞれメモに即して，適切な英語を書きなさい。また，［ ③ ］には，【あなたが参加したいボランティア活動】をAまたはBから1つ選んで符号で書き，【その理由】について，あなたの考えを，次の《注意》に従って英語で書きなさい。

① I'd like to join one of them because (　　　　　　　　　　　　　　　　　　　　　　　)
volunteer activities for a long time.

② If I choose B, I will (　　　　　　　　　　　　　　　　　　　　　　　　　　　　).

③ I want to join (　　　　) because ______ ______ ______ ______ ______ ______ ______ ______

______ ______ ______ ______ ______ ______ ______ ______ ______ ______ ______ ______
(10)　　　　　　　　　　　　　　　　　　　　　　　　　　　　　　　　　　　(20)

《注意》・文の数は問わないが，10語以上20語以内で書くこと。
・短縮形（I'm や don't など）は1語と数え，符号（, や . など）は語数に含めないこと。

〈メモ〉

（導入）　　先週，ボランティア活動についてのポスターを見た。
　　　　　　長い間ボランティア活動に興味があったので参加したい。

（活動内容）　A　公園でゴミを拾う。
　　　　　　　B　図書館で，子どもたちに本を読む。
　　　　　　【あなたが参加したいボランティア活動とその理由】
　　　　　　［あなたの考え］

（まとめ）　参加の呼びかけ

〈原稿〉

Last week, I saw a poster about volunteer activities. I'd like to join one of them because［ ① ］volunteer activities for a long time.

In the poster, I found two different activities, A and B. If I choose A, I will pick up trash in the park. If I choose B, I will［ ② ］. I want to join［ ③ ］

Would you like to join me?

（注） pick up trash：ゴミを拾う

〈放送原稿〉

2022年度岐阜県公立高等学校入学試験英語の放送問題を始めます。

1　これから短い英文を読みます。英文は(1)から(5)まで5つあります。それぞれの英文を読む前に，日本語で内容に関する質問をします。その質問に対する答えとして最も適切なものを，アからエから1つずつ選び，符号で書きなさい。なお，英文は2回ずつ読みます。

(1)　これから読む英文は，由美（Yumi）が，自分の好きなものについて説明しているときのものです。何について説明をしているのでしょう。

Today, I want to talk about my favorite thing. I like music, so my parents bought this last year. I usually practice it in my room. I put it in a case when I carry it outside.

（くり返す）

(2)　これから読む英文は，道夫（Michio）が，外国人に郵便局の場所を説明しているときのものです。郵便局はどこでしょう。

From the station, you can see the hospital over there. Turn right at the hospital and go straight. Then you will find a supermarket on your left. When you get to the supermarket, turn left and you can find the post office next to a bank.

（くり返す）

(3)　これから読む英文は，店員とエミリー（Emily）との会話です。その会話の最後で，店員がひとこと付け加えるとすると，どの表現が最も適切でしょう。なお，店員がひとこと付け加えるところで，チャイムが鳴ります。

Staff:　Hello. May I help you?

Emily:　Yes, please. I'm looking for tennis shoes.

Staff:　OK. What color do you like?

Emily:　I like white.

Staff:　Then how about these white ones?

Emily:　Wow, how cool! I like the design, too.

Staff:　Well, (チャイムの音)

（くり返す）

(4)　これから読む英文は，ロンドン行きの飛行機の機内放送です。機内放送の内容を正しく表しているものはどれでしょう。

Good afternoon. Welcome to Flight 753 to London. We are now ready to leave. It is rainy in London now, but it will be cloudy when we get there. Our flight time to London will be 12 hours and 10 minutes. We'll give you something to eat and drink during the flight. If you need any help, please ask our staff. We hope you'll enjoy your flight. Thank you.

（くり返す）

(5)　これから読む英文は，真紀（Maki）とトム（Tom）との会話です。会話の内容を正しく表しているものはどれでしょう。

Maki: Takuya's birthday is coming soon.

Tom: That's right, Maki. I'm going to buy a bag for him tomorrow. Would you like to buy anything for him with me?

Maki: Actually I bought a towel for him last weekend. He likes blue and green, so I chose a blue towel with a green star on it.

Tom: Oh, maybe he can use it when he plays soccer. Now I know blue and green are his favorite colors, so I'll buy a green bag.

Maki: I hope he will like our presents.

Tom: I'm sure he will.

（くり返す）

2　これから読む英文は，ベーカー先生（Mr. Baker）が，英語の授業で自己紹介をしているときのものです。この英文を聞いて，(1)，(2)の問いに答えなさい。なお，英文は2回読みます。英文を聞く前に，まず，(1)，(2)の問いを読みなさい。

では，始めます。

Hello, everyone. My name is Bill Baker. I came to Japan three weeks ago. I'm so happy to meet you. I'm from New York, the biggest city in America, and people from all over the world live there. Some people say that about 500 languages are spoken in New York. There are a lot of popular places to see, and many people visit them.

This is my first time to come to Japan. I studied Japanese culture and history at my university, so I'd like to visit many temples in Japan. I also want to try Japanese traditional sports. I hear this school has a kendo club, and I'm excited about practicing kendo with the students. I don't know much about school life in Japan yet, but I'm surprised to know that you clean your classroom every day. Students in America don't usually do that.

I have been looking forward to teaching you English. I think we use languages for communication. I'd like to tell you that it's fun to learn other languages. So don't be shy and try to speak English with each other. Watching exciting movies and singing popular songs in English are not only fun but also good ways to improve your English. I hope you will enjoy learning English with me.

（くり返す）

これで放送問題を終わります。

社会

時間　50分　　　満点　100点

1　みなこさんは，容器や食器などを通して見た日本と外国のつながりの歴史についてまとめを書いた。1～10の問いに答えなさい。

［みなこさんのまとめ］

《古代》

古墳時代に朝鮮半島から須恵器を作る技術がもたらされ，その後も遣隋使や遣唐使により中国大陸から様々なものが伝わった。中には，①西アジアやインドの文化の影響をうけた写真1のガラス製の容器や漆器の水さしなども見られ，それらは，東大寺の正倉院に②聖武天皇の使用した道具とともに納められている。

［写真1］
ガラス製の容器

《中世》

室町時代には，南北朝の統一を実現した［ あ ］が始めた日明貿易（勘合貿易）で，陶磁器などが大量に輸入され，日本からは漆器などが輸出された。貿易などにより産業も発達し，③農業では，あさやあいの栽培が広がり，手工業では陶器や鋳物の生産が盛んになった。

［写真2］
有田焼の皿

《近世》

④安土桃山時代に，朝鮮から伝わった技術を基に，写真2のような有田焼が作られ始め，⑤江戸時代のはじめにはヨーロッパに向けて輸出された。⑥江戸時代の後半には，陶磁器を専売制にして輸出する藩も現れるようになった。

《近代から現代》

⑦明治時代に近代化が進むと，欧米風の生活様式が広まり，洋風の食器の利用が増えた。⑧20世紀前半にプラスチックが登場すると，日本でも⑨第二次世界大戦後には，容器の素材として広まった。

1　下線①について，次の［ a ］，［ b ］に当てはまる言葉の正しい組み合わせを，ア～エから一つ選び，符号で書きなさい。(　　　)

ギリシャの文化とオリエントの文化が結び付いた［ a ］の文化の影響は，推古天皇の下で［ b ］となった聖徳太子が建てたとされる法隆寺の金堂の壁画などにも見ることができる。

ア　a＝ルネサンス　b＝摂政　　イ　a＝ヘレニズム　b＝摂政
ウ　a＝ルネサンス　b＝関白　　エ　a＝ヘレニズム　b＝関白

2　下線②の時代に，都を中心に栄え，仏教と唐の影響を強く受けた国際的な文化の名を書きなさい。(　　　文化)

3　［ あ ］に当てはまる人物の名を書きなさい。(　　　)

4　下線③について，一年の間に同じ田畑で米と麦を交互に作ることを何というか，漢字で書きなさい。(　　　)

5　下線④について，(1)，(2)に答えなさい。

⑴ 資料は，豊臣秀吉が出した法令の一部を要約したものである。これにより行われた，兵農分離を進めるための政策の名を書きなさい。(　　　)

[資料]

諸国の百姓が刀やわきざし，弓，やり，鉄砲，そのほかの武具などを持つことは，かたく禁止する。

⑵ この時代に見られた桃山文化について述べた文として最も適切なものを，ア～エから一つ選び，符号で書きなさい。(　　　)

ア 雪舟が，自然などを表現する水墨画を完成させた。

イ 菱川師宣が，都市の町人の生活を基に浮世絵をえがいた。

ウ 狩野永徳が，ふすまや屏風に，はなやかな絵をえがいた。

エ 葛飾北斎が，錦絵で優れた風景画を残した。

6 下線⑤に，江戸幕府が大名を統制するため，大名が許可なく城を修理したり，大名どうしが無断で縁組をしたりすることなどを禁止した法律の名を書きなさい。(　　　)

7 下線⑥について，江戸幕府にラクスマンやレザノフを使節として派遣し，日本との通商を求めた国を，ア～エから一つ選び，符号で書きなさい。(　　　)

ア ロシア　　イ フランス　　ウ イギリス　　エ アメリカ

8 下線⑦について，次の文を読んで，⑴，⑵に答えなさい。

近代化を進めた明治政府は，[c]が外務大臣のときに，イギリスとの間で領事裁判権の撤廃に成功した。日清戦争後，政府は軍備の拡張を中心に国力の充実を図ったが，議会で大規模な予算を承認してもらうために，政党の協力が必要となり，伊藤博文は自ら[d]の結成に乗り出した。また，教育の普及が進み，グラフ1のように日清戦争直後には小学校の就学率が約[e]%となった。

[グラフ1] 小学校の就学率

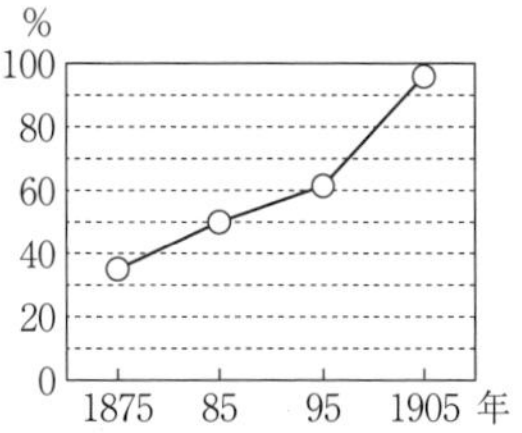

(「学制百年史」より作成)

⑴ [c]に当てはまる人物をア～エから一つ選び，符号で書きなさい。(　　　)

ア 小村寿太郎　　イ 井上馨　　ウ 大隈重信　　エ 陸奥宗光

⑵ [d]，[e]に当てはまる言葉の正しい組み合わせを，ア～エから一つ選び，符号で書きなさい。(　　　)

ア d＝自由党　e＝60　　イ d＝自由党　e＝90

ウ d＝立憲政友会　e＝60　　エ d＝立憲政友会　e＝90

9 下線⑧について，⑴，⑵に答えなさい。

[略年表]

20世紀	A 米騒動の発生
	パリ講和会議に参加
	↑ B ↓
	ポツダム宣言の受諾
	日本国憲法の制定

[グラフ2] 1918年4月から10月の一石あたりの米の価格

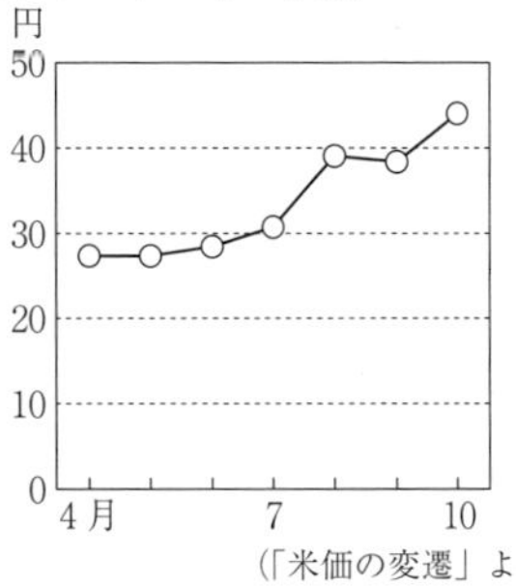

(「米価の変遷」より作成)

(1) 略年表の下線Aについて，次の[f]に当てはまる文を，グラフ2を参考にして，「買いしめ」，「価格」という二つの言葉を用いて，簡潔に書きなさい。

(　　　　　　　　　　　　　　　　　　　　　　　　　　　　　　　　　　　)

第一次世界大戦によって日本経済は好況となったが，物価が上がり，民衆の生活は苦しくなった。さらに1918年に，シベリア出兵を見こした[f]ことに対して，米の安売りを求める騒動が全国に広まった。

(2) 表のア～エは，日本，アメリカ，フランス，ドイツのいずれかである。それぞれの国について，略年表のBの期間の出来事に当てはまる場合を○，当てはまらない場合を×で示している。日本に当たるものを，ア～エから一つ選び，符号で書きなさい。

(　　　)

［表］　略年表のBの期間の出来事

出来事	ア	イ	ウ	エ
ワシントン会議で四か国条約を結んだ。	×	○	○	○
国際連盟を脱退した。	○	○	×	×
ヤルタ会談に参加した。	×	×	○	×

10　次のア～ウは，下線⑨の期間に起こった日本の出来事である。これらの出来事を，年代の古い順に並べ，符号で書きなさい。

古い出来事 → 新しい出来事
(　　→　　→　　)

ア　国際連合に加盟した。　　イ　サンフランシスコ平和条約を結んだ。

ウ　沖縄が日本に復帰した。

2　たかしさんは，地理の授業で，ショッピングセンターの施設の様子や商品についてまとめを書いた。1～9の問いに答えなさい。

［たかしさんのまとめ］

地球温暖化への対策として，①再生可能エネルギーである太陽光を利用した発電の設備があることに気づいた。

日本列島は，新しい造山帯の一つである［あ］造山帯に属し，地震の発生が多いことから，地震による被害を少なくする工夫がされた家具が販売されていた。

日本で作られた製品のほかに，②BRICS の一つである中国や，③東南アジアの国々で作られた製品が多く見られた。

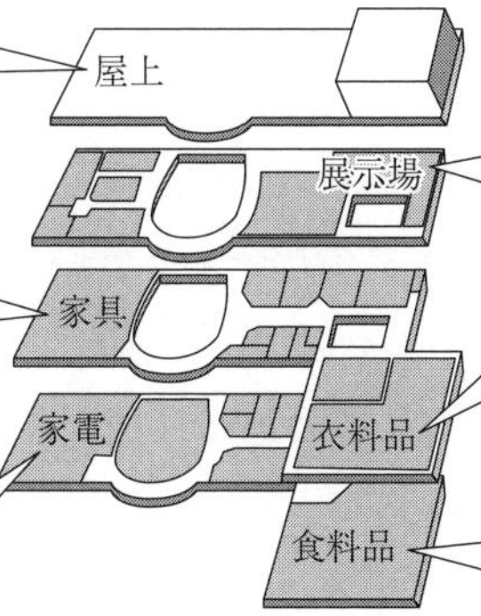

カナダ北部の写真展が開かれていた。一年の大半が雪や氷でおおわれ，樹木がほとんど育たない［い］の自然や，［う］と呼ばれる人々のイグルーでの伝統的な生活を知ることができた。

洋服などの生地に④京都市の友禅染を用いた商品などが見られ，伝統産業を生かすための工夫を知ることができた。

⑤日本の沿岸や外国でとれた魚，⑥国内外から仕入れられた農作物が販売されていた。

1　下線①について，再生可能エネルギーとして最も適切なものを，ア～エから一つ選び，符号で書きなさい。（　　）

ア　石炭　　イ　天然ガス　　ウ　バイオマス　　エ　石油

2　［あ］に当てはまる言葉を書きなさい。（　　）

3　下線②について，中国のほかに，21 世紀に入り，広大な国土と多くの人口や資源をもち，急速に経済成長したBRICS に含まれるアジアの国を，ア～エから一つ選び，符号で書きなさい。

（　　）

ア　シンガポール　　イ　韓国　　ウ　ベトナム　　エ　インド

4　下線③について，略地図1のⅠ，Ⅱ，グラフ1のⅢ，Ⅳは，タイ，インドネシアのいずれかである。タイの正しい組み合わせを，ア～エから一つ選び，符号で書きなさい。（　　）

［略地図 1］

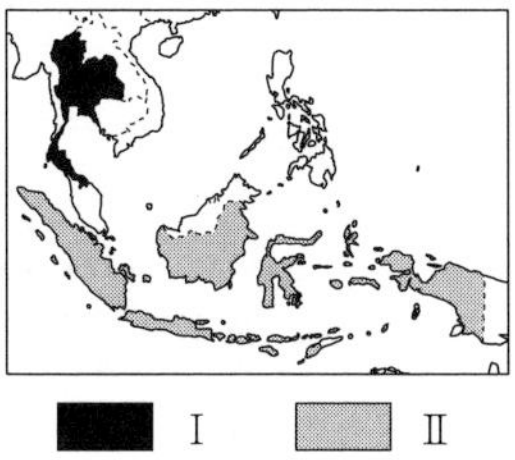

［グラフ 1］

タイとインドネシアの輸出品の割合

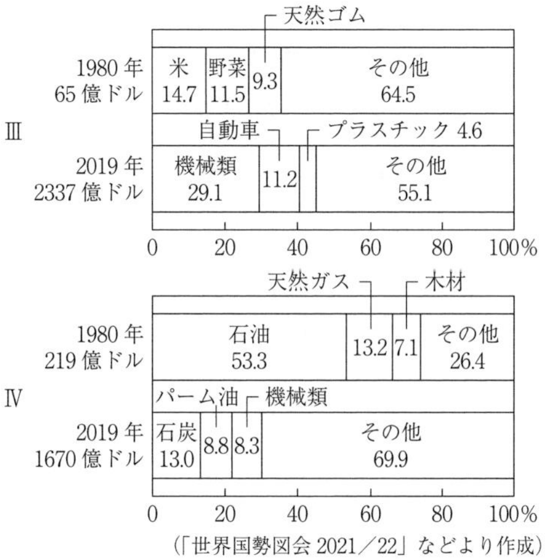

（「世界国勢図会 2021／22」などより作成）

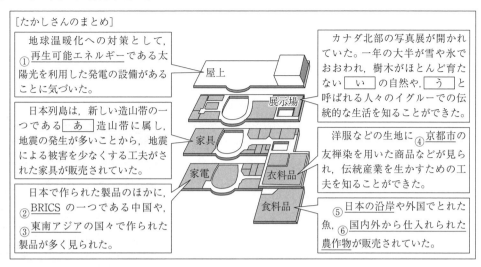

ア　略地図1＝Ⅰ　　グラフ1＝Ⅲ　　イ　略地図1＝Ⅰ　　グラフ1＝Ⅳ
ウ　略地図1＝Ⅱ　　グラフ1＝Ⅲ　　エ　略地図1＝Ⅱ　　グラフ1＝Ⅳ

5　[い]は気温と降水量により分けられた五つの気候帯の一つである。[い]に当てはまる言葉を，漢字で書きなさい。(　　　)

6　[う]に当てはまる言葉を，ア～エから一つ選び，符号で書きなさい。(　　　)
ア　マオリ　　イ　メスチソ　　ウ　アボリジニ　　エ　イヌイット

7　下線④について，地形図を見て，(1)，(2)に答えなさい。

(1)　次の[a]に当てはまる方角を八方位で書きなさい。(　　　)

地形図の●から[a]の方角に博物館の地図記号がある。

(2)　次の[b]に当てはまる都の名を書きなさい。(　　　)

地形図にみられる，碁盤の目のような通りや，二条や三条などの数字の付いた地名は，794年に桓武天皇によって新たな都として作られた[b]の名残である。

[地形図]　京都市

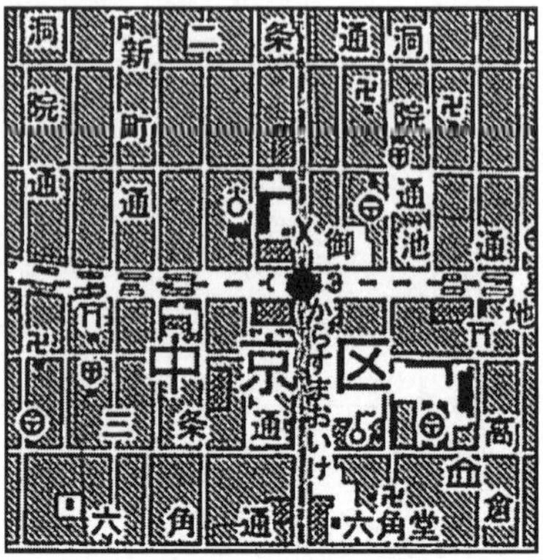

(国土地理院発行の2万5千分の1地形図「京都東北部」より作成。一部改変)

8　下線⑤について，次の文を読んで，(1)～(3)に答えなさい。

略地図2に示された都市の周辺では，魚介類の養殖が盛んである。

舞鶴市や宮古市の周辺には，沈水海岸の一つで奥行きのある湾と岬が連続する[c]海岸があり，岡山市を含む瀬戸内地方には，多くの島が点在している。一方で，これらの地域は海流や季節風などの影響から，A降水量や気温に違いが見られ，宮古市では，寒流の影響を受けたBやませが吹いてくることにより冷夏となることがある。

[略地図2]

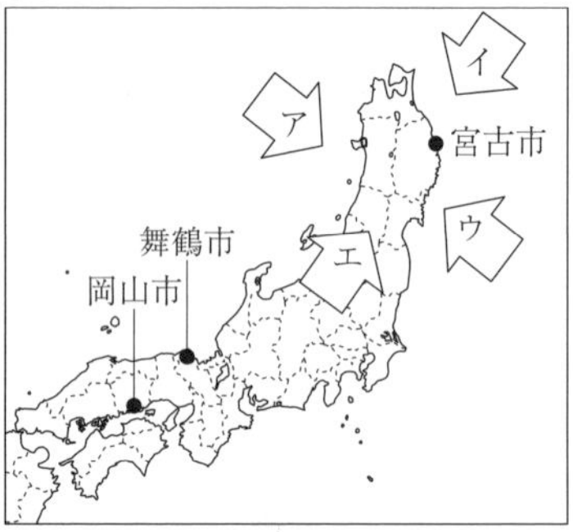

(1)　[c]に当てはまる言葉を書きなさい。(　　　)

(2)　下線Aについて，表のC，Dは舞鶴市，岡山市，X，Yは1月，8月のいずれかである。岡山市と1月の降水量の正しい組み合わせを，ア～エから一つ選び，符号で書きなさい。(　　　)

ア　岡山市＝C　　1月＝X
イ　岡山市＝D　　1月＝X
ウ　岡山市＝C　　1月＝Y
エ　岡山市＝D　　1月＝Y

[表]　1991～2020年における宮古市，舞鶴市，岡山市の平均降水量
(単位：mm)

	X	Y	年降水量
宮古市	177.9	63.4	1370.9
C	97.2	36.2	1143.1
D	149.6	183.4	1941.2

(「気象庁資料」より作成)

(3)　下線Bが吹いてくる方向を示した矢印として最も適切なものを，略地図2のア～エから一つ選び，符号で書きなさい。(　　　)

9　下線⑥について，次の d に当てはまる文を，「赤道」，「季節」という二つの言葉を用いて，簡潔に書きなさい。

（　　　　　　　　　　　　　　　　　　　　　　　　　　　　　　）

カボチャは主に夏から秋にかけて収穫される。略地図3とグラフ2を参考にすると，ニュージーランドは， d ことから，国内産のカボチャの入荷量が少なくなる時期に，ニュージーランド産の入荷量が増えていることがわかる。

［略地図3］
ニュージーランド付近の
緯度と経度

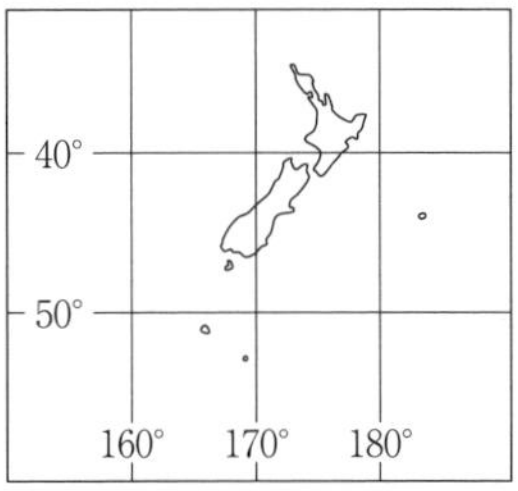

［グラフ2］　東京都中央卸売市場
のカボチャの入荷量（2019年）

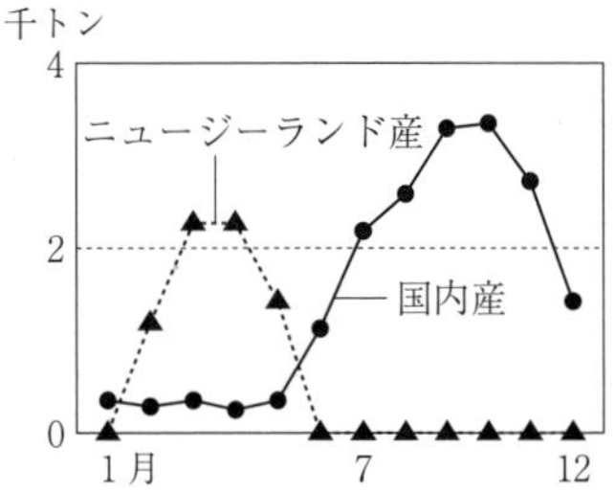

（「東京都中央卸売市場統計」より作成）

③　えみさんとけんさんは，地域の課題について調査し，解決案を考えた。1～10の問いに答えなさい。

［えみさんが調査した地域の課題］　子育てをしている人が働くことができる職場が少ない

《課題に取り組む理由》

・全ての人が，やりがいや充実感をもって働き，仕事と個人の生活を両立できる[あ]を実現することを通して，①人間らしい豊かな生活を送ることができる社会になると良いと考えたから。

《調査から分かったこと》

・②出産後も子育てをしながら働きたいという希望をもつ人が多い。

・育児を支援したいが，雇用の維持に不安を抱える企業がある。

《解決案》

・③社会保障の財源となる④税による収入を増やし，保育園の充実や様々な働き方を支援する制度を設けるため，⑤海外の企業も含めて多くの企業の誘致を行うことを市に提案したい。

1　[あ]に当てはまる言葉を，ア～エから一つ選び，符号で書きなさい。(　　　)

ア　フェアトレード　　イ　ワーク・ライフ・バランス　　ウ　バリアフリー

エ　ユニバーサルデザイン

2　下線①について，資料1に示された，社会権の一つである権利の名を，漢字で書きなさい。(　　　権)

［資料1］　日本国憲法第25条の条文の一部

すべて国民は，健康で文化的な最低限度の生活を営む権利を有する。

3　下線②について，次の[a]，[b]に当てはまる言葉の正しい組み合わせを，ア～エから一つ選び，符号で書きなさい。(　　　)

グラフのⅠ，Ⅱは，1985～1989年，2010～2014年のいずれかである。1991年に育児・介護休業法が，1999年に[a]が制定されたことなどから，2010～2014年には，一人目の子の出産後も仕事を継続した女性の割合は，約[b]%となった。

ア　a＝男女雇用機会均等法　　b＝53

イ　a＝男女雇用機会均等法　　b＝39

ウ　a＝男女共同参画社会基本法　　b＝53

エ　a＝男女共同参画社会基本法　　b＝39

［グラフ］一人目の子の出産後に，仕事を継続した女性と退職した女性の割合

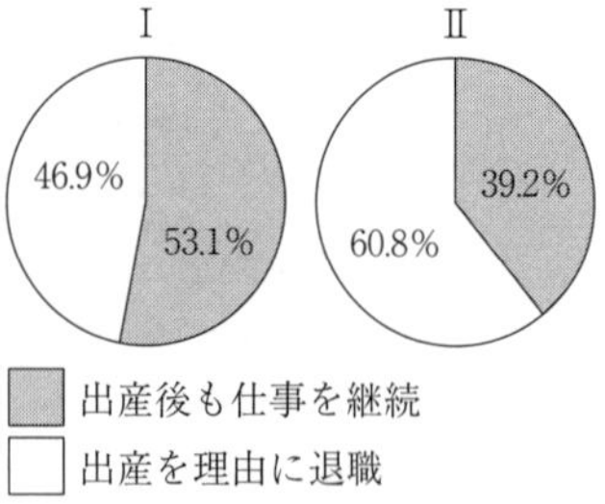

(「出生動向基本調査」より作成)

4　下線③について，えみさんは，税や保険料の国民負担と社会保障給付費の関係をまとめるため図1を作成した。現在の日本の状況を●の位置としたとき，次のことを行うと，日本の状況はどの位置に移動するか。図1のア～エから最も適切なものを一つ選び，符号で書きなさい。(　　　)

医療保険の保険料を引き上げて，医療機関で支払う医療費の自己負担を少なくする。

[図1]　国民の負担と社会保障給付費の関係

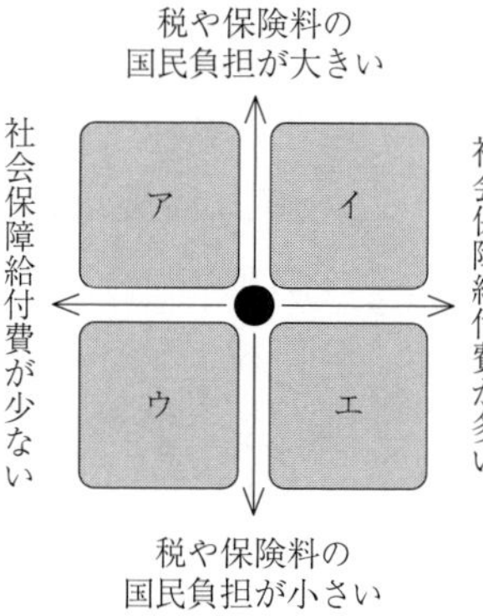

5　下線④について，納税者と担税者が異なる税金として適切なものを，ア～エから一つ選び，符号で書きなさい。(　　　)

ア　相続税　　イ　所得税　　ウ　法人税　　エ　消費税

6　下線⑤について，次の［　c　］に当てはまる言葉を書きなさい。(　　　)

離れた場所への送金には振り込みなどの［　c　］が利用される。また，海外の企業との取り引きなどでは，外国通貨の売買を行う市場を通じて，交換の比率である［　c　］相場が決定される。

[けんさんが調査した地域の課題]　駅前の路上駐輪が通行の妨げとなっている

《課題に取り組む理由》

・身近な課題を考え，住民の⑥意見を反映させた住みやすい地域づくりに取り組むことが，⑦国際的な課題の解決に向けた持続可能な開発目標（SDGs）の実現につながると思ったから。

《調査から分かったこと》

・駅前には図2のように，駐輪場，商店街，空き地が見られる。

・駅前の駐輪場は，月ごとの⑧契約をした人が有料で利用できる。

・駐輪場を利用したい人数が駐輪可能台数を上回っている。月ごとの契約ができない人や商店街を利用する人の自転車が，路上に駐輪されている。

[図2]

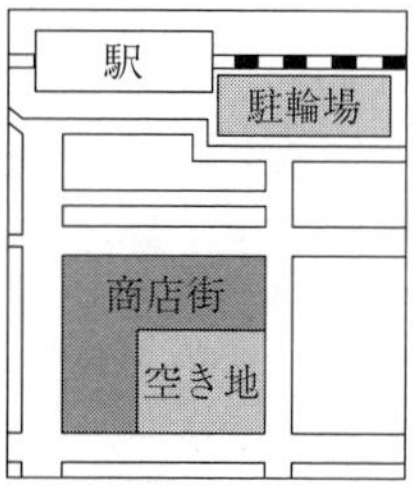

《解決案》

・駅や商店街を利用する人が便利になるように，無料の新しい駐輪場を空き地に作ることを，市に提案したい。このことは，土地を有効に活用し，駐輪可能台数の不足を解消するので，⑨効率と公正の考え方にもつながる。

7　下線⑥について，次の文を読んで，(1)～(3)に答えなさい。

主権をもつ国民が直接選んだ議員によって組織される国会は，国権の最高機関として重要な地位にあり，唯一の［　d　］機関である。衆議院は，参議院に比べ［　　e　　］ために，優越が認められている。

(1)　［　d　］に当てはまる言葉を書きなさい。(　　　)

(2)　［　e　］に当てはまる文を，表を参考にして，「国民の意見」という言葉を用いて，簡潔に書きなさい。

(　　　　　　　　　　　　　　　　　　　　　　　　　　　　　)

[表]　衆議院と参議院の任期と解散の有無

	任期	解散
衆議院	4年	あり
参議院	6年	なし

(3)　現在，18歳の有権者ができることを，ア～エから一つ選び，符号で

書きなさい。(　　　)

ア　最高裁判所裁判官の国民審査　　イ　市町村議会議員の選挙への立候補

ウ　衆議院議員の選挙への立候補　　エ　都道府県知事の選挙への立候補

8　下線⑦について，(1)，(2)に答えなさい。

(1)　先進国が発展途上国の開発などを支援するために行う，「政府開発援助」の略号を，大文字のアルファベット3字で書きなさい。(　　　)

(2)　国際的な人権保障の意識の高まりを背景に，1966年に国際連合で採択された，締約国に人権の保障を義務づけた規約の名を書きなさい。(　　　)

9　下線⑧について，次の[f]に当てはまる言葉を書きなさい。(　　　)

私たちの消費生活は契約によって成り立ち，契約上のトラブルから消費者を守る制度も整備されている。訪問販売などで商品を購入した場合，購入後8日以内であれば，買い手が売り手に資料2のような契約解除の通知書を送付することで，無条件で契約を取り消すことができる。この制度を[f]制度と呼ぶ。

［資料2］

通知書

次の契約を解除することを通知します。

契約年月日　○○年○月○日
商品名　○○○○○○
販売会社　株式会社○○○　○○営業所
担当者　○○○○
クレジットカード会社　△△△株式会社

支払った代金○○円を返金し，商品を引き取ってください。

○○年○月○日
○○○○

10　下線⑨について，次の[g]，[h]に当てはまる言葉の正しい組み合わせを，ア～エから一つ選び，符号で書きなさい。(　　　)

ルールなどの決定には，全員が参加しているか，結果が不当に制限されていないかなどの[g]の考え方を意識しなければならない。しかし，一度に大勢が集まるのは難しく，複雑な物事の決定には適さないため，多くの国では，選挙で選ばれた代表者が集まって議会を作り，物事を話し合って決める[h]が採られている。

ア　g＝公正　h＝間接民主制　　イ　g＝効率　h＝間接民主制

ウ　g＝公正　h＝直接民主制　　エ　g＝効率　h＝直接民主制

理科

時間　50分　　　　満点　100点

1　1～4について，それぞれの問いに答えなさい。

1　ある場所で発生した雷の，光が見えた瞬間の時刻と，音が聞こえ始めた時刻を観測した。表1は，その結果をまとめたものである。

光が見えた瞬間の時刻	音が聞こえ始めた時刻
19時45分56秒	19時46分03秒

表1

(1)　次の［　　］の①，②に当てはまる正しい組み合わせは，ア，イのどちらか。符号で書きなさい。(　　　)

光が見えてから音が聞こえ始めるまでに時間がかかった。これは，空気中を伝わる［①］の速さが，［②］の速さに比べて，遅いためである。

ア　①　光　　②　音　　イ　①　音　　②　光

(2)　観測した場所から，この雷までの距離は約何kmか。ア～エから最も適切なものを1つ選び，符号で書きなさい。ただし，空気中を伝わる音の速さは340m/sとする。(　　　)

ア　約2.38km　　イ　約18.0km　　ウ　約19.4km　　エ　約48.6km

2　表2は，8つの惑星の半径と質量をまとめたものである。なお，質量は地球を1としたときの比で表している。

惑星	水星	金星	地球	火星	木星	土星	天王星	海王星
半径〔km〕	2440	6052	6378	3396	71492	60268	25559	24764
質量	0.06	0.82	1.00	0.11	317.83	95.16	14.54	17.15

表2

(1)　太陽のまわりには，表2の8つの惑星以外にもさまざまな天体がある。太陽を中心とした，これらの天体の集まりを何というか。言葉で書きなさい。(　　　)

(2)　表2の8つの惑星は，地球型惑星と木星型惑星に分けることができる。地球型惑星の特徴として最も適切なものを，ア～エから1つ選び，符号で書きなさい。(　　　)

ア　主に気体からできており，木星型惑星より大型で密度が小さい。

イ　主に気体からできており，木星型惑星より小型で密度が小さい。

ウ　主に岩石からできており，木星型惑星より大型で密度が大きい。

エ　主に岩石からできており，木星型惑星より小型で密度が大きい。

3　血液と呼吸のはたらきについて調べた。

(1)　図は，ヒトの体内における血液の循環の様子を模式的に表したものである。図の矢印（⟶）は，血液が流れる向きを表している。血液の循環には，肺循環と体循環がある。次の①～⑤を，肺循環で血液が流れる順に並べかえたものとして最も適切なものを，ア～エから1つ選び，符号で書きなさい。(　　　)

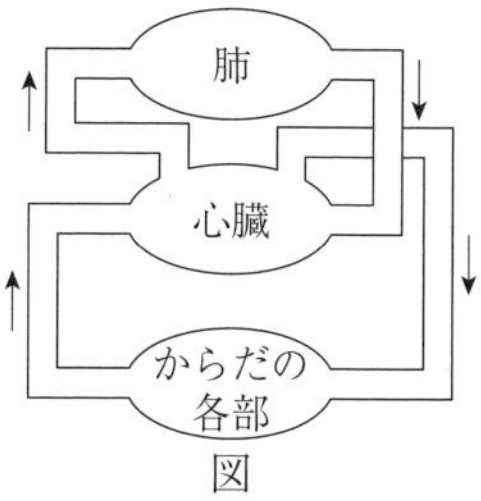

図

①　左心房　　②　右心室　　③　肺動脈　　④　肺静脈　　⑤　肺

ア　①→③→⑤→④→②　　イ　①→④→⑤→③→②

ウ　②→③→⑤→④→①　　エ　②→④→⑤→③→①

(2)　激しい運動をしたとき，呼吸の回数が増える理由として最も適切なものを，ア～エから１つ選び，符号で書きなさい。(　　　)

ア　養分から運動に必要なエネルギーを取り出すために，二酸化炭素をたくさん取り込む必要があるから。

イ　養分から運動に必要なエネルギーを取り出すために，酸素をたくさん取り込む必要があるから。

ウ　二酸化炭素から運動に必要なエネルギーを取り出すために，酸素をたくさん取り込む必要があるから。

エ　酸素から運動に必要なエネルギーを取り出すために，二酸化炭素をたくさん取り込む必要があるから。

4　表３は，液体のロウと固体のロウの体積と質量を，それぞれまとめたものである。

	液体のロウ	固体のロウ
体積〔cm^3〕	62	55
質量〔g〕	50	50

表３

(1)　固体のロウの密度は何 g/cm^3 か。小数第３位を四捨五入して，小数第２位まで書きなさい。(　　　g/cm^3)

(2)　次の［　　］の①～③に当てはまる正しい組み合わせを，ア～カから１つ選び，符号で書きなさい。(　　　)

液体のロウに固体のロウを入れると，固体のほうが液体よりも密度が［①］ため，固体のロウは［②］。水に氷を入れると，氷のほうが水よりも密度が［③］ため，氷は浮かぶ。

ア　①　小さい　②　沈む　③　大きい　　イ　①　小さい　②　浮かぶ　③　小さい

ウ　①　小さい　②　浮かぶ　③　大きい　　エ　①　大きい　②　沈む　③　大きい

オ　①　大きい　②　浮かぶ　③　小さい　　カ　①　大きい　②　沈む　③　小さい

2　土の中の生物について調べるために，落ち葉が積もっている場所から土を持ち帰り，観察と実験を行った。1～6の問いに答えなさい。

〔観察〕 持ち帰った土を白い紙の上に少量ずつ広げ，見つかった小動物をピンセットで採取した。採取した小動物を観察して調べると，落ち葉や腐った植物を食べる小動物，動物の死がいを食べる小動物，さらにこれらの小動物を食べる小動物など，いろいろな種類の小動物がいることが分かった。

〔実験〕 小動物を採取し終えた土100gに，沸騰させて冷ました水を加えて，図1のように布でこし，ろ液を100cm^{3}とり，ビーカーAに入れた。次に，小動物を採取し終えた土を十分に焼いてから100gとり，同様に，沸騰させて冷ました水を加えて布でこし，ろ液を100cm^{3}とり，ビーカーBに入れた。さらに，うすいデンプン溶液をビーカーA，Bにそれぞれ20cm^{3}ずつ加え，どちらのビーカーにもふたをした。室温で2日間放置した後，ビーカーA，Bの液をそれぞれ試験管に少量とり，ヨウ素液を加えたところ，ビーカーBの液だけが青紫色に変化した。

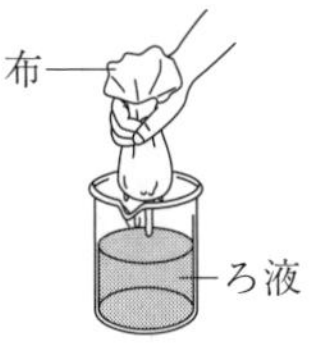

図1

1　観察で見られた生物どうしの関係を調べてみると，複数の食物連鎖の関係でつながっていることが分かった。生物全体では食物連鎖が複雑に網の目のようにからみ合っている。これを何というか。言葉で書きなさい。(　　　)

2　図2は，生物の食物連鎖による数量的な関係を模式的に表したものである。環境の変化が起こり，Yの数が急激に増加すると，短期的にはXの数とZの数はそれぞれどうなるか。ア～エから最も適切なものを1つ選び，符号で書きなさい。(　　)

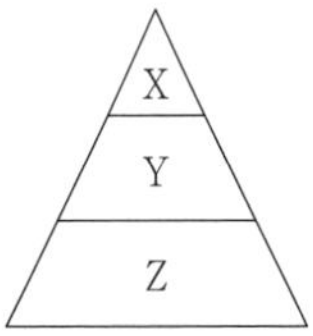

図2

ア　XもZも減少する。　　イ　Xは減少し，Zは増加する。
ウ　XもZも増加する。　　エ　Xは増加し，Zは減少する。

3　実験で，2日間放置した後に，デンプンがなくなっていたのは，ビーカーA，Bのどちらか。A，Bの符号で書きなさい。(　　　)

4　ビーカーAの実験とビーカーBの実験を同時に行ったのはなぜか。その理由を，「ビーカーAの実験だけでは，」に続けて，「微生物」という言葉を用いて，簡潔に説明しなさい。
(ビーカーAの実験だけでは，　　　　　　　　　　　　　　　　　　　　　　　　)

5　次の［　　］の(1)～(3)に当てはまる言葉をそれぞれ書きなさい。
(1)(　　　)　(2)(　　　)　(3)(　　　)

植物は，光エネルギーによって無機物から有機物をつくり出している。植物のこのはたらきを［(1)］という。このはたらきから植物は［(2)］者とよばれている。植物がつくった有機物は，最終的には無機物にまで分解される。土の中の小動物をはじめ，カビやキノコなどの［(3)］類や，細菌類は，土の中の有機物を無機物にまで分解する分解者である。分解によって生じた無機物は，植物によって再び利用される。

6　炭素などの物質は，生物の体とまわりの環境との間を循環している。ある場所に生活する全ての生物と，それらをとり巻く環境を，ひとつのまとまりとしてとらえたものを何というか。言葉で書きなさい。(　　　)

③　次の実験1，2を行った。1～7の問いに答えなさい。

〔実験1〕　図1のように，プラスチックの容器に，炭酸水素ナトリウム1.50gと，うすい塩酸$5.0cm^3$を入れた試験管を入れ，ふたをしっかり閉めて容器全体の質量をはかった。次に，容器を傾けて，炭酸水素ナトリウムとうすい塩酸を混ぜ合わせると，気体が発生した。気体が発生しなくなってから，容器全体の質量をはかると，混ぜ合わせる前と変わらなかった。

図1

〔実験2〕　図2のように，ステンレス皿に銅の粉末0.60gを入れ，質量が変化しなくなるまで十分に加熱したところ，黒色の酸化銅が0.75gできた。銅の粉末の質量を，0.80g，1.00g，1.20g，1.40gと変えて同じ実験を行った。表は，その結果をまとめたものである。

図2

銅の粉末の質量〔g〕	0.60	0.80	1.00	1.20	1.40
酸化銅の質量〔g〕	0.75	1.00	1.25	1.50	1.75

表

1　実験1で，発生した気体は何か。言葉で書きなさい。(　　　)

2　実験1の下線部の結果から，化学変化の前と後では，物質全体の質量が変わらないということが分かった。この法則を何というか。言葉で書きなさい。(　　　の法則)

3　実験1の化学変化を化学反応式で表すと，次のようになる。それぞれの□に当てはまる化学式を書き，化学反応式を完成させなさい。

$NaHCO_3$ ＋ HCl → □ ＋ □ ＋ □
炭酸水素ナトリウム　塩酸

4　実験1で，気体が発生しなくなった容器のふたをゆっくり開け，しばらくふたを開けたままにして，もう一度ふたを閉めてから質量をはかると，混ぜ合わせる前の質量と比べてどうなるか。ア～ウから1つ選び，符号で書きなさい。(　　　)

ア　増加する。　　イ　変化しない。　　ウ　減少する。

5　表をもとに，銅の粉末の質量と化合した酸素の質量の関係をグラフにかきなさい。なお，グラフの縦軸には適切な数値を書きなさい。

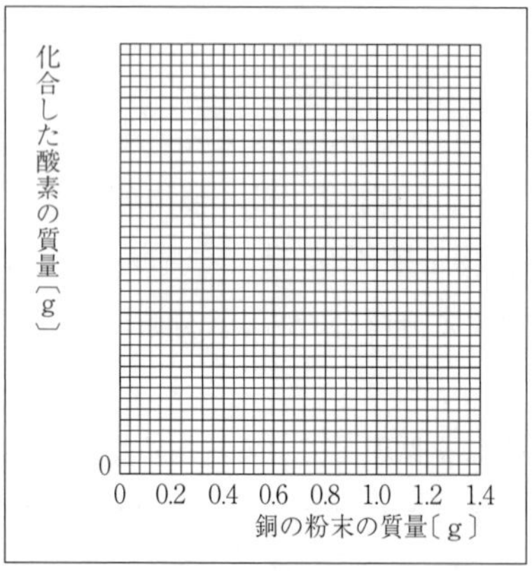

6　実験2で，銅の粉末0.90gを質量が変化しなくなるまで十分に加熱すると，酸化銅は何gできるか。小数第3位を四捨五入して，小数第2位まで書きなさい。(　　　g)

7　次の［　　］の(1)，(2)に当てはまるものを，それぞれの語群から1つずつ選び，符号で書きなさい。(1)(　　) (2)(　　)

酸化銅と［(1)］の粉末を試験管に入れて混ぜ，十分加熱したところ，酸化銅が銅に変化した。このとき，試験管の中でできた銅の質量は，反応前の酸化銅の質量と比べて［(2)］。

(1)の語群　ア　銅　　イ　炭素　　ウ　炭酸水素ナトリウム

(2)の語群　ア　増加した　　イ　変化しなかった　　ウ　減少した

[4]　鹿児島県の桜島で採取された岩石A，桜島から噴出した火山灰B，長崎県の雲仙普賢岳から噴出した火山灰Cを用いて，観察1，2を行った。1～6の問いに答えなさい。

〔観察1〕 岩石Aの表面を歯ブラシでこすって洗い，きれいにした後，ルーペを用いて観察し，スケッチした。岩石Aの表面を観察すると，石基の間に，比較的大きな黒色や白色の鉱物が見られた。図1は，岩石Aの表面のスケッチである。

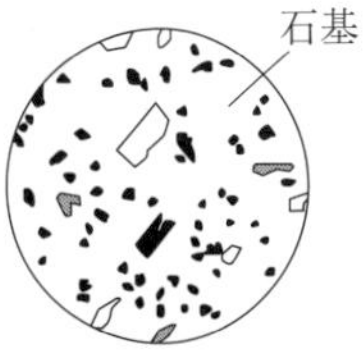

図1

〔観察2〕 火山灰Bと火山灰Cを，それぞれ別の蒸発皿に少量ずつとり，指でおしつぶすようにして何度も水で洗ったところ，水はにごらなくなり，蒸発皿の上に粒が残った。この粒を双眼実体顕微鏡で観察したところ，火山灰Cは火山灰Bよりも無色鉱物を多く含んでいることが分かった。図2は火山灰B，図3は火山灰Cのスケッチである。

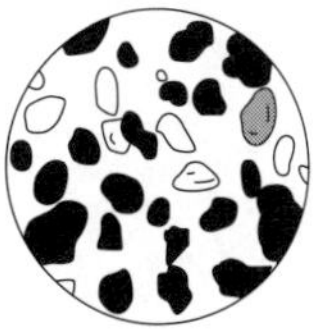
図2

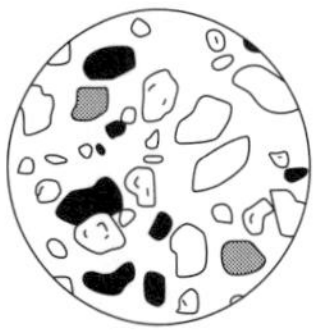
図3

1　岩石Aのような，石基の間に比較的大きな鉱物が見られるつくりを何というか。言葉で書きなさい。(　　)

2　岩石Aは何か。ア～エから最も適切なものを1つ選び，符号で書きなさい。(　　)

ア　安山岩　　イ　閃緑岩　　ウ　泥岩　　エ　チャート

3　無色鉱物であるものを，ア～エから1つ選び，符号で書きなさい。(　　)

ア　カンラン石　　イ　黒雲母　　ウ　角閃石　　エ　長石

4　次の［　　］の(1)，(2)に当てはまる正しい組み合わせを，ア～エから1つ選び，符号で書きなさい。(　　)

観察2の結果から，雲仙普賢岳は桜島に比べて，マグマのねばりけは［(1)］，爆発的な激しい噴火をすることが［(2)］ということが分かる。

ア　(1)　強く　　(2)　少ない　　イ　(1)　強く　　(2)　多い　　ウ　(1)　弱く　　(2)　少ない

エ　(1)　弱く　　(2)　多い

5　マグマに関する現象について，正しく述べている文はどれか。ア～エから全て選び，符号で書きなさい。(　　)

ア　マグマは，地球内部の熱などにより，地下の岩石がとけてできる。

イ　地表付近にあるマグマが地下深くまで下降し，マグマにとけていた物質が気体になることにより，マグマが発泡する。

ウ　マグマが地面の下を上昇するとき，周辺の岩石を壊すなどすることで，わずかな振動が火山性微動や火山性地震として観測されることがある。

エ　マグマが長い時間をかけて，地下の深いところで冷えて固まると火山岩ができる。

6　次の[　　]の(1)，(2)に当てはまる正しい組み合わせを，ア～エから１つ選び，符号で書きなさい。(　　　)

地層の中の火山灰層を調べると，地層の年代を知る手がかりになることがある。その他にも，地層の年代を知るための方法として，化石を利用することができる。地層の堆積した年代を知る手がかりになる化石を[(1)]化石といい，ある時期にだけ栄えて[(2)]範囲にすんでいた生物の化石が適している。

ア　(1)　示準　　(2)　広い　　イ　(1)　示準　　(2)　狭い　　ウ　(1)　示相　　(2)　広い

エ　(1)　示相　　(2)　狭い

5　物体を用いて実験を行った。1～7の問いに答えなさい。ただし，100g の物体にはたらく重力の大きさを 1 N とし，空気の抵抗は考えないものとする。

〔実験〕 図 1 のように，水平面と点 A でなめらかにつながった斜面 X がある。水平面上の点 A から点 B（AB 間は 40.0cm）までは，物体に摩擦力がはたらく面である。質量が 250g の物体を，斜面 X 上のいろいろな高さから滑らせ，点 A を通過後，静止するまでに，AB 間を移動した距離を調べた。表は，その結果をまとめたものである。ただし，斜面 X では物体に摩擦力ははたらかないものとする。

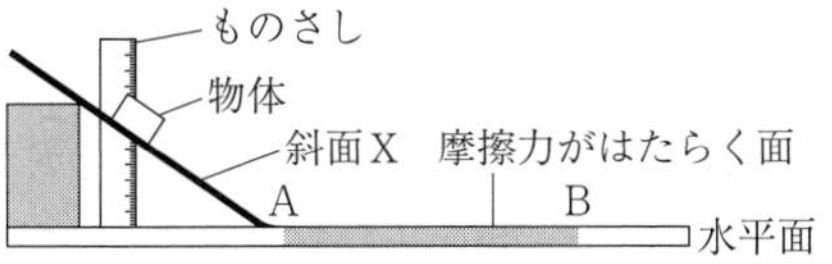

図1

物体の高さ〔cm〕	4.0	8.0	12.0	16.0	20.0
AB 間を移動した距離〔cm〕	7.2	14.4	21.6	28.8	36.0

表

1　実験で使用した物体にはたらく重力の大きさは何 N か。(　　　N)

2　実験で，物体が斜面 X 上を滑るあいだの様子について，正しく述べている文はどれか。ア～エから 1 つ選び，符号で書きなさい。(　　　)

ア　物体にはたらく力の大きさはだんだん大きくなるが，物体の速さは変化しない。

イ　物体にはたらく力の大きさはだんだん大きくなり，物体の速さはだんだん速くなる。

ウ　物体にはたらく力の大きさは変化せず，物体の速さも変化しない。

エ　物体にはたらく力の大きさは変化しないが，物体の速さはだんだん速くなる。

3　実験で，物体を 8.0cm の高さから滑らせたとき，滑り始めてから静止するまでに，物体にはたらく垂直抗力が物体にした仕事は何 J か。(　　　J)

4　実験で使用した物体を，水平面から 16.0cm の高さまで，手でゆっくり持ち上げたところ，2 秒かかった。このとき，手が物体にした仕事率は何 W か。(　　　W)

5　実験で，物体を 15.0cm の高さから滑らせたとき，AB 間を移動した距離は何 cm か。

(　　　cm)

6　実験で，物体をある高さから滑らせて静止するまでの運動エネルギーについて，次の［　　］の(1)，(2)に当てはまるものを，ア～ウからそれぞれ 1 つずつ選び，符号で書きなさい。

(1)(　　　)　(2)(　　　)

・物体を滑らせてから点 A までは，物体の運動エネルギーは［(1)］。

・点 A から静止するまでは，物体の運動エネルギーは［(2)］。

ア　大きくなる　　イ　変化しない　　ウ　小さくなる

7　図 2 のように，AB の中点 C で摩擦力がはたらかない斜面 Y をなめらかにつなげ，同様の実験を行った。物体を斜面 X 上の 18.0cm の高さから滑らせたとき，点 A，点 C を通過後，物体は斜面 Y を何 cm の高さまで上がるか。ア～エから最も適切なものを 1 つ選び，符号で書きなさい。(　　　)

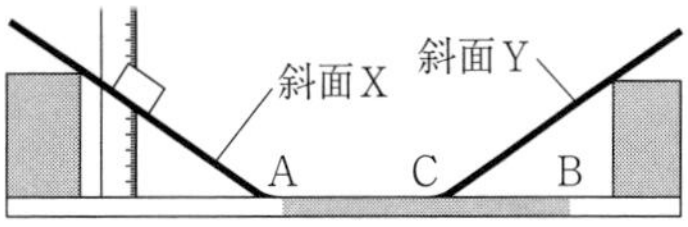

図2

ア　6.9cm　　イ　12.4cm　　ウ　18.0cm　　エ　32.4cm

5 ある中学校で美化委員長を務める田中みずきさんは、全校集会で、掃除への取り組みについて呼びかけるスピーチをすることになった。次の□内のスピーチの原稿を読んで、後の問いに答えなさい。

> みなさん、こんにちは。美化委員長の田中みずきです。
> 今日は、みなさんにうれしいエピソードを紹介したいと思います。
> 先日、学校にいらっしゃった地域の方から「校内がきれいだね」ということばをもらいました。その時、私はみんなで掃除に真剣に取り組んできたことが認められたのだと感じ、本当にうれしかったです。
> 　これからも校内をきれいに保ち、私たちが誇りに思える素敵な学校を作るため、積極的に掃除に取り組みましょう。

問一　もらいを「地域の方」に対する適切な敬語表現に直して書きなさい。（　　　）

問二　美化委員会では、積極的に掃除に取り組むことを呼びかける標語を作ることになり、次の二つが候補となった。

【標語】

A　ひたむきに　一人一人が　動かす手

B　声をかけ　みんなで協力　すみずみキレイ

　標語A、Bのどちらを掲示するのがよいと思うか。あなたの考えを書きなさい。段落構成は二段落構成とし、第一段落ではあなたの考えを、第二段落ではあなたがその標語を選んだ理由を書きなさい。

ただし、次の《注意》に従うこと。

《注意》 (一) 題名や氏名は書かないこと。
(二) 書き出しや段落の初めは一字下げること。
(三) 六行以上九行以内で書くこと。
(四) 標語AをA、標語BをBと書いてもよい。

4　次の漢詩は、李白《りはく》が友人の汪倫《おうりん》に対して、感謝の思いを詠《よ》んだものである。これを読んで、後の問いに答えなさい。

贈ル二汪倫ニ一　　　汪倫に贈る

李白乗ッテレ舟ニ将ニレ欲スレ行カント　　李白舟に乗って将《まさ》に行かんと欲す（出発しようとした）

忽チ聞ク岸上踏歌ノ声　　忽《たちま》ち（ふと）聞く岸上踏歌《がんじやうとうか》の声（岸のほとり）

桃花潭水深サ千尺　　桃花潭水《とうかたんすい》深さ千尺（とても深い）

不及バ汪倫送ルノ我ヲ情ニ　　及ばず汪倫我を送るの情に

（注）踏歌の声＝足を踏み鳴らし、拍子をとって歌う声。

桃花潭＝汪倫が住む村を流れる川のこと。

問一　この漢詩の形式として適切なものを、ア～エから選び、符号で書きなさい。（　　）

ア　五言絶句　イ　五言律詩　ウ　七言絶句　エ　七言律詩

問二　不及バ汪倫送ルノ我ヲ情ニ を「及ばず汪倫我を送るの情に」と読むことができるように、返り点を書きなさい。

不及バ汪倫送ルノ我ヲ情ニ

問三　次の文章は、この漢詩の鑑賞文の一例である。［A］、［B］に入る適切な言葉を、それぞれ現代語で書きなさい。ただし、字数は［A］は五字以内、［B］は五字以上十字以内とする。

A［　　　　　］　B［　　　　　　　　　　］

この詩は、「送別」をテーマにしている。村を舟で出発しようとした李白は、［A］で汪倫が村人たちと一緒に別れを惜しんで歌う姿を見て、汪倫の友情の深さは、村を流れる桃花潭の［B］ものであると感じ、汪倫に感謝している。

をしているということ。

ウ　ブラブラするということは生きていくために重要な行為ではなく、人間は勉強したり、仕事に打ち込んだりする義務があるということ。

エ　人間にとってはなにもしないことを選択するのも一つの行為であり、生きている以上はなにかの行為をしないではいられないということ。

問二　2考えてみるの「考えて」と「みる」はどのような関係か。最も適切なものを、ア～エから選び、符号で書きなさい。（　）

ア　補助の関係　イ　並立の関係

ウ　主語・述語の関係　エ　修飾・被修飾の関係

問三　3他の動物と人間とのあいだの本質的な相違があるといえましょうとあるが、筆者は他の動物と人間とのあいだにはどのような点に相違があると述べているか。二十字以上二十五字以内でまとめて書きなさい。ただし、「人間は」という言葉を使い、「他の動物は」という書き出しに続けて書くこと。

他の動物は［　　　　　　　　　　　　　　　　　　　　　　　　　］をもっているという点。

問四　4択と楷書で書いた場合の総画数が同じになる漢字を、ア～エから選び、符号で書きなさい。（　）

ア　版　イ　防　ウ　衣　エ　母

問五　5哲学は、人間であるかぎりどんな人でも必ずもっているものだといえましょうとあるが、人間が哲学を必ずもっていると筆者が述べる理由として最も適切なものを、ア～エから選び、符号で書きなさい。（　）

ア　哲学は自分の行為を選ぶための根本的な考え方であり、哲学がなければ生き方を決定することができないから。

イ　哲学は人間を自由に導くものであり、人間は哲学によってあらゆる場面で自己の利益をはかることができるから。

ウ　哲学は自由の刑に処せられている人間を不幸から解放し、思い悩まされることのない人生へと導いてくれるから。

エ　哲学は自ら行為を選択しなければならない宿命から人間を解放し、自分が従うべき全ての原理を示してくれるから。

問六　本文中における段落の関係についての説明として最も適切なものを、ア～エから選び、符号で書きなさい。（　）

ア　[3]段落では、[2]段落で述べた筆者の主張を否定する意見を示すことで、異なる主題を新たに設定しようとしている。

イ　[5]段落では、[4]段落とは対照的な事例を示すことで、[4]段落の内容を否定しようとしている。

ウ　[10][11]段落では、[8][9]段落で述べた内容と異なる視点を示すことで、筆者の主張を明確にしようとしている。

エ　[12]段落では、[10][11]段落で述べた筆者の主張の具体例を示すことで、筆者の主張を補強しようとしている。

るのかということは、おそらくもはや人間の解きえない問題であるといわねばならないでしょう。しかしとにかく、人間が自由をもっており、それによって行為を選4択しているということは、否定することのできない事実だといわねばなりません。

6 わたくしは必ずしも、人間が行為を選択する自由をもっていることがよいことなのだというわけではありません。人間は自由をもっているから、他の動物にくらべてすぐれているのだというのではありません。むしろ、わたくしは、自由をもっているということこそ、人間の悲しい性《さが》なのだとさえいえるのではないかと思うのです。

7 人間に自由がなければ、人間はかえってほんとうに幸福であったかもしれません。（中略）ところが、人間はすでに自由をもっているのです。どんな人でも、いやおうなしに、自分で行為を決定しなければなりません。人生の苦労はすべてここから生じている、ともいえるかもしれません。

8 しかし、たとえそれが人間にとって不幸であるとしても、人間が自由をもっているということはどうしようもない事実なのです。われわれがこれに対していかに苦情をいったところで、どうなるものでもありません。われわれはただこの事実を認め、その上に立って行為する外《ほか》はありません。

9 フランスの哲学者サルトルは、「人間は自由の刑に処せられている」といっています。まさに、自由は人間のもって生まれた宿命なのだ、といえましょう。人間であるかぎり、われわれにはこの宿命からのがれる道はありません。われわれはこの宿命を(注)甘受《かんじゅ》してゆく外はありません。

10 だが、人間がみずからの自由によって行為を選ばねばならないとすれば、そこにわれわれはどうしても自分の行為を選ぶための原理を考えないわけにはいきません。むしろ、われわれは行為を選ぶばあい、必ずなんらかの原理をもち、それにしたがって行為を選んでいるのだということができましょう。

11 暇さえあれば寝て暮らして少しも悔いを感じない人は、そういう生き方がよいのだという考え方によって、その行為を選んでいるのです。また自分の利害ばかり考えて、ひとのことを少しも思いやらずに行為している人は、自分の利益だけをはかればよいのだという考え方の上に立って、行為を行なっているのです。

12 こうして人間は、自由によって行為している以上、どうしても行為を選びその生き方を決定する根本的な考え方をもたないわけにはゆかないのですが、この考え方がいわゆる人生観ないし世界観というものです。そしてこの人生観・世界観がすなわち哲学に外なりません。

13 もしこういえるとするならば、5哲学は、人間であるかぎりどんな人でも必ずもっているものだといえましょう。哲学のことなどまったく知らないといっている人でも、実はすでに哲学をもっているのです。

（岩崎武雄「哲学のすすめ」より）

（注）甘受＝しかたがないと思って受け入れること。

問一 1人間は生きてゆくかぎり、必ずなにか行為をしなければなりませんとあるが、筆者が述べる人間にとっての行為の説明として最も適切なものを、ア～エから選び、符号で書きなさい。（　）

ア 人間は人間として生まれた以上、なんの行為もしないということはあってはならず、一日寝て暮らすということは許されないということ。

イ 人間は一見なにもしていないように見えても、寝たり呼吸したりするなど、本能的に生命を維持するために、なにかしらの行為に対して」という書き出しに続けて書くこと。

茂三が自分に対して

から。

問五　5雪乃は、頷いたとあるが、次の文は、このときの雪乃の様子について、本文を踏まえてまとめた一例である。[A]、[B]に入る最も適切な言葉を、それぞれ本文中から抜き出して書きなさい。ただし、字数は[A]、[B]にそれぞれ示した字数とする。

A

B

茂三との約束を守れず落ち込んでいたが、自分で起きようと決めて、[A（十二字）]ことを誇りに思えばよいという茂三の言葉のおかげで、目標の[B（八字）]と感じることができ、自分の行動を肯定的に捉えてくれる茂三を、改めて大好きだと思っている。

[3]　次の文章を読んで、後の問いに答えなさい。なお、[1]～[13]は、それぞれの段落番号を表している。

[1]　哲学とはいったいなんでしょうか。

[2]　1人間は生きてゆくかぎり、必ずなにか行為をしなければなりません。われわれはなにも行為しないでは一日も過ごすことができません。いや少し極端にいうならば、一瞬間たりとも、行為しないではいられないのです。

[3]　「しかしわたしはきょう一日なにもしないで、ブラブラしていた。」という人があるかもしれません。だが、よく2考えてみると、このように「なにもしないで、ブラブラしていた」ということが、すでに一つの行為なのです。なぜなら、その人はブラブラしないで、なにか仕事をすることもできたはずだからです。ブラブラしていたというのは、その人がみずから「なにもしない」という行為を行なったのだといわねばなりません。（中略）

[4]　このように人間は常に行為しなければ、生きてゆくことができませんが、このさい重要なのは、人間がみずからの自由によってその行為を選ばなければならないということです。人間は行為を選ぶ自由をもっています。われわれは暇さえあれば寝て暮らすこともできます。また寸暇を惜しんで、勉強したり、仕事に打ち込んだりすることもできます。われわれは日常行なっている一つ一つの行為を、すべてみずからの自由によって決断し、選んでいるのです。

[5]　この点に、おそらく、3他の動物と人間とのあいだの本質的な相違があるといえましょう。人間以外の動物はただ本能によって行動しているだけで、自由によってその行動を選んでいるわけではありません。どうして人間だけが、このように行為をみずから選ぶ自由をもってい

「婆やんに起こされただか?」

「ううん。知らない間に目覚ましを止めちゃったみたいで寝坊したけど、なんとか自分で起きたよ。」

起きたとたんに〈げぇっ〉て叫んじゃった、と話すと、茂三はおかしそうに笑った。

「いやいや、それでもてぇしたもんだわい《(たいしたものだ)》。いっつも、婆やんがぶつくさ言ってるだに。『雪ちゃんは、起こしても起こしても起きちゃこねえでお《(ど》えねえわい《うしようもない)》』つって。それが、いっぺん目覚まし時計止めて、そんでもなお自分で起きたっちゅうなら、そりゃあなおさらてぇしたことだでほー。」

「……シゲ爺、怒ってないの?」

「だれぇ、なーんで怒るぅ。起きようと自分で決めて、いつもよりかは早く起きただもの、堂々と胸張ってりゃいいだわい。」

5雪乃は、頷《うなず》いた。目標を半分しか達成できなかったのに、半分は達成できた、と言ってくれる曾祖父のことを、改めて大好きだと思った。

(村山由佳「雪のなまえ」より)

(注) ヨシ江＝雪乃の曾祖母。
シゲ爺＝茂三のこと。
ヤッケ＝防寒用の上着。

問一 1すぐと同じ品詞の言葉を、ア～エから選び、符号で書きなさい。( )

ア 静かな環境で学習する。
イ 日が暮れるまで練習する。
ウ 部屋をそっと出る。
エ 早い時間に出発する。

問二 2茂三の言うとおりだとあるが、このときの雪乃の気持ちとして最も適切なものを、ア～エから選び、符号で書きなさい。( )

ア 初めは起こしてもらえなかったことに悲しさを感じていたが、ヨシ江から茂三の言葉を聞き、自分は茂三との約束を守れていたのだと気づき、満足している。
イ 初めは起こしてもらえなかったことにいらだちを感じていたが、ヨシ江から茂三の言葉を聞き、自分の言動の無責任さに気づき、後悔している。
ウ 初めは起こしてもらえなかったことに寂しさを感じていたが、ヨシ江から茂三の言葉を聞き、自分に対する期待の高さに気づき、うれしくなっている。
エ 初めは起こしてもらえなかったことに怒りを感じていたが、ヨシ江から茂三の言葉を聞き、自分の思いが茂三に誤解されていたことに気づき、残念に感じている。

問三 3雪乃は、やっぱり走りだしたとあるが、このときの雪乃の気持ちとして最も適切なものを、ア～エから選び、符号で書きなさい。( )

ア ゆっくり行こうとしたが、体全体がすっかり冷えていたので、体を動かして早く温まろうと考えるようになった。
イ ゆっくり行こうとしたが、あたりが充分に明るいことに気づき、このままでは朝ごはんが食べられないと焦りだした。
ウ ゆっくり行こうとしたが、よその家の明かりを見て、薄暗い中を一人で歩くことを不安に感じだした。
エ ゆっくり行こうとしたが、周囲の農家の様子がわかるにつれて、のんびりしてはいられないと思い直した。

問四 4立ち尽くしたままためらっているとあるが、雪乃が立ち尽くしたままためらっているのはなぜか。四十五字以上五十字以内でまとめて書きなさい。ただし、「声を」という言葉を使い、「茂三が自分シャツとジーンズに着替えた。ぼさぼさの髪をとかしている暇はない。ゴムでひとつにくくる。

　土間で長靴を履き、

「行ってきます！」

　駆け出そうとする背中へ、ヨシ江の声がかかった。

「ちょっと待ちない《(なさい)》、いってぇ《(いったい)》どこへ行くつもりだいや。」

　雪乃は、あ、と立ち止まった。そうだ、今日はどの畑で作業しているかを聞いていない。

「そんなにまっくろけぇして行かんでも大丈夫、爺やんは怒っちゃいねえだから。」

　ヨシ江は笑って言った。〈まっくろけぇして〉とは、慌てて、という意味だ。目の前に、白い布巾できゅっとくるまれた包みが差し出される。

「ほれ、タラコと梅干しのおにぎり。行ったらまず、座ってお食べ。朝ごはん抜きじゃあ一人前に働けねえだから。」

「……わかった。ありがと。」

「急いで走ったりしたら、てっくりりぇる《(ひっくりかえる)》だから、気をつけてゆっくり行くだよ。雪ちゃんが後からちゃーんと行くって、爺やんにはわかってただわい。いつもは出がけになーんも言わねえのに、今日はわざわざ『ブドウ園の隣の畑にいるだから』って言ってっただもの。」

　再びヨシ江に礼を言って、雪乃は外へ出た。

　あたりはもう充分に明るい。朝焼けの薔薇《ばら》色もすでに薄れ、青みのほうが強くなっている。すっかり春とはいえ、この時間の気温は低くて、息を吸い込むとお腹の中までひんやり冷たくなる。

　よその家の納屋に明かりが灯《とも》っている。どこかでトラクターのエンジン音が聞こえる。農家の朝はとっくに始まっているのだ。大きく深呼吸をしてから、3 雪乃は、やっぱり走りだした。

　長靴がぽがぽと鳴る。まっくろけぇしててっくりけぇることのないように気をつけながら、舗装された坂道を駆け上がる。ふだん軽トラックですいすい登る坂が、思ったよりずっと急であることに驚く。

　息を切らしながらブドウ園の手前を左へ曲がり、砂利道に入ってなおも走ると、畑が見えてきた。整然とのびる畝《うね》の間に、紺色のヤッケ(注)を着て腰をかがめる茂三の姿がある。急に立ち止まったせいで足がもつれ、危うく本当にてっくりけぇりそうになった。

「シ……。」

　張りあげかけた声を飲みこむ。

　ヨシ江はあんなふうに言ってくれたけれど、ほんとうに茂三は怒っていないだろうか。少なくとも、すごくあきれているんじゃないだろうか。謝ろうにも、この距離ではどんなふうに切り出せばいいかわからない。

　布巾でくるまれたおにぎりをそっと抱え、4 立ち尽くしたままためらっていると、茂三が立ちあがり、痛む腰を伸ばした拍子にこちらに気づいた。

「おーう、雪乃。やーっと来ただかい、寝ぼすけめ。」

　笑顔とともに掛けられた、からかうようなそのひと言で、胸のつかえがすうっと楽になってゆく。手招きされ、雪乃はそばへ行った。

「ごめんなさい、シゲ爺。」

「なんで謝るだ。」

　ロゴの入った帽子のひさしの下で、皺《しわ》ばんだ目が面白そうに光る。

「だってあたし、あんなえらそうなこと言っといて……。」

「そんでも、こやって手伝いに来てくれただに。」

「それは、そうだけど……。」

国語

時間 五〇分
満点 一〇〇点

（注） 字数を指示した解答については、句読点、かぎ（「）なども一字に数えなさい。

1 次の①～⑩の傍線部について、漢字は平仮名に、片仮名は漢字に改めなさい。

① 包丁を研ぐ。（　　ぐ）
② すぐに事態を掌握する。（　　）
③ 昔からの戒めを守る。（　　め）
④ 色彩が微妙に変化する。（　　に）
⑤ 作品に意匠を凝らした。（　　）
⑥ 夕日で空が赤くソまる。（　　まる）
⑦ 飛行機をソウジュウする。（　　）
⑧ 父のキョウリは三重県だ。（　　）
⑨ 収穫した米をチョゾウする。（　　）
⑩ 木のミキから枝が伸びる。（　　）

2 次の文章は、小学六年生の雪乃《ゆきの》が、曾《そう》祖父（父の祖父）である茂三《しげぞう》と早朝から農作業をすると約束をしていたが、寝坊してしまった場面を描いたものである。これを読んで、後の問いに答えなさい。

慌ててパジャマのまま台所へ飛んでいくと、(注)ヨシ江が洗い物をしているところだった。

「(注)シゲ爺《じい》は？」

「ああ、おはよう。」

「おはよ。ねえ、シゲ爺は？」

「さっき出かけてっただわ。」

「うそ、なんで？」

ほんのちょっと声をかけてくれたら1すぐ起きたのに、どうして置いていくのか。部屋を覗《のぞ》いた曾祖父母が、〈よーく眠ってるだわい〉〈可哀想《かわいそう》だからこのまま寝かせとくだ〉などと苦笑し合う様子が想像されて、地《じ》団駄《だんだ》を踏みたくなる。

「どうして起こしてくんなかったの？　昨日あたし、一緒に行くって言ったのに。」

するとヨシ江は、スポンジで茶碗《ちゃわん》をこすりながら雪乃をちらりと見た。

「起こそうとしただよ、私は。けどあのひとが、ほっとけって言うだから。」

「……え？」

「『雪乃が自分で、まっと《(もっと)》早起きして手伝うから連れてけって言っただわ。こっちが起こしてやる必要はねえ、起きてこなけりゃ置いてくまでだ』って。」

心臓が硬くなる思いがした。2茂三の言うとおりだ。

無言で洗面所へ走ると、超特急で顔を洗い、歯を磨き、部屋へ戻って

2022年度／解答

数　学

1 【解き方】(1) 与式 $= 6 + 8 = 14$

(2) 与式 $= -3x + 3y - 2x + y = -5x + 4y$

(3) 与式 $= (x + y)^2 = \{(5 + \sqrt{3}) + (5 - \sqrt{3})\}^2 = 10^2 = 100$

(4) 2 個のさいころの目の数を a, b とすると，$a \times b$ が 5 の倍数となるのは，$(a,\ b) = (1,\ 5)$，$(2,\ 5)$，$(3,\ 5)$，$(4,\ 5)$，$(5,\ 1)$，$(5,\ 2)$，$(5,\ 3)$，$(5,\ 4)$，$(5,\ 5)$，$(5,\ 6)$，$(6,\ 5)$ の 11 通り。a, b の組み合わせは全部で，$6 \times 6 = 36$ (通り) だから，確率は $\dfrac{11}{36}$。

(5) 与式を順に①，②とする。①＋②× 2 より，$11x = 22$　よって，$x = 2$　これを②に代入して，$6 - y = 9$ より，$y = -3$

(6) 1 辺が 6 cm の正三角形の高さは，$6 \times \dfrac{\sqrt{3}}{2} = 3\sqrt{3}$ (cm)　これが正四角すいの高さになるから，求める体積は，$\dfrac{1}{3} \times 6 \times 6 \times 3\sqrt{3} = 36\sqrt{3}$ (cm^3)

【答】(1) 14　(2) $-5x + 4y$　(3) 100　(4) $\dfrac{11}{36}$　(5) $x = 2$，$y = -3$　(6) $36\sqrt{3}$ (cm^3)

2 【解き方】(1) $a = -1$ のとき，方程式は，$x^2 - x - 8 = 0$　解の公式より，

$$x = \frac{-(-1) \pm \sqrt{(-1)^2 - 4 \times 1 \times (-8)}}{2 \times 1} = \frac{1 \pm \sqrt{33}}{2}$$

(2) (ア) 方程式に，$x = 1$ を代入して，$1 + a - 8 = 0$　よって，$a = 7$　(イ) 方程式に，$a = 7$ を代入して，$x^2 + 7x - 8 = 0$ より，$(x - 1)(x + 8) = 0$ だから，$x = 1$，-8　よって，他の解は，$x = -8$

【答】(1) $x = \dfrac{1 \pm \sqrt{33}}{2}$　(2) (ア) 7　(イ) -8

3 【解き方】(1) $4 + 5 + 5 + 2 + 3 + 1 = 20$ (人)

(2) $(0 \times 4 + 1 \times 5 + 2 \times 5 + 3 \times 2 + 4 \times 3 + 5 \times 1) \div 20 = 38 \div 20 = 1.9$ (回)

(3) 花子さんの記録を a 回とする。花子さんを加えた 21 人の記録の中央値は，記録の少ない方から 11 番目の記録だから，a の値に関わらず 2 回となる。したがって，21 人の平均値について，$\dfrac{38 + a}{21} = 2$ が成り立つ。これを解いて，$a = 4$

【答】(1) 20 (人)　(2) 1.9 (回)　(3) 4 (回)

4 【解き方】(1) ア．$x = 4$ のとき，$\text{AP} = 2 \times 4 = 8$ (cm)，$\text{AQ} = 1 \times 4 = 4$ (cm) だから，$y = \dfrac{1}{2} \times 8 \times 4 = 16$　イ．$x = 6$ のとき，P は B から A に向かっており，$\text{AP} = 16 - 2 \times 6 = 4$ (cm)　Q は DC 上にあるから，$y = \dfrac{1}{2} \times 4 \times 4 = 8$

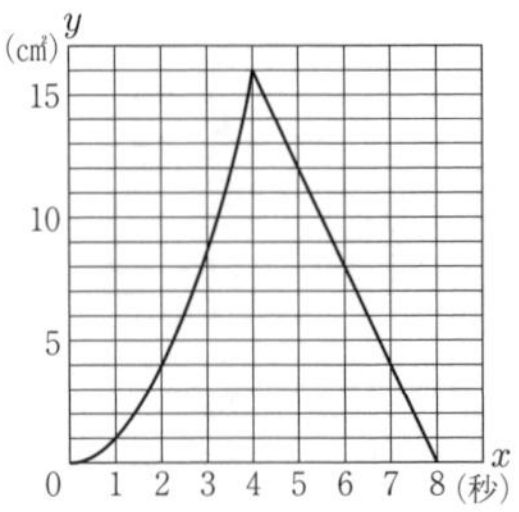

(2) (ア) P は A から B に向かい，$\text{AP} = 2x$ cm　Q は AD 上にあり，$\text{AQ} = x$ cm　よって，$y = \dfrac{1}{2} \times 2x \times x = x^2$　(イ) P は B から A に向かい，$\text{AP} = 16 - 2x$ (cm)　Q は DC 上にあり，△APQ の高さは 4 cm で一定となる。よって，

$y = \frac{1}{2} \times (16 - 2x) \times 4 = -4x + 32$

(4) 台形ABCDの面積は，$\frac{1}{2} \times (4 + 8) \times 4 = 24\,(\mathrm{cm}^2)$　よって，△APQ $= 24 \times \frac{3}{3 + 5} = 9\,(\mathrm{cm}^2)$となればよい。$y = x^2$に$y = 9$を代入して，$9 = x^2$より，$x = \pm 3$　$0 \leqq x \leqq 4$より，$x = 3$　$y = -4x + 32$に$y = 9$を代入して，$9 = -4x + 32$より，$x = 5.75$

【答】 (1) ア．16　イ．8　(2) (ア) $y = x^2$　(イ) $y = -4x + 32$　(3) (前図)　(4) 3 (秒後)，5.75 (秒後)

5 **【解き方】** (2) (ア) CE $= x$ cmとすると，CD $=$ CE $= x$ cmより，AD $= 6 - x$ (cm)　△ABD ∽ △CBEより，AB : CB = AD : CEが成り立つから，$4 : 5 = (6 - x) : x$　比例式の性質より，$4x = 5(6 - x)$だから，$9x = 30$　よって，$x = \frac{10}{3}$　(イ) △ABD ∽ △CBEより，BD : BE = AB : CB = 4 : 5だから，BD : DE $= 4 : (5 - 4) = 4 : 1$　よって，△CBD $= 4$△CDEとなる。また，AD : CD = AD : CE = 4 : 5より，△ABD $= \frac{4}{5}$△CBD $= \frac{4}{5} \times 4$△CDE $= \frac{16}{5}$△CDE

【答】 (1) △ABDと△CBEにおいて，仮定より，∠ABD = ∠CBE……①　対頂角だから，∠ADB = ∠CDE……②　△CDEは二等辺三角形だから，∠CDE = ∠CEB……③　②，③より，∠ADB = ∠CEB……④　①，④より，2組の角がそれぞれ等しいから，△ABD ∽ △CBE

(2) (ア) $\frac{10}{3}$ (cm)　(イ) $\frac{16}{5}$ (倍)

6 **【解き方】** (1) (ア) 新たに書く自然数は，1回目が1個で，順に2個ずつ増えるから，5回目は，$1 + 2 \times (5 - 1) = 9$ (個)　(イ) 一番上の列に並ぶ数は，$1 = 1^2$，$4 = 2^2$，$9 = 3^2$，…だから，5回目には，$5^2 = 25$となる。よって，右下に書く自然数は，$25 - (5 - 1) = 21$

(2) n回目の作業で書く最も大きい自然数はn^2，$(n - 1)$回目の場合は，$(n - 1)^2$となるから，n回目の作業で新たに書く自然数の個数は，$n^2 - (n - 1)^2 = 2n - 1$ (個)　したがって，n回目の作業で，正方形の右下に書く自然数は，$n^2 - (n - 1) = n^2 - n + 1$となる。

(3) (ア) $n^2 - n + 1$に，$n = 10$を代入して，$100 - 10 + 1 = 91$　(イ) 新たに書く自然数は，$9^2 + 1 = 82$から100までの19個だから，求める和は，$\frac{(82 + 100) \times 19}{2} = 1729$

【答】 (1) (ア) 9 (個)　(イ) 21　(2) ア．n^2　イ．$(n - 1)^2$　ウ．$2n - 1$　エ．$n^2 - n + 1$　(3) (ア) 91　(イ) 1729

英　語

1 【解き方】1. (1) 部屋で練習ができ，外出するときにケースに入れて運ぶことができるもの。(2) 駅から見える病院の角を右折し，左側にあるスーパーの角を左折し，銀行の隣に郵便局がある。(3) 白のテニスシューズが気に入ったエミリーに対して店員が次にたずねるのにふさわしい表現を選ぶ。(4) ロンドン行き753便の飛行機はまもなく出発し，ロンドンは現在雨だと言っている。また，ロンドンへの飛行時間は12時間10分だと言っている。(5) トムがタクヤへの誕生日プレゼント用にカバンを買うつもりだと言ったことに対し，真紀はタクヤは青と緑が好きなので，自分は先週末に緑の星がついている青いタオルを買ったと言っている。以上のことから真紀はタクヤの好きな色をすでに知っていたと判断できる。

2. (1) ① 質問は「ベーカー先生は大学で何を勉強しましたか？」。「日本の文化と歴史を勉強した」と言っている。② 質問は「ベーカー先生は日本の学校生活についてなぜ驚いているのですか？」。「生徒が毎日自分の教室を掃除するのを知って驚いている」と言っている。③ 質問は「ベーカー先生によると，英語を上達させる良い方法は何ですか？」。「英語でわくわくする映画を見たり，人気のある歌を歌うことは英語を上達させる良い方法」だと言っている。improve =「～を上達させる」。(2) ベーカー先生は「他の言語を学ぶことは楽しいということを伝えたい」と言っている。

【答】1. (1) ア　(2) ア　(3) エ　(4) エ　(5) イ　2. (1) ① history　② clean　③ popular　(2) エ

◀全訳▶　1.

(1) 今日は，私のお気に入りのものについて話をしたいと思います。私は音楽が好きなので，私の両親は去年これを買ってくれました。私はふだん自分の部屋でそれを練習します。私がそれを外に運ぶときはケースの中にそれを入れます。

(2) 駅から，あなたは向こうに病院を見ることができます。その病院を右に曲がり，まっすぐ行ってください。するとあなたは左側にスーパーを見つけるでしょう。スーパーにたどり着いたら，左に曲がってください，そうすればあなたは銀行の隣に郵便局を見つけることができるでしょう。

(3)

店員　：こんにちは。お手伝いしましょうか？

エミリー：はい，お願いします。私はテニスシューズを探しています。

店員　：わかりました。何色がお好きですか？

エミリー：私は白が好きです。

店員　：それではこれらの白いものはいかがでしょうか？

エミリー：わぁ，何てかっこいいのでしょう！　私はそのデザインも好きです。

店員　：では，どのサイズをご希望でしょうか？

(4) こんにちは。ロンドン行き753便にようこそ。私たちはただいま出発の準備ができております。ロンドンは現在雨ですが，私たちがそこに到着するときには曇りでしょう。ロンドンへの飛行時間は12時間10分の予定です。飛行中，私たちは食べ物と飲み物をご用意いたします。もしお手伝いが必要な場合は，スタッフにおたずねください。私たちはみなさまが飛行を楽しまれることを望んでおります。ありがとうございました。

(5)

真紀：タクヤの誕生日はもうすぐやってくるね。

トム：その通りだね，真紀。僕は明日，彼のためにカバンを買うつもりだ。僕と一緒に彼のために何か買わない？

真紀：実は先週，私は彼のためにタオルを買ったの。彼は青と緑が好きなので，私は緑の星がついている青いタオルを選んだわ。

トム：ああ，たぶん彼がサッカーをするときにそれを使うことができるね。今，青と緑が彼のお気に入りの色だとわかっているので，僕は緑のカバンを買うよ。

真紀：私は彼が私たちのプレゼントを気に入ってくれることを望むわ。

トム：きっと彼は気に入ってくれると僕は思うよ。

2. こんにちは，みなさん。私の名前はビル・ベーカーです。私は3週間前に日本に来ました。私はあなたたちに会えて，とてもうれしいです。私はアメリカで最大の都市であるニューヨーク出身で，世界中から来た人々がそこに住んでいます。ニューヨークでは約500の言語が話されているという人たちもいます。見るべき人気の場所がたくさんあり，多くの人がそれらを訪れます。

私が日本に来たのは今回が初めてです。私は大学で日本の文化と歴史を勉強したので，日本のたくさんの寺を訪れたいです。私は日本の伝統的なスポーツも試してみたいです。私はこの学校には剣道部があると聞き，私は生徒たちと一緒に剣道をすることにわくわくしています。私はまだ日本の学校生活についてよくは知りませんが，私はあなたたちが毎日自分たちの教室を掃除すると知って驚いています。アメリカの生徒はふだんそのようなことはしません。

私はあなたたちに英語を教えることを楽しみにしてきました。私たちは意思疎通のために言語を使うと私は思います。私はあなたたちに他の言語を学ぶのは楽しいということを伝えたいです。ですから，恥ずかしがらずにお互いに英語を話してみてください。英語でわくわくする映画を見たり，人気のある歌を歌うことは楽しいだけでなく英語を上達させる良い方法でもあります。私はあなたたちが私と一緒に英語を学ぶのを楽しむことを願っています。

2 **【解き方】** 1. シンはマーサにコンサートのチケットがあるので，今度の土曜日に一緒に行かないかと誘った際，マーサは「もちろん(行くわ)！」と答えていることから，土曜日は「何もすることがない」ということがわかる。have nothing to do =「何もすることがない」。

2. グリーン先生が「明日，誕生日パーティーで私たちが何の日本の歌を歌うのか話しましょう」と言っていることから，先生は部員たちと一緒に日本の歌を歌いたいと思っていることがわかる。

3. (1) 質問は「カナははじめ，どんな特別なイベントをしたいと思っていましたか？」。カナは1つ目のせりふで「テレビで見て以来パンダが大好きになった」と言っている。(2) 質問は「彼らはいつ話していますか？」。ホワイト先生はカナとアンが最初に希望したイベントがいずれも今日は行われていないと言っているので，金曜日と日曜日以外となる。乗馬は週末にできるとある。

【答】 1. nothing　2. ウ　3. (1) ウ　(2) イ

3 **【解き方】** 1. 第2段落の中ごろに「インドの人々はアメリカの人々とほぼ同じくらい長く寝る」とある。グラフを見るとBの平均睡眠時間はインドとほぼ同じである。

2. 第3段落を見る。「2007年では約3分の1の人々が7時間以上寝ている」とあり，さらに「2015年では約4分の1の人だけが7時間以上寝ている」とあるので，日本の人々は以前より寝る時間が「より短く」なったということができる。

3. ア. 第2段落の中ごろに，中国の人々はすべての国の中で最も長く寝ているとある。イ.「真衣は特に若いときは人々はより長く寝る必要があると言っている」。第4段落を見る。正しい。ウ. 第4段落に，夜遅くまでテレビを見たりインターネットを使うかもしれないが，より長く寝る必要があるとある。エ. 表は2007年から2015年の日本の人々の平均睡眠時間の推移を示している。他の国は含まれていない。

【答】 1. ア　2. shorter　3. イ

◀全訳▶ あなたたちの中には寝ることができないとき羊を数える人がいるかもしれません。なぜだか知っていますか？ “sheep”と“sleep”の音が似ているので，羊を数えることは寝るには良い方法の1つかもしれません。睡眠は私たち全員にとって重要です。私たちは寝ないで生きることはできません。しかし，多くの日本人は，もしできるのならより長く寝たいと言います。日本そして世界中では人々は何時間寝ているのでしょうか？

グラフを見てください。これは2018年の日本と他の4つの国の平均睡眠時間です。あなたたちは日本の人々が平均して7時間22分寝ているのがわかります。あなたたちは7時間の睡眠は十分だと思うかもしれませんが，グラフを見ると，それはとても短いことがわかるでしょう。そのグラフは中国の人々がすべての中で最も長く寝ており，インドの人々はアメリカの人々とほぼ同じくらい長く寝ていることを示しています。ドイツの人々はそれら3つの国の人々より寝ているのが短いですが，彼らは私たちより1時間長く寝ていることに私は驚きました。

それでは表を見てください。これは2007年，2011年，そして2015年の日本の人々の平均睡眠時間です。あなたたちはこの表から何がわかりますか？　2007年では，約3分の1の人々が7時間以上寝ています。しかし2015年では，ほぼ40パーセントの人々が6時間より短く寝ており，約4分の1の人々しか7時間あるいはそれ以上寝ていません。それは以前より短く寝ている日本の人々がより多いということを意味します。

あなたたちは夜遅くまでテレビを見たり，インターネットを使ったりするかもしれません。しかし特に若いときに私たちはより長く寝る必要があります。睡眠は私たちの体だけではなく，心にとっても重要です。私たちの体と心をより活発にさせるために，今夜はより早く床につき，羊を数えましょう。

4 **【解き方】** 1. 第2段落で賢治はおじいさんがカエデの木を切っているのを手伝い，第3段落でコーヒーを飲みながらおじいさんと話をし，第4段落でおじいさんにチェロが壁にかけてある隣の部屋に連れていかれた。

2. おじいさんにチェロ奏者になったら何がしたいかを聞かれ，返答に困ったあとに行った言葉。just want to ～＝「ただ～したいんだ」。

3. 直前のおじいさんのせりふに，おじいさんもチェロ奏者になりたかったが，賢治と同じ年齢のときに腕をけがしてチェロを弾き続けることが難しくなったとある。さらに「また上手に弾くことができたらいいのに」と述べていることから気持ちを推測する。

4. 質問は「おじいさんは賢治にいつチェロをあげましたか？」。第3段落の3文目に「僕が使っているチェロは僕が弾き始めたときにおじいさんにもらった」とある。また，第1段落の3文目に「11歳から弾いている」とある。

5. (1) 質問は「おじいさんは腕をけがする前にチェロ奏者になりたかったのですか？」。第4段落の中ごろを見る。正しい。(2) 質問は「賢治はチェロの音色を聞くとどんな気持ちになりますか？」。第4段落の後半に，「チェロの音色を聞くと，僕は不安なときでさえ気分が本当に落ち着く」とある。

6. ア. 第1段落の3文目に，賢治は今ほぼ毎日チェロを練習しているとある。イ.「賢治はおじいさんが作ったチェロをまだ使っており，賢治とおじいさんともにそれが好きである」。第3段落の中ごろと第4段落の前半を見る。正しい。ウ. 第2段落の1文目に，ある晴れた朝におじいさんを訪れたとある。エ. 第4段落の中ごろに，おじいさんは腕をけがしてチェロを弾き続けることが難しくなったとある。オ. 第4段落の後半に，おじいさんはカエデの木の最も美しい声を表現できるチェロを作りたいとある。

7. ③ おじいさんがチェロの音色はどのようなものだと述べたかを考える。第4段落の後半で木々の（森からの）「声」のようだと述べている。④ 賢治とおじいさんが一緒にカエデの木にしたことを考える。第2段落の2文目におじいさんが新しいチェロを作るために古いカエデの木を「切って」いて，賢治はそれを手伝ったとある。

【答】 1. イ　2. ア　3. エ　4. ウ　5. (1) Yes, did　(2) relaxed, nervous　6. イ　7. ③ voice　④ cut

◀全訳▶　あなたたちは今までチェロの音色を聞いたことがありますか？　それは柔らかくて温かく，私はその音色が好きです。私は11歳からチェロを弾いていて，今もほぼ毎日それを練習しています。私のおじいさんはチェロ職人なので，チェロはいつも私の身近にあります。彼は森の中にある小さな家に住んでいます。

ある晴れた朝，私はおじいさんを訪れました。彼は新しいチェロを作るために家の近くの古いカエデの木を切っていたので，私は彼がそれを切るのを手伝いました。私たちが作業をしているとき，私は「おじいちゃん，この木はどれくらい古いの？」とたずねました。彼は「それは100年以上の古さだよ，賢治」と答えました。私は「わぁ，それはおじいちゃんや僕が生まれる前からここにあったんだね！」と言いました。彼はより古い木がチェロの音色をより深くて柔らかくすると私に教えてくれました。そして彼は「さあ，今日はよく働いた。家に戻ろう，そしてコーヒーを１杯いれてあげよう！」と言いました。

　私たちが彼の家で一緒にコーヒーを飲んでいる間，おじいさんはチェロについてたくさんのことを私に話してくれました。彼は「私が作ったチェロをおまえはまだ使っているのかい？」とたずねました。私が使っているチェロは私が弾き始めたときにおじいさんからもらいました。「もちろんだよ。僕はおじいちゃんのチェロが好きだよ。僕は将来チェロ奏者になりたいんだ」。おじいさんは「私はそれを聞いてうれしいよ。それでおまえはチェロ奏者になったら何をしたいんだい？」と言いました。私はそのことについてまったく考えていなかったので，彼の質問に答えることができませんでした。私は「えっと，僕はただ有名なチェロ奏者になりたいんだ」と言うだけでした。彼はしばらく考え，そして「ついて来なさい，賢治」と言いました。

　おじいさんは私を隣の部屋に連れていきました。壁にはたくさんのチェロがあり，木々の香りが部屋のいたるところでしていました。私は「おじいちゃんは今までチェロを何本作ったの？」とたずねました。彼は「私は何百と作ってきたよ。おまえのチェロはおまえが生まれたときに作ったもので，それは私のお気に入りだ」と言いました。私は「なぜチェロ職人になろうと決心したの？」とたずねました。そして彼は答えました。「実は，私はかつておまえのようにチェロ奏者になりたかったんだよ，賢治。だけど私はおまえの年齢のとき，腕をけがしてチェロを弾き続けることが難しかったんだ。またチェロを上手に弾くことができればいいのになあ」。私は彼が今までにそのことについて一度も話したことがなかったので驚きました。私は彼が15歳で自分の夢を失ったとき，どんな気持ちだったか想像することができました。私は「それで，おじいちゃんはチェロ職人になろうと決心したんだね？」とたずねました。彼は「そうだよ。私はチェロがまだ好きだったから何かそれらに関係することをしたかったんだ。まあ，人生の早いときに本当に好きなことを見つけたので，私は幸運だったよ」と言いました。彼は「すべてのチェロを見てごらん，賢治。どのチェロも古いカエデの木で作られているんだ。それらの木はずっと前に切られたのだけれども，チェロとして永遠に生きることができるんだ」と続けました。私は「僕はそれについて一度もそんなふうに考えなかったよ。だけどチェロの音色を聞くと，僕は不安なときでさえ，気持ちが本当に落ち着くんだ」と言いました。彼はほほ笑んで「それはおまえを励ます森からの声のようだ。私はカエデの木の最も美しい声を表現することができるチェロを作りたいんだ，賢治」と言いました。おじいさんがそのように言ったとき，彼の表情は柔らかくて温かく見えました。もう一度，私は彼が作ったチェロを見渡しました。私は彼がたくさんのチェロを作り，いまだに夢を持ち続けていることに感動しました。

　今私はチェロを異なる方法で弾いています。私は以前は有名なチェロ奏者になるためにそれをただ弾いていましたが，今は人々に木々の声を届けるためにチェロを弾こうとしています。私はいつかおじいさんが作ったチェロでそれを表現したいと思っています。

5 **【解き方】** 1.「私があなたに何かできることはありますか？」という意味になる。Is there ～?＝「～がありますか？」。I can do for you が anything を修飾する。anything のあとに関係代名詞 that が省略された文。

2.「あなたはいつそれが建てられたか知っていますか？」という意味になる。Do you know ～?＝「～を知っていますか？」。when it was built ＝「いつそれが建てられたか」。間接疑問文を使用する。

【答】 1. is, there, anything, I, can　2. know, when, it, was, built

6 **【解き方】** ① 直前に because があるので，ボランティア活動の１つに参加したい理由を述べる。メモの（導入）の部分に注目する。文末に for a long time「長い間」とあるので，現在完了の文にする。「～に興味がある」＝ be interested in 。

② メモの（活動内容）の部分に注目する。「子どもたちに」＝ for children。

③ 公園でのゴミ拾い，もしくは図書館での子どもたちへの読み聞かせのどちらが良いかを答え，その理由をあとに続ける。解答例は「公園をきれいにして，たくさんの人に公園を訪れてもらいたいので A に参加したい」。

【答】（例）① I have been interested in　② read books for children in the library

③ A because I want to make the park clean and want many people to visit it.（16語）

◀全訳▶　先週，私はボランティア活動についてのポスターを見ました。私は長い間ボランティア活動に興味があったので，それらのうちの１つに参加したいと思います。

ポスターの中に，私はＡとＢの２つの異なる活動を見つけました。もし私がＡを選べば，私は公園でゴミを拾います。もし私がＢを選べば，私は図書館で，子どもたちに本を読みます。私は（公園をきれいにしてたくさんの人にそこを訪れてもらいたいのでＡ）に参加したいです。

あなたたちも私に加わりませんか？

社　会

1 【解き方】1. a. アレクサンドロスの東方遠征によって生じた，古代オリエントとギリシャの文化が融合したもの。「ルネサンス」は 14～16 世紀にヨーロッパで展開された文化や芸術の運動。b. 摂政は天皇が幼少のときや女性のときに代わって政治を行った役職。

3. 室町幕府の 3 代将軍。

4. 鎌倉時代に，近畿地方から西日本にかけて，水田で米の裏作に麦を作る二毛作が広まった。

5. (1) 農民が一揆をおこして反抗することを防ぎ，耕作に専念させるために行われた政策。(2) アは室町時代の東山文化，イは江戸時代の元禄文化，エは江戸時代の化政文化について述べた文。

6. 違反した大名には，領地の没収や藩の取りつぶしなど厳しい制裁が加えられた。

8. (1) 領事裁判権を認めていると，外国人の日本国内における犯罪を日本の法律で裁くことができなかった。(2) d.「自由党」を創設したのは板垣退助。e. 日清戦争が終わったのは 1895 年のこと。

9. (1) 富山県ではじまった米騒動は全国に広がり，寺内正毅内閣が総辞職においこまれた。(2)「国際連盟を脱退した国」は日本とドイツ。「ワシントン会議で四か国条約を結んだ国」はアメリカ・イギリス・フランス・日本。「ヤルタ会談に出席した国」はアメリカ・イギリス・ソ連。

10. アは 1956 年，イは 1951 年，ウは 1972 年の出来事。

【答】1. イ　2. 天平(文化)　3. 足利義満　4. 二毛作　5. (1) 刀狩　(2) ウ　6. 武家諸法度　7. ア
8. (1) エ　(2) ウ　9. (1) 米の買いしめから，米の価格が上がった（同意可）　(2) イ　10. イ→ア→ウ

2 【解き方】1. 再生可能エネルギーには，「二酸化炭素を排出しない（増加させない)」「枯渇しない」「どこにでも存在する」という特徴がある。バイオマスとは，動植物から生まれた資源のことで，木くずや燃えるごみ，下水処理で出た泥などを発電などに利用している。ア・イ・エは化石燃料。

2. 太平洋の周囲，ロッキー山脈やアンデス山脈，ニュージーランドなども属している。

3. インドは IT 産業を主軸として経済成長を続けている。BRICS の B はブラジル，R はロシア，I はインド，C は中国，S は南アフリカ共和国を指す。

4. タイは世界有数の米の輸出国だが，近年は工業化が進み，機械類や自動車などの工業製品が輸出品の上位を占めるようになった。

6. アはニュージーランド，ウはオーストラリアの先住民。イは白人とラテンアメリカの先住民の混血の人々。

7. (1) 地形図上では方位記号がなければ，上が北を示す。

8. (1) 普段は波が穏やかなので養殖場や漁港として利用されるが，地震の際には津波の被害は拡大しやすい。(2) 岡山市は一年を通して温暖で降水量が少ない瀬戸内の気候に属している。日本海側に位置する舞鶴市は，北西季節風の影響で冬の降水量が多くなる。(3) やませは冷たく湿った北東風で，冷害の原因となる。

9. 日本では冬から春にかけてかぼちゃの生産が行われる場所は沖縄などごく一部であり，日本と季節が反対のニュージーランドで栽培されたかぼちゃを輸入することで，季節にかかわらずに入手できるようにしている。

【答】1. ウ　2. 環太平洋　3. エ　4. ア　5. 寒帯　6. エ　7. (1) 南東　(2) 平安京
8. (1) リアス〔式〕　(2) ウ　(3) イ　9. 赤道より南にあり，日本と季節が反対になる（同意可）

3 【解き方】2. 生存権を守るために，社会保障制度が整備されている。

3. a.「男女雇用機会均等法」は 1985 年に制定された法律。b. 育児・介護休業法が施行され，育児休業制度が取得できるようになり，一人目の子の出産後にも仕事を継続する女性が増えたと考えられる。

4. 医療保険の保険料を引き上げると，税や保険料の国民負担が大きくなる。また，社会保障給付費が多いと，医療機関で支払う医療費の自己負担が少なくてすむ。

5. 間接税にあたるものを選ぶ。ア・イ・ウは直接税。

6. 為替相場は為替レートともいう。

7. ⑴ 法律を作る権限。⑵ 内閣総理大臣の指名，予算の議決，条約の承認については，衆議院と参議院の意見が一致しないときには，衆議院の議決が国会の議決となる。⑶ イ・ウは満 25 歳以上，エは満 30 歳以上でないとできない。

8. ⑴ 日本の ODA の援助相手国は，アジア地域の国が最も多い。⑵ 世界人権宣言の内容を，具体的な法的拘束力を持つ条約にしたもの。

10. g.「効率」とは時間や労力を無駄なく使うこと。h.「直接民主制」とは，代表者を通さずに有権者が直接政治に参加するしくみ。

【答】 1. イ　2. 生存(権)　3. ウ　4. イ　5. エ　6. 為替

7. ⑴ 立法　⑵ 任期が短く，解散があることから，国民の意見を反映しやすい（同意可）　⑶ ア

8. ⑴ ODA　⑵ 国際人権規約　9. クーリング・オフ　10. ア

理　科

1 【解き方】1. ⑵ 光の速さは音の速さに比べて非常に速く，雷が発生した瞬間に観測した場所で光が見える。光が見えた瞬間の時刻の 19 時 45 分 56 秒に雷が発生したと考えられるので，音が観測した場所に伝わるまでにかかった時間は，19 時 46 分 03 秒 − 19 時 45 分 56 秒 = 7 (秒)　よって，340 (m/s) × 7 (s) = 2380 (m) より，2.38km。

3. ⑵ 細胞内で，酸素を利用して養分を燃焼し，活動に必要なエネルギーを得ている。

4. ⑴ 表 3 より，固体のロウの体積が 55cm^3，固体のロウの質量が 50g なので，$\dfrac{50\ (\text{g})}{55\ (\text{cm}^3)} \fallingdotseq 0.91\ (\text{g/cm}^3)$

⑵ 表 3 より，固体と液体のロウの質量はどちらも 50g，体積は固体の方が液体より小さいので，密度は固体のほうが液体より大きくなる。液体に固体を入れるとき，液体より固体のほうが密度が大きいときは沈み，小さいときは浮く。

【答】1. ⑴ イ　⑵ ア　2. ⑴ 太陽系　⑵ エ　3. ⑴ ウ　⑵ イ　4. ⑴ $0.91\ (\text{g/cm}^3)$　⑵ カ

2 【解き方】2. Y を捕食していた X は食べる物が多くなるので増加し，Y によって食べられていた Z は，食べられる数が多くなるので減少する。

3. ヨウ素液はデンプンと反応して青紫色に変化するので，ビーカー B の液にはデンプンが存在する。

【答】1. 食物網　2. エ　3. A

4. (ビーカー A の実験だけでは,)実験結果が微生物の影響であるかどうか明らかでないから。(同意可)

5. ⑴ 光合成　⑵ 生産　⑶ 菌　6. 生態系

3 【解き方】1. 炭酸水素ナトリウム＋塩酸→塩化ナトリウム＋水＋二酸化炭素

3. 塩化ナトリウムの化学式は NaCl，水は H_2O，二酸化炭素は CO_2 で，化学反応式では化学変化の前後で原子の種類と数を合わせる。

4. ふたを開けると，発生した二酸化炭素が空気中に逃げるので，その分だけ質量は減少する。

5. 実験 2 の表より，銅の粉末の質量が 0.60g，0.80g，1.00g，1.20g，1.40g のとき，化合した酸素の質量は，0.75 (g) − 0.60 (g) = 0.15 (g)，1.00 (g) − 0.80 (g) = 0.20 (g)，1.25 (g) − 1.00 (g) = 0.25 (g)，1.50 (g) − 1.20 (g) = 0.30 (g)，1.75 (g) − 1.40 (g) = 0.35 (g)

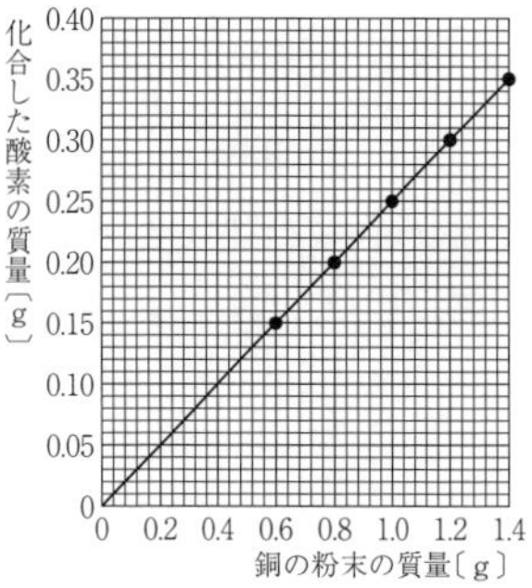

6. 5 より，1.00g の銅と化合する酸素の質量は 0.25g なので，0.90g の銅と化合する酸素の質量は，$0.25\ (\text{g}) \times \dfrac{0.90\ (\text{g})}{1.00\ (\text{g})} = 0.225\ (\text{g})$　よって，できる酸化銅の質量は，0.90 (g) + 0.225 (g) ≒ 1.13 (g)

7. 酸化銅に炭素を混ぜて加熱すると，酸化銅＋炭素→銅＋二酸化炭素という反応が起こる。酸化銅は結びついていた酸素を奪われて還元されるので，奪われた酸素の質量の分だけ減少する。

【答】1. 二酸化炭素　2. 質量保存(の法則)　3. ($NaHCO_3$ + HCl →) NaCl (+) H_2O (+) CO_2　4. ウ

5. (前図)　6. 1.13 (g)　7. ⑴ イ　⑵ ウ

4 【解き方】2. 斑状組織をもつ岩石は，火山岩の流紋岩・安山岩・玄武岩。

3. 無色鉱物は石英と長石。

4. 無色鉱物を多く含むマグマは，ねばりけが強いので，火山灰 C の雲仙普賢岳のマグマのねばりけの方が強く，ねばりけが強いマグマの火山は激しい噴火をすることが多い。

5. イ. マグマが発泡するのは，地下深くのマグマが地表近くまで上昇すると，圧力が下がってマグマにとけ込んでいた水や二酸化炭素などが気体になるため。エ. マグマが長い時間をかけて，地下の深いところで冷えて固まると，深成岩ができる。

6. 示相化石は地層が堆積した当時の環境を知る手がかりになる化石。

【答】1. 斑状組織　2. ア　3. エ　4. イ　5. ア・ウ　6. ア

5 【解き方】1. $1\,(\text{N}) \times \dfrac{250\,(\text{g})}{100\,(\text{g})} = 2.5\,(\text{N})$

2. 物体にはたらく重力の大きさは変化せず，斜面Xの傾きも変わらないので，物体の斜面方向にはたらく力も変わらない。物体が運動する向きに一定の大きさの力がはたらき続けるので，物体の速さは一定の割合で増加していく。

3. 物体の運動する向きと，垂直抗力がはたらく向きが垂直なので，垂直抗力は物体に仕事をしたことにならない。

4. 物体を持ち上げるときに必要な力の大きさは，物体にはたらく重力の大きさの2.5N。16cm = 0.16m より，手が物体にした仕事の量は，$2.5\,(\text{N}) \times 0.16\,(\text{m}) = 0.4\,(\text{J})$なので，$\dfrac{0.4\,(\text{J})}{2\,(\text{s})} = 0.2\,(\text{W})$

5. 表より，物体の高さを，$\dfrac{8.0\,(\text{cm})}{4.0\,(\text{cm})} = 2\,(倍)$，$\dfrac{12.0\,(\text{cm})}{4.0\,(\text{cm})} = 3\,(倍)$にすると，AB間を移動した距離は，$\dfrac{14.4\,(\text{cm})}{7.2\,(\text{cm})} = 2\,(倍)$，$\dfrac{21.6\,(\text{cm})}{7.2\,(\text{cm})} = 3\,(倍)$になる。よって，AB間を移動した距離は物体の高さに比例するので，15.0cmの高さから滑らせたとき，AB間を移動した距離は，$7.2\,(\text{cm}) \times \dfrac{15.0\,(\text{cm})}{4.0\,(\text{cm})} = 27.0\,(\text{cm})$

6. 運動エネルギーは物体の速さが速くなるほど大きくなる。物体が斜面を下るとき，速さはだんだん速くなるので，物体の運動エネルギーは大きくなり，物体が点Aから静止するまではだんだん遅くなるので，物体の運動エネルギーは小さくなる。

7. AB間は40.0cmなので，AC間は，$\dfrac{40.0\,(\text{cm})}{2} = 20.0\,(\text{cm})$　5より，AB間を移動した距離が20.0cmになるときの物体の高さは，$4.0\,(\text{cm}) \times \dfrac{20.0\,(\text{cm})}{7.2\,(\text{cm})} \fallingdotseq 11.1\,(\text{cm})$　よって，高さ11.1cmの物体がもつ力学的エネルギーがAC間を移動するときに消費されると考えられるので，18.0cmの高さから滑らせると，$18.0\,(\text{cm}) - 11.1\,(\text{cm}) = 6.9\,(\text{cm})$まで上がると考えられる。

【答】1. 2.5 (N)　2. エ　3. 0 (J)　4. 0.2 (W)　5. 27.0 (cm)　6. (1) ア　(2) ウ　7. ア

国　語

[1]【答】① と(ぐ)　② しょうあく　③ いまし(め)　④ びみょう(に)　⑤ いしょう　⑥ 染(まる)　⑦ 操縦　⑧ 郷里　⑨ 貯蔵　⑩ 幹

[2]【解き方】問一．副詞である。アは形容動詞，イは助詞，エは形容詞。

問二．台所に行ってすぐの雪乃は「どうして置いていくのか…地団駄を踏みたくなる」と腹を立てていたが，「雪乃が自分で，まっと早起きして…こっちが起こしてやる必要はねえ」という茂三の言葉を伝え聞いて，「心臓が硬くなる思い」を感じたことに注目する。

問三．転ばないように「気をつけてゆっくり行くだよ」とヨシ江に言われて外に出た雪乃だが，周囲の家や田畑の様子から「農家の朝はとっくに始まっている」と感じとったことで「走りだした」点をおさえる。

問四．すぐ前の部分で，茂三に呼び掛けようとしたものの，「ほんとうに茂三は怒っていないだろうか…あきれているんじゃないだろうか」と急に不安になり，「謝ろうにも，この距離ではどんなふうに切り出せばいいかわからない」と悩んで「張りあげかけた声を飲みこむ」雪乃の様子に着目する。

問五．A.「起きようと自分で決めて，いつもよりかは早く起きただもの，堂々と胸張ってりゃいいだわい」という茂三の言葉に注目。B. 雪乃が，「目標を半分しか達成できなかった」自分に対して，「半分は達成できた，と言ってくれる曾祖父のことを，改めて大好きだ」と思っていることをおさえる。

【答】問一．ウ　問二．イ　問三．エ

問四．(茂三が自分に対して)怒ったりあきれたりしているのではないかと思い，謝ろうにも，どのように声を掛ければよいかわからなかった(から。)(50字)(同意可)

問五．A. いつもよりかは早く起きた　B. 半分は達成できた

[3]【解き方】問一．人間は「一瞬間たりとも，行為しないではいられない」と言い換え，「なにもしないで，ブラブラしていた」人の行為を「『なにもしない』という行為を行なった」ととらえ，「このさい重要なのは…選ばなければならないということ」であり，「日常行なっている一つ一つの行為を…選んでいる」と説明していることに注目する。

問二．ここでの「みる」は本来の「見る」という意味が薄れており，前の文節「考えて」に意味を添える働きをしている。

問三．直前の「この点」は，その前の部分にある，人間は行為を「すべてみずからの自由によって決断し，選んでいる」ことを指す。一方，人間以外の動物については，後の部分で「ただ本能によって行動しているだけ」で，自由によって行動を選択しているわけではないとあることをおさえる。

問四．7画である。アは8画，ウは6画，エは5画。

問五．すぐ前で，「人間は，自由によって行為している以上，どうしても行為を選びその生き方を決定する根本的な考え方をもたないわけにはゆかない」として，その考え方が「哲学に外なりません」と述べていることに着目する。

問六．[8]・[9]段落で人間は行為を選ぶ自由から逃れられないという事実を述べ，[10]・[11]段落では，そのため人間は行為を選ぶための原理を持っているということへと話題を広げている。これは，冒頭の[1]段落で示された「哲学とはなにか」という主題につながる内容である。

【答】問一．エ　問二．ア

問三．(他の動物は)本能で行動しているだけだが，人間は行為を選ぶ自由(をもっているという点。)(24字)(同意可)

問四．イ　問五．ア　問六．ウ

4 **【解き方】** 問一．四句で構成され，それぞれの句が七字で書かれている詩。

問二．一字戻って読む場合には「レ点」を用いる。

問三．A．後に「で汪倫が…歌う」と続くので，汪倫と村人たちが歌っている場所を示す言葉があてはまる。漢詩の承句に「岸上踏歌の声」を聞いたとあることに注目。B．漢詩の転句・結句に，桃花潭の「水」の深さも汪倫が「我を送るの情」には「及ばず」とあることをおさえる。

【答】 問一．ウ　問二．(右図)　問三．A．岸のほとり　B．水の深さにも勝る（それぞれ同意可）

不レ及バ汪倫送レルノ我ヲ情ニ

◀口語訳▶　汪倫に贈る

李白（＝私）は舟に乗って出発しようとした。

ふと岸のほとりで足を踏み鳴らし，拍子をとって歌う声が聞こえてきた。

桃花潭の水はとても深い（という）。

（しかし）私を見送ってくれる，汪倫の友情の深さにはとうてい及ばない。

5 **【解き方】** 問一．自分や自分側の人の動作をへりくだって表現することで間接的に相手を高める，謙譲語を用いる。

【答】 問一．いただき（同意可）

問二．(例)

私はBを掲示するのがよいと思う。

Aは，掃除に関連する言葉が使われていないので，標語のテーマが何なのか，これだけではよくわからない。一方，Bは，校内をすみずみまでキレイにするという具体的な目標が示されている点，さらに，学校の美化は生徒みんなで協力して積極的に取り組むべき課題だということが書かれている点から，呼びかけたい内容を明確に伝えられると考える。(9行)

岐阜県公立高等学校
(第一次選抜)

2021年度
入学試験問題

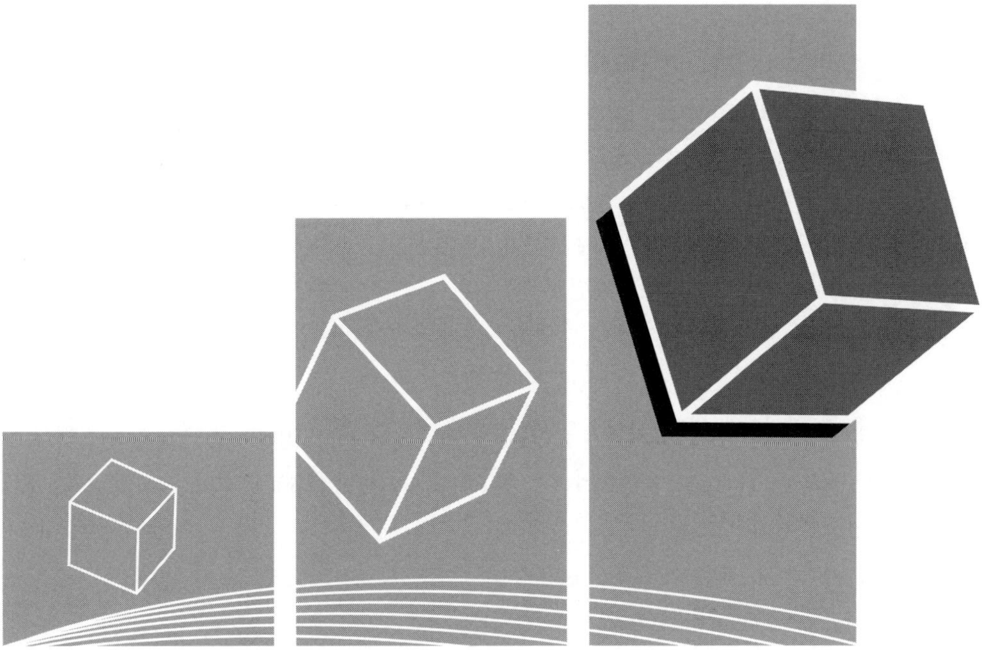

数学

時間　50分　　　　満点　100点

1　次の(1)～(6)の問いに答えなさい。

(1)　$5-3^2$ を計算しなさい。(　　　)

(2)　$6xy \div \frac{2}{3}x$ を計算しなさい。(　　　)

(3)　2次方程式 $(x-3)^2=9$ を解きなさい。(　　　)

(4)　右の図は，あるサッカーチームが，最近の11試合であげた得点を，ヒストグラムに表したものである。

このヒストグラムについて述べた文として正しいものを，ア～エから1つ選び，符号で書きなさい。(　　　)

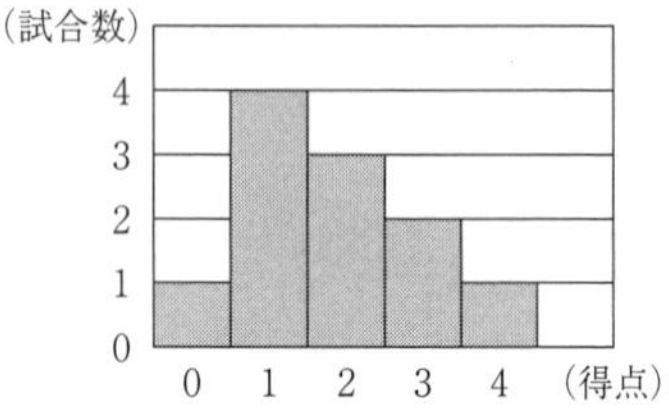

ア　中央値と最頻値は等しい。

イ　中央値は最頻値より小さい。

ウ　中央値と平均値は等しい。

エ　中央値は平均値より大きい。

(5)　右の図で，五角形ABCDEは正五角形であり，点Fは対角線BDとCEの交点である。x の値を求めなさい。(　　　)

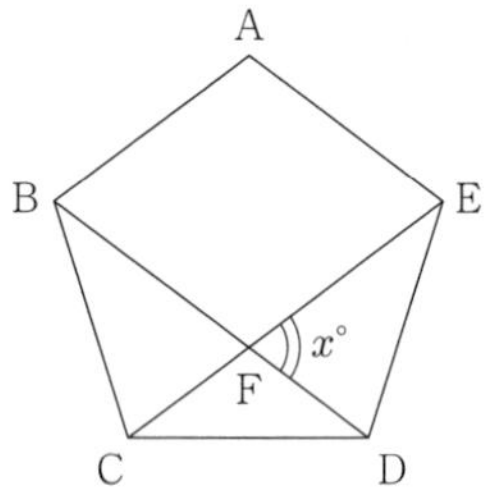

(6)　図1のように，1辺の長さが9cmの立方体状の容器に，水面が頂点A，B，Cを通る平面となるように水を入れた。次に，この容器を水平な台の上に置いたところ，図2のように，容器の底面から水面までの高さが x cmになった。x の値を求めなさい。(　　　)

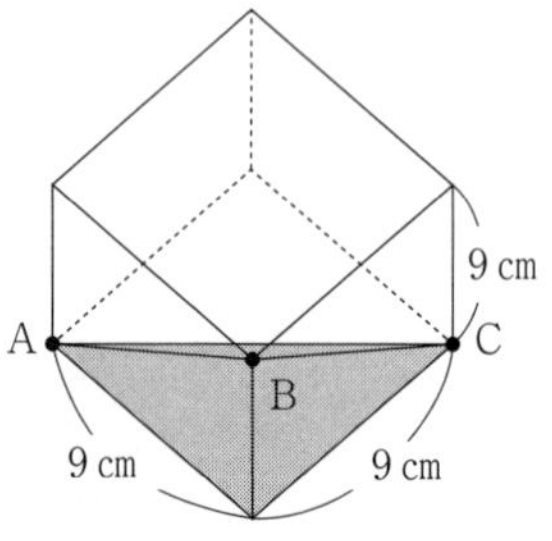

図1

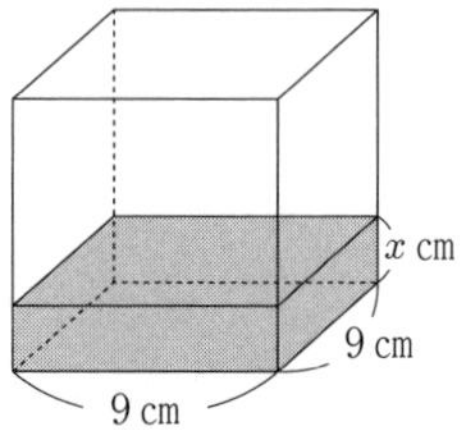

図2

2　電子レンジで食品Aを調理するとき，電子レンジの出力を x W，食品Aの調理にかかる時間を y 分とすると，y は x に反比例する。電子レンジの出力が500Wのとき，食品Aの調理にかかる時間は8分である。

次の(1)，(2)の問いに答えなさい。

(1)　y を x の式で表しなさい。(　　　)

(2)　電子レンジの出力が600Wのとき，食品Aの調理にかかる時間は，何分何秒であるかを求めなさい。(　　　分　　　秒)

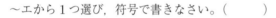

3　赤と白の2個のさいころを同時に投げる。このとき，赤いさいころの出た目の数を a，白いさいころの出た目の数を b として，座標平面上に，直線 $y=ax+b$ をつくる。

例えば，$a=2$，$b=3$ のときは，座標平面上に，直線 $y=2x+3$ ができる。

次の(1)〜(3)の問いに答えなさい。

(1)　つくることができる直線は全部で何通りあるかを求めなさい。(　　　通り)

(2)　傾きが1の直線ができる確率を求めなさい。(　　　)

(3)　3直線 $y=x+2$，$y=-x+2$，$y=ax+b$ で三角形ができない確率を求めなさい。

(　　　)

4　図1のような，縦5cm，横12cmの長方形ABCDのセロハンがある。

辺AD上に点Pをとり，点Aが直線AD上の点A′にくるようにセロハンを点Pで折り返すと，図2や図3のように，セロハンが重なった部分の色が濃くなった。

APの長さを x cm，セロハンが重なって色が濃くなった部分の面積を $y\,\mathrm{cm}^2$ とする。

次の(1)〜(4)の問いに答えなさい。

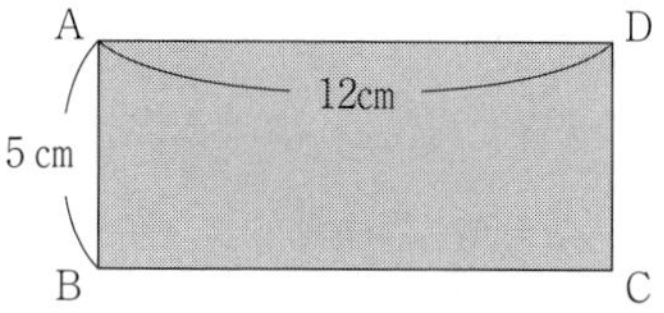

図1

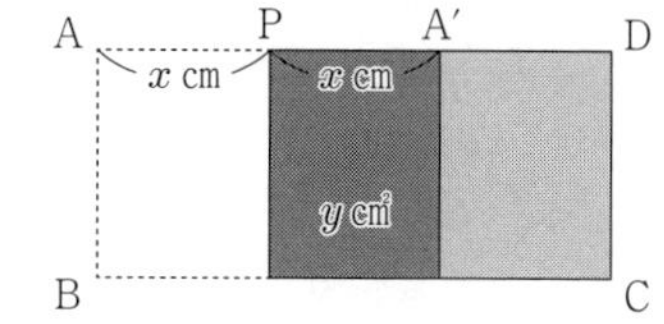

(点A′が辺AD上にくるとき)

図2

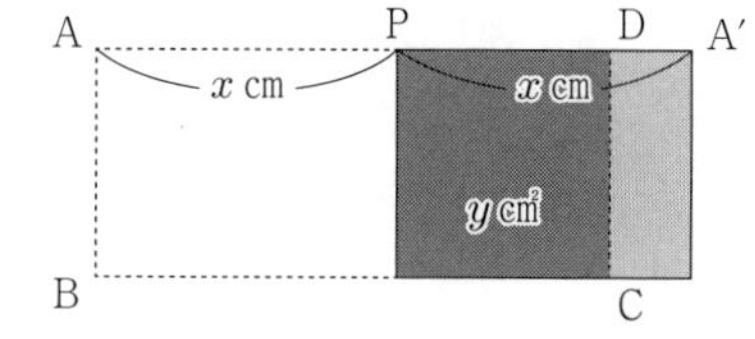

(点A′が辺ADの延長線上にくるとき)

図3

(1)　表中のア，イに当てはまる数を求めなさい。

ア(　　　)　イ(　　　)

x (cm)	0	…	2	…	6	…	8	…	12
y (cm^2)	0	…	10	…	ア	…	イ	…	0

(2)　x の変域を次の(ア)，(イ)とするとき，y を x の式で表しなさい。

(ア)　$0 \leqq x \leqq 6$ のとき（　　　）

(イ)　$6 \leqq x \leqq 12$ のとき（　　　）

(3)　x と y の関係を表すグラフをかきなさい。$(0 \leqq x \leqq 12)$

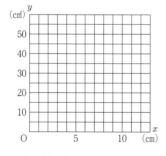

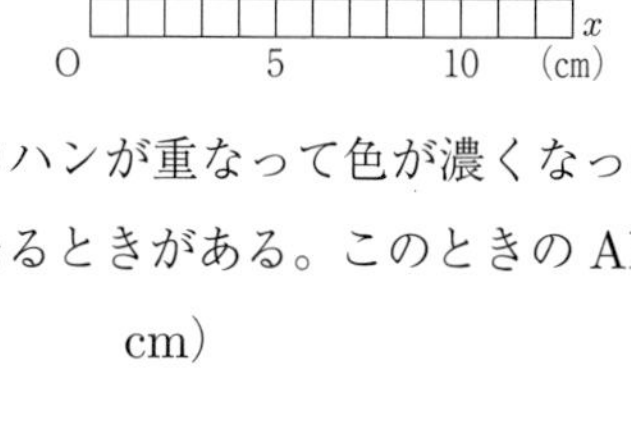

(4)　セロハンが重なって色が濃くなった部分の面積が，重なっていないセロハンの部分の面積の2倍になるときがある。このときのAPの長さのうち，最も長いものは何cmであるかを求めなさい。(　　　cm)

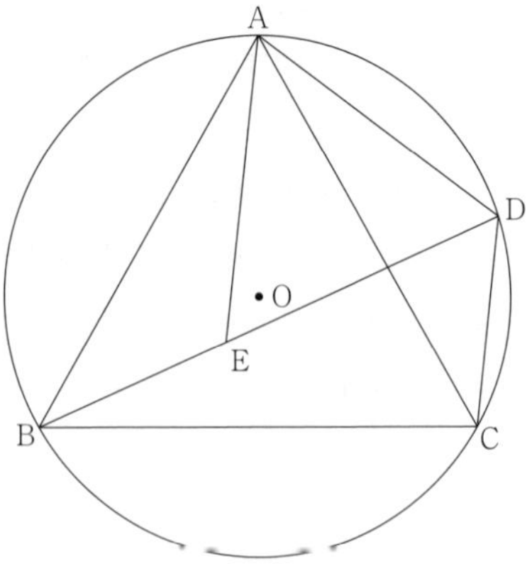

5　右の図で，4 点 A，B，C，D は円 O の周上の点であり，△ABC は正三角形である。また，点 E は線分 BD 上の点で，BE = CD である。

次の(1)，(2)の問いに答えなさい。

(1)　AE = AD であることを証明しなさい。

(2)　点 A から線分 BD にひいた垂線と BD との交点を H とする。AB = 6 cm，∠ABD = 45° のとき，

(ア)　AH の長さを求めなさい。(　　　cm)

(イ)　△ABE の面積を求めなさい。(　　　cm^2)

6　150 枚のカードがある。これらのカードは下の図のように，表には，1 から 150 までの自然数が 1 つずつ書いてあり，裏には，表の数の，正の平方根の整数部分が書いてある。

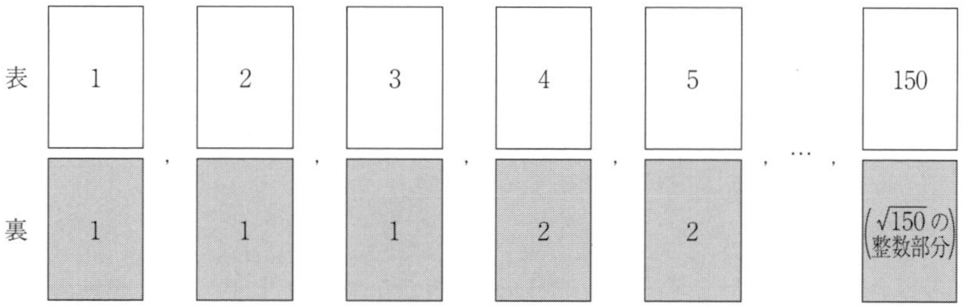

次の(1)～(4)の問いに答えなさい。

(1)　表の数が 10 であるカードの裏の数を求めなさい。(　　　)

(2)　次の文章は，裏の数が n であるカードの枚数について，花子さんが考えたことをまとめたものである。ア，イには数を，ウ～オには n を使った式を，それぞれ当てはまるように書きなさい。

ア(　　　)　イ(　　　)　ウ(　　　)　エ(　　　)　オ(　　　)

表の数が 150 であるカードの裏の数は [ア] であるので，裏の数 n は [ア] 以下の自然数になる。

(I)　n が [ア] のとき

裏の数が [ア] であるカードは，全部で [イ] 枚ある。

(II)　n が [ア] 未満の自然数のとき

裏の数が n であるカードの表の数のうち，最も小さい数は [ウ] であり，最も大きい数は [エ] である。

よって，裏の数が n であるカードは，全部で ([オ]) 枚ある。

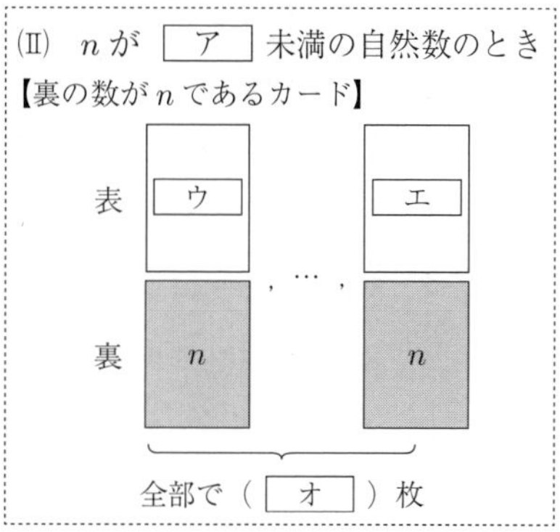

(3)　裏の数が 9 であるカードは全部で何枚あるかを求めなさい。(　　　枚)

(4)　150 枚のカードの裏の数を全てかけ合わせた数を P とする。P を 3^m で割った数が整数になるとき，m に当てはまる自然数のうちで最も大きい数を求めなさい。(　　　)

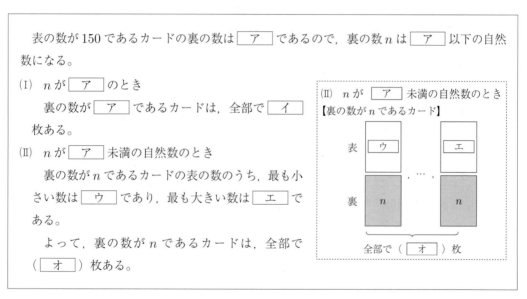

英語

時間　50分　　　満点　100点

(編集部注)　放送問題の放送原稿は英語の末尾に掲載しています。
音声の再生についてはもくじをご覧ください。

1　放送を聞いて答える問題

1　これから短い英文を読みます。英文は(1)～(5)まで５つあります。それぞれの英文を読む前に，日本語で内容に関する質問をします。その質問に対する答えとして最も適切なものを，ア～エから１つずつ選び，符号で書きなさい。なお，英文は２回ずつ読みます。

(1)(　　　) (2)(　　　) (3)(　　　) (4)(　　　) (5)(　　　)

(1)

(2)
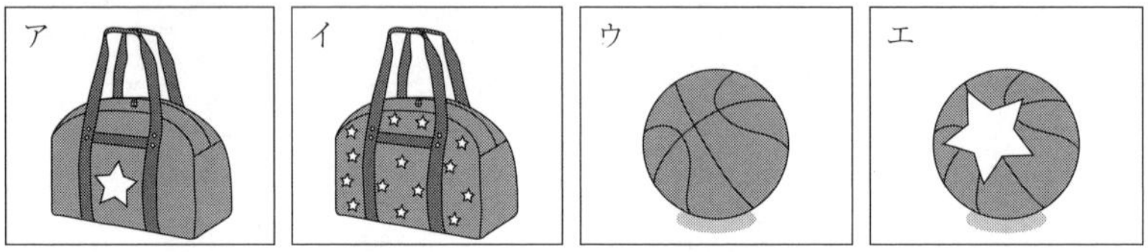

(3)　ア　why don't you send them with your message?
イ　will you send a present to her?
ウ　you should not give flowers to her.
エ　she can give them to you.

(4)

	Name of the Movie	Time	Language
ア	A Beautiful Season	10:00 a.m. ～ 11:45 a.m.	Japanese
イ	Great Family	10:00 a.m. ～ 11:45 a.m.	English
ウ	A Beautiful Season	2:00 p.m. ～ 3:45 p.m.	English
エ	Great Family	2:00 p.m. ～ 3:45 p.m.	Japanese

(5)　ア　Bob is going to visit both the city library and the city museum.
イ　Bob is going to write a report with his teacher.
ウ　Bob will visit Ms. Tanaka because she works at the library.
エ　Bob will visit the city museum first to meet Ms. Tanaka.

2　これから読む英文は，中学生の信二（Shinji）とベーカー先生（Ms. Baker）が話をしているときのものです。この英文を聞いて，(1)，(2)の問いに答えなさい。なお，英文は２回読みます。

英文を聞く前に，まず，(1)，(2)の問いを読みなさい。

(1)　次の①～③に対する答えを，信二とベーカー先生の会話の内容に即して，英語で書きなさい。

ただし，解答欄の____の部分には1語ずつ書くこと。

① How often does Shinji work as a member of 'Nature Club'?

答え　He works every ______.

② Who told Shinji about 'Nature Club'?

答え　His ______ told him about it.

③ What does Shinji want to do through his activities?

答え　He wants to ______ their future.

(2) 信二とベーカー先生の会話の内容に合っているものを，ア～エから1つ選び，符号で書きなさい。(　　　)

ア　Shinji and Ms. Baker cleaned a river together.

イ　Shinji cleaned a river last weekend, but he could not enjoy it.

ウ　Shinji has been a member of 'Nature Club' for about three years.

エ　Shinji says he wants to clean Mt. Fuji next year.

2　次の1～3の問いに答えなさい。

1　次の英文の（　　）に入る最も適切な英語を，1語書きなさい。ただし，（　　）内に示されている文字で書き始め，その文字も含めて答えること。（　　　）

A dictionary is very（u　　）when you study a foreign language. It tells you what words mean and how to use them. It helps you a lot.

2　次の会話を読んで，質問の答えとして最も適切なものを，ア～エから1つ選び，符号で書きなさい。

（電話で）

Ken:　Hello, this is Ken speaking.

Judy:　Hi, Ken. It's Judy. Thank you for inviting me to the party yesterday. Well, I'm calling you because I lost my watch. Have you seen it in your house?

Ken:　No, I haven't. I'm going to check my house.

Judy:　Thanks. Please call me if you find it. See you soon.

Why is Judy calling Ken?（　　　）

ア　She asks him to come to her party.　　イ　She needs to borrow his watch.

ウ　She wants him to look for her watch.　　エ　She would like to go to his party again.

3　次の会話を読んで，(1)，(2)の質問の答えとして最も適切なものを，ア～エから1つずつ選び，符号で書きなさい。

Tomoko:　Look at the class schedule for this week, Alex. We will have six classes tomorrow, and we will have P.E. class. I'm excited!

Alex:　Me, too. We will play soccer! Well, have you finished the science homework for tomorrow? It was so difficult that I could not understand it well.

Tomoko:　Science homework? Look. We have no science class tomorrow.

Alex:　Really? Oh, you're right. Then, I need to finish math homework first. Let's do it together.

【Class Schedule】

	Monday	Tuesday	Wednesday	Thursday	Friday
1	holiday	social studies	English	art	social studies
2		math	social studies	art	P.E
3		moral education	P.E	English	Japanese
4		science	Japanese	math	science
		lunch time			
5		English	math	Japanese	music
6		Japanese	classroom activities		English

（注）　class schedule：時間割　　P.E.：体育　　moral education：道徳

(1)　How many social studies classes will they have this week?（　　　）

ア　One　　イ　Two　　ウ　Three　　エ　Four

(2)　When are they talking?（　　　）

ア　On Monday　　イ　On Tuesday　　ウ　On Wednesday　　エ　On Thursday

3　次の英文は，博（Hiroshi）が，食料自給率（food self-sufficiency rate）について，グラフ（Graph）と表（Table）を作り，英語の授業で発表したときのものです。1～3の問いに答えなさい。

I made *okonomiyaki* with my mother last week. While we were cooking, she said, "Do you think *okonomiyaki* is Japanese food?" I answered, "Of course!" Then she said, "You are right, but some of the ingredients come from other countries. For example, the pork and the shrimps that we're using now are imported from overseas. We depend on foreign countries for a lot of ingredients." Then I remembered the word 'food self-sufficiency rate'. I learned at school that Japan's food self-sufficiency rate is less than half.

Then, where does the food we eat come from? Look at the two graphs first. You can see that we import pork and shrimps from these countries. The left graph shows that about half of pork is imported from America and Canada. When you look at the right graph, you can see shrimps come from some countries in Asia. I was surprised that we import them from so many different countries.

Now look at the table. This is about the food self-sufficiency rate of four countries in 1963 and 2013. You can see that the food self-sufficiency rate of Canada is the highest both in 1963 and 2013. And in 2013, the rate of France and America is about the same, though the rate of America is higher than the rate of France in 1963. When you compare the rate in 1963 and 2013, only the rate of Japan gets smaller from 1963 to 2013. The table shows that Japan imports about 60% of food from foreign countries in 2013. If we cannot import any food, we may have a difficult time.

I thought *okonomiyaki* was 'Japanese' food. But you can also say it is '(①)' food. I guess there are many other things we import. So when you go to a supermarket next time, why don't you check where they come from?

Graph

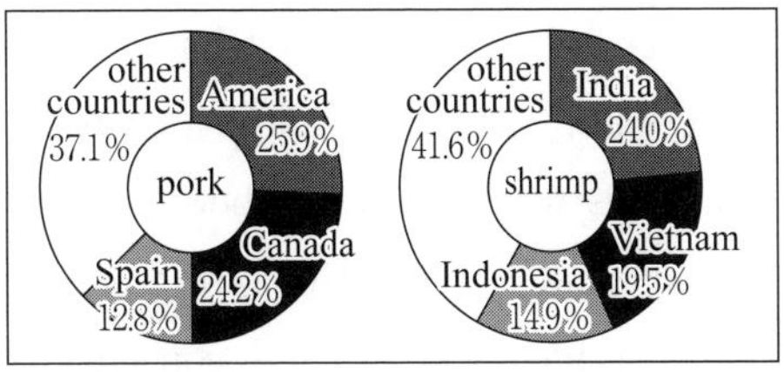

Table

Country	1963	2013
A	161%	264%
B	120%	130%
C	98%	127%
D	72%	39%

（注）　ingredient：材料　　pork：豚肉　　shrimp：エビ　　import：輸入する
Vietnam：ベトナム　　Indonesia：インドネシア

1　Tableの C に入る最も適切なものを，ア～エから1つ選び，符号で書きなさい。(　　　)
ア　America　　イ　Canada　　ウ　France　　エ　Japan

2　本文中の（ ① ）に入る最も適切なものを，ア～エから1つ選び，符号で書きなさい。
(　　　)
ア　delicious　　イ　expensive　　ウ　fast　　エ　international

3　本文の内容に合っているものを，ア～エから1つ選び，符号で書きなさい。(　　　)

ア　Hiroshi found that Japan imports pork and shrimps from many different countries.

イ　Hiroshi learned about ‘food self-sufficiency rate’ from his mother.

ウ　The right graph shows that we import about half of shrimps from Vietnam.

エ　The table shows the percentage of pork and shrimps that the four countries import.

4　次の英文は，中学生の久美（Kumi）が，最近印象に残ったできごとについて，英語の授業でスピーチをしたときのものです。1～7の問いに答えなさい。

Last Saturday, our softball team had an important game. [ア] I practiced very hard with my team members to win. However, I didn’t play well in the game, and we lost. Other members encouraged me after the game, but I could not stop crying.

After I came back home, I told my father how much I wanted to win. He said, “I know how you feel, Kumi. You’ve tried hard to win that game for such a long time.” Then he continued, “Well, I’m going to climb a mountain tomorrow. How about going together, Kumi?” “Climbing a mountain? I don’t want to go, because I’m ①<u>exhausted</u> now,” I answered. He said, “If you walk in a mountain, you may feel better. Why don’t you come?” I thought for a minute. I felt it would be nice for a change, and decided to go with him. [イ]

The next morning, it was cloudy, but soon after we began to climb, it started to rain. I said to myself, “Yesterday I lost the game, and today it’s raining. Nothing is good to me.” When we got to the top, I was disappointed that I could not see anything from there. But my father looked happy in the rain. When we were eating lunch there, I asked him why. He said, “We cannot stop the rain by complaining, Kumi. I just enjoy climbing whether it is rainy or sunny. When it rains, you can enjoy the rain.” “Enjoy the rain? How can you enjoy when it rains?” I asked. He answered, “See the trees when they’re wet with rain. They’re very beautiful.” I said, “But I want to enjoy walking in the sun. Climbing on a rainy day is like losing games. It’s no fun.” [ウ] Then he said, “I know what you mean, Kumi. But there is no winner or loser in climbing. I feel happy in the mountains even on rainy days because I really like mountains.” When I heard his words, I remembered the time when I started to play softball at the age of ten. At that time, (②). But now I play softball just to win. My father smiled and said, “Well, when you have a hard time, you have three things to do. First, you can do your best and run for success. You may think this is always the best choice. But you sometimes need to stop and think about what you have done. This is the second thing you can do.” “Stop and think about what I have done,” I repeated. He said, “I think this is also important because it’s impossible to have success all the time. And there is one more thing you can do.” “What’s that?” I asked. He said, “Accept the situation and walk step by step. If you continue to walk, you may find something wonderful along the way.” While I was listening to him, I remembered the faces of my team members. [エ]

In the afternoon, it stopped raining. When we started to go down the mountain, my father said, “Look over there!” A rainbow was in the clear sky. My father and I looked at each other. He said, “See? That is ‘something wonderful along the way’.” I said, “You’re right. I can see it only after the rain. No rain, no rainbow!”

(注)　encourage：励ます　for a change：気分転換に　complain：不平を言う
whether ～：～であろうとも　loser：敗者　the time when ～：～したときのこと
success：成功　situation：状況　step by step：一歩一歩　rainbow：虹

1　久美が登山した日の天気はどのように変化したかを，ア～エから１つ選び，符号で書きなさい。
(　　　)

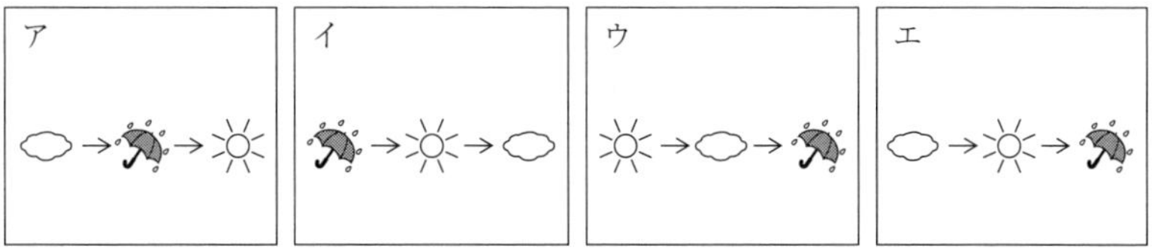

2　次の英文が入る最も適切な箇所を，本文中の ア ～ エ から１つ選び，符号で書きなさい。(　　　)

Though I lost the game, I had a lot of experiences with them.

3　本文中の下線部①と，ほぼ同じ意味を表すものを，ア～エから１つ選び，符号で書きなさい。
(　　　)

ア　excited　　イ　interested　　ウ　pleased　　エ　tired

4　本文中の（ ② ）に入る最も適切なものを，ア～エから１つ選び，符号で書きなさい。
(　　　)

ア　I didn’t enjoy playing it　　イ　I didn’t play it well

ウ　I just enjoyed playing it with my friends　　エ　I tried to win the game with my friends

5　次の質問に対する答えを，本文の内容に即して，英語で書きなさい。ただし，解答欄の____の部分には１語ずつ書くこと。

(1)　Did Kumi win the softball game on Saturday?

______, she ______.

(2)　What did Kumi remember while she was talking with her father on the top of the mountain?

She remembered the time when she ______ to play softball and the ______ of her team members.

6　本文の内容に合っているものを，ア～オから１つ選び，符号で書きなさい。(　　　)

ア　Kumi was happy when her father asked her to go to the mountain with him.

イ　Kumi’s father said he liked to climb mountains even in the rain.

ウ　Kumi and her father ate lunch after they went down the mountain.

エ　Kumi’s father thought that it is important to win the game all the time.

オ　Kumi was not happy though she saw a rainbow from the mountain.

7　次の英文は，登山を終えた久美が父に書いた手紙の一部を，英語にしたものです。(③)，(④) に入る最も適切な英語を，1 語ずつ書きなさい。ただし，(　　) 内に示されている文字で書き始め，その文字も含めて答えること。③(　　　)　④(　　　)

> Thank you for taking me to the mountain on (③ S　　). Though I could not see anything from the top, I really enjoyed climbing with you. I felt that climbing a mountain is like playing softball. While we were climbing, you taught me three important things to do when we had a hard time: run, stop, and (④ w　　) step by step. Now I think they are all important. When I play the game next time, I can enjoy playing softball with my team members. Please come to watch me!

5　次の 1，2 の会話について，それぞれの [　　] 内の語を正しく並べかえて，英文を完成させなさい。ただし，解答欄の____の部分には 1 語ずつ書くこと。

1 I'm _____ _____ _____ _____ _____ soccer over there.

2 I have to clean my room, so I will _____ _____ _____ _____ _____ my house.

1　(放課後の教室で)

Yuki:　Mary, what are you doing here?

Mary:　I'm [at / boy / looking / playing / the] soccer over there. He is so cool.

Yuki:　Oh, that's Kenta. He plays soccer very well.

2　(昼休みの教室で)

Takashi:　Hi, Mike. I'm going to study for the test with my friend on Saturday. Would you like to join us?

Mike:　I'd love to. When will you start?

Takashi:　About ten o'clock.

Mike:　I have to clean my room, so I will [call / I / leave / when / you] my house.

6 あなたは，カナダから来たALT（外国語指導助手）のグリーン先生（Mr. Green）にインタビューをすることになり，質問内容についてメモを作成しました。メモをもとに実際にインタビューをしたときの会話文を完成させなさい。会話文の［①］，［②］には，それぞれメモに即して，適切な英語を書きなさい。また，［③］には，【グリーン先生に訪れてもらいたい観光地と，その観光地でできること】について，あなたの考えを英語で書きなさい。

① Then, ( )?

② And ( )?

③ When you have some free time, I ( ).

〈メモ〉

・グリーン先生の出身地　・日本に来た理由　・日本での滞在予定期間

【グリーン先生に訪れてもらいたい観光地と，その観光地でできること】

・［あなたの考え］

〈実際にインタビューをしたときの会話文〉

You: Nice to meet you, Mr. Green. I would like to ask some questions about you.

Mr. Green: Nice to meet you, too. Please ask me anything.

You: First, where are you from?

Mr. Green: I'm from Canada.

You: Oh, you are from Canada. Then, ［①］?

Mr. Green: Well, because I'm interested in Japanese culture.

You: I'm glad to hear that. And ［②］?

Mr. Green: For three years.

You: I'm looking forward to spending time with you. When you have some free time, I ［③］. I hope you'll enjoy Japan.

〈放送原稿〉

2021年度岐阜県公立高等学校入学試験英語の放送問題を始めます。

1 これから短い英文を読みます。英文は(1)から(5)まで5つあります。それぞれの英文を読む前に，日本語で内容に関する質問をします。その質問に対する答えとして最も適切なものを，アからエから1つずつ選び，符号で書きなさい。なお，英文は2回ずつ読みます。

(1) これから読む英文は，ある絵について説明しているときのものです。何について説明しているのでしょう。

Many people like to go there. We can find many kinds of fish in it. We can also enjoy swimming there. We don't have this in Gifu.

(くり返す)

(2) これから読む英文は，賢治（Kenji）と友達のエミリー（Emily）が買い物をしているときの会話です。2人は何を見ながら話をしているのでしょう。

Kenji: Emily, I like this one.

Emily: This is so cool, Kenji. It's so big that you can even put a basketball in it.

Kenji: I always have many things to carry, so I like the size. I also like the design because it has a big star on it.

Emily: I agree. You should buy it.

(くり返す)

(3) これから読む英文は，里奈（Rina）とトム（Tom）との会話です。その会話の最後で，トムがひとこと付け加えるとすると，どの表現が最も適切でしょう。なお，トムがひとこと付け加えるところで，チャイムが鳴ります。

Rina: I want to give a birthday present to my mother. Do you have any ideas, Tom?

Tom: Well, last year I gave my mother some flowers. She loved them.

Rina: That's nice. Then, I will send pink flowers because it's her favorite color.

Tom: That's a good idea. And (チャイムの音)

(くり返す)

(4) これから読む英文は，道夫（Michio）と留学生のアン（Anne）との会話です。2人が見に行こうとしている映画はどれでしょう。

Michio: Anne, how about going to see ‘A Beautiful Season’?

Anne: Oh, I've already watched it, Michio. Do you know ‘Great Family’? I've heard it is fun.

Michio: That sounds good. Well, are you free tomorrow morning?

Anne: I'm sorry, I have to go to a piano lesson in the morning. Let's see it in the afternoon.

Michio: No problem. We can watch it in Japanese or English. Which do you like?

Anne: I don't understand Japanese well, but I want to try.

Michio: OK.

(くり返す)

(5) これから読む英文は，留学生のボブ(Bob)が調べ学習の計画について発表をしているときのものです。ボブの発表の内容に合っているものはどれでしょう。

First, I'm going to borrow some books from the city library to learn about the history of this city. Then, I'd like to visit Ms. Tanaka. She worked at the city museum before and knows a lot about this city. I want to ask her some questions about the city. After I meet Ms. Tanaka, I'm going to visit the city museum to see many things about the history. I think that they will give me more information. Finally, I'm going to write a report and show it to my teacher.

(くり返す)

2 これから読む英文は，中学生の信二(Shinji)とベーカー先生(Ms. Baker)が話をしているときのものです。この英文を聞いて，(1)，(2)の問いに答えなさい。なお，英文は2回読みます。英文を聞く前に，まず，(1)，(2)の問いを読みなさい。

では，始めます。

Shinji: Good morning, Ms. Baker.

Ms. Baker: Good morning, Shinji. How was your weekend?

Shinji: I had a great time. I worked as a member of 'Nature Club'.

Ms. Baker: 'Nature Club'? What is it?

Shinji: It's like a volunteer group.

Ms. Baker: I see. Can you tell me more about 'Nature Club'?

Shinji: Of course. The members meet every month. We talk about how we can protect nature and work together for that. For example, we grow plants and clean our city. Last time we cleaned a river. I felt sad to see a lot of plastic bags or paper in the river, but after cleaning I felt happy.

Ms. Baker: That's nice! When did you join 'Nature Club' for the first time?

Shinji: About three years ago. My brother told me about it.

Ms. Baker: I see. Why did you decide to work as a volunteer?

Shinji: I became interested in volunteer activities when I saw a TV program. It was about climbing Mt. Fuji for cleaning. Now I enjoy 'Nature Club' very much.

Ms. Baker: You're great!

Shinji: I want to continue these activities and improve our future.

Ms. Baker: I hope you will enjoy your work and make our future better!

Shinji: Thank you, I will.

(くり返す)

これで放送問題を終わります。

社会

時間　50分　　　　満点　100点

1　あつしさんは，興味をもった貨幣を時代区分ごとに取り上げ，社会や文化の移り変わりについてまとめを書いた。1～10の問いに答えなさい。

［あつしさんのまとめ］

古代　律令国家が発行した和同開珎

和同開珎は，①中国の唐にならって，律令国家が発行した貨幣である。都として造られた②平城京には市が設けられ，地方の特産物などが売買された。

奈良時代には，唐の制度や文化を取り入れようと，日本はたびたび中国に③遣唐使を送ったため，仏教と唐の文化の影響を強く受けた国際的な文化が栄えた。

中世　明から輸入された明銭（永楽通宝）

明銭は，南北朝を統一した足利義満が始めた日明貿易（勘合貿易）で大量に輸入された貨幣である。明銭は，定期市での取り引きに使用されることが多くなり，④日本の商業の発展に影響を与えた。

［ I ］の後に各地に登場した戦国大名は，鉱山の開発を進め，やがて金貨や銀貨を造るようになった。

近世　江戸時代に流通した寛永通宝

寛永通宝は，江戸幕府が各地に設けた銭座で大量に造らせた貨幣である。江戸，⑤大阪，京都などの都市では，問屋や仲買などの大商人が，株仲間を作り，幕府の許可を得て営業を独占した。

19世紀中頃に開国し，⑥外国との自由な貿易が始まると，日本の経済や産業は大きな影響を受けた。

近代　明治政府が発行した20円金貨

20円金貨は，1871年に，政府が発行した貨幣である。政府は，⑦近代化を目指す政策を進め，その土台となる欧米の文化を取り入れた。

⑧日露戦争後，日本は関税自主権を回復し，第一次世界大戦にも連合国側で参戦するなど，列強としての⑨国際的な地位を固めていった。

1　下線①について，日本は，663年に略地図のAの復興を助けるために，唐と略地図のBの連合軍と白村江で戦った。略地図のBの国の名を，ア～エから一つ選び，符号で書きなさい。(　　　)

ア　伽耶（任那）　　イ　高麗　　ウ　百済　　エ　新羅

［略地図］
7世紀半ばの東アジア

2　下線②に都が置かれていた期間の出来事として最も適切なものを，ア～エから一つ選び，符号で書きなさい。(　　　)

ア　聖徳太子が，仏教や儒学の考え方を取り入れた十七条の憲法で，役人の心構えを示した。

イ　聖武天皇と光明皇后が，仏教の力に頼って国家を守ろうと，都に大仏を造らせた。

ウ　中大兄皇子が，中臣鎌足などとともに蘇我蝦夷・入鹿の親子を倒した。

エ　藤原道長が，四人の娘を天皇のきさきにすることで権力を握った。

3　下線③とともに9世紀初めに唐に渡り，真言宗を日本に伝え，高野山に金剛峯寺を建てた人物の名を書きなさい。(　　　)

4　下線④について，次の［ a ］，［ b ］に当てはまる言葉の正しい組み合わせを，ア～エから一つ選び，符号で書きなさい。(　　　)

土倉や酒屋，商人や手工業者などは，同業者ごとに［ a ］と呼ばれる団体を作り，武士や貴族，寺社に税を納めて保護を受け，営業を独占する権利を与えられた。また，商業の発展に伴い都市が発達し，九州の[b]は，日明貿易や日朝貿易で栄え，自治が行われた。

ア　a＝座　　b＝堺　　イ　a＝惣　　b＝堺　　ウ　a＝座　　b＝博多

エ　a＝惣　　b＝博多

5　[I]は，将軍のあとつぎ問題をめぐる細川氏と山名氏の対立から，京都を中心に11年にわたって続いた戦乱である。[I]に当てはまる戦乱の名を書きなさい。(　　　)

6　下線⑤について，次の[c]に当てはまる文化の名を書きなさい。(　　　　文化)

大阪や京都を中心とする上方では，都市の繁栄を背景に，経済力をもった町人をにない手とする文化が栄えた。井原西鶴は，武士や町人の生活を基に浮世草子を書き，近松門左衛門は，心中など現実に起こった事件を基に人形浄瑠璃の台本を書き，庶民の共感を呼んだ。この文化を，この時期の年号から[c]という。

7　下線⑥について，開国後，グラフのように，日本の貿易額に占めるアメリカの割合は低くなった。その原因となった略年表1の[d]に当てはまる出来事を，ア～エから一つ選び，符号で書きなさい。(　　　)

[グラフ]

貿易相手国と貿易額の割合

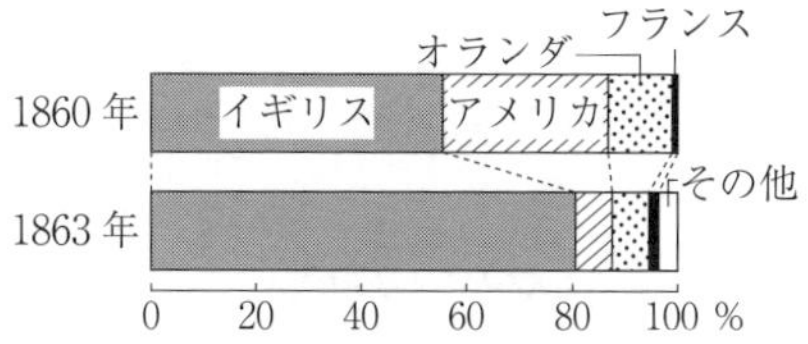

(「近代日本経済史要覧」より作成)

[略年表1]

年	出来事
1854	日米和親条約を結ぶ
1858	日米修好通商条約を結ぶ
1861	[d]が始まる

ア　アメリカ南北戦争　　イ　アメリカの独立戦争　　ウ　アヘン戦争　　エ　ベトナム戦争

8　下線⑦について，次の文を読んで，(1)，(2)に答えなさい。

政府は，1872年に[e]を公布し，小学校から大学校までの学校制度を定めた。特に小学校での教育が重視され，満6歳になった男女を全て通わせることが義務になった。

また，政府は，国家の財政を安定させるために，1873年から地租改正を実施した。これまで収穫高を基準にして税をかけ，主に農民が米で税を納めていたが，この改革により，資料1のような地券を発行し，[f]こととした。

[資料1]

(1)　[e]に当てはまる言葉を，漢字で書きなさい。

(　　　)

(2)　地租改正によって税のかけ方と税の納め方はどのように変わったか。[f]に当てはまることがらを，「基準にして」，「土地の所有者」という二つの言葉を用いて，簡潔に書きなさい。

(　　　　　　　　　　　　　　　　　　　　　　　　　　　　　　)

9　下線⑧について，(1)，(2)に答えなさい。

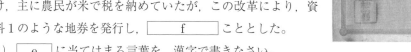

(1)　略年表2のXの期間に起きた次のア～ウの出来事を，年代の古い順に並べ，符号で書きなさい。(古い出来事　→　→　新しい出来事)

ア　日本が列強の一員として義和団を鎮圧する

イ　日英同盟を結ぶ

ウ　日本が遼東半島を清に返還する

(2)　略年表2の Y に当てはまる出来事を，ア～エから一つ選び，符号で書きなさい。(　　　)

ア　柳条湖事件　　イ　米騒動　　ウ　五・一五事件

エ　日比谷焼き打ち事件

[略年表2]

19世紀	日清戦争が始まる 下関条約を結ぶ ↕ X
20世紀	日露戦争が始まる ポーツマス条約を結ぶ Y が起こる 日本が韓国を併合する

10　下線⑨について，(1)，(2)に答えなさい。

(1)　資料2は，日本，アメリカ，イギリス，ドイツの国際連盟への加盟状況を示している。日本に当たるものを，ア～エから一つ選び，符号で書きなさい。(　　　)

(2)　国際連盟に代わり，第二次世界大戦後に国際連合が設立された。日本はある国との外交が進展したことによって国際連合への加盟が実現したが，その出来事を，ア～エから一つ選び，符号で書きなさい。(　　　)

ア　ドイツと同盟を結ぶ。　　　イ　中国との国交が正常化する。

ウ　ソ連との国交が回復する。　エ　韓国との国交が正常化する。

[資料2]

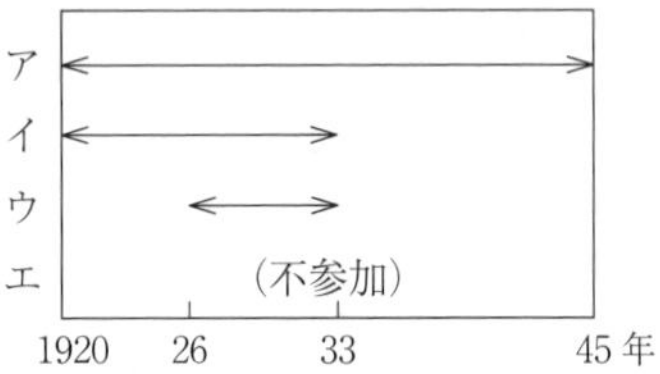

注：←→は，国際連盟に加盟していた期間を示す。

2　けんさんのクラスでは，ある週の給食の献立に使用された主な食材に関連することを調べるために，表1のように班ごとにまとめた。1～10の問いに答えなさい。

［表1］

班	献立	主な食材	調べたいこと
A	米飯	米	①東アジアや東南アジアでは稲作が盛んで，米を主食にする地域が多い。東南アジアでは，地域の安定と発展のために②東南アジア諸国連合が結成され，日本も様々な分野で協力を進めている。アジアの国々と日本との経済協力について調べたい。
B	揚げだし豆腐	大豆	③給食の大豆は地元産を用いているが，日本は大豆の多くをアメリカやブラジルから輸入している。これらの国々では，④どのように農業が行われているのか，日本と比較して調べたい。
C	ビーフシチュー	牛肉	日本は牛肉の多くを，アメリカや⑤オーストラリアから輸入し，消費している。一方で，経済の発展が進むBRICSの一つである[X]では，人口の80％以上が牛を神聖なものと考えるヒンドゥー教を信仰し，多くの人が牛肉を食べない。このような，宗教と食との関係について調べたい。
D	ポテトサラダ	じゃがいも	じゃがいもは⑥アンデス山脈原産であり，ペルーでは100種類をこえるじゃがいもが栽培されている。標高の差を利用した人々の営みについて調べたい。
E	フルーツゼリー	桃	⑦果実は水はけの良い土地で栽培されることが多く，⑧高速道路などの交通網が整備されたことによって，大都市に短時間で出荷できるようになった。⑨交通の発達が産業や生活にもたらす影響について調べたい。

1　下線①について，次の[a]に当てはまる風の名を書きなさい。(　　　　)

アジアの東部から南部にかけての海沿いの地域では，半年ごとに風向きが変化する[a]が海から吹くことで降水量が多くなり，雨季となる。

2　下線②の略号を，大文字のアルファベット5字で書きなさい。(　　　　)

3　下線③について，地域の農業の活性化や地域への愛着を深めることを期待し，地元で作られた農林水産物を地元で消費することを何というか，漢字4字で書きなさい。(　　　　)

4　下線④について，B班はメモを書いた。[b]に当てはまることがらを，表2と資料を参考にして，「農地」，「大型機械」という二つの言葉を用いて，簡潔に書きなさい。

(　　　　　　　　　　　　　　　　　　　　　　　　　　　　　　　　　　　　)

［表2］　日本とアメリカの農業経営の比較

	日本	アメリカ
農民一人あたりの農地の面積(2012年)	3.7ha	169.6ha
農民一人あたりの機械の保有台数(2007年)	1.64台	1.77台

(「FAOSTAT」より作成)

［資料］　アメリカの大規模なかんがい農業

たくさんのスプリンクラーがついた，長さ400 mのかんがい装置が散水しながら動く。

［B 班のメモ］
日本とアメリカの農業経営を比べると，アメリカの農業の特色は，少ない労働力で［　b　］という，企業的な農業が主流となっていることである。

5　下線⑤について，グラフ 1 のⅠ，Ⅱ，グラフ 2 のⅢ，Ⅳは，それぞれ 1960 年，2016 年のいずれかである。2016 年の正しい組み合わせを，ア～エから一つ選び，符号で書きなさい。（　　　）

［グラフ 1］　オーストラリアの貿易相手国の割合

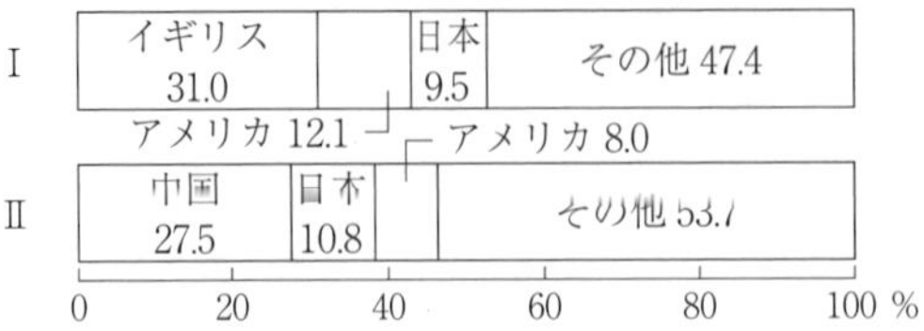

［グラフ 2］　オーストラリアの輸出品の割合

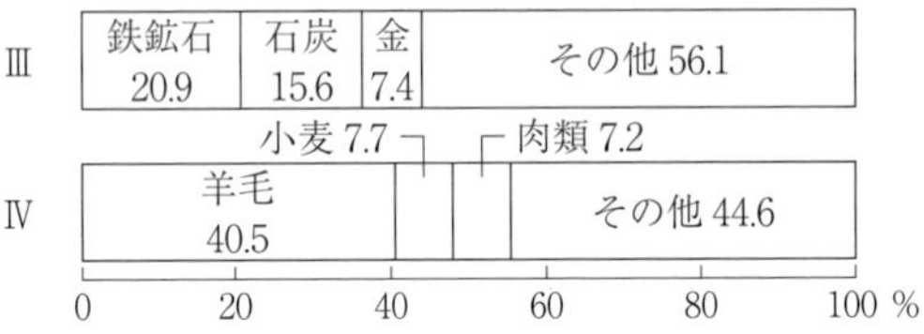

（「国連資料」などより作成）

ア　グラフ 1 ＝Ⅰ　　グラフ 2 ＝Ⅲ　　イ　グラフ 1 ＝Ⅰ　　グラフ 2 ＝Ⅳ
ウ　グラフ 1 ＝Ⅱ　　グラフ 2 ＝Ⅲ　　エ　グラフ 1 ＝Ⅱ　　グラフ 2 ＝Ⅳ

6　［　X　］に当てはまる国の名を書きなさい。（　　　）

7　下線⑥の位置を，略地図 1 のア～エから一つ選び，符号で書きなさい。（　　　）

［略地図 1］

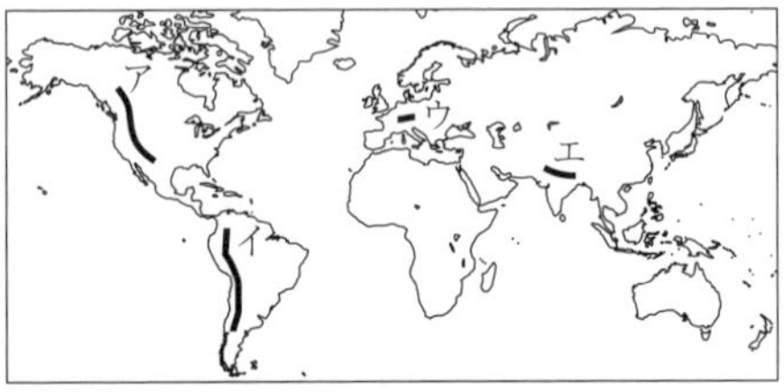

8　下線⑦について，(1)，(2)に答えなさい。

(1)　地形図内に見られる，緩やかな傾斜をもつ地形の名を書きなさい。（　　　）

(2)　写真を撮影した方向を示す矢印として最も適切なものを，地形図のア～エから一つ選び，符号で書きなさい。（　　　）

［地形図］　山梨県甲州市・笛吹市

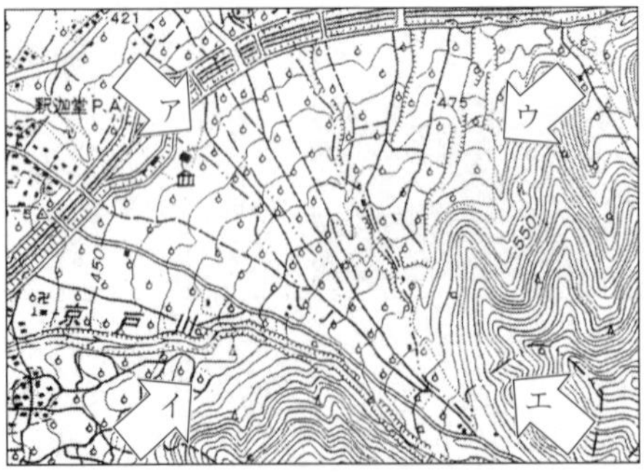

（国土地理院発行の 2 万 5 千分の 1 地形図「石和」より作成）
（編集部注：原図を縮小しています。）

［写真］　地形図の一部を撮影した写真

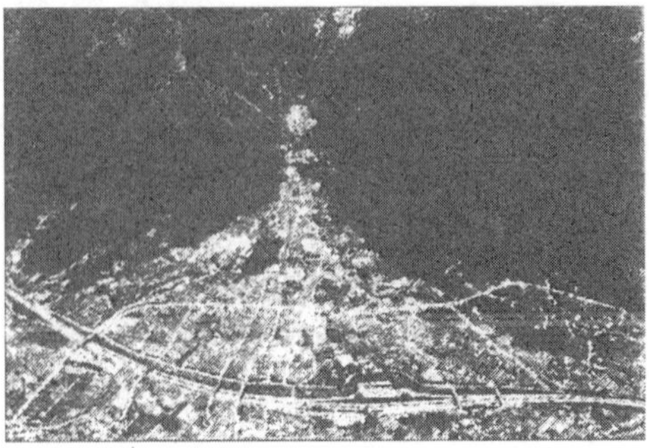

9　下線⑧について，⑴，⑵に答えなさい。

⑴　日本の東北地方では，近年，略地図2の●で示したように，高速道路沿線の地域に工場が造られた。これらの工場で生産される製品を，ア～エから一つ選び，符号で書きなさい。

（　　　）

ア　鉄鋼　　イ　船舶　　ウ　石油化学製品　　エ　半導体

［略地図2］ 東北地方の高速道路と工場の分布（2019年）

注：●は主な工場の所在地を，
—— は高速道路を示す。
（「日本国勢図会 2020／21」などより作成）

⑵　次の［ c ］，［ d ］に当てはまる言葉の正しい組み合わせを，ア～エから一つ選び，符号で書きなさい。（　　　）

交通網が整備された結果，大都市に人が引き寄せられる現象を［ c ］という。交通の発達は，都市と農村の時間距離を［ d ］が，その一方で，地方や農村の消費が落ち込み，経済を衰退させることもある。

ア　c＝ドーナツ化現象　　d＝縮める
イ　c＝ストロー現象　　d＝縮める
ウ　c＝ドーナツ化現象　　d＝伸ばす
エ　c＝ストロー現象　　d＝伸ばす

10　下線⑨について，E班は航空交通の発達により，果実が海外に輸出されていることを調べ，メモを書いた。図を参考にして，［ e ］に当てはまる数字を書きなさい。（　　　）

［E班のメモ］
日本からアメリカのニューヨークへ果実を輸送するときに，直行便を利用するとどのくらい時間がかかるのかを計算した。日本とニューヨークの時差は14時間である。図に示したように航空機で輸送する場合，計算上，輸送にかかる時間は［ e ］時間となる。

［図］
東京の空港を離陸した時刻
1月13日午前11時
→ 航空機で［ e ］時間の輸送 →
ニューヨークの空港に着陸した時刻
1月13日午前10時

3　あすかさんのクラスでは，公民の授業で「誰もが幸せに暮らせる社会をつくろう」というテーマを設け，班ごとに探究活動を行った。1～11の問いに答えなさい。

《課題の把握》

日本は少子高齢化が進み，地域の人口減少や①家族の形の多様化がおきている。そこで，誰もが幸せに暮らせるように，人と人とのつながりや資源の有効活用を考え，持続可能な社会を形成していく必要がある。

《解決の方法を考える》

A班　企業を誘致する

資料1から，今後若者の数が減少していくと考えられる。若者にとって魅力のある②企業を誘致して，定住しやすくすることで，③地域住民を増やせないか。企業を誘致することは，④市の財源を増やすことや，地域の雇用を増やすことにつながり，市の経済が活性化すると考える。

B班　人と人とのつながりをつくる

資料2から，日本に住む外国人の数は，2008年の［ I ］や2011年の東日本大震災の影響で一時減少したが，2006年と2016年を比べると，およそ［ II ］%増加した。地域に多様な人々が増える中で，外国人や他の地域の人との交流機会，⑤高齢者と⑥子どもとの交流機会など，人と人とのつながりをつくる機会を増やせば，まちが活性化すると考える。

C班　資源を有効活用する

資料3は，2015年に⑦国際連合が定めた持続可能な開発目標の一つで，計画的な消費などに関する目標である。この目標を達成するために，スーパーマーケットなどで廃棄する食材やお弁当などを，食品ロス削減のアプリケーションを活用して安い⑧価格で必要な人に提供できないか。生ゴミを減らす取り組みが，持続可能な社会の形成につながると考える。

［資料1］
日本の人口と人口構成の変化

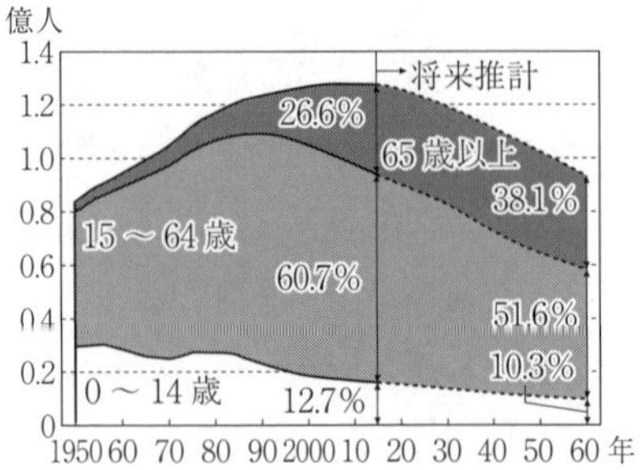

（「日本統計年鑑」平成29年などより作成）

［資料2］　在留外国人数の変化

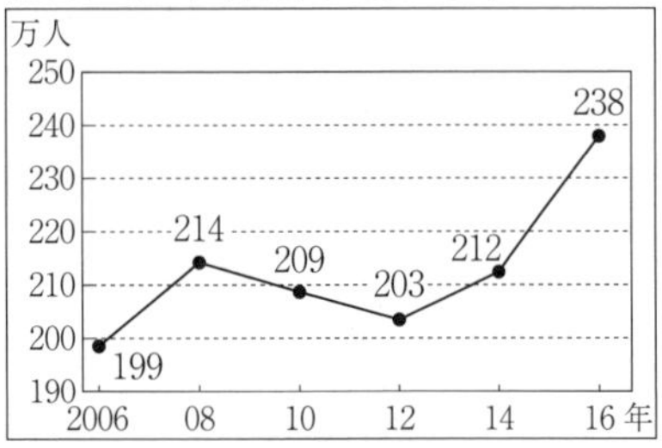

（「在留外国人統計」より作成）

［資料3］

《提案の発信とまとめ》

各班で作成した提案を学校のウェブページに掲載するとともに，市役所に届けたい。私たちは⑨主権者として，⑩地方公共団体や国の政治，経済や社会全体のことをより広く学び，積極的に社会参画していきたい。

1　下線①について，親と子ども，あるいは夫婦だけの世帯を何というか，書きなさい。

（　　　　世帯）

2　下線②について，次の［a］～［c］に当てはまる言葉の正しい組み合わせを，ア～エから一つ選び，符号で書きなさい。(　　　)

企業のうち，利潤を目的とする株式会社は［a］に分類される。企業が，株式や債券を発行することで出資者から資金を借りることを［b］金融といい，銀行などを通じて資金を集めることを［c］金融という。

ア　a＝公企業　　b＝直接　　c＝間接
イ　a＝公企業　　b＝間接　　c＝直接
ウ　a＝私企業　　b＝直接　　c＝間接
エ　a＝私企業　　b＝間接　　c＝直接

3　下線③について，次の［d］に当てはまる言葉を，大文字のアルファベット３字で書きなさい。
(　　　)

地域住民が，自発的に，地域のために活動するボランティアが広がりを見せている。利益目的ではなく公共の利益のために自発的に活動する団体は［d］（非営利組織）と呼ばれる。

4　下線④について，地方税などでまかなえない分を補う依存財源のうち，義務教育や道路整備など特定の費用の一部について国が負担する財源を，ア～ウから一つ選び，符号で書きなさい。
(　　　)

ア　地方交付税交付金　　イ　国庫支出金　　ウ　地方債

5　［Ⅰ］，［Ⅱ］に当てはまる言葉の正しい組み合わせを，ア～エから一つ選び，符号で書きなさい。(　　　)

ア　Ⅰ＝世界金融危機　　Ⅱ＝20　　イ　Ⅰ＝バブル経済崩壊　　Ⅱ＝20
ウ　Ⅰ＝世界金融危機　　Ⅱ＝50　　エ　Ⅰ＝バブル経済崩壊　　Ⅱ＝50

6　下線⑤について，老齢年金の給付などが行われることは，日本の社会保障制度の四つの柱のうち，どの種類に当たるか，ア～エから一つ選び，符号で書きなさい。(　　　)

ア　公衆衛生　　イ　公的扶助　　ウ　社会福祉　　エ　社会保険

7　下線⑥について，次の［e］に当てはまる基本的人権を，ア～エから一つ選び，符号で書きなさい。(　　　)

教育を受ける権利は，基本的人権のうち，生存権や勤労の権利とともに，人間らしい豊かな生活を保障する［e］に含まれる。

ア　自由権　　イ　社会権　　ウ　平等権　　エ　参政権

8　下線⑦の安全保障理事会では，常任理事国のうち１か国でも反対すると重要な問題について決議できないことになっている。常任理事国がもつこの権利を何というか，書きなさい。(　　　)

9　下線⑧について，(1)，(2)に答えなさい。

(1)　次の［f］，［g］に当てはまる言葉の正しい組み合わせを，ア～エから一つ選び，符号で書きなさい。(　　　)

一般に，商品の価格は，需要量と供給量との関係で変化する。例えば，キャベツの需要量・供給量・価格が，グラフ１の関係にあるとする。大雪や冷害が起こると，キャベツの供給量が［f］するため，一般に，グラフ１の均衡価格は，グラフ２の［g］に移動する。

［グラフ 1］

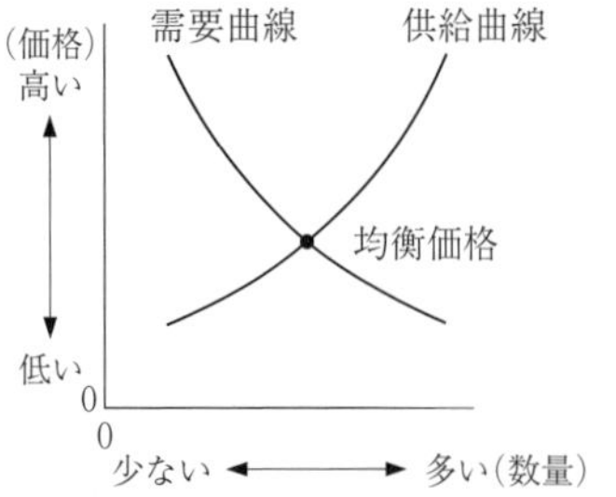

［グラフ 2］

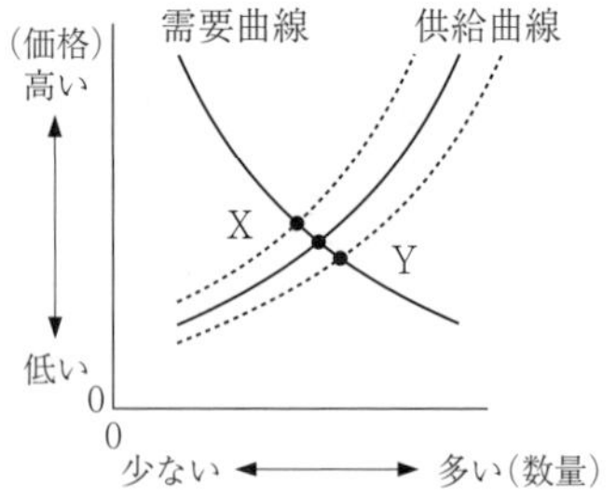

ア　f ＝減少　　g ＝ X　　イ　f ＝減少　　g ＝ Y　　ウ　f ＝増加　　g ＝ X

エ　f ＝増加　　g ＝ Y

(2)　次の［ h ］に当てはまる機関の名を書きなさい。(　　　)

市場で商品を供給する企業が少ない状態を寡占という。寡占の場合は，価格競争が弱まり，消費者が不当に高い価格を支払わされることになりかねない。そこで，競争を促すために独占禁止法が制定され，［ h ］という機関がその運用に当たっている。

10　下線⑨について，(1)，(2)に答えなさい。

(1)　図 1 は，ある年の衆議院議員の選挙の投票手順を表したものである。あとの［ i ］，［ j ］に当てはまる言葉の正しい組み合わせを，ア～エから一つ選び，符号で書きなさい。(　　　)

［図 1］　投票所での投票手順

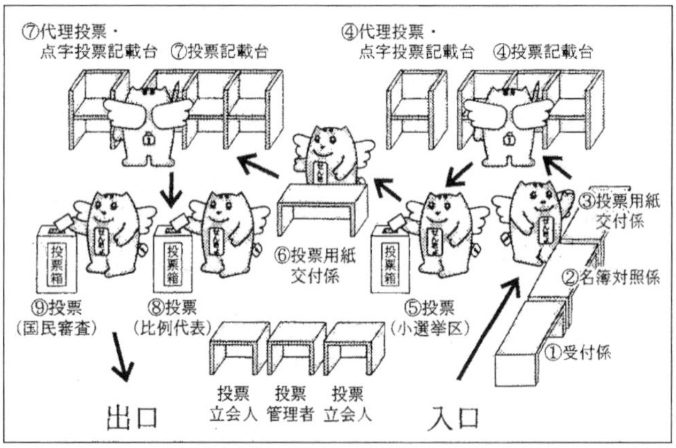

(明るい選挙推進協議会ウェブページより作成)

図 1 には投票箱が三つ設置されており，一つの選挙区で［ i ］の代表を選ぶ小選挙区制の投票，得票に応じて各政党の議席数を決める比例代表制の投票，［ j ］裁判官の国民審査の，合計 3 回投票する。

ア　i ＝一人　　j ＝地方裁判所

イ　i ＝二人以上　　j ＝最高裁判所

ウ　i ＝一人　　j ＝最高裁判所

エ　i ＝二人以上　　j ＝地方裁判所

(2)　司法制度改革の一環として 2009 年から始まった，国民が裁判官とともに刑事裁判に参加する制度を何というか，漢字で書きなさい。(　　　制度)

11　下線⑩について，地方公共団体の首長の選出方法と内閣総理大臣の選出方法にはどのような違いがあるか。図2を参考にして，「有権者」，「国会」という二つの言葉を用いて，簡潔に書きなさい。

地方公共団体の首長は有権者が直接選ぶが，内閣総理大臣は（　　　　　　　　　　　　　　　）

［図2］

理科

時間　50分　　　満点　100点

1　1～4について，それぞれの問いに答えなさい。

1　熱の伝わり方とエネルギーの移り変わりについて調べた。

(1)　次の①～③の現象をそれぞれ何というか。言葉の組み合わせとして最も適切なものを，ア～カから1つ選び，符号で書きなさい。(　　　)

①　物質が移動して全体に熱が伝わる現象

②　物質が移動せずに熱が伝わる現象

③　熱源から空間をへだてて離れたところまで熱が伝わる現象

ア　①　対流　②　伝導　③　放射　　イ　①　伝導　②　対流　③　放射

ウ　①　放射　②　伝導　③　対流　　エ　①　対流　②　放射　③　伝導

オ　①　伝導　②　放射　③　対流　　カ　①　放射　②　対流　③　伝導

(2)　アイロンは，衣類のしわをのばすために用いられるもので，その利用目的のために，電気エネルギーを熱エネルギーへと変換させている。同様に，利用目的のために，電気エネルギーを熱エネルギーへと変換させているものとして最も適切なものを，ア～オから1つ選び，符号で書きなさい。(　　　)

ア　発電機　　イ　化学かいろ　　ウ　電気ストーブ　　エ　乾電池　　オ　LED電球

2　メスシリンダーと電子てんびんを用いて物質をはかりとった。

(1)　100mLまで体積を測定することのできるメスシリンダーを用いて，液体75.0mLをはかりとった。次の□の①，②に当てはまる最も適切なものを，①はア～ウから，②はエ～キからそれぞれ1つずつ選び，符号で書きなさい。①(　　　)　②(　　　)

はかりとったときの，目盛りを読みとる目の位置は液面 ① であり，メスシリンダーの目盛りと液面の様子を表したものは ② である。

ア　より低い位置　　イ　と同じ高さ　　ウ　より高い位置

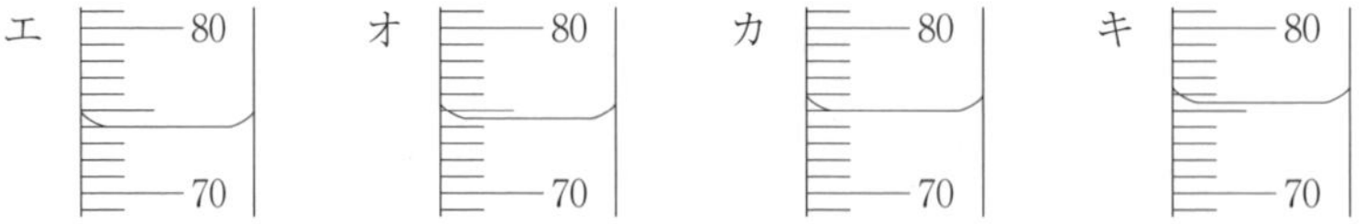

(2)　図1のように，電子てんびんと薬包紙を用いて，粉末状の物質2.50gをはかりとった。電子てんびんの操作方法①～⑤を，正しい操作の順に並べかえたものとして最も適切なものを，ア～エから1つ選び，符号で書きなさい。(　　　)

図1

①　粉末状の物質を，電子てんびんの表示が2.50になるまで，少量ずつのせる。

②　電子てんびんの表示を0.00にする。

③　電子てんびんの電源を入れる。

④　薬包紙を電子てんびんの上にのせる。

⑤　電子てんびんを水平なところに置く。

ア　③→②→⑤→④→①　　イ　③→④→⑤→①→②　　ウ　⑤→③→②→④→①

エ　⑤→③→④→②→①

3　タマネギの根の先端を用いて体細胞分裂を観察した。図2は，そのスケッチである。

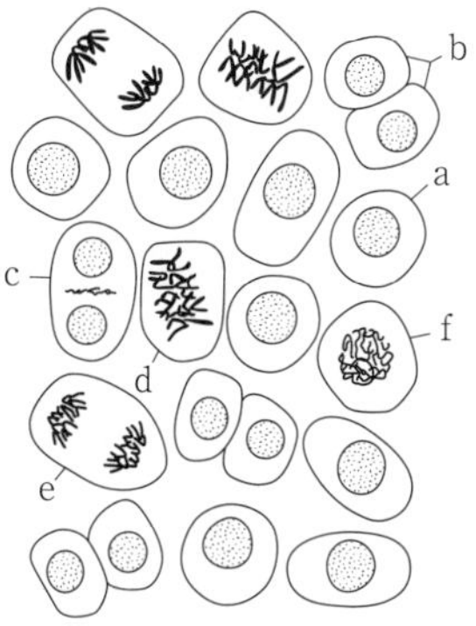

図2

(1)　図2のa～fは，体細胞分裂の過程で見られる異なった段階の細胞を示している。aをはじまりとして，b～fを体細胞分裂の順に並べ，符号で書きなさい。(　a　→　　→　　→　　→　　→　　)

(2)　タマネギの根で見られる体細胞分裂について，正しく述べている文はどれか。ア～エから1つ選び，符号で書きなさい。(　　　)

ア　体細胞分裂は，タマネギの根のどの部分を用いても観察することができる。

イ　体細胞分裂が行われて細胞の数がふえるとともに，それぞれの細胞が大きくなることで，タマネギの根は成長する。

ウ　体細胞分裂した直後の細胞の大きさは，体細胞分裂する直前の大きさと比べて約2倍の大きさである。

エ　体細胞分裂した細胞の染色体の数は，体細胞分裂する前の細胞の染色体の数と比べて半分である。

4　図3は，ある地点Oでの地震計の記録である。表は，地点A～Cについて，震源からの距離と，ゆれXが始まった時刻，ゆれYが始まった時刻をそれぞれまとめたものである。

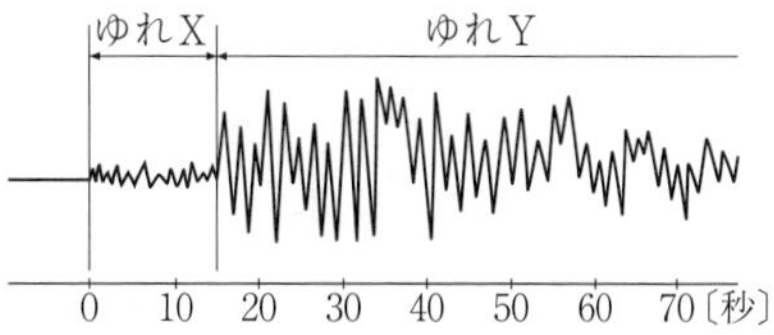

図3

表

地点	A	B	C
震源からの距離〔km〕	37	85	164
ゆれXが始まった時刻	5時47分03秒	5時47分10秒	5時47分21秒
ゆれYが始まった時刻	5時47分08秒	5時47分21秒	5時47分42秒

(1)　ゆれX，ゆれYについて，正しく述べている文はどれか。ア～エから全て選び，符号で書きなさい。(　　　)

ア　ゆれXを伝える波をS波，ゆれYを伝える波をP波という。

イ　ゆれXを伝える波は，ゆれYを伝える波よりも伝わる速さが速い。

ウ　地震が起こると，震源では，ゆれXとゆれYが同時に発生する。

エ　震源からの距離が遠くなるほど，ゆれXとゆれYが始まる時刻の差は小さくなる。

(2)　地点Oでは，ゆれXが始まってから，ゆれYが始まるまでの時間が15秒であった。震源から地点Oまでの距離として最も適切なものを，ア～エから1つ選び，符号で書きなさい。

(　　　)

ア　37km未満　　イ　37km以上85km未満　　ウ　85km以上164km未満

エ　164km以上

2　タンポポを用いて観察と実験を行った。1～6の問いに答えなさい。

〔観察〕　野外でタンポポの葉のつき方を観察した。図1は，タンポポを上から見たときのスケッチである。次に，タンポポの花を分解して観察すると，タンポポの花はたくさんの小花（小さな花）が集まってできていることが分かった。図2は，小花のスケッチである。その後，土を掘ってタンポポの根を観察すると，太い根をのばし，そこから細い根がのびていた。

図1

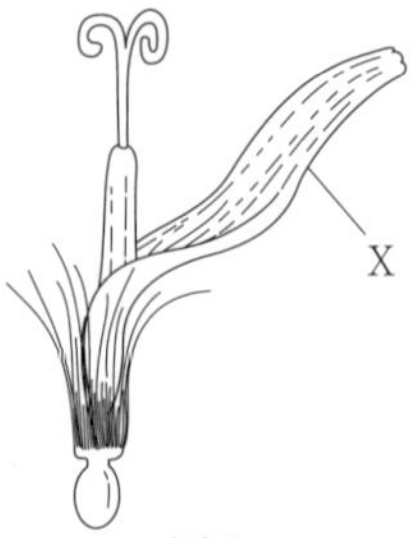

図2

〔実験〕　光が当たってタンポポの葉が光合成を行うとき，二酸化炭素が使われるかどうかを調べた。3本の試験管A～Cを用意し，試験管AとBにタンポポの葉を入れ，試験管Cには何も入れなかった。次に，試験管A～Cそれぞれにストローで息を吹き込み，すぐにゴム栓でふたをした。試験管Bにはアルミニウムはくを巻いて，中に光が当たらないようにした。図3のように，3本の試験管を光が当たる場所に30分間置いた後，それぞれの試験管に石灰水を少し入れ，再びゴム栓でふたをし，よく振ったところ，試験管Aの石灰水は変化が見られなかったが，試験管BとCの石灰水は白く濁った。

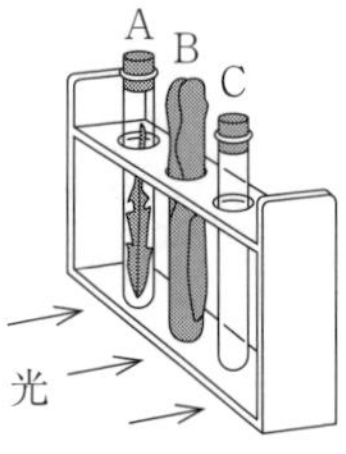

図3

1　図1で，タンポポを上から見ると，葉は重ならないようについている。これは，植物が光合成を行う上で都合がよいと考えられる。都合がよい理由を，簡潔に説明しなさい。

(　　　　　　　　　　　　　　　　　　　　　　　　　　　　　　)

2　図2のXは何か。言葉で書きなさい。(　　　　)

3　観察から，タンポポが分類されるグループとして適切なものを，ア～クから全て選び，符号で書きなさい。(　　　　)

ア　コケ植物　　イ　シダ植物　　ウ　裸子植物　　エ　被子植物　　オ　単子葉類

カ　双子葉類　　キ　離弁花類　　ク　合弁花類

4　実験で，石灰水を白く濁らせる性質がある気体は何か。化学式で書きなさい。(　　　　)

5　次の［　　　］の(1)，(2)に当てはまるものを，ア～ウから1つずつ選び，符号で書きなさい。

(1)(　　　　)　(2)(　　　　)

試験管Aの実験だけでは，「タンポポの葉に光が当たったときだけ二酸化炭素が減少する」ことを確かめることはできない。「光が当たっても，タンポポの葉がないと二酸化炭素は減少しない」ことを確かめるには，試験管［(1)］の実験を比較する必要がある。また，「タンポポの葉があっても，光が当たらないと二酸化炭素は減少しない」ことを確かめるには，試験管［(2)］の実験を比較する必要がある。

ア　AとB　　イ　BとC　　ウ　AとC

6　次の［　　］の(1)～(3)に当てはまる言葉をそれぞれ書きなさい。

(1)(　　　　) (2)(　　　　) (3)(　　　　)

光合成では，光のエネルギーを使い，二酸化炭素と水を材料として，デンプンなどの養分と酸素がつくられる。植物の根から吸収された水などは，［(1)］を通って茎や葉に運ばれている。一方，光合成によってつくられたデンプンなどは，水に溶けやすい物質に変化してから［(2)］を通って植物のからだ全体に運ばれている。タンポポの茎では，［(1)］や［(2)］などが束になった維管束が周辺部に輪の形に並んでいる。また，陸上の植物の葉では，主に葉の表皮にある［(3)］というすきまを通して気体の出入りを調節している。

3　塩酸と水酸化ナトリウム水溶液を用いて実験を行った。1～6の問いに答えなさい。

〔実験〕　2％の塩酸 5 cm^3 が入ったビーカーにBTB溶液を1～2滴加えて水溶液の色を観察した。その後，図のように，こまごめピペットとガラス棒を用いて，2％の水酸化ナトリウム水溶液 2 cm^3 を加え，よくかき混ぜてから水溶液の色を観察することを，4回続けて行った。表は，その結果をまとめたものである。

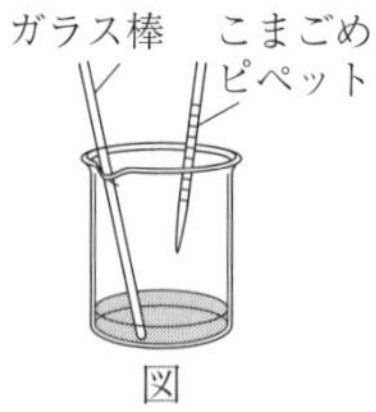

図

表

加えた水酸化ナトリウム水溶液の量〔cm^3〕	0	2	4	6	8
水溶液の色	黄色			青色	

次に，青色になった水溶液に，2％の塩酸を少しずつ加え，よくかき混ぜながら水溶液の色を観察し，緑色になったところで塩酸を加えるのをやめた。この緑色の水溶液をスライドガラスに1滴とり，水を蒸発させてからスライドガラスの様子を観察すると，塩化ナトリウムの結晶が残った。

1　実験から，塩酸は何性と分かるか。言葉で書きなさい。(　　　性)

2　2％の水酸化ナトリウム水溶液 8 cm^3 に含まれる水酸化ナトリウムの質量は何gか。ただし，2％の水酸化ナトリウム水溶液の密度を 1.0g/cm^3 とする。(　　　g)

3　BTB溶液を加えたときの様子について，正しく述べている文はどれか。ア～エから1つ選び，符号で書きなさい。(　　　)

ア　牛乳は黄色になり，炭酸水は青色になる。

イ　石けん水は青色になり，アンモニア水は赤色になる。

ウ　レモン水は黄色になり，炭酸ナトリウム水溶液は青色になる。

エ　食塩水は緑色になり，石灰水は黄色になる。

4　次の［　　］の(1)，(2)には当てはまるイオン式を，(3)には当てはまる言葉を，それぞれ書きなさい。(1)(　　　)　(2)(　　　)　(3)(　　　)

実験で，塩酸の中の［ (1) ］は，加えた水酸化ナトリウム水溶液の中の［ (2) ］と結びついて水ができ，たがいの性質を打ち消し合った。この反応を［ (3) ］という。

5　A～Dのグラフは，実験で，塩酸に加えた水酸化ナトリウム水溶液の量と，水溶液中のイオンの数の関係をそれぞれ表したものである。

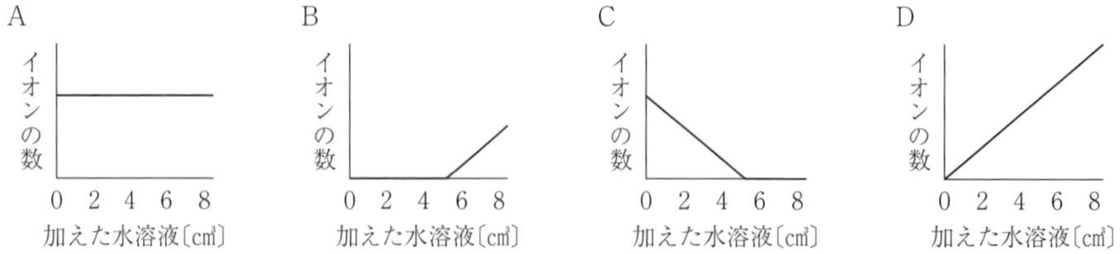

(1)　塩酸に加えた水酸化ナトリウム水溶液の量と，水酸化物イオンの数の関係を表したグラフとして最も適切なものを，A～Dから1つ選び，符号で書きなさい。(　　　)

(2)　塩酸に加えた水酸化ナトリウム水溶液の量と，塩化物イオンの数の関係を表したグラフとして最も適切なものを，A～Dから1つ選び，符号で書きなさい。(　　　)

6　実験では，スライドガラスに塩化ナトリウムの結晶が残ったが，2％の塩酸5 cm^3 に2％の水酸化ナトリウム水溶液2 cm^3 を加え，よくかき混ぜた水溶液をスライドガラスに1滴とり，水を全て蒸発させるとどうなるか。ア～エから最も適切なものを1つ選び，符号で書きなさい。

(　　　)

ア　塩化水素と塩化ナトリウムの結晶が残る。　　イ　塩化ナトリウムの結晶が残る。

ウ　水酸化ナトリウムと塩化ナトリウムの結晶が残る。　　エ　何も残らない。

4　ある年の10月1日，福岡市で気象を観測し，調査を行った。1～7の問いに答えなさい。

〔観測〕　6時から3時間おきに，前線の通過にともなう気象の変化を観測した。表は，その結果をまとめたものである。

観測時刻	6時	9時	12時	15時	18時
気圧〔hPa〕	1012	1010	1006	1003	1002
気温〔℃〕	19.7	21.3	28.1	27.3	26.7
風向	東南東	東南東	南南西	南南西	南西
風力	3	3	4	4	4
天気記号	●	●	◎	●	●

表

〔調査〕　インターネットを使って，天気図を調べた。図は，観測した日の6時の天気図である。

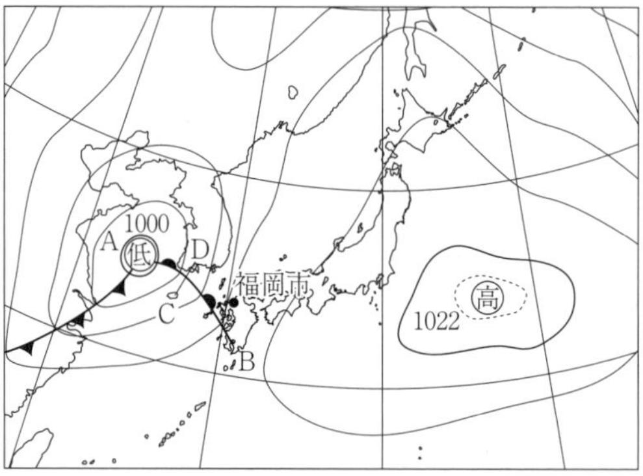

図

1　観測結果から，福岡市の12時の天気を言葉で書きなさい。(　　　)

2　図の低気圧のように，中緯度帯で発生し，前線をともなう低気圧を何というか。言葉で書きなさい。(　　　低気圧)

3　図のAからBにのびる前線を何というか。言葉で書きなさい。(　　　前線)

4　次の［　　］の(1)～(4)に当てはまる正しい組み合わせを，ア～エから1つ選び，符号で書きなさい。(　　　)

同じ質量で比べた場合，暖気は寒気に比べて体積が［(1)］，密度が［(2)］なる。そのため，暖気は寒気の［(3)］に，寒気は暖気の［(4)］に移動する。空気のかたまりが上昇する場所では雲が発生しやすいので，前線の付近では雲が多くなる。

ア　(1)　大きく　　(2)　小さく　　(3)　上　　(4)　下

イ　(1)　大きく　　(2)　小さく　　(3)　下　　(4)　上

ウ　(1)　小さく　　(2)　大きく　　(3)　上　　(4)　下

エ　(1)　小さく　　(2)　大きく　　(3)　下　　(4)　上

5　図のC―Dにおける断面の模式図はどれか。ア～エから1つ選び，符号で書きなさい。(　　　)

ア
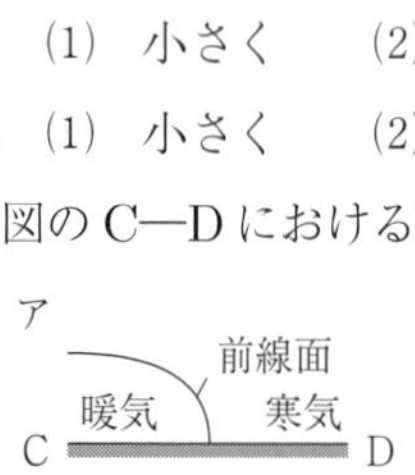

イ
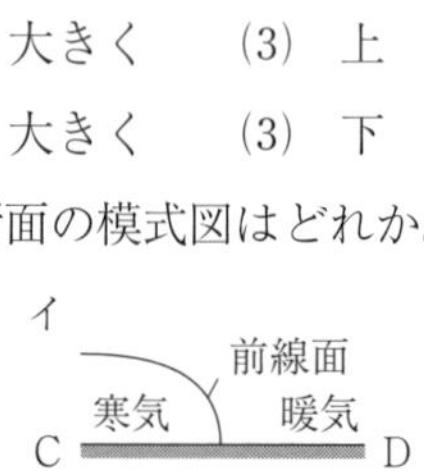

ウ
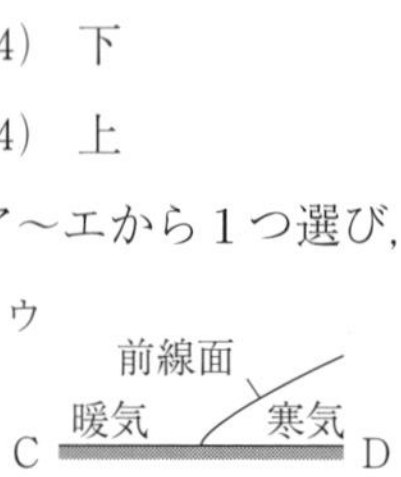

エ
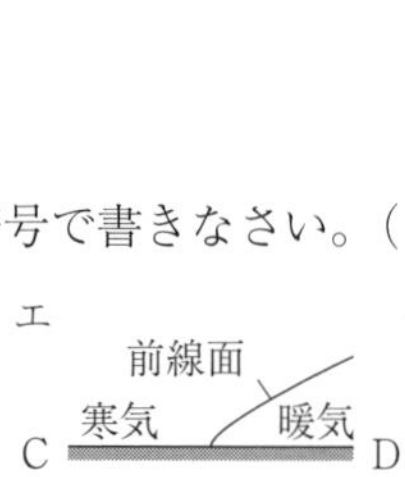

6　観測結果から，図のＡからＢにのびる前線が福岡市を通過したのは，何時から何時の間か。ア～エから最も適切なものを１つ選び，符号で書きなさい。(　　　)

ア　6時から9時の間　　イ　9時から12時の間　　ウ　12時から15時の間

エ　15時から18時の間

7　図の高気圧について，地表付近での風の吹き方を上から見たときの模式図として最も適切なものを，ア～エから１つ選び，符号で書きなさい。なお，矢印は風の吹き方を表している。(　　　)

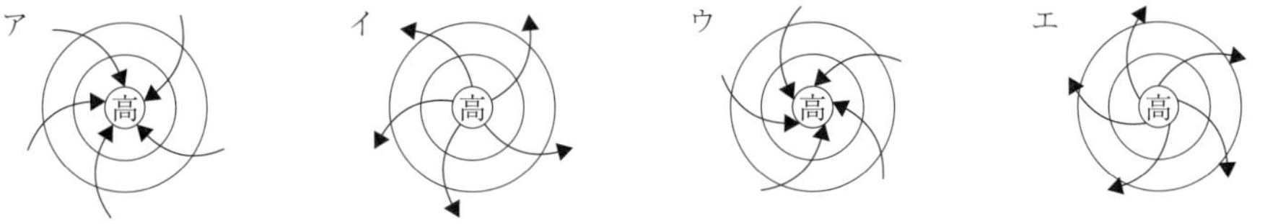

5　ばねを用いて実験を行った。1～6の問いに答えなさい。ただし，100gの物体にはたらく重力の大きさを1N，水の密度を1.0g/cm^{3}とし，糸とばねの質量や体積は考えないものとする。

〔実験〕 図1のように，何もつるさないときのばねの端の位置を，ものさしに印をつけた。次に，図2のように，底面積が16cm^{2}の直方体で重さが1.2Nの物体Ａをばねにつるし，水を入れたビーカーを持ち上げ，物体Ａが傾いたり，ばねが振動したりすることのないように，物体Ａを水中に沈めたときの，ばねののびを測定した。図2のxは，物体Ａを水中に沈めたときの，水面から物体Ａの底面までの深さを示しており，表は，実験の結果をまとめたものである。

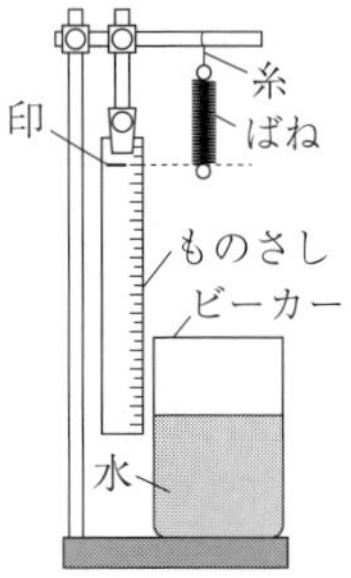

図1

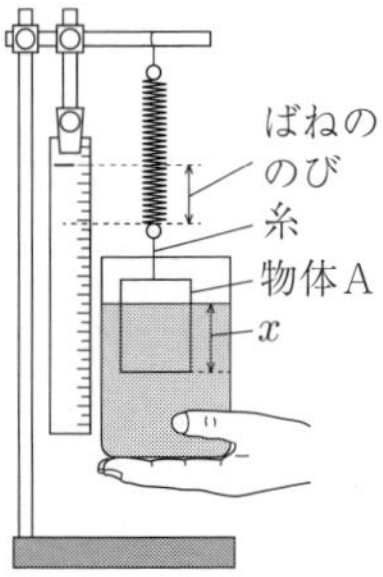

図2

表	深さx〔cm〕	0	1.0	2.0	3.0	4.0	5.0	6.0	7.0
	ばねののび〔cm〕	6.0	5.2	4.4	3.6	2.8	2.0	2.0	2.0

1　表をもとに，深さxとばねののびの関係をグラフにかきなさい。なお，グラフの縦軸には適切な数値を書きなさい。

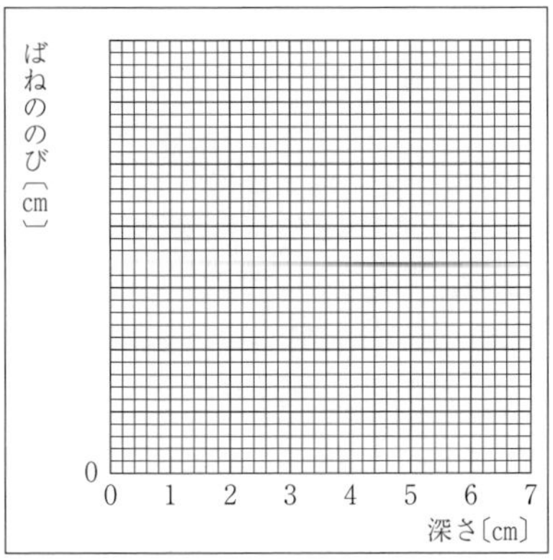

2　物体Ａの密度は何g/cm^{3}か。(　　　g/cm^3)

3　実験で，物体Aを水中に全て沈めたとき，物体Aにはたらく水圧の向きと大きさを模式的に表したものとして最も適切なものを，ア～オから1つ選び，符号で書きなさい。ただし，矢印の向きは水圧のはたらく向きを，矢印の長さは水圧の大きさを表している。(　　　)

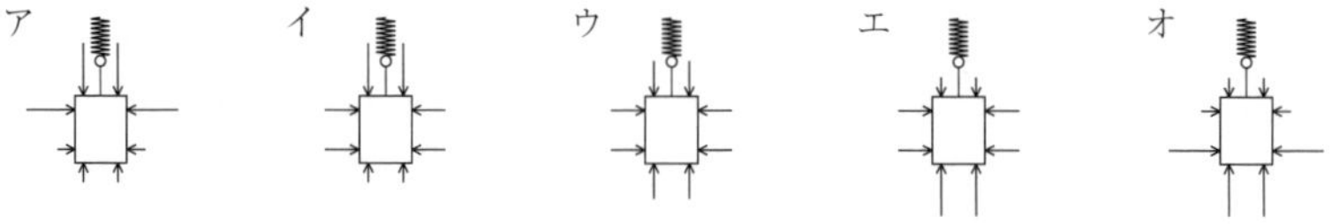

4　実験で，深さxが4.0cmのとき，物体Aにはたらく浮力の大きさは何Nか。(　　　N)

5　次の□の(1)，(2)に当てはまる正しい組み合わせを，ア～エから1つ選び，符号で書きなさい。(　　　)

実験の結果から，物体が水中に沈んだときにはたらく浮力の向きは［(1)］向きで，その大きさは，物体の水中にある部分の体積が増すほど［(2)］なることが分かった。

ア　(1)　下　　(2)　小さく　　イ　(1)　下　　(2)　大きく　　ウ　(1)　上　　(2)　小さく

エ　(1)　上　　(2)　大きく

6　図3のように，密度が物体Aと同じで一辺の長さが4.0cmの立方体である物体B，動滑車，糸，実験と同じばねを用いて，実験と同じ操作を行った。図4のyは，物体Bを水中に沈めたときの，水面から物体Bの底面までの深さを示している。ただし，動滑車や糸の質量，摩擦は考えないものとする。

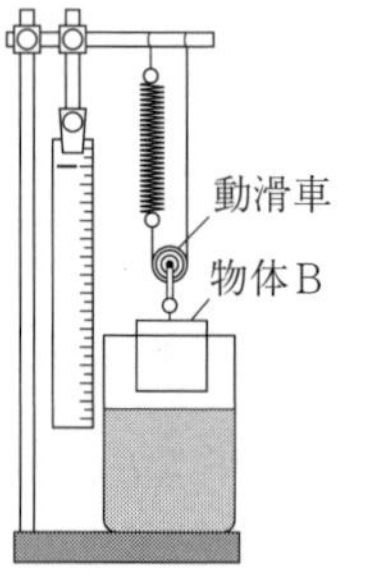

図3

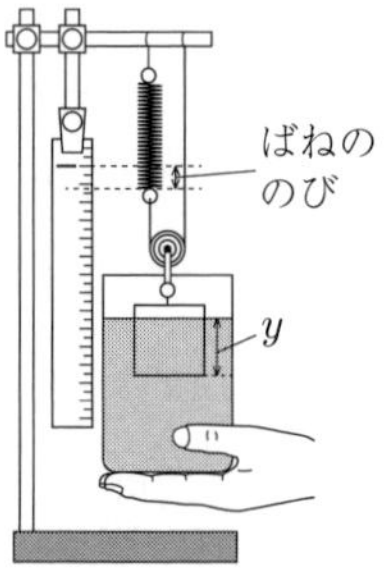

図4

(1)　深さyが4.0cmのとき，物体Bにはたらく浮力の大きさは何Nか。(　　　N)

(2)　深さyが4.0cmのとき，ばねののびは何cmか。(　　　cm)

5　次のグラフはある中学校の三年生を対象に行った「友達との話し合い」についての調査の結果の一部をまとめたものである。このグラフを見て、後の問いに答えなさい。

「友達との話し合い」

【質問】　次のことは，あなたに当てはまりますか。

A　友達と話し合うとき，友達の話や意見を最後まで聞くことができる。

B　友達と話し合うとき，友達の考えを受け止めて，自分の考えをもつことができる。

C　友達の前で自分の考えや意見をうまく発表することができる。

【グラフ】

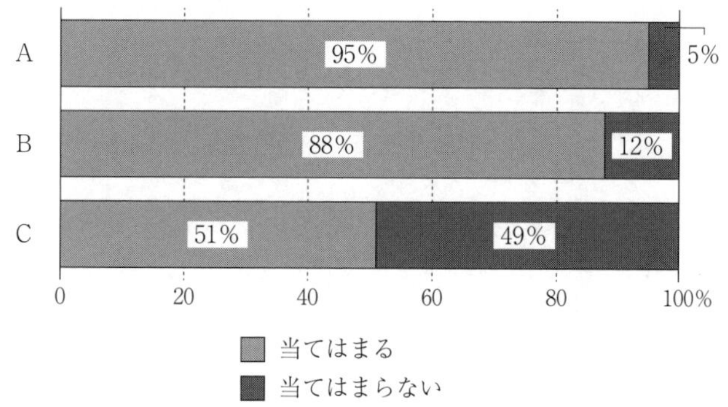

問一　次の文章は、「友達と話し合いをすること」について、グラフから分かることをまとめた一例である。（　　　）に入る適切な言葉を、十字以上十五字以内で書きなさい。

友達との話し合いの場面では、ほとんどの生徒が友達の意見を最後まで聞いたり、友達の考えを受け止めて、自分の考えをもったりすることができると回答していることが分かる。これに対して、友達の前で自分の考えや意見をうまく発表することについては、（　　　）と回答していることが分かる。

問二　友達と話し合うときに、一番大切だと思うのはどのようなことか。あなたの考えを書きなさい。段落構成は二段落構成とし、第一段落ではあなたが一番大切だと思うことを、第二段落ではそのように考えた理由を、具体的な例、あるいはあなたの体験を交えて書きなさい。ただし、次の《注意》に従うこと。

《注意》　(一)　題名や氏名は書かないこと。

(二)　書き出しや段落の初めは一字下げること。

(三)　六行以上九行以内で書くこと。

4　次の文章を読んで、後の問いに答えなさい。

太田左衛門大夫《だいふ》持資《もちすけ》は上杉宣政《のりまさ》の長臣なり(身分の高い家来である)。鷹狩《たかがり》に出て雨に逢《あ》ひ、ある小屋に入りて蓑《みの》を借らんといふに(借してくれ)、若き女の何とも物をば言はずして(若い女が何も物を言わないで)、1山吹の花一枝折りて出しければ、「花を求むるにあらず」(花がほしいのではない)とて怒りて帰りしに、これを聞きし人の(聞いた人が)、「それは、

七重八重花は咲けども山吹の
みの一つだになきぞ悲しき
(七重にも八重にも花は美しく咲くけれども山吹の実の一つさえないのが悲しいように、貸す蓑が一つもないことが悲しい)

といふ古歌のこころなるべし」(古い和歌に託して答えた心情でしょう)といふ。持資驚きて(和歌の奥深さにはっと気づいて)、2それより歌に志を寄せけり(歌道に心をひかれるようになった)。

(「常山《じやうざん》紀談《きだん》」より)

(注)　蓑＝雨具。
　　みの＝ここでは山吹の実と蓑の意味を掛けている。

問一　いふを現代仮名遣いに改め、全て平仮名で書きなさい。(　　　)

問二　1山吹の花一枝折りて出しければとあるが、山吹の花一枝を差し出したときの若い女の心情として、最も適切なものを、ア～エから選び、符号で書きなさい。(　　　)

ア　雨の中で咲く山吹のけなげな美しさをあなたに知ってほしい。
イ　蓑を貸してあげたいが、貸す蓑が一つもないことが悲しい。
ウ　見ず知らずの私から蓑を借りることは失礼だと気づいてほしい。
エ　貸す蓑はないが、雨のおかげであなたに出会えたことがうれしい。

問三　2それより歌に志を寄せけりとあるが、次の文は、持資が歌道に心をひかれるようになった理由をまとめた一例である。A、Bに入る最も適切な言葉を、それぞれ現代語で書きなさい。ただし、字数はA、Bにそれぞれ示した字数とする。

A□□□□□□□□
B□□□□□□

持資は、若い女が自分の心情をA(八字)、何も言わずに山吹の花を差し出した意味が理解できず、怒って帰ってしまったが、ある人に若い女の真意を教えられたことをきっかけに、B(六字)にはっと気づいたから。

ます。また、多くの人が一つのルールを「良いもの」として支持していても、必ずそれを否定し別のことを提唱している人びとが同じ日本の中にもいます。そのような変化や多様性に、注意と関心と、さらには尊敬を払うことが必要です。自分の立場と、他の立場にいる人びととの主張とを常に見比べることによって、やがて自分がなぜこちらのルールが良いと考えているのか、なぜ選択しているのかが見えてくるし、わかってきます。

　そうなれば、互いに対立した時でも、なぜ対立しているのかを理解できるし、たとえ同調も同感もできなくても、4相手を頭から否定したり憎んだりしないでしょう。

（波平恵美子「生きる力をさがす旅　子ども世界の文化人類学」より）

問一 [　] に入る最も適切な言葉を、ア～エから選び、符号で書きなさい。（　）

ア では　イ しかも　ウ つまり　エ しかし

問二 1生きと同じ活用の種類の動詞を含むものを、ア～エから選び、符号で書きなさい。（　）

ア 弟はいつも家で学校のことを楽しそうに話す。
イ 白い鳥が春の温かい日光を浴びる。
ウ 友人から急に相談を受ける。
エ 妹は自分の部屋で毎日読書をする。

問三 2「文化」はいちいち意識されないことがとても重要ですとあるが、次の文は、「文化」がいちいち意識されないことが重要である理由について、本文を踏まえてまとめた一例である。[A]、[B]に入る最も適切な言葉を、それぞれ本文中から抜き出して書きなさい。ただし、字数は[A]、[B]にそれぞれ示した字数とする。

A [　　　　]　B [　　　　　　　　　　]

「文化」のルールに従って生きている人にとっては、[A（四字）]のこととして受け入れているルールの意味を一つひとつ議論していたら、とても[B（十字）]が必要となり、円滑に生活を送ることができなくなるから。

問四 3困った問題を起こすことがありますとあるが、どのような点が「困った問題」であると筆者は述べているか。最も適切なものを、ア～エから選び、符号で書きなさい。（　）

ア 文化を異にする人々が、互いに相手を説得しようとしても、相手を納得させるだけの文化の説明ができず、相手の文化の一部を批判し合う状態になってしまう点。
イ 文化を異にする人々が、互いに対立を避けるために、共通したルールを作ろうとする結果、自分たちの文化を否定してしまう点。
ウ 文化を異にする人々が、互いに論理的に筋道立った説明をすることをあきらめ、互いの文化の違いに疑問を抱かなくなってしまう点。
エ 文化を異にする人々が、互いの文化を理解するために時間をかけて話し合った結果、生活が成り立たないようなルールができてしまう点。

問五 4相手を頭から否定したり憎んだりしないでしょうとあるが、相手を頭から否定したり憎んだりしないためには、どのようにすることが必要だと筆者は考えているか。五十字以上五十五字以内でまとめて書きなさい。ただし、「文化の」という書き出しに続けて書くこと。

文化の[　　　]ことが必要だと考えている。

3　次の文章を読んで、後の問いに答えなさい。

多数の人が、集団を作って助け合って1生きている場合、いつの間にか、長い時間の中で、こうしたお互いを理解し合い行動を予測することのできる、大きなルールのかたまりのようなものができあがります。それは、たとえば日本語を作ったのは誰であり、いつ頃でき上がったのか決してわからないのと同じように、いつの間にか、次第にまとまりをもったものとして集団のメンバーによって受け入れられ維持され、さらに若い世代に伝達されるのですが、決して、いつ、誰が作ったのかわかりません。このルールのかたまりのようなものを、文化人類学という学問では「文化」と呼んでいます。

私たちの生活は、実にさまざまなルールからできあがっています。（中略）

食べることひとつを取ってみても、なにを、どのように料理し、どのように器に盛りつけ、どんなふうにお箸《はし》を使って食べるのか、また、一回にどのくらいの分量を食べるのが普通なのか、やはり一定のルールがあります。向こうから知っている人がやって来るのが見えた時、どの距離で、どんな挨拶をすればいいのか、微笑《ほほえ》むのか、手を振るのか、頭を下げるのか、あまり考えることもしないで双方が同じ行動をとります。

こうしたことを取り上げると無数にあります。そして、それらのことはほとんど意識されない当たり前のことなのです。でも、私たちの生活が、たくさんのそうした生活上の細々《こまごま》したルールから成り立っているということについて、ほんの一時期でも自宅へ外国からのお客さんを迎えて滞在してもらうとすぐに気づきます。外国人のお客さんは、一つひとつについて、どうすればよいのか、どういう意味か、日本語でなんというのか聞きます。聞かれてみて初めて、自分たちにとって当たり前のことが、日本に住んでいない人には決して当たり前でないことに気づきます。□、「文化」は、その文化を学びとった人以外の人びとにとっては少しも当たり前ではないのです。

ところが、そのルールに従って生きている人にとっては2「文化」はいちいち意識されないことがとても重要です。ルールの一つひとつの意味が検討され、議論の対象にされ、多数決で決めなければならないとしたら、とってもたくさんの時間と労力が必要となり、生活をスムースに送ることなどできなくなります。

一方、「文化」の、当たり前すぎて一つひとつ検討したり疑問に思ったりする必要などなく、私たちの生活を成り立たしめているルールとして働いているということが、3困った問題を起こすことがあります。それは文化を異にする人びとが、日本の文化のある部分にどうしても納得できなくて説明を求めてきた時、あるいは、その人たちの文化の中のある部分と、日本人の文化のある部分とが激しく対立した時、相手を説得したり、納得させるだけの説明ができないということです。当たり前であることに対して、私たちはそれが存在する理由など考えません。理論的に筋道だって、相手に説明する習慣もありません。もっと悪いことは、私たちにとって当たり前であり、それが一番良いことだと考えていることがらを、別の文化の人びとが批判することに対して、腹を立ててしまうことです。そして、相手が批判する依《よ》りどころとしている相手の文化を、逆に批判してしまうことです。そうなると、反感は増幅されて、憎しみまで生まれてしまいます。文化の一部を互いに批判し合っているうちに、その文化を担《にな》っている人間までも、批判し、否定し、憎んでしまうことになってしまいます。

そういう状態にならないためには、どうすればいいのでしょうか。文化はルールのかたまりのようなものですが、それは少しずつ変化していそう答えた静子が、桃子のほうを振り返り、「んだっちゃね？《（そうだよね）》」と、6我が子に向けるような笑顔で声をかける。

モウ〜、と桃子が、まるで人間の言葉がわかっているように、嬉《うれ》しそうな声を出した。

（熊谷達也「桃子」より）

（注）得心＝納得すること。
　　　静子＝安雄の妻。朝美の母親。

問一　1まったくは、どの言葉を修飾しているか。最も適切なものを、ア〜エから選び、符号で書きなさい。（　　）

ア　臆する　イ　見せずに　ウ　朗読を　エ　続ける

問二　2さすが自慢の娘であるとあるが、次の文は、このときの安雄の気持ちについて、本文を踏まえてまとめた一例である。［A］、［B］に入る最も適切な言葉を、それぞれ本文中から抜き出して書きなさい。ただし、字数は［A］、［B］にそれぞれ示した字数とする。A［　　　　　］　B［　　　　］

「六人家族です」という言葉から、最初は娘が家族の人数を間違えたと思い、［A（五字）］を感じたが、その後の内容から大人の意表をつく見事な表現だと気づき、朝美が自分の娘であることに［B（四字）］を感じている。

問三　3桃子だけに寂しい思いをさせるのは可哀相でなりませんの中から、形容詞をそのまま抜き出して書きなさい。また、この場合の活用形を書きなさい。形容詞（　　　）活用形（　　　形）

問四　4女親の静子のほうは、少々見方が違うようだとあるが、朝美の作文に対する静子の見方として最も適切なものを、ア〜エから選び、符号で書きなさい。（　　）

ア　作文で朝美がうそをついてしまったことで、家族に対する地域の人々からの信頼がなくなったという見方。

イ　作文で朝美が桃子を家族の人数に含めることで、地域の人々に作文の出来をほめられたかったという見方。

ウ　作文で朝美がわざと家族は六人だと言い切ることで、母親である自分に不満を伝えたかったという見方。

エ　作文で朝美が桃子のことを取り上げることで、父親の考えを変えようとしたという見方。

問五　5感謝すべきことであるとあるが、安雄はなぜ感謝すべきと考えたのか。三十五字以上四十字以内でまとめて書きなさい。ただし、「本当は」、「作文」という二つの言葉を使うこと。

［　　　　　　　　　　　　　　　　　　　　］ことになったから。

問六　6我が子に向けるような笑顔で声をかけるとあるが、このときの静子の気持ちとして最も適切なものを、ア〜エから選び、符号で書きなさい。（　　）

ア　安雄が洗濯機を買わなかったことを残念に思うよりも、桃子と別れずにすむことがうれしくて笑っている。

イ　安雄が自分のために洗濯機をあきらめていないことを知り、うれしくて笑っている。

ウ　安雄が桃子を売却せず、洗濯機を買ってもらえなくなってしまった失望を笑ってごまかそうとしている。

エ　安雄が地域の人々の考えに影響されて、すぐに意見を変えることにあきれて笑っている。

ついて初めて見えました。母の髪に白髪が混じっているのも見えました。いつも元気一杯の父や母が、急に年寄りになったように見えて、ショックでした。でも私は、電気がないときには気づかなかった父と母のシワや白髪を見ながら、私達きょうだいを一生懸命育ててくれている両親に感謝する気持ちで、胸が一杯になりました――。」

　作文のそのくだりで、胸が一杯になったのは、聞いている大人たちのほうであった。

　かくいう安雄の顔も、途中から涙でくしゃくしゃである。

　その朝美の作文の朗読も、原稿用紙の三枚目まで進み、締めくくりとなった。

「――家のなかは電気で明るくなりましたが、一ヵ所だけ、暗いままのところがあります。それは桃子の牛舎です。私が桃子だったら、お家のなかは明るくていいなあと、とても寂しくなると思います。これから、長くて厳しい冬がやってきます。3桃子だけに寂しい思いをさせるのは可《か》哀相《わいそう》でなりません。牛舎にも電気があれば、桃子も寂しくなくなり、これからやってくる冬を安心して乗り越えられると思います。だから私は、今日、家に帰ったら、桃子の牛舎にも電気をつけてくれるように、父にお願いするつもりです。」

　式典が無事に終了したあと、背広姿の安雄は、桃子の鼻輪に通したロープを曳《ひ》(注)いて、静子と肩を並べて歩いていた。

　向かっているのは、自宅である。

　結局、桃子は組合のトラックには乗せなかった。あんな作文を娘に読まれたあとでは、桃子を売り飛ばすことなど無理である。

「朝美、わざとあんな作文を書いたんだっちゃ《(だよね)》ねえ。」

　女房が隣で苦笑する。

「わざとって、どういうこった?」

　安雄が尋ねると、

「だってえ。あれだけ大勢の前で、あいな《(あんな)》作文を読まれだったら《(たら)》、みんなの手前、売りたくても売れなくなるすぺ《(なるでしょう)》。朝美はね、それが分がって《(分かってて)》で、わざとあんな作文を書いたの。そうやって、あんだ《(あなた)》のことを上手に操ったのっしゃ《(ですよ)》。」

「んだべがな《(そうかなあ)》……。」

「んだに決まってっぺ《(そうに決まってるでしょ)》。」

「うーむ……。」

　男親である安雄は、娘の作文にただただ感動し、娘にとっての大事な家族を手放すことなどできやしないと、そう単純に思っただけなのであるが、4女親の静子のほうは、少々見方が違うようだ。

　まあしかし、それはどちらでもいいことだ、と安雄は思う。俺にしたって、本当は桃子を手放したくはなかったのだ。桃子と別れたくはなかったのだ。桃子の売却を思い留まらせるために、朝美があの作文を書いたのだとしたら、それはそれで5感謝すべきことである。

（中略）

「なあ、静子。」

「なにっしゃ《(なんですか)》。」

「これで、しばらくは洗濯機、買えねぐ《(なく)》なってしまったすな《(な)》。勘弁してけろ《(くれ)》。」

　安雄が言うと、

「なに語ってんのっしゃ《(言ってるんですか)》あ。機械よりも家族のほうがずっと大事だっちゃ《(でしょ)》。」

国語

時間　五〇分
満点　一〇〇点

（注）字数を指示した解答については、句読点、かぎ（「）なども一字に数えなさい。

1　次の①～⑩の傍線部について、漢字は平仮名に、片仮名は漢字に改めなさい。

① はがきに宛先を書く。（　　）
② 名画を見て衝撃を受ける。（　　）
③ 他人に無理を強いる。（　　いる）
④ 鮮やかな色の花が咲く。（　　やかな）
⑤ チームの士気を鼓舞する。（　　）
⑥ 毛糸で手袋をアむ。（　　む）
⑦ 朝からコナユキが降る。（　　）
⑧ 庭に桜をショクジュする。（　　）
⑨ 事態のスイイを見守る。（　　）
⑩ 公園のごみをヒロう。（　　う）

2　次の文章は、昭和四十年代に、ある地区で電気が初めて通じたことを祝う式典の場面を描いたものである。式典の中で、父親の安雄は、小学生の娘の朝美が児童代表として作文を朗読しているのを聞いている。安雄は式典が終わり次第、飼っていた牛の「桃子」を売却し、その代金で電気洗濯機を買うつもりでいる。これを読んで、後の問いに答えなさい。

参列者に深々と一礼した娘が原稿用紙を広げ、作文を読み始める。

「私の家は、全部で六人家族です。」

最初にそう聞こえた瞬間、うわっ、いきなりなんて間違いを！　と頭を抱えた。どの家が何人家族で誰がどうでと、住民どうしがすべて知っている狭い地区のことである。ん？　という顔をした者だけならまだしも、失笑の声が聞こえたり、参列者のあいだをさざ波のようにざわめきが動いたりと、穴があったら潜ってしまいたい気分になる。

だが、当の朝美は、いたって堂々と、1まったく臆する様子も見せずに朗読を続ける。

「六人家族というのは、父と母、兄と弟に私、そして牛の桃子のことです。」

それを耳にした大人たちが、なるほど、と得心（注）してうなずきを交し合い、安雄も、ああそうか、と胸を撫《な》で下ろした。

やっぱり、2さすが自慢の娘である。最初にこんなふうに大人の意表をつくなんて、心憎いばかりの作文だと、寸前の恥ずかしさが瞬時に誇らしさに取って替わり、安雄は椅子の上で、私があの娘の父親です、とばかりに胸をそらした。

やがて、大人たちの堅苦しい祝辞や挨拶のときにはなかった、鼻を啜《すす》る音が、会場のあちこちからあがり始めた。

「――ランプのときには見えなかった両親の顔のシワが、明るい電気が

2021年度／解答

数　学

1 【解き方】(1) 与式 $= 5 - 9 = -4$

(2) 与式 $= 6xy \times \dfrac{3}{2x} = 9y$

(3) 両辺の平方根をとって，$x - 3 = \pm 3$ より，$x = 3 \pm 3$　よって，$x = 6,\ 0$

(4) 中央値は，得点の少ない方から6番目の得点だから2点。1点が4試合で最も多いから，最頻値は1点。平均値は，$(0 \times 1 + 1 \times 4 + 2 \times 3 + 3 \times 2 + 4 \times 1) \div 11 = 20 \div 11 \fallingdotseq 1.8$　したがって，エが正しい。

(5) 正五角形の1つの内角の大きさは，$\dfrac{180° \times (5 - 2)}{5} = 108°$　△CBD，△DCE は合同な二等辺三角形で，$\angle \mathrm{BDC} = \angle \mathrm{ECD} = (180° - 108°) \div 2 = 36°$　△CDF の内角と外角の関係より，$\angle x = 36° + 36° = 72°$

(6) 図1の水が入っている部分は，底面が等辺9cm の直角二等辺三角形，高さが9cm の三角すいだから，入っている水の量は，$\dfrac{1}{3} \times \left(\dfrac{1}{2} \times 9 \times 9\right) \times 9 = \dfrac{243}{2}$ (cm^3)　図2で，入っている水の量は，$9 \times 9 \times x = 81x$ (cm^3)と表せるから，$\dfrac{243}{2} = 81x$ より，$x = 1.5$

【答】(1) -4　(2) $9y$　(3) $x = 0,\ 6$　(4) エ　(5) 72　(6) 1.5

2 【解き方】(1) y は x に反比例するから，a を比例定数としたとき，$y = \dfrac{a}{x}$ と表せる。$x = 500$ のとき，$y = 8$ だから，$8 = \dfrac{a}{500}$　よって，$a = 4000$ だから，$y = \dfrac{4000}{x}$

(2) $y = \dfrac{4000}{x}$ に，$x = 600$ を代入して，$y = \dfrac{4000}{600} = \dfrac{20}{3} = 6\dfrac{2}{3}$　$60 \times \dfrac{2}{3} = 40$ より，$\dfrac{2}{3}$ 分 $= 40$ 秒だから，かかる時間は，6分40秒となる。

【答】(1) $y = \dfrac{4000}{x}$　(2) 6 (分) 40 (秒)

3 【解き方】(1) a，b の組み合わせは，$6 \times 6 = 36$ (通り)だから，つくることができる直線も36通りある。

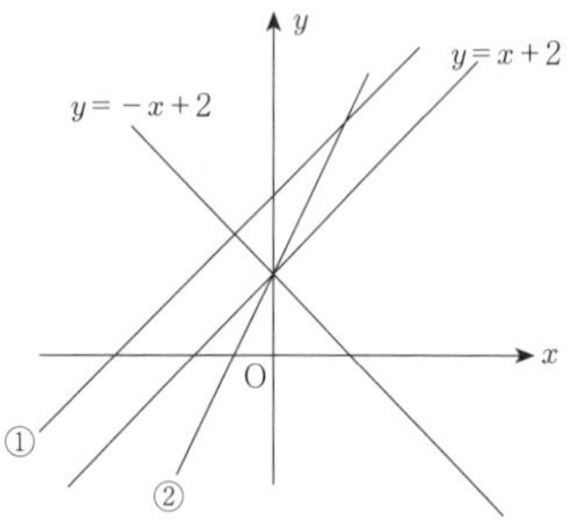

(2) 傾きは a で表される。$a = 1$ となるのは，$(a,\ b) = (1,\ 1)$，$(1,\ 2)$，$(1,\ 3)$，$(1,\ 4)$，$(1,\ 5)$，$(1,\ 6)$の6通り。よって，求める確率は，$\dfrac{6}{36} = \dfrac{1}{6}$

(3) 三角形ができないのは，右図のように，$y = ax + b$ が，①他の2直線のどちらかと平行になる，②3直線が1点で交わる，のどちらかの場合である。①$a = 1$ または -1 となる場合だが，$a > 0$ より，$a = 1$　これは(2)より，6通り。②3直線の交点の座標は$(0,\ 2)$だから，$b = 2$ の場合で，これも6通りある。このうち，$(a,\ b) = (1,\ 2)$は，①，②の両方に含まれるから，求める確率は，$\dfrac{6 + 6 - 1}{36} = \dfrac{11}{36}$

【答】(1) 36 (通り)　(2) $\dfrac{1}{6}$　(3) $\dfrac{11}{36}$

4 【解き方】(1) ア．重なった部分は，$x = 6$ のとき，縦が5cm，横が6cm の長方形だから，$y = 5 \times 6 = 30$
イ．$x = 8$ のとき，縦が5cm，横が，$\mathrm{AD} - \mathrm{AP} = 12 - 8 = 4$ (cm)の長方形だから，$y = 5 \times 4 = 20$

(2)(ア) 図2の場合だから，重なった部分の横の長さは x cm　よって，$y = 5x$　(イ) 図3の場合だから，重なった部分の横の長さは，$(12 - x)$ cm　よって，$y = 5 \times (12 - x) = -5x + 60$

(3) 点 $(0,\ 0)$，$(6,\ 30)$，$(12,\ 0)$ の3点を順に線分で結べばよい。

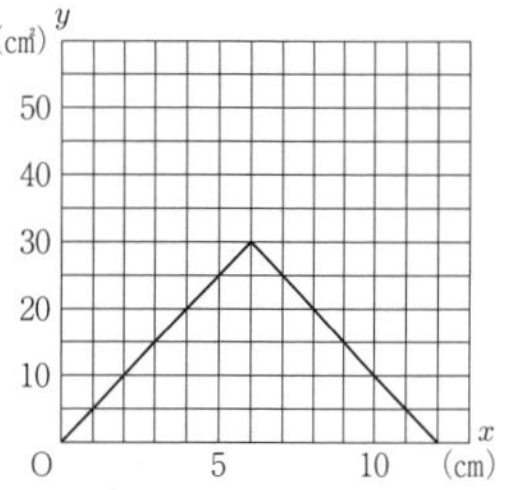

(4) x の値の大きい $6 \leqq x \leqq 12$ の場合を考えればよい。重なっている部分の面積を $\mathrm{S}\,\mathrm{cm}^2$ とすると，重なっていない部分の面積は，$\dfrac{\mathrm{S}}{2}\mathrm{cm}^2$　広げたセロハンの大きさは，$5 \times 12 = 60\ (\mathrm{cm}^2)$ だから，$2\mathrm{S} + \dfrac{\mathrm{S}}{2} = 60$　これを解いて，$\mathrm{S} = 24$　$-5x + 60 = 24$ より，$5x = 36$　よって，$x = 7.2$

【答】 (1) ア．30　イ．20　(2)(ア) $y = 5x$　(イ) $y = -5x + 60$　(3)(右図)
(4) 7.2 (cm)

5 **【解き方】** (2)(ア) 右図で，△ABHは直角二等辺三角形だから，$\mathrm{AH} = \dfrac{\mathrm{AB}}{\sqrt{2}} = \dfrac{6}{\sqrt{2}} = \dfrac{6\sqrt{2}}{2} = 3\sqrt{2}$ (cm)　(イ) $\overset{\frown}{\mathrm{AB}}$ に対する円周角だから，$\angle\mathrm{ADE} = \angle\mathrm{ACB} = 60^\circ$　(1)より，AE = AD だから，△AEDは正三角形になる。よって，△AEHは 30°，60° の直角三角形で，$\mathrm{EH} = \dfrac{\mathrm{AH}}{\sqrt{3}} = \dfrac{3\sqrt{2}}{\sqrt{3}} = \sqrt{6}$ (cm)　$\mathrm{BH} = \mathrm{AH} = 3\sqrt{2}$ cm だから，$\mathrm{BE} = 3\sqrt{2} - \sqrt{6}$ (cm) となる。したがって，$\triangle\mathrm{ABE} = \dfrac{1}{2} \times \mathrm{BE} \times \mathrm{AH} = \dfrac{1}{2} \times (3\sqrt{2} - \sqrt{6}) \times 3\sqrt{2} = 9 - 3\sqrt{3}$ (cm²)

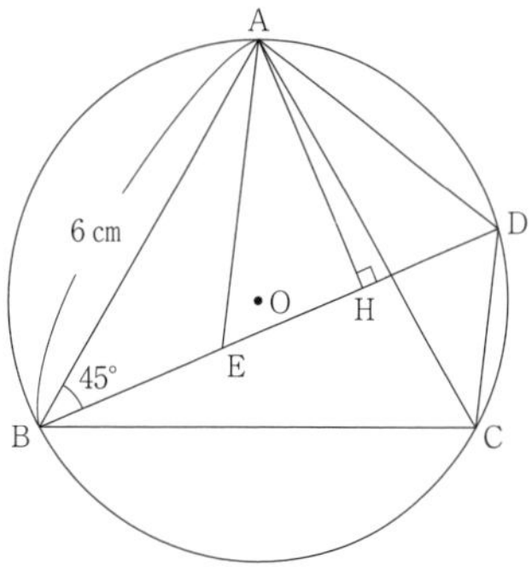

【答】 (1) △ABEと△ACDにおいて，△ABCは正三角形だから，AB = AC……①　仮定より，BE = CD……②　$\overset{\frown}{\mathrm{AD}}$ に対する円周角だから，∠ABE = ∠ACD……③　①，②，③より，2組の辺とその間の角がそれぞれ等しいから，△ABE ≡ △ACD　対応する辺だから，AE = AD　(2)(ア) $3\sqrt{2}$ (cm)　(イ) $9 - 3\sqrt{3}$ (cm²)

6 **【解き方】** (1) $9 < 10 < 16$ より，$3^2 < 10 < 4^2$　よって，$3 < \sqrt{10} < 4$ だから，10のカードの裏の数は3。

(2) $144 < 150 < 169$ より，$12^2 < 150 < 13^2$　よって，$12 < \sqrt{150} < 13$ だから，150のカードの裏の数は12。(I) 裏の数が12であるカードは，表の数が144～150の7枚。(II) 裏の数が n であるカードの表の数は，最小が n^2，最大が $(n + 1)^2 - 1 = n^2 + 2n + 1 - 1 = n^2 + 2n$ となる。よって，裏の数が n であるカードの枚数は，$n^2 + 2n - n^2 + 1 = 2n + 1$ (枚)

(3) $2n + 1$ に，$n = 9$ を代入して，$2 \times 9 + 1 = 19$ (枚)

(4) 裏の数は1～12で，そのうち3の倍数であるのは，3，6，9，12。それぞれのカードの枚数は，3が7枚，6が13枚，9が19枚，12が7枚で，$9 = 3^2$ であることから，Pに含まれる因数3の個数は，$7 + 13 + 19 \times 2 + 7 = 65$ (個)　よって，Pを 3^m で割った数が整数になる，つまり割り切れるときの最も大きい m は，65。

【答】 (1) 3　(2) ア．12　イ．7　ウ．n^2　エ．$n^2 + 2n$　オ．$2n + 1$　(3) 19 (枚)　(4) 65

英　語

1 【解き方】1. (1) 多くの種類の魚を見つけることができ，岐阜にはない場所は「海」。(2) バスケットボールを入れることができる大きさで，大きな星がデザインされているもの。(3) トムの提案を受けて，お母さんにピンクの花を送ると言った里奈に対するトムの適切なアドバイスを選ぶ。why don't you ～?＝「～してはどうですか？」。(4)「Great Family は知っている？」と聞かれたことに道夫は「おもしろそうだね」と答えている。また，アンは「午後にそれを見ましょう」と言い，道夫は同意している。さらにアンが「日本語はあまりわからないけれど，挑戦したい」，すなわち日本語でその映画を見たいと言っている。(5) ボブは「図書館から本を借りるつもりだ」と言っており，さらに「町の歴史をたくさん学ぶために市立博物館を訪れる予定だ」と述べている。

2. (1) ① 質問は「信二は『ネイチャークラブ』のメンバーとして，どれくらい活動をしますか？」。「毎月，メンバーと会う」と言っている。② 質問は「『ネイチャークラブ』について信二に話したのはだれですか？」。「僕の兄が『ネイチャークラブ』について教えてくれた」と言っている。③ 質問は「信二は彼の活動を通して，何をしたいのですか？」。「将来をより良くしたい」と言っている。improve ＝「改善する」。(2) 信二は「約3年前に『ネイチャークラブ』に参加した」と言っているので，約3年間，信二は「ネイチャークラブ」のメンバーだと考えることができる。

【答】1. (1) イ　(2) ア　(3) ア　(4) エ　(5) ア　2. (1) ① month　② brother　③ improve　(2) ウ

◀全訳▶　1.

(1) 多くの人々はそこに行くことが好きです。私たちはその中で多くの種類の魚を見つけることができます。私たちはまたそこで泳ぎを楽しむこともできます。これは岐阜にはありません。

(2)

賢治　：エミリー，僕はこれが好きだよ。

エミリー：賢治，これはとてもかっこいいわね。それはとても大きいから，その中にバスケットボールも入れることができるわ。

賢治　：僕は持ち運ぶ物がたくさんあるから，その大きさがいいんだよ。それに，大きな星がついているから，そのデザインが好きだな。

エミリー：私もそう思うわ。それを買うべきね。

(3)

里奈：私はお母さんに誕生日プレゼントをあげたいと思っているの。トム，何かアイデアはある？

トム：そうだねえ，昨年，僕はお母さんに花を何本かあげたよ。彼女はそれらをとても気に入ったよ。

里奈：それはいいわね。じゃあ，ピンクが彼女のお気に入りの色なので，私は彼女にピンクの花を送るわ。

トム：良い考えだね。メッセージを添えて花を送ってはどうかな？

(4)

道夫：アン，「A Beautiful Season」を見にいかない？

アン：ああ，道夫，私はそれをもう見てしまったわ。「Great Family」は知っている？　おもしろいと聞いているの。

道夫：おもしろそうだね。じゃあ，明日の午前中は暇かな？

アン：ごめんなさい，午前中はピアノのレッスンに行かなければいけないの。午後にそれを見ましょう。

道夫：いいよ。僕たちはそれを日本語か英語で見ることができるよ。どちらが好きかな？

アン：私は日本語があまりわからないけれど，挑戦してみたいわ。

道夫：わかったよ。

(5) 最初に，私はこの町の歴史を学ぶために市立図書館から何冊か本を借りるつもりです。それから，私は田中さんを訪問したいと思っています。彼女は以前に市立博物館で働いていたので，この町についてたくさん知っています。私は彼女に町についていくつか質問をしたいと思っています。田中さんに会ったあと，私はその歴史についてたくさんのことを見るために，市立博物館を訪れる予定です。それらが私により多くの情報を与えてくれると思います。最後に，私はレポートを書いて自分の先生にそれを見せるつもりです。

2.

信二　　　　：おはようございます，ベーカー先生。

ベーカー先生：おはよう，信二。週末はどうだった？

信二　　　　：とても楽しかったです。僕は「ネイチャークラブ」のメンバーとして活動をしました。

ベーカー先生：「ネイチャークラブ」って？　それは何かな？

信二　　　　：それはボランティア部のようなものです。

ベーカー先生：わかりました。「ネイチャークラブ」についてもっと教えてくれない？

信二　　　　：もちろんです。メンバーと毎月会います。僕たちはどのように自然を保護し，そのためにどのように一緒に働くかについて話します。例えば，僕たちは植物を育て，僕たちの町を掃除します。前回は，川を掃除しました。僕は川の中にたくさんのビニール袋や紙があるのを見て悲しくなりましたが，掃除が終わったあと，うれしくなりました。

ベーカー先生：それはすばらしいことね！　初めて「ネイチャークラブ」に参加したのはいつなの？

信二　　　　：3年前ぐらいです。僕の兄がそれについて教えてくれました。

ベーカー先生：なるほど。なぜあなたはボランティアとして活動することを決めたの？

信二　　　　：僕はテレビ番組を見たときに，ボランティア活動に興味を持つようになりました。それは清掃のために富士山に登ることについての番組でした。今では僕は「ネイチャークラブ」をとても楽しんでいます。

ベーカー先生：すごいわね！

信二　　　　：僕はこれらの活動を続け，僕たちの将来をより良くしたいと思っています。

ベーカー先生：あなたが活動を楽しみ，将来をより良いものにしてくれればいいなと思っているわ！

信二　　　　：ありがとうございます，そのつもりです。

2 **【解き方】** 1.「辞書が言葉の意味とその使い方を教えてくれる。それはあなたを大いに助ける」と書かれているので，辞書は外国語を学ぶときに「役に立つ」とわかる。useful =「役に立つ」。

2. 質問は「ジュディはなぜケンに電話をしているのですか？」。ジュディの最後のせりふで「それを見つけたら私に電話して」とお願いしており，「それ」はジュディの時計を指している。ジュディはなくした時計をケンに探してほしいと思っている。

3. トモコが1つ目のせりふで「私たちは明日，6時間授業があり，体育の授業がある」と言っていること，2つ目のせりふで「明日，理科の授業はない」と言っていることから，(2)の質問「彼らはいつ話をしていますか？」に対する答えは「火曜日」である。また，(1)の質問「彼らは今週，社会の授業が何時間ありますか？」について，時間割より，今週の社会の授業は火曜日，水曜日，金曜日にそれぞれ1時間，合計で「3時間」あるが，この会話が行われているのが火曜日の社会の授業を受けた後だとすると，彼らがこれから受けるのは「2時間」とも考えられる。

【答】 1. useful　2. ウ　3. (1) ウ(または，イ)　(2) イ

3 **【解き方】** 1. 第3段落の中ごろを見る。「2013年ではアメリカとフランスの食料自給率はほとんど同じである」であると書かれているので，解答はBかCになる。さらに続く文で「1963年では，アメリカの割合はフランスの割合より高い」とあるので，Cにフランスが入る。

2. 第1段落の中ごろを見る。母が博に「お好み焼きのいくつかの材料は外国から来ている」と言っていることから，お好み焼きは日本の食べ物であると同時に，「国際的な」食べ物と言える。

3. ア.「博は日本が様々な国から豚肉とエビを輸入しているとわかった」。第2段落の内容に合う。イ．第1段落の後半より，博は食料自給率という言葉を母からではなく，学校で学んだとわかる。ウ．円グラフの右側より，ベトナムからエビを輸入している割合は 19.5 %であるとわかる。エ．表は，4つの国の豚肉とエビの輸入率ではなく，4つの国の食料自給率を表している。

【答】1. ウ　2. エ　3. ア

◀全訳▶　私は先週，母とお好み焼きを作りました。私たちが料理をしている間，彼女は「お好み焼きは日本の食べ物だと思っている？」と言いました。私は「もちろん！」と答えました。すると彼女は「その通りだけれど，その材料のいくつかは他の国から入ってきているのよ。例えば，私たちが今使っている豚肉とエビは海外から輸入されたものなの。私たちはたくさんの材料において外国に頼っているのよ」と言いました。そのとき，私は「食料自給率」という言葉を思い出しました。私は日本の食料自給率は半分以下だと学校で習いました。

では，私たちが食べる食べ物はどこから来ているのでしょうか？　最初にこの2つのグラフを見てください。私たちがこれらの国から豚肉とエビを輸入していることがわかります。左のグラフは，豚肉のおよそ半分はアメリカとカナダから輸入されていることを示しています。右のグラフを見ると，エビはアジアのいくつかの国から来ていることがわかります。私は，私たちがこんなにたくさんの様々な国からそれらを輸入していることに驚きました。

さて，この表を見てください。これは 1963 年と 2013 年の4つの国の食料自給率についてのものです。カナダの食料自給率は 1963 年と 2013 年の両方で一番高いことがわかります。そして 2013 年では，フランスとアメリカの割合はほとんど同じです。もっとも 1963 年では，アメリカの割合はフランスの割合より高いのですが。1963 年と 2013 年の割合を比べると，日本の割合だけが 1963 年から 2013 年にかけて小さくなっています。その表は 2013 年，日本が外国から 60 %の食べ物を輸入していることを示しています。もし私たちが全く食べ物を輸入できなくなれば，私たちは困難なときを迎えるかもしれません。

私はお好み焼きが「日本の」食べ物だと思っていました。しかし，それは国際的な食べ物とも言うことができます。私たちが輸入しているものが他にもたくさんあるのではないかと私は思っています。だから，次回スーパーマーケットに行ったときには，それらがどこから来ているのか調べてみてはどうでしょうか？

4 【解き方】1. 第3段落冒頭より「曇りから雨」，最終段落冒頭の「雨が止んだ」，それに続く文より「晴れ」という天候の変化を読み取る。

2. 挿入する文の意味は「試合には負けましたが，私は彼女たちとたくさんの経験をしました」。them が指しているのは空所エの直前の my team members と考えると，文意が通る。

3. 直前で「私は山登りに行きたくない」と述べており，その理由として適切なものを推測する。exhausted =「疲れ果てた」。

4. at that time =「そのときに」。10 歳の頃にソフトボールを始めたときのことを思い出し，そのときに感じた内容が空所に入る。空所の直後の逆接を表す接続詞 But から始まる文で，「今は勝つためだけにソフトボールをしています」というマイナスの内容が述べられていることから，対照的なプラスの意味の文が入る。

5. (1) 質問は「久美は土曜日のソフトボールの試合に勝ちましたか？」。第1段落の中ごろを見る。「試合で上手くプレーできず，負けた」と書かれている。(2) 質問は「久美は山の頂上でお父さんと話している間に，何を思い出しましたか？」。第3段落の中ごろより，10 歳の頃にソフトボールをし始めたときのことを思い出したとわかる。さらに第3段落の最終文より，チームのメンバーの顔を思い出したとわかる。

6. ア．第2段落の後半を見る。久美は父に山登りに誘われたとき，行きたくはなかった。イ．「久美の父は，雨の中でも山登りをすることが好きだった」。第3段落の前半に合う。ウ．第3段落の前半を見る。久美と彼女の父は下山したあとではなく，山の頂上で昼食を食べた。エ．第3段落の中ごろを見る。久美の父は「山登りに勝者も敗者もない」と述べていることから，彼は試合に勝つことが大事だとは考えていない。オ．最終段落の後半を見る。山から虹が見えたとき，久美はうれしくなった。

7. ③ 父が久美を山登りに連れていったのはいつかを考える。第3段落の冒頭を見る。「次の朝」とあり，これは第1段落の冒頭をふまえると「ソフトボールの試合に負けた土曜日の次の朝」のことなので，「日曜日」とわかる。④ 父が久美に教えた3つの内容を探す。第3段落の後半より，「走る」，「止まる」，「一歩一歩，歩く」ということだとわかる。

【答】1. ア　2. エ　3. エ　4. ウ　5. (1) No, didn't.　(2) (例) started, faces　6. イ
7. ③ Sunday　④ walk

◀全訳▶　先週の土曜日，私たちのソフトボールチームにとって大切な試合がありました。私は勝つためにチームのメンバーととても一生懸命練習しました。しかし，私はその試合でうまくプレーができず，私たちは負けました。他のメンバーはその試合後，私を励ましてくれましたが，私は泣き止むことができませんでした。

家に帰ったあと，私はどれだけ勝ちたかったか父に話しました。彼は「久美，君がどう感じているかわかるよ。そんなに長い間，その試合に勝つためにがんばってきたんだね」と言いました。それから彼は「ところで明日山登りに行く予定なんだ。久美，一緒に行かないか？」と続けました。「山登り？　私は今とても疲れているから行きたくないわ」と私は答えました。彼は「もし山の中を歩けば，君の気分は良くなるよ。来てはどうかな？」と言いました。私は少し考えました。私は気分転換に良いと思い，父と一緒に行くことを決めました。

次の朝，曇っていましたが，登り始めてからすぐに雨が降り出しました。私は心の中で「昨日私は試合に負けて，今日は雨が降っているわ。何も良いことなんてないのよ」と思いました。私は頂上に着いたとき，そこから何も見えないことにがっかりしました。しかし父は雨でも楽しそうでした。私たちがそこで昼食を食べていたとき，私は彼になぜなのかたずねました。彼は「久美，私たちは不平を言うことによって雨を止めることはできないよ。父さんは雨であろうと晴れであろうと，ただ山登りを楽しみたいだけなんだよ。雨が降れば，君は雨を楽しむことができるんだよ」と言いました。「雨を楽しむって？　雨が降っているときにどうやって楽しむことができるの？」と私はたずねました。彼は「木々が雨でぬれているとき，それらを見てごらん。木々はとても美しいよ」と答えました。私は「でも私は晴れているときに歩くことを楽しみたいの。雨の日に山登りすることは試合で負けるようなものよ。全然楽しくないわ」と言いました。そのとき，父は「久美，君が言っていることはわかるよ。でも山登りに勝者も敗者もないよ。山が本当に好きだから，雨の日でも山にいると父さんは幸せなんだ」と言いました。私は彼の言葉を聞いたとき，10歳の頃にソフトボールを始めたときのことを思い出しました。そのときは私はただ友達とソフトボールをして楽しんでいました。しかし今は勝つためだけにソフトボールをしています。父は笑って「さあ，つらいときに，君がすべきことは3つあるよ。1つ目は全力を尽くして成功に向かって走ることだ。君はこれが一番良い選択だと思うかもしれない。でも君はときには立ち止まって何をしたのかについて考える必要があるんだよ。これが君ができる2つ目のことだよ」と言いました。「立ち止まって自分が何をしたのか考える」と私は繰り返しました。彼は「いつも成功することは不可能だから，これも大切なことだと父さんは思うよ。そしてもう1つ君ができることがあるんだよ」と彼は言いました。「それは何？」と私はたずねました。彼は「状況を受け入れて，一歩一歩，歩きなさい。もし歩き続ければ，君はその途中で何かすばらしいものを見つけるかもしれないよ」と言いました。彼の話を聞いている間，私は自分のチームのメンバーの顔を思い出しました。試合には負けましたが，私は彼女たちとたくさんの経験をしました。

午後に，雨が止みました。私たちが山を下り始めたとき，父は「向こうを見てごらん！」と言いました。晴れた空に虹がかかっていました。父と私はお互いを見ました。彼は「見えるかい？　あれが『途中にあるすばらしいもの』なんだよ」と言いました。私は「その通りね。雨が降ったあとしか，私は虹を見ることができないよね。雨がなければ虹もないものね！」と言いました。

5 【解き方】1.「私は向こうでサッカーをしている男の子を見ている」という意味になるよう語句を並べる。現在進行形は〈be動詞＋～ing〉で表す。playingはboyを修飾する分詞の形容詞的用法である。

2.「私は家を出るとき，あなたに電話をするつもりです」という意味になるよう語句を並べる。whenは「～するとき」という意味の接続詞。willは「～するつもりである」という意味の助動詞で動詞の前に置く。

【答】1. looking, at, the, boy, playing　2. call, you, when, I, leave

6 【解き方】① 空所の次のせりふでグリーン先生が「私は日本の文化に興味があるからです」と答えていることから，「なぜあなたは日本に来られたのですか？」と理由をたずねる。「なぜ」は why で表し，疑問詞なので文の先頭に置く。一般動詞の過去形の文なので did を用いて疑問文を作る。

② 空所の次のせりふでグリーン先生が「3 年間」と答えていることから，「あなたは日本にどのくらい滞在する予定ですか？」とたずねる。「どのくらい」は期間をたずねる言い方である how long を用いる。「～する予定である」は be going to ～で表す。

③ 暇なときにグリーン先生に訪れてもらいたい場所とその理由を書く。例として「日本に文化について学ぶことができるので，私はあなたに奈良を訪れてもらいたい」など。would like ～ to …＝「～に…してもたいたい」。

【答】(例) ① why did you come to Japan　② how long are you going to stay in Japan

③ would like you to vist Nara because you can learn about Japanese culture

◀全訳▶

あなた　　　：はじめまして，グリーン先生。私は先生にいくつか質問をしたいのですが。

グリーン先生：こちらこそ，はじめまして。何でも聞いてください。

あなた　　　：まず，先生はどちらの出身ですか？

グリーン先生：私はカナダ出身です。

あなた　　　：ああ，カナダ出身なのですね。では，なぜ日本に来られたのですか？

グリーン先生：そうですね，日本の文化に興味があるからです。

あなた　　　：それを聞いてうれしいです。それで先生は日本にどれぐらい滞在する予定でいらっしゃいますか？

グリーン先生：3 年間です。

あなた　　　：私は先生と一緒に時間を過ごすことを楽しみにしています。お時間があるときに，(日本の文化を学ぶことができるので，奈良を訪れてもらいたいと思います)。私は先生が日本を楽しんでくださるといいなと思っています。

社　会

1 【解き方】1. Aの百済は日本に公式に仏教を伝えた国。Bの新羅は，百済や高句麗を滅ぼして7世紀後半に朝鮮半島を統一した。

2. 奈良時代の出来事を選ぶ。ア・ウは飛鳥時代，エは平安時代の出来事。

4.「惣」は南北朝時代から発達した農村の自治組織。「堺」は大阪の都市。

5. 応仁の乱以降，下の身分の者が上の身分の者を実力で倒す下剋上の風潮が強まった。

6. 菱川師宣が浮世絵を創始した時期にもあたる。

7. アメリカ合衆国内で奴隷制度や貿易制度をめぐって南部と北部が対立し，奴隷制度反対を唱えるリンカーンが大統領に当選したことをきっかけとして1861年に南北戦争が始まった。

8. (1) 学校の建設費や授業料の負担が大きく，子どもは働き手であったことから，学制反対の一揆も起こった。(2) 地主が地価の3％を地租として現金で納めさせるようにした。これにより，政府の財政は安定したが，農民の負担は減ることはなく，地租改正反対一揆も起こった。

9. (1) アは1900年，イは1902年，ウは1895年の出来事。(2) ポーツマス条約でロシアから賠償金が得られなかったことに不満を抱いた日本国民の一部が日比谷焼き打ち事件を起こした。

10. (1) 日本は1920年の国際連盟設立当初からの加盟国。満州国建国をめぐる対立から1933年に脱退した。アはイギリス，ウはドイツ，エはアメリカの状況。(2) 1956年に日ソ共同宣言でソ連と国交を回復し，直後に日本は国際連合への加盟を実現させた。

【答】1. エ　2. イ　3. 空海(または，弘法大師)　4. ウ　5. 応仁の乱　6. 元禄(文化)　7. ア
8. (1) 学制　(2) 地価を基準にして税をかけ，土地の所有者が現金で税を納める（同意可）
9. (1) ウ→ア→イ　(2) エ　10. (1) イ　(2) ウ

2 【解き方】1. 夏は海洋から大陸へ吹き，冬は大陸から海洋へ吹く風。

3. 消費者にとっては新鮮な食材を手に入れられることや生産者の顔が見えて安心であるなど，生産者にとっては輸送費が安くすむなど，それぞれに利点がある。

4. アメリカでは農業の大規模経営が進んでおり，大量生産が可能となっている。

5. オーストラリアの貿易相手国は，かつての宗主国であったイギリスから，近年はアジア諸国中心へと移り変わってきた。また，輸出品目も現在は鉱物資源が中心となっている。

6.「BRICS」にあたるのは，ブラジル，ロシア，インド，中国，南アフリカ共和国。

7. アはロッキー山脈，ウはアルプス山脈，エはヒマラヤ山脈。

8. (2) 写真の奥に山が見られるので，扇状地のすそ野から撮影したものと判断する。

9. (1) 半導体関連の工場が付近に多い東北自動車道は「シリコンロード」と呼ばれている。(2) 大都市に人や物を取り込まれないよう，地方においても魅力的な町づくりが求められている。「ドーナツ化現象」は都心の人口が減少し，郊外の人口が増加する現象。

10. 東京の時間から14時間を戻すとニューヨークの時間になる。よって，飛行機の出発時刻は，ニューヨークの1月12日午後9時となる。

【答】1. 季節風(または，モンスーン)　2. ASEAN　3. 地産地消
4. 広大な農地を，大型機械を使って経営する（同意可）　5. ウ　6. インド　7. イ　8. (1) 扇状地　(2) ア
9. (1) エ　(2) イ　10. 13

3 【解き方】1. 1960年代以降に増加してきた家族形態。近年では単独世帯の増加が目立っている。

2.「公企業」とは，国や地方公共団体が公共の利益のために経営している企業のこと。

4. ア.「地方交付税交付金」は，地方公共団体間の財政格差を是正するための費用で，使い道が決められていない。ウ. 地方公共団体が財政収入の不足を補うために借り入れるお金のこと。

5. 「バブル経済崩壊」は1990年代初頭のこと。2006年と2016年の在留外国人数は約199万人から約238万人に増加している。238 ÷ 199 × 100 ≒ 119.6から約120 %となり，約20 %増加していることがわかる。

6. 社会保険は，国民が病気・けが・老齢などで困ったときに備えて一定の掛け金を積み立てておき，必要が生じたときに給付を受ける制度。社会保険には，年金保険のほかに健康保険や介護保険などがある。

7. 世界で初めて社会権を保障したのはドイツのワイマール憲法。

8. 常任理事国であるアメリカ・イギリス・フランス・ロシア・中国が持つ権限。

9. (1) 供給量は企業が売りたい量，需要量は消費者が買いたい量と考える。大雪や冷害が起こると，キャベツの供給量は減少するので価格は上昇する。

10. (1) i. 小選挙区制は選挙区から1名しか当選しないため，死票が多くなる。j. 国民審査によって最高裁判所裁判官が適任かどうかを国民が判断する。(2) 裁判官3人と，有権者からくじで選ばれた裁判員6人で有罪・無罪を決め，有罪であれば量刑までを決める。

11. 内閣総理大臣の選出方法には議会制民主主義の手法が採用されている。

【答】 1. 核家族(世帯)　2. ウ　3. NPO　4. イ　5. ア　6. エ　7. イ　8. 拒否権

9. (1) ア　(2) 公正取引委員会　10. (1) ウ　(2) 裁判員(制度)

11. (地方公共団体の首長は有権者が直接選ぶが，内閣総理大臣は)有権者が選んだ国会議員からなる国会が指名する。(同意可)

理　科

1 【解き方】2. (1) メスシリンダーの目盛りを読みとるときは，液面の水平な部分を真横から読みとる。

3. (1) 分裂前に核の中の染色体が複製されて 2 倍になり(a)，染色体が現れ(f)，中央に並び，それぞれが縦に分かれる(d)。分かれた染色体が細胞の両端に移動し(e)，染色体が見えなくなり，細胞の間にしきりができ(c)，2 個の細胞になる(b)。(2) 体細胞分裂は，タマネギの根の先端付近の成長点でさかんに行われる。また，体細胞分裂した細胞の染色体の数は，体細胞分裂する前の細胞の染色体の数と同じ。

4. (1) ゆれ X は P 波による初期微動，ゆれ Y は S 波による主要動。また，震源からの距離が遠くなるほど，ゆれ X とゆれ Y が始まる時刻の差（初期微動継続時間）は大きくなる。(2) ゆれ X が始まってからゆれ Y が始まるまでの時間（初期微動継続時間）は，震源からの距離に比例する。震源から 37km 離れた地点 A での初期微動継続時間は，5 時 47 分 08 秒 − 5 時 47 分 03 秒 = 5（秒）　よって，初期微動継続時間が 15 秒の震源から地点 O までの距離は，$37\,(\text{km}) \times \dfrac{15\,(秒)}{5\,(秒)} = 111\,(\text{km})$

【答】1. (1) ア　(2) ウ　2. (1) ① イ　② カ　(2) エ　3. (1) (a →) f → d → e → c → b　(2) イ

4. (1) イ・ウ　(2) ウ

2 【解き方】3. 図 1 より，葉が網目状なので，被子植物の双子葉類とわかる。また，タンポポは図 2 のような花がたくさん集まってひとつの花のように見えている。

【答】1. どの葉にも日光がよく当たるから。(同意可)　2. 花弁　3. エ・カ・ク　4. CO_2　5. (1) ウ　(2) ア

6. (1) 道管　(2) 師管　(3) 気孔

3 【解き方】1. BTB 溶液は酸性のときに黄色，中性のときに緑色，アルカリ性のときに青色になる。塩酸に BTB 溶液を加えたとき，黄色になったので，酸性の水溶液。

2. 2 % の水酸化ナトリウム水溶液 8 cm³ の質量は，$1.0\,(\text{g/cm}^3) \times 8\,(\text{cm}^3) = 8\,(\text{g})$　この水溶液に含まれる水酸化ナトリウムの質量は，$8\,(\text{g}) \times \dfrac{2}{100} = 0.16\,(\text{g})$

3. BTB 溶液を加えたとき，アルカリ性である石けん水・アンモニア水・炭酸ナトリウム水溶液・石灰水は青色，酸性である炭酸水・レモン水は黄色，中性である牛乳・食塩水は緑色になる。

5. (1) 塩酸に水酸化ナトリウム水溶液を加えると，塩酸中の水素イオンと水酸化ナトリウム水溶液中の水酸化物イオンが結びついて水ができるので，水酸化物イオンはなくなる。塩酸と水酸化ナトリウム水溶液が完全に中和したあと，さらに水酸化ナトリウム水溶液を加えると，水酸化ナトリウム水溶液が余るので，水酸化物イオンの数が増加し始める。(2) 塩酸中の塩化物イオンの数は，水酸化ナトリウム水溶液を加えても変化しない。

6. 表より，2 % の塩酸 5 cm^3 と完全に中和する 2 % の水酸化ナトリウム水溶液の体積は，4 cm^3 より多く 6 cm^3 より少ないことがわかる。2 % の塩酸 5 cm^3 に 2 % の水酸化ナトリウム水溶液 2 cm^3 を加えると，塩酸と水酸化ナトリウム水溶液が中和して塩化ナトリウムができ，中和していない塩酸が余る。塩酸に溶けている塩化水素は気体なので，水といっしょに空気中に出ていく。よって，塩化ナトリウムの結晶だけが残る。

【答】1. 酸(性)　2. 0.16 (g)　3. ウ　4. (1) H^+　(2) OH^-　(3) 中和　5. (1) B　(2) A　6. イ

4 【解き方】1. ●は，雨の天気記号。

5. A から B にのびる温暖前線は，C 側にある暖気が，D 側にある寒気の上にはい上がるようにして進んでいる。

6. A から B にのびる温暖前線が通過すると，暖気におおわれるので気温が上がる。よって，気温が急に上がった 9 時から 12 時の間に，温暖前線が通過したと考えられる。

【答】1. くもり　2. 温帯(低気圧)　3. 温暖(前線)　4. ア　5. ウ　6. イ　7. エ

5 【解き方】2. 表より，深さ x が 0〜5.0cm のとき，深さ x が 1.0cm ずつ大きくなるごとに，ばねののびは，6.0 (cm) − 5.2 (cm) = 0.8 (cm) ずつ小さくなっていく。深さ x が 5.0cm より大きくなっても，ばねののびは 2.0cm のまま変わらない。これより，深さ x が 5.0cm のとき，物体 A が完全に水中に沈んだことがわかるので，物体 A の高さは 5.0cm。したがって，物体 A の体積は，16 (cm^2) × 5.0 (cm) = 80 (cm^3)　物体 A の質量は，100 (g) × $\frac{1.2\ (\mathrm{N})}{1\ (\mathrm{N})}$ = 120 (g)　よって，物体 A の密度は，$\frac{120\ (\mathrm{g})}{80\ (\mathrm{cm}^3)}$ = 1.5 (g/cm^3)

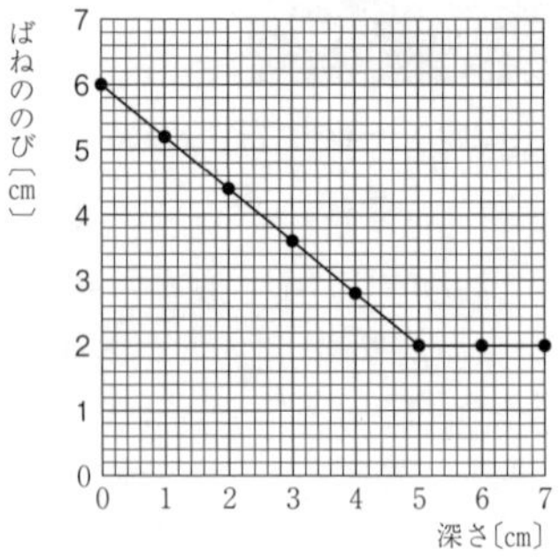

3. 水圧はあらゆる向きからはたらき，水面からの深さが深いほど大きくなる。

4. 表より，水面から物体 A の底面までの深さが 0 cm のとき (物体 A が空気中にあるとき)，ばねののびは 6.0cm なので，このばねに 1.2N の力がはたらくと 6.0cm のびることがわかる。深さ x が 4.0cm のとき，ばねののびは 2.8cm なので，このばねにはたらく力の大きさは，1.2 (N) × $\frac{2.8\ (\mathrm{cm})}{6.0\ (\mathrm{cm})}$ = 0.56 (N)　よって，物体 A にはたらく浮力の大きさは，1.2 (N) − 0.56 (N) = 0.64 (N)

6. (1) 物体 B の底面積は，4.0 (cm) × 4.0 (cm) = 16 (cm^2)　これより，物体 A・B の底面積は等しいことがわかるので，物体 B を水中に 4.0cm 沈めたときに，物体 B にはたらく浮力の大きさは，物体 A を水中に 4.0cm 沈めたときに，物体 A にはたらく浮力の大きさと等しい。4 より，物体 A を水中に 4.0cm 沈めたときに，物体 A にはたらく浮力の大きさは 0.64N なので，物体 B を水中に 4.0cm 沈めたときに，物体 B にはたらく浮力の大きさも 0.64N。(2) 物体 B の体積は，4.0 (cm) × 4.0 (cm) × 4.0 (cm) = 64 (cm^3)　物体 B の密度は，物体 A と等しく 1.5g/cm^3 なので，物体 B の質量は，1.5 (g/cm^3) × 64 (cm^3) = 96 (g)　物体 B にはたらく重力の大きさは，1 (N) × $\frac{96\ (\mathrm{g})}{100\ (\mathrm{g})}$ = 0.96 (N)　物体 B にはたらく浮力の大きさが 0.64N のとき，物体 B が動滑車によって支えられる力の大きさは，0.96 (N) − 0.64 (N) = 0.32 (N) なので，ばねにかかる力の大きさは，$\frac{0.32\ (\mathrm{N})}{2}$ = 0.16 (N)　よって，このときのばねののびは，6.0 (cm) × $\frac{0.16\ (\mathrm{N})}{1.2\ (\mathrm{N})}$ = 0.8 (cm)

【答】1. (前図)　2. 1.5 (g/cm^3)　3. オ　4. 0.64 (N)　5. エ　6. (1) 0.64 (N)　(2) 0.8 (cm)

国　語

1 【答】① あてさき　② しょうげき　③ し(いる)　④ あざ(やかな)　⑤ こぶ　⑥ 編(む)　⑦ 粉雪　⑧ 植樹　⑨ 推移　⑩ 拾(う)

2 【解き方】問一.「まったく」は呼応の副詞で，後に打消しの語を伴う。

問二. 直後の「最初にこんなふうに大人の意表をつくなんて…私があの娘の父親です，とばかりに胸をそらした」に注目。

問三. 形容詞は活用のある自立語で，言い切りの形が「～い」となる語。活用形は，「思い」という名詞が連なっていることから考える。

問四. 前で静子は，朝美が「わざとあんな作文」を書いて安雄を「上手に操った」のだと言っていることに着目する。桃子を家族と数えることで，安雄が桃子を「売れなく」するためのものだったのだと説明している。

問五. 朝美が作文を書いた意図は「どちらでも」よく，「俺にしたって，本当は…桃子と別れたくはなかった」ことから考える。

問六. 洗濯機を買えなくなったことを「勘弁してけろ」と謝った安雄に，静子が「なに語ってんのっしゃあ。機械よりも家族のほうがずっと大事だっちゃ」と返していることに着目する。「我が子に向けるような笑顔」や，売られる予定だった桃子がいることをおさえる。

【答】問一. イ　問二. A. 恥ずかしさ　B. 誇らしさ　問三. (形容詞) 寂しい　(活用形) 連体(形)　問四. エ

問五. 朝美が作文を書いたことで，本当は手放し，別れたくなかった桃子の売却を思い留まる(ことになったから。)(39字)(同意可)

問六. ア

3 【解き方】問一.「自分たちにとって当たり前のことが，日本に住んでいない人には決して当たり前でない」ことを，「『文化』は，その文化を学びとった人以外の人びとにとっては少しも当たり前ではない」と言いかえている。

問二.「ない」をつけると，直前の音が「イ段」の音になる上一段活用。アの「話す」は，「ない」をつけると，直前の音が「ア段」の音になる五段活用。イの「浴びる」は，「ない」をつけると「浴びない」となり，「ない」の直前の音が「イ段」の音になる。ウの「受ける」は，「ない」をつけると，直前の音が「エ段」の音になる下一段活用。エの「する」は，サ行の音をもとにして，変則的な変化をする。

問三. A.「文化」は，それによって生活が成り立っている人々にとっては「いちいち意識されないこと」をふまえて探す。B.「ルールの一つひとつの意味が検討され，議論の対象にされ，多数決で決めなければならないとしたら…生活をスムースに送ることなどできなくなります」と述べている。

問四. 相手が日本の文化に対して説明を求めてきても，「相手を説得したり，納得させるだけの説明ができない」と述べている。さらに，相手に批判されると感情的になって「相手の文化を，逆に批判してしまうこと」も起こってしまうと述べている。

問五. 別の文化の人びとを「批判し，否定し，憎んでしまう」という状態を想定し，「そういう状態にならないためには，どうすればいいのでしょうか」と問いかけていることに着目する。文化についての「変化や多様性に…尊敬を払うことが必要」であり，「自分の立場と，他の立場にいる人びとの主張とを常に見比べることによって…わかってきます」と述べている。

【答】問一. ウ　問二. イ　問三. A. 当たり前　B. たくさんの時間と労力　問四. ア

問五. (文化の)変化や多様性に，注意と関心と，さらには尊敬を払い，自分の立場と，他の立場にいる人びとの主張とを常に見比べる(ことが必要だと考えている。)(53字)(同意可)

4【解き方】問一．語頭以外の「は・ひ・ふ・へ・ほ」は「わ・い・う・え・お」にする。

問二．「これを聞きし人」が，「貸す蓑が一つもないことが悲しい」という女の心情を持資に説明している。

問三．A．持資と女のやりとりを聞いた人の言葉に着目する。女の「貸す蓑が一つもないことが悲しい」という心情を，「古い和歌に託して答えた心情でしょう」と言っている。B．女が和歌に自分の心情を託していたと知った持資が，「はっと気づい」たことをおさえる。

【答】問一．いう　問二．イ　問三．A．古い和歌に託して　B．和歌の奥深さ（それぞれ同意可）

◀口語訳▶　太田左衛門大夫持資は上杉宣政の身分の高い家来である。鷹狩に出て雨にあい，ある小屋に入って蓑を借してくれと言うと，若い女が何も物を言わないで，山吹の花を一枝折って出したので，「花がほしいのではない」と怒って帰ってしまったが，これを聞いた人が，「それは，

七重にも八重にも花は美しく咲くけれども山吹の
実の一つさえないのが悲しいように，貸す蓑が一つもないことが悲しい

という古い和歌に託して答えた心情でしょう」と言った。

持資は和歌の奥深さにはっと気づいて，それからは歌道に心をひかれるようになった。

5【解き方】問一．グラフを見ると，「友達の前で自分の考えや意見をうまく発表することができる」と答えた人は，51％にとどまっている。

【答】問一．約半数の生徒がうまくできない（14字）（同意可）

問二．（例）

私は，まずは相手の意見をしっかりと聞くことが一番大切だと思います。

以前，友達の話をしっかり聞かなかったために，考え方の違いを調整できなかったことがあります。相手の話をきちんと聞けば，それによって，自分の考えとの違いや，おたがいの考えのいい所や悪い所も見えてきて，よりよい考えを出せるような話し合いができると思います。（9行）

岐阜県公立高等学校
（第一次選抜）

2020年度
入学試験問題

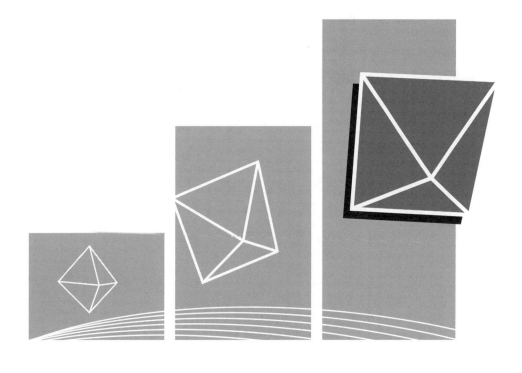

数学

時間　50分　　　　満点　100点

（注）　答えに根号が含まれる場合は，根号を用いて書きなさい。

1　次の(1)〜(6)の問いに答えなさい。

(1)　$9 - 6 \div 3$ を計算しなさい。(　　　)

(2)　$4x + 2y = 6$ を y について解きなさい。y = (　　　)

(3)　$\sqrt{27} + \sqrt{3} - \sqrt{12}$ を計算しなさい。(　　　)

(4)　関数 $y = 2x^2$ で，x の値が2から5まで増加するときの変化の割合を求めなさい。(　　　)

(5)　1から5までの数字を1つずつ書いた5枚のカード[1][2][3][4][5]が，袋の中に入っている。この袋の中からカードを1枚取り出して，そのカードの数字を十の位の数とし，残った4枚のカードから1枚取り出して，そのカードの数字を一の位の数として，2けたの整数をつくる。このとき，つくった整数が偶数になる確率を求めなさい。(　　　)

(6)　右の図は，線分ABを2つの線分に分け，それぞれの線分を直径として作った円である。太線は2つの半円の弧をつなげたものである。AB = 10cmのとき，太線の長さを求めなさい。(円周率はπを用いなさい。)（　　　cm）

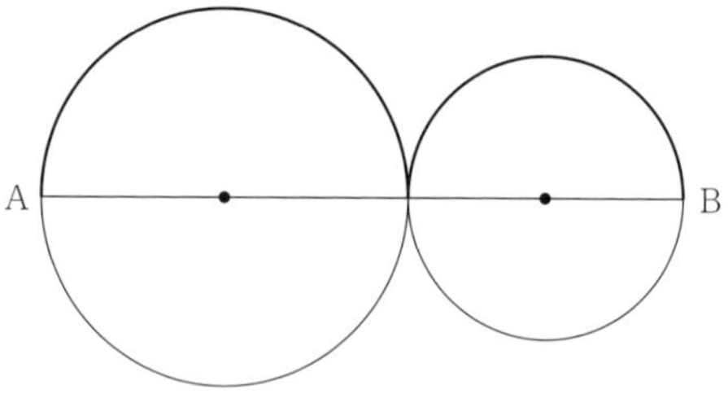

2　右の表は，A中学校の生徒39人とB中学校の生徒100人の通学時間を調べ，度数分布表に整理したものである。

次の(1)〜(3)の問いに答えなさい。

(1)　A中学校の通学時間の最頻値を求めなさい。(　　　分)

(2)　B中学校の通学時間が15分未満の生徒の相対度数を求めなさい。(　　　)

(3)　右の度数分布表について述べた文として正しいものを，次のア〜エの中から全て選び，符号で書きなさい。(　　　)

ア　A中学校とB中学校の，通学時間の最頻値は同じである。

イ　A中学校とB中学校の，通学時間の中央値は同じ階級にある。

ウ　A中学校よりB中学校の方が，通学時間が15分未満の生徒の相対度数が大きい。

エ　A中学校よりB中学校の方が，通学時間の範囲が大きい。

通学時間（分）	A中学校（人）	B中学校（人）
以上　未満 0 〜 5	0	4
5 〜 10	6	10
10 〜 15	7	16
15 〜 20	8	21
20 〜 25	9	18
25 〜 30	5	15
30 〜 35	4	10
35 〜 40	0	6
計	39	100

3　右のカレンダーの中にある3つの日付の数で，次の①～③の関係が成り立つものを求める。

日	月	火	水	木	金	土
1	2	3	4	5	6	7
8	9	10	11	12	13	14
15	16	17	18	19	20	21
22	23	24	25	26	27	28
29	30	31				

① 最も小さい数と2番目に小さい数の2つの数は，上下に隣接している。

② 2番目に小さい数と最も大きい数の2つの数は，左右に隣接している。

③ 最も小さい数の2乗と2番目に小さい数の2乗との和が，最も大きい数の2乗に等しい。

次の(1)，(2)の問いに答えなさい。

(1) 2番目に小さい数を x とすると，

(ア) ①から，最も小さい数を x を使った式で表しなさい。(　　　)

(イ) ②から，最も大きい数を x を使った式で表しなさい。(　　　)

(ウ) ①，②，③から，x についての2次方程式をつくり，$x^2 + ax + b = 0$ の形で表しなさい。

(　　　$= 0$)

(2) 3つの数を求めなさい。(　　　　)

4　右の図のように，水平に置かれた直方体状の容器があり，その中には水をさえぎるために，底面と垂直な長方形のしきりがある。しきりで分けられた底面のうち，頂点Qを含む底面をA，頂点Rを含む底面をBとし，Bの面積はAの面積の2倍である。管aを開くと，A側から水が入り，管bを開くと，B側から水が入る。aとbの1分間あたりの給水量は同じで，一定である。

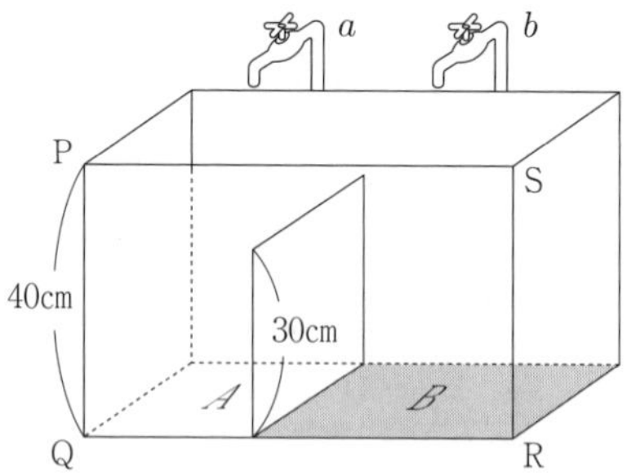

A側の水面の高さは辺QPで測る。いま，aとbを同時に開くと，10分後にA側の水面の高さが30cmになり，20分後に容器が満水になった。管を開いてからx分後のA側の水面の高さを$y$cmとすると，xとyとの関係は下の表のようになった。ただし，しきりの厚さは考えないものとする。

x(分)	0	…	6	…	10	…	15	…	20
y(cm)	0	…	ア	…	30	…	イ	…	40

次の(1)～(4)の問いに答えなさい。

(1)　表中のア，イに当てはまる数を求めなさい。ア(　　　)　イ(　　　)

(2)　xとyとの関係を表すグラフをかきなさい。($0 \leqq x \leqq 20$)

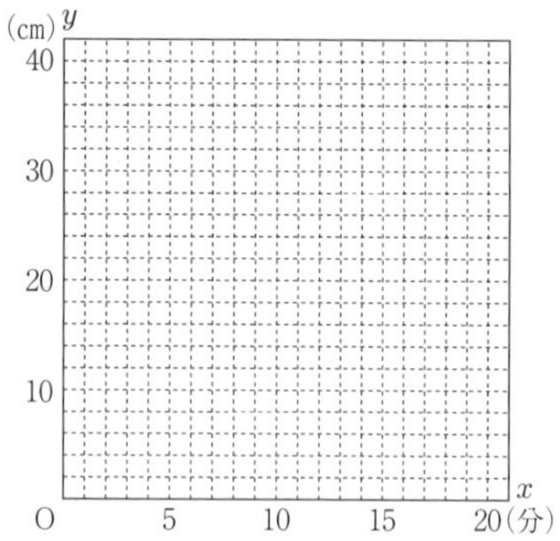

(3)　xの変域を次の(ア)，(イ)とするとき，xとyとの関係を式で表しなさい。

(ア)　$0 \leqq x \leqq 10$のとき　y＝(　　　)

(イ)　$15 \leqq x \leqq 20$のとき　y＝(　　　)

(4)　B側の水面の高さは辺RSで測る。管を開いてから容器が満水になるまでの間で，A側の水面の高さとB側の水面の高さの差が2cmになるときが2回あった。管を開いてから何分何秒後であったかを，それぞれ求めなさい。(　　分　　秒後)(　　分　　秒後)

5　右の図で，△ABCは∠BAC＝90°の直角二等辺三角形であり，△ADEは∠DAE＝90°の直角二等辺三角形である。また，点Dは辺CBの延長線上にある。

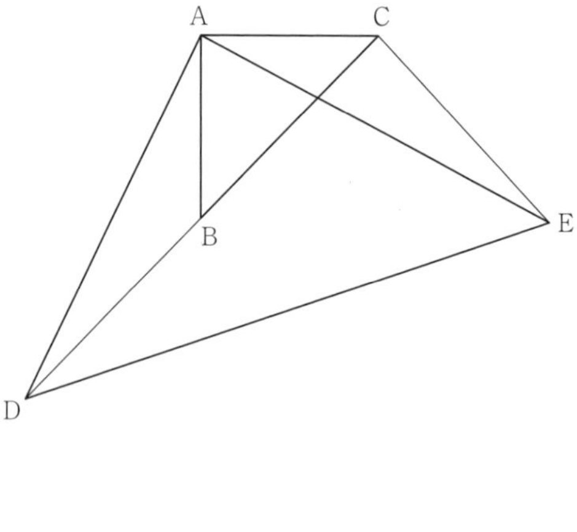

次の(1)，(2)の問いに答えなさい。

(1)　△ADB≡△AECであることを証明しなさい。

(2)　AB＝AC＝$\sqrt{2}$cm，AD＝AE＝3cmのとき，

(ア)　DEの長さを求めなさい。(　　　cm)

(イ)　BDの長さを求めなさい。(　　　cm)

6　平面上に，はじめ，白の碁石が1個置いてある。次の操作を繰り返し行い，下の図のように，碁石を正方形状に並べていく。

> 【操作】　すでに並んでいる碁石の右側に新たに黒の碁石を2列で並べ，次に，下側に新たに白の碁石を2段で並べる。

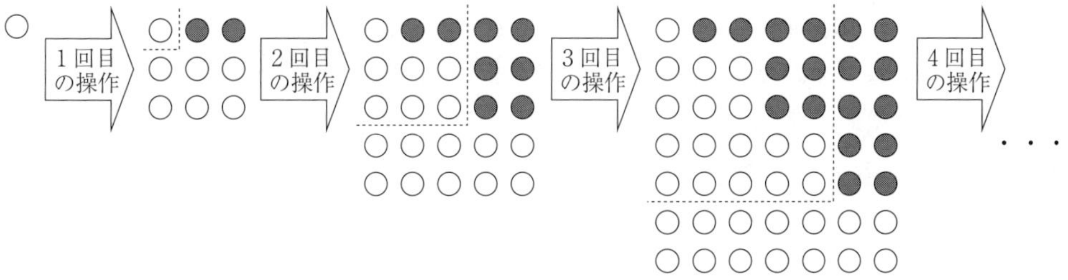

次の(1)～(4)の問いに答えなさい。

(1)　4回目の操作で，新たに並べる碁石について，

(ア)　黒の碁石の個数を求めなさい。(　　　個)

(イ)　白の碁石の個数を求めなさい。(　　　個)

(2)　n 回目の操作を終えた後に，正方形状に並んでいる碁石の一辺の個数を，n を使った式で表しなさい。(　　　個)

(3)　次の文章は，n 回目の操作を終えた後に並んでいる碁石の個数について，花子さんの考えをまとめたものである。アには数を，イ，ウ，エには n を使った式を，それぞれ当てはまるように書きなさい。ア(　　　)　イ(　　　)　ウ(　　　)　エ(　　　)

> はじめ，白の碁石が1個だけ置いてある。また，1回の操作で新たに並べる白の碁石の個数は，新たに並べる黒の碁石の個数より［ア］個多い。
>
> したがって，n 回目の操作を終えた後に並んでいる黒の碁石の個数をA個とすると，白の碁石の個数は，(1 + A + ［イ］)個と表すことができる。
>
> また，n 回目の操作を終えた後に，正方形状に並んでいる碁石の総数は，［ウ］個である。
>
> これらのことから，方程式をつくると，
>
> A + (1 + A + ［イ］) = ［ウ］
>
> となる。これを解くと，A = ［エ］となる。
>
> よって，n 回目の操作を終えた後に並んでいる黒の碁石の個数は，［エ］個となる。

(4)　20回目の操作を終えた後に並んでいる白の碁石の個数を求めなさい。(　　　個)

英語

時間　50分　　　　満点　100点

（編集部注）　放送問題の放送原稿は英語の末尾に掲載しています。
音声の再生についてはもくじをご覧ください。

1　放送を聞いて答える問題

1　これから短い英文を読みます。英文は(1)～(5)まで五つあります。それぞれの英文を読む前に，日本語で内容に関する質問をします。その質問に対する答えとして最も適切なものを，ア～エの中から一つずつ選び，その符号を書きなさい。

なお，英文については2回ずつ読みます。

(1)(　　　)　(2)(　　　)　(3)(　　　)　(4)(　　　)　(5)(　　　)

(1)
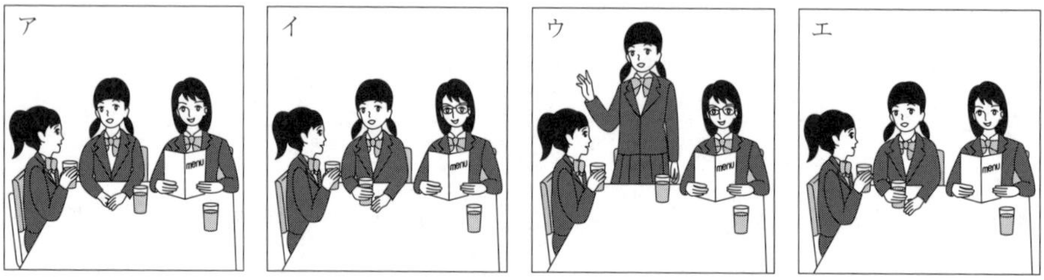

(2)

(3)　ア　When did you see the movie?

イ　Why did you like the movie?

ウ　What do you mean?

エ　How about seeing the movie again next weekend?

(4)
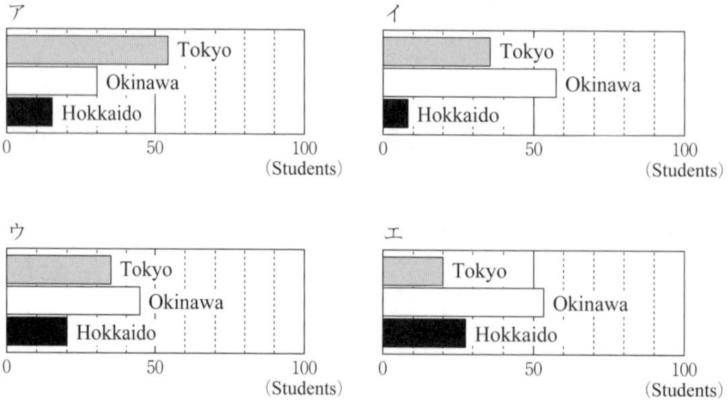

(5)

The Next English Class

● Day & Time ①
● Place ②
● What to bring ③

by Mr. Brown

ア
① Tuesday 11:45
② Library
③ Favorite thing

イ
① Thursday 11:45
② Room 201
③ Favorite thing

ウ
① Tuesday 10:45
② Library
③ Picture

エ
① Thursday 10:45
② Library
③ Picture

2　これから読む英文は，中学生の祐二（Yuji）とグリーン先生（Ms. Green）が話をしているときのものです。この英文を聞いて，(1)，(2)の問いに答えなさい。なお，英文は２回読みます。

英文を聞く前に，まず，(1)，(2)の問いを読みなさい。

(1)　次の①～③に対する答えを，祐二とグリーン先生の会話の内容に即して，英語で書きなさい。ただし，解答欄の____の部分には１語ずつ書くこと。

①　What happened to Yuji's basketball team last week?

答え　His team did not ______ the game.

②　How does Yuji feel when he makes mistakes in the basketball game?

答え　He always feels ______ for his friends in his team.

③　When will Yuji have his next game?

答え　He will have it in ______.

(2)　祐二とグリーン先生の会話の内容に合っているものを，次のア～エの中から一つ選び，その符号を書きなさい。(　　　)

ア　Ms. Green has played basketball for ten years in Japan.

イ　Ms. Green never felt nervous during her basketball games.

ウ　Yuji was encouraged by his friend's words and smile.

エ　Yuji learned that he could improve his basketball skills by making mistakes.

2　次の 1～3 の問いに答えなさい。

1　次の会話の（　　）に入れるのに最も適切な英語を，1 語書きなさい。ただし，（　　）内に示されている文字で書き始め，その文字も含めて答えること。（　　　）

Jim:　Hi, Maki. I heard you were sick and left school early yesterday. How are you today?

Maki:　I feel much（b　　）than yesterday. I went to the hospital and took medicine.

Jim:　I'm glad to hear that.

2　次の会話の（　　）に入れるのに最も適切なものを，ア～エの中から一つ選び，その符号を書きなさい。（　　　）

（学校で）

Akiko:　Paul, this is our class schedule.

Paul:　Thank you very much. But why is this written in English and Japanese? Did you make it for me?

Akiko:　Actually, no. I（　　）from Mr. Suzuki, our English teacher. He wants us to learn how to say each subject in English.

（注）schedule：予定表

ア　got it　　イ　sent it　　ウ　made it　　エ　gave it

3　由香（Yuka）と留学生のメアリー（Mary）は，夏休みに鹿児島県に行く計画を立てています。由香とメアリーのそれぞれが良いと考えている計画として最も適切なものを，ア～エの中から一つずつ選び，その符号を書きなさい。Yuka's plan（　　　）　Mary's plan（　　　）

Mary:　I'm so excited to go to Kagoshima. I found some plans to get there. Look at this, Yuka.

Yuka:　Let me see. This is very cheap. But if we take a bus, it takes very long to get there.

Mary:　That's true. I don't want to sit on the bus for more than 10 hours!

Yuka:　I like to travel by plane. Oh, there are two ways to get there by plane. Well, this is the best plan for me because it takes the shortest time to get to Kagoshima. What do you think, Mary?

Mary:　That's good, but I think this one is the best. It is cheaper than going there by plane.

Plan	Start	Arrive	From Gifu to Kagoshima	How much?
ア	6:30 a.m.	12:30 p.m.	Gifu Station ━━ Nagoya Station 〰〰 Nagoya Airport ══ Fukuoka Airport ━━ Hakata Station ━━ Kagoshima Chuo Station	37,860 yen
イ	1:30 p.m.	5:30 p.m.	Gifu Station ━━ Nagoya Station ━━ Chubu International Airport ══ Kagoshima Airport 〰〰 Kagoshima Chuo Station	34,610 yen
ウ	1:10 p.m.	6:50 p.m.	Gifu Station ━━ Nagoya Station ━━ Hakata Station ━━ Kagoshima Chuo Station	24,730 yen
エ	7:40 p.m	11:10 a.m.	Gifu Station ━━ Nagoya Station 〰〰 Kagoshima Chuo Station	16,670 yen

Train ━━　Bus 〰〰　Plane ══

3 次の英文は，健二（Kenji）が，地域の図書館の利用状況を調べてグラフ（Graph）を作り，英語の授業で発表したときのものです。1～3 の問いに答えなさい。

Have you ever used the library in our town? I often go there to read books or to study. The library is a wonderful place for people who like reading books or people who want to study. I sometimes stay there for a long time. One day, I asked a person working at the library how long people stay in the library when they visit it.

Please look at the graph. You can see more than 60% stay for less than one hour. Among them, the number of people who stay for less than 30 minutes is larger. Those people don't stay very long because they just come to borrow or return books. Few people stay for more than three hours. People using the library for studying want to stay longer, but there is not enough space for them now. In addition, there are not enough computers to get some information.

What should we do to make the library more comfortable for people who want to stay longer? I'll tell you my idea. Look at this picture. First, we should have a book space and a larger learning space in different places. Then each space will be quieter and more comfortable. Second, we should have more computers near the learning space because they are very useful for people who study. Third, we should have a special room for people who want to study in groups. Then they can get new ideas by studying in groups.

(①), more people will enjoy staying in the library in our town. What do you think about my idea?

（注） less than ～：～未満　space：空間　in addition：加えて　comfortable：快適な

1 健二が発表のときに見せたグラフとして最も適切なものを，次のア～エの中から一つ選び，その符号を書きなさい。(　　　)

ア
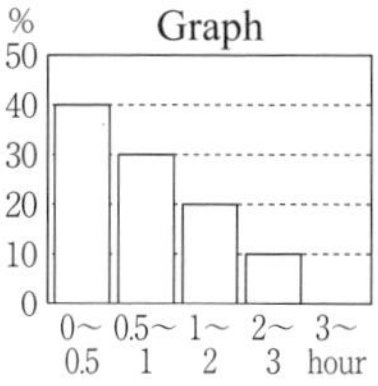

イ
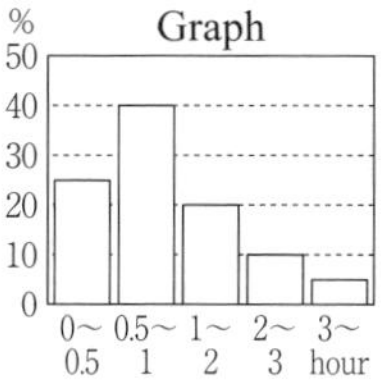

ウ
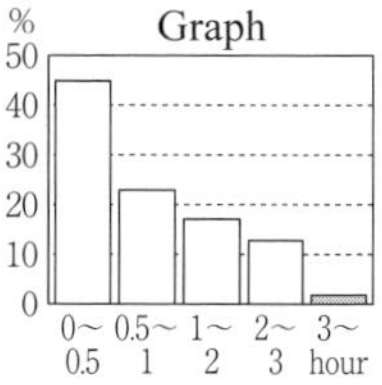

エ
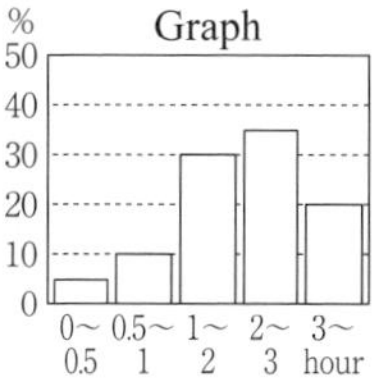

2 健二が発表の中で示した図書館の改善案として最も適切なものを，次のア～ウの中から一つ選び，その符号を書きなさい。(　　　)

〈現在の図書館〉
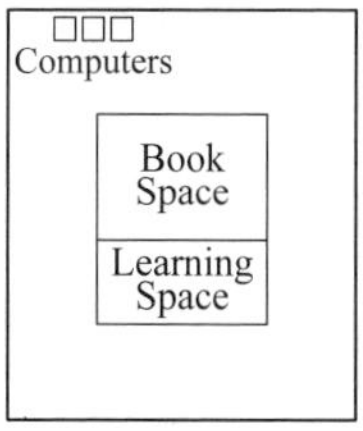

ア
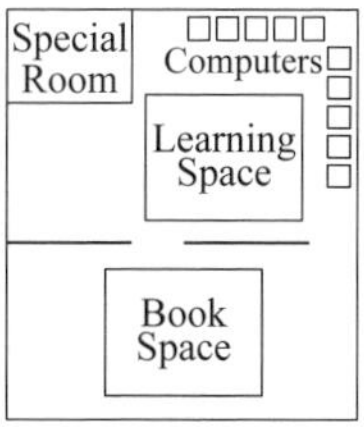

イ
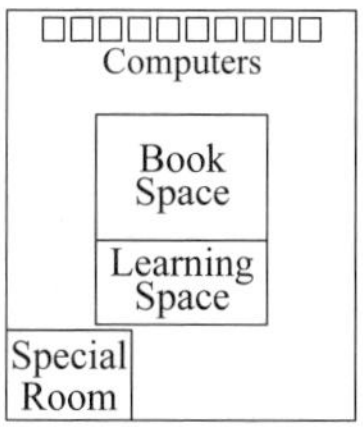

ウ
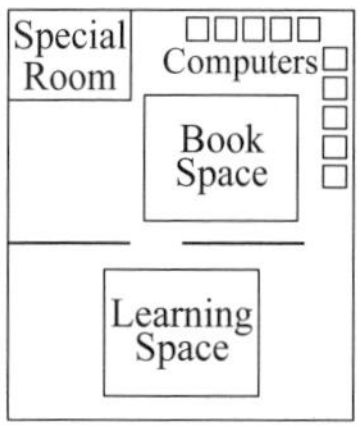

3　本文中の（ ① ）に入れるのに最も適切なものを，次のア〜エの中から一つ選び，その符号を書きなさい。(　　　)

ア　Though we can't improve the library

イ　If we can improve the library this way

ウ　Though we don't have a library in our town

エ　If we go to better libraries in other towns

4 次の英文は，中学生の裕美（Yumi）と留学生のトム（Tom）が，伊藤先生（Mr. Ito）と環境問題（environmental problem）について話をしているときのものです。1～7の問いに答えなさい。

Yumi: My mother always says that the weather in Japan has changed a lot. Is it an effect of global warming?

Tom: I think so. I watched a program about environmental problems around the world on TV last year. I learned many things from the program. The increase of CO_2 in the atmosphere is one of the causes of global warming. 【 ア 】 Global warming gives a lot of damage to our lives. Environmental pollution problems also give serious damage to the earth. So I started thinking about what to do to solve environmental problems.

Mr. Ito: I found an article on an English newspaper. I want you to read this.

> How will our lives be changed in the future? The earth has a lot of problems — environmental problems, energy problems, food problems, and other problems. They are very serious. What will happen to the earth (①)? We should know that they are not someone else's problems.
>
> In June 1992, Severn Suzuki, a twelve-year-old girl from Canada, made a speech in front of world leaders at the UN Earth Summit in Rio de Janeiro. She talked about serious problems of the earth with strong messages. She really wanted the leaders to think about the problems and asked them to start something to protect the future world. Her words impressed all the people there and around the world.
>
> Many years after her speech, many countries took action. In 2015, at a world meeting of the UN, world leaders made some goals to solve the world's problems.
>
> Today, April 22, is Earth Day. Let's talk about what we can do for the future.

〈*After Yumi and Tom read the article...*〉

Mr. Ito: Do you know anything about Earth Day?

Yumi: I've seen some posters of Earth Day in some places. I know Earth Day is an important day for everyone, but I think the earth's problems sound a little difficult for me. 【 イ 】 So I haven't thought about them well.

Tom: I understand what you mean. But all people have to think about them as their own problems.

Mr. Ito: That's right. The article says ②<u>the same thing</u>. Have you listened to Severn Suzuki's speech?

Yumi: No, I haven't.

Tom: I've listened to her speech recently on the Internet. I was moved by her speech because a young girl like my age had very strong opinions. She is still working very hard to solve environmental problems. You should listen to it, Yumi. I think we can learn a lot from her.

Yumi:　OK, Tom. I will.

Mr. Ito:　Why don't we start something together to solve environmental problems? 【　ウ　】 I also believe even small things can change the world. Do you have any ideas?

Yumi:　Well, we can say "No thanks" to plastic bags at shops. And we can save water at home. We can try to recycle or reuse things, too.

Mr. Ito:　How about you, Tom?

Tom:　Well, how about making a special Earth Day for our school and putting posters on the wall? We can write some messages for solving environmental problems on the posters.

Mr. Ito:　【　エ　】 That's a nice idea. I want to talk about what we can do to solve environmental problems in our English class. I hope we can get many ideas from other students.

（注） effect：影響　increase：増加　CO_2：二酸化炭素　atmosphere：大気　cause：原因
damage：被害　pollution：汚染　article：記事　leader：指導者
the UN Earth Summit：国連地球サミット　take action：行動する　recently：最近

1　トムが環境問題について考えるようになったきっかけを正しく表しているものを，本文の内容に即して，次のア～エの中から一つ選び，その符号を書きなさい。(　　　)

2　新聞記事の（ ① ）に入れるのに最も適切なものを，次のア～エの中から一つ選び，その符号を書きなさい。(　　　)

ア　if we can't read English newspapers to learn problems on the earth
イ　if we study hard about the earth on the Internet every day
ウ　if we don't try to solve serious problems around the world
エ　if we find answers to the environmental problems easily

3　本文中の下線部②が示す内容として，最も適切な１文を，新聞記事の中から抜き出して書きなさい。
(　　　　　　　　　　　　　　　　　　　　　　　　　　　　　　　　　　)

4　次の英文を入れるのに最も適切な箇所を，本文中の【 ア 】～【 エ 】の中から一つ選び，その符号を書きなさい。(　　　)

I believe there is something that we can do.

5 次の質問に対する答えを，本文の内容に即して，英語で書きなさい。ただし，解答欄の＿＿の部分には1語ずつ書くこと。

(1) Does Yumi know that Earth Day is an important day for everyone?

＿＿＿, she ＿＿＿.

(2) Why was Tom moved by Severn Suzuki's speech?

Because a young girl like ＿＿＿ age had very ＿＿＿ opinions.

6 本文の内容に合っているものを，次のア～オの中から二つ選び，その符号を書きなさい。

(　　)(　　)

ア The newspaper article says that Severn Suzuki went to Canada to make a speech about Earth Day.

イ The newspaper article says that world leaders made some goals to solve the world's problems in 2015.

ウ Mr. Ito told Yumi and Tom to listen to Severn Suzuki's speech on Earth Day.

エ Mr. Ito asked Yumi and Tom to make posters of environmental problems.

オ Mr. Ito wants to talk about what to do to solve environmental problems with students in his English class.

7 次の英文は，伊藤先生が裕美とトムと話したことを，他の生徒に伝えているときのものです。(③)，(④) に入れるのに適切な英語を，本文中から抜き出して1語ずつ書きなさい。ただし，(　　) 内に示されている文字で書き始め，その文字も含めて答えること。

③(　　) ④(　　)

Yumi and Tom want to start something to solve environmental problems. I think that even (③s　　) things can change the world. They will make a special Earth Day for our school and put posters on the wall. I want all of you to think about what we can do to (④p　　) the world from environmental problems.

5 次の 1，2 の会話について，それぞれの［　　］内の語を正しく並べかえて，英文を完成させなさい。ただし，解答欄の____の部分には 1 語ずつ書くこと。

1 But I _____ _____ _____ _____ _____ to play it since I came to Japan.

2 I'll give _____ _____ _____ _____ _____ likes it so much.

1 （昼休みの教室で）

Emma: I really enjoyed your piano performance last Sunday.

Yuki: Thank you very much for coming. Do you play the piano?

Emma: Yes, I do. But I [not / a / chance / had / have] to play it since I came to Japan.

Yuki: Really? Then, you can come to my house to play it.

Emma: That's very kind of you.

2 （友達の家で）

Hana: Thank you for taking care of my little sister.

Ann: You're welcome. It was fun for me to spend time with her.

Hana: She said that she really liked the book you read to her.

Ann: Oh, did she? I'll give [her / to / she / if / it] likes it so much.

Hana: Thank you. She will be happy.

6　あなたは，留学生としてあなたの通う中学校に来る予定のマーク（Mark）に，学校生活についてメールで紹介するためのメモを作成しました。メモをもとにマークに送るメール文を完成させなさい。メール文の［　①　］，［　②　］には，それぞれメモに即して，適切な英語を書きなさい。また，［　③　］には，【学校生活でマークと一緒にしてみたいこととその理由】について，あなたの考えを英語で書きなさい。

ただし，［　③　］は，メモに書かれていない内容であること。

① Our school (　　　　　　　　　　　　　　　　　　　　　　　　　　　).

② We (　　　　　　　　　　　　　　　　　　　) because our school serves school lunch.

③ When you come to my school, I (　　　　　　　　　　　　　　　　　　　).

〈メモ〉

・学校は朝８時半に始まる。

・授業は，毎日６時間目まである。

・給食があるので，自分の昼食を持って来なくてもいい。

・昼食が終わったら，みんなで掃除をする。

【学校生活でマークと一緒にしてみたいこととその理由】

・［　　　　あなたの考え　　　　］

〈メール文〉

Dear Mark,

I would like to tell you about my school life.

Our school ［　①　］. We have six classes every day. After the fourth class, we have lunch. We ［　②　］ because our school serves school lunch. When we finish eating, we clean the school buildings together. When you come to my school, I ［　③　］. I'm looking forward to seeing you.

（注）　serve：提供する

〈放送原稿〉

2020年度岐阜県公立高等学校入学試験英語の放送問題を始めます。

1　これから短い英文を読みます。英文は(1)から(5)まで五つあります。それぞれの英文を読む前に，日本語で内容に関する質問をします。その質問に対する答えとして最も適切なものを，アからエの中から一つずつ選び，その符号を書きなさい。

なお，英文については2回ずつ読みます。

(1)　これから読む英文の内容を，正しく表しているものはどれでしょう。

Three girls are sitting around the table. Two of them are holding glasses. A girl wearing glasses is looking at the menu.

（くり返す）

(2)　これから読む英文は，ジョン（John）と絵里（Eri）との会話です。2人が会話している場面を表しているものはどれでしょう。

John:　This is a very famous picture. Have you ever seen this picture, Eri?

Eri:　No, I haven't. But it's very beautiful. Don't you think so, John?

John:　Yes. We can see other famous pictures here. Let's go and look around.

（くり返す）

(3)　これから読む英文は，マーク（Mark）と香奈（Kana）との会話です。その会話の中で，香奈がひとこと付け加えるとすると，どの表現が最も適切でしょう。なお，香奈がひとこと付け加えるところで，チャイムが鳴ります。

Mark:　Kana, what did you think about the movie?

Kana:　I thought it was a great movie. I was impressed with the story. How about you, Mark?

Mark:　I like the story, too. I also like all the characters in the movie. They are so funny. So, I want to see it again.

Kana:　I agree.（チャイムの音）

（くり返す）

(4)　これから読む英文は，新聞部が行ったアンケートの結果を，浩志（Hiroshi）がグラフにまとめ，英語の授業で発表したときのものです。浩志が発表のときに見せたグラフはどれでしょう。

Which place would you like to visit in summer — Tokyo, Okinawa, or Hokkaido? Please look at this. It shows where 100 students in our school want to go during the summer vacation. Tokyo is popular because there are many places for shopping. But Okinawa is more popular than Tokyo. More than half of the students want to visit Okinawa to swim in the beautiful sea there. Hokkaido is a nice place to go because it is cool in summer, and there is a lot of beautiful nature there. However, Okinawa and Tokyo are more popular than Hokkaido.

（くり返す）

(5)　これから読む英文は，ブラウン先生（Mr. Brown）が，英語の授業について，連絡をしているときのものです。ブラウン先生が紙に書いた連絡の内容を正しく表しているものはどれでしょう。

You are going to make a speech about your favorite thing in the next English class. We usually have our English class at 11:45 here in room 201 every Thursday. But we will have the next class at the library on Tuesday next week. And the class will start one hour earlier on that day. Please don't be late. When you make a speech, you need to bring the picture of your favorite thing. I wrote this information on the paper and I will put it on the wall for you.

(くり返す)

2　これから読む英文は，中学生の祐二（Yuji）とグリーン先生（Ms. Green）が話をしているときのものです。この英文を聞いて，(1)，(2)の問いに答えなさい。なお，英文は2回読みます。

英文を聞く前に，まず，(1)，(2)の問いを読みなさい。

では，始めます。

Yuji: Hello, Ms. Green.

Ms. Green: Hi, Yuji. You don't look well today. What happened?

Yuji: Last week we had a basketball game. I was so nervous that I couldn't play well. Finally, our team lost the game.

Ms. Green: Oh, I understand how you feel. I played basketball for ten years in Canada. I felt nervous during games, too.

Yuji: Oh, did you? I always feel sorry for my friends in my team when I make mistakes in the game.

Ms. Green: Yuji, I had the same feeling. When I made a mistake in the game, I told my friends that I was sorry. But one of my friends said, "Don't feel sorry for us. We can improve by making mistakes. You can try again!" She told me with a big smile. Her words and smile encouraged me. Since then, I have kept her words in mind.

Yuji: Thank you, Ms. Green. I learned a very important thing from you. Now I believe that I can improve my basketball skills by making mistakes.

Ms. Green: Great, Yuji! I'm glad to hear that. When is your next game?

Yuji: Oh, it's in November. Please come to watch our game!

Ms. Green: Sure. I'm looking forward to seeing it. Good luck.

Yuji: Thank you, Ms. Green. I'll do my best.

(くり返す)

これで放送問題を終わります。

社会

時間　50分　　　満点　100点

1　ゆうきさんは，歴史の授業で学習した内容について，情報の伝わり方や広がり方に着目して，時代区分ごとにまとめを書いた。1～11の問いに答えなさい。

[ゆうきさんのまとめ]

原始・古代　　[資料1]

紀元前 16 世紀頃に黄河の流域におこった Ⅰ では，資料 1 のように，漢字の基となった甲骨文字が作られた。

その後，漢字は渡来人によって日本に伝えられた。渡来人は，大和政権において，朝廷の記録や財政に当たったり，外国への手紙を作ったりするなど，様々な面で活躍した。

古代　　[資料2]

奈良時代には，神話や伝承，記録などを基にした歴史書などがまとめられた。また，和歌も盛んになり，大伴家持がまとめたといわれる「 Ⅱ 」には，防人や農民の歌なども収められている。

平安時代には，資料 2 のように，漢字を変形させて，日本語の発音を表せるように工夫した仮名文字が作られ，多くの文学作品が生まれた。

中世　　[資料3]

鎌倉時代には，地頭となった①武士が荘園を勝手に支配することがあったため，農民が資料3のような訴状を作って領主に訴えたり，②地頭と領主の争いを幕府が裁いたりすることもあった。

室町時代には，各地で土一揆が起きた。農民は荘園領主などに抵抗し，奈良市には，借金帳消しを宣言した文字が彫られた岩が残されている。

近世　　[資料4]

戦国時代から③安土桃山時代に盛んに行われた南蛮貿易によって，活版印刷術が伝わり，資料 4 の「平家物語」のように，様々な書物がローマ字で印刷された。

江戸時代には，④鎖国によって，日本人は海外に行くことができなくなった。幕府は，貿易を行う中国人やオランダ人に風説書を提出させるなどして，⑤海外の情報を独占した。

近代　　[資料5]

米の騒動
各地に勃發す
▽警察部長鎮撫に出動す
関西方面にも波及

明治時代には活版印刷が普及した。日刊新聞や雑誌などを通して，欧米の思想は人々に影響を与え，⑥自由民権運動へとつながった。

資料5は， Ⅲ を見こした米の買い占めから，富山県で始まった米騒動を伝える新聞記事である。このように，大正時代には，新聞の報道を通じて，情報が全国に広がった。

現代　　[資料6]

⑦第二次世界大戦中は言論への統制が強化されたが，終戦後には，GHQ の占領政策に反しない範囲で，言論の自由が回復された。復刊，創刊された新聞などは，知識層に影響を与えた。

また，1950 年代には週刊誌ブームが起こり，資料 6 のような雑誌が広く読まれた。こうした⑧マスメディアの発達は，人々の生活や社会に大きな影響を与えた。

1　 Ⅰ に当てはまる中国の王朝を，ア～エから一つ選び，符号で書きなさい。(　　　)

ア　殷　　イ　秦　　ウ　漢　　エ　隋

2　 Ⅱ に当てはまる和歌集の名を書きなさい。(　　　)

3　下線①に関する次のア～ウの出来事を，年代の古い順に並べ，符号で書きなさい。

(古い出来事　→　→　新しい出来事)

ア　白河上皇が，武士も家臣にするなど，自由に人材を登用した。

イ　平清盛が，武士として初めて太政大臣となった。

ウ　天皇と上皇の対立や政治の実権をめぐる対立などから，保元の乱が起きた。

4　下線②について，1232年に，北条泰時が，武士の裁判の基準として定めた法律の名を書きなさい。(　　　)

5　下線③について，右の文の[a]，[b]に当てはまる言葉の正しい組み合わせを，ア～エから一つ選び，符号で書きなさい。(　　　)

豊臣秀吉は太閤検地を行い，[a]という統一的な基準で全国の土地を表した。また，[b]の征服を目指して，大軍を朝鮮に派遣した。

ア　a＝地価　　b＝明　　イ　a＝地価　　b＝元

ウ　a＝石高　　b＝明　　エ　a＝石高　　b＝元

6　下線④について，次の文を読んで，(1)，(2)に答えなさい。

当初，ヨーロッパの書物は，輸入が認められなかったが，X享保の改革で，キリスト教に関係しない，漢訳されたヨーロッパの書物の輸入が認められた。18世紀後半には，杉田玄白などが，資料7の「[c]」を出版し，[d]の基礎を築いた。

[資料7]

(1)　下線Xで行われた政策を，ア～エから一つ選び，符号で書きなさい。

(　　　)

ア　日米修好通商条約を結んだ。　　イ　株仲間の解散を命じた。

ウ　生類憐みの令を出した。　　エ　上げ米の制を定めた。

(2)　[c]，[d]に当てはまる言葉の正しい組み合わせを，ア～エから一つ選び，符号で書きなさい。(　　　)

ア　c＝解体新書　　d＝国学　　イ　c＝解体新書　　d＝蘭学

ウ　c＝古事記伝　　d＝国学　　エ　c＝古事記伝　　d＝蘭学

7　下線⑤について，次の[e]に当てはまる法令の名を書きなさい。(　　　)

19世紀になると，外国の船が日本に近づいてくるようになり，1825年，幕府は[e]を出した。しかし，アヘン戦争で清がイギリスに敗れたことを知ると，幕府は[e]をやめ，日本に寄港した外国船に燃料のまきや水を与えるよう命じる一方で，軍事力の強化を目指した。

8　下線⑥について，(1)，(2)に答えなさい。

(1)　略年表のYの後，政府の中心になり，新たに内務省を設置して内務卿となった人物の名を，漢字で書きなさい。(　　　)

[略年表]

19世紀	征韓論政変が起こる……Y
	↕ Z
	第一回帝国議会が開かれる

(2)　略年表のZの期間に起きた次のア～ウの出来事を，年代の古い順に並べ，符号で書きなさい。(古い出来事　→　→　新しい出来事)

ア　大日本帝国憲法の発布　　イ　民撰議院設立の建白書の提出　　ウ　自由党の結成

9　[Ⅲ]に当てはまる出来事を，ア～エから一つ選び，符号で書きなさい。(　　　)

ア　日露戦争　　イ　五・四運動　　ウ　満州事変　　エ　シベリア出兵

10　下線⑦について，次の[f]に当てはまることがらを，グラフ1，2を参考にして，「日本」，「石油」という二つの言葉を用いて，簡潔に書きなさい。

(　　　　　　　　　　　　　　　　　　　)

1941年，日本は日ソ中立条約を結ぶと，フランス領インドシナの南部へ軍を進めた。こうした動きに対してアメリカは，[　f　]して経済的に封鎖する対応をとり，イギリスやオランダも同調した。日本では，こうした欧米諸国の動きを打ち破るには，早期に開戦するしかないという主張が高まった。

［グラフ1］　日本の石油の輸入量の変化

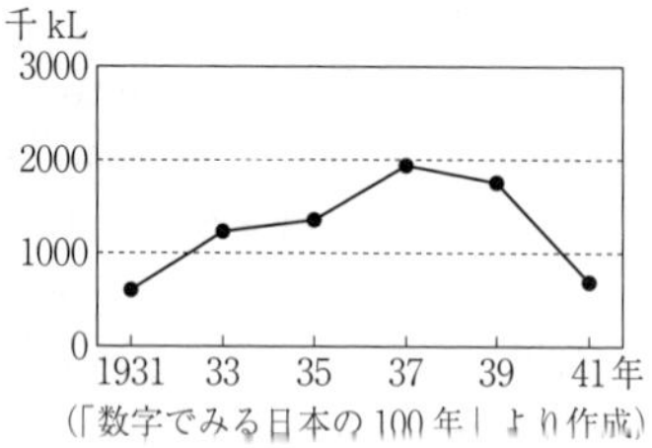

(「数字でみる日本の100年」より作成)

［グラフ2］　日本の石油の輸入先とその割合（1940年）

(単位：%)

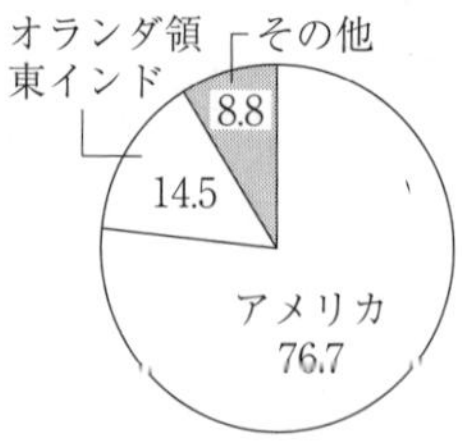

(「昭和史」より作成)

11　下線⑧について，次の[　g　]，[　h　]に当てはまる言葉の正しい組み合わせを，ア～エから一つ選び，符号で書きなさい。(　　　)

大衆の娯楽としては映画が人気を集め，「羅生門」の監督である[　g　]などが，世界的にも高い評価を受けた。1950年代末には[　h　]が急速に普及し，全国の人々は，[　h　]を通じて同じ内容の情報を同時に得るようになっていった。

ア　g＝川端康成　　h＝テレビ　　イ　g＝川端康成　　h＝インターネット

ウ　g＝黒澤明　　h＝テレビ　　エ　g＝黒澤明　　h＝インターネット

2　ゆりさんとしげるさんは，地理の授業を通して興味をもった国や地域と2人の住む関東地方について調べ，まとめを書いた。1～12の問いに答えなさい。

> [ゆりさんのまとめ]　ヨーロッパの人々の暮らし
>
> 　ヨーロッパの人々は，自然環境に応じた様々な農業を行っている。地中海沿岸では，オリーブや［ａ］など，果樹の栽培が盛んな地中海式農業を行う一方，①ヨーロッパ北部やアルプス山脈の周辺では，酪農を中心に行っている。
>
> 　また，ヨーロッパでは，国境に近い地域を中心に，国境をこえる通勤や買い物が盛んである。フランスと［ｂ］の間に建設された鉄道用の海底トンネルを走るユーロスター，ドイツの特急ICEなどの高速鉄道のほか，高速道路，航空路線も充実しており，人々の移動は整備された交通網に支えられている。

1　グラフ1は，［ａ］の日本における県別生産量の割合を示したものである。［ａ］に当てはまる果樹を，ア～エから一つ選び，符号で書きなさい。(　　　)

ア　りんご　　イ　みかん　　ウ　ぶどう　　エ　うめ

[グラフ1]

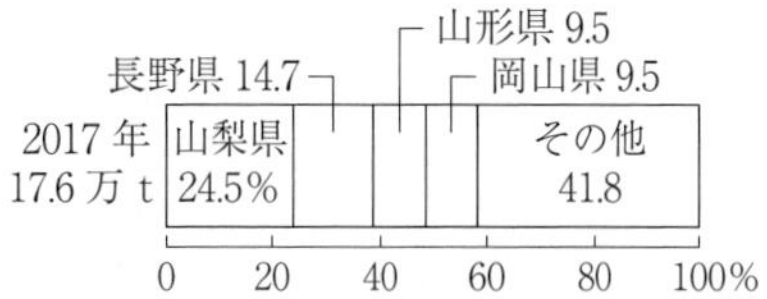

(「農林水産省資料」より作成)

2　下線①の沿岸部には，氷河の侵食で造られた谷に海水が入り込んでできた，細長く奥行きのある湾が多く見られる。沈水海岸の一つで，このような特徴をもつ地形の名を書きなさい。(　　　)

3　［ｂ］に当てはまる国を，ア～エから一つ選び，符号で書きなさい。(　　　)

ア　イギリス　　イ　スイス　　ウ　オランダ　　エ　イタリア

> [しげるさんのまとめ]　海洋国と内陸国
>
> 　フィジーは，大小およそ330の島からなる海洋国で，②漁業は重要な産業の一つである。また，さんご礁が発達するなど豊かな自然があり，観光業も盛んである。一方，③観光開発による環境破壊などの問題がある。④ボリビアは，フィジーとほぼ同緯度に位置するが，フィジーと異なり，国土が全く海に面していない内陸国である。ボリビアの主な都市であるラパスは，アンデス山脈の中に広がることで知られている。

4　下線②について，次の［Ｘ］に当てはまる言葉を書きなさい。(　　　)

　フィジーと同じ海洋国である日本は，世界有数の水産国として発展してきた。しかし，各国が［Ｘ］という，領海の外側で沿岸から200海里までの，漁業資源や鉱産資源などを開発し管理する権利の及ぶ海域を設定するようになったこともあり，日本の漁獲量は減少した。

5　下線③について，開発，環境，人権などの問題に取り組む民間団体の一つである「非政府組織」の略号を，大文字のアルファベット3字で書きなさい。(　　　)

[略地図1]

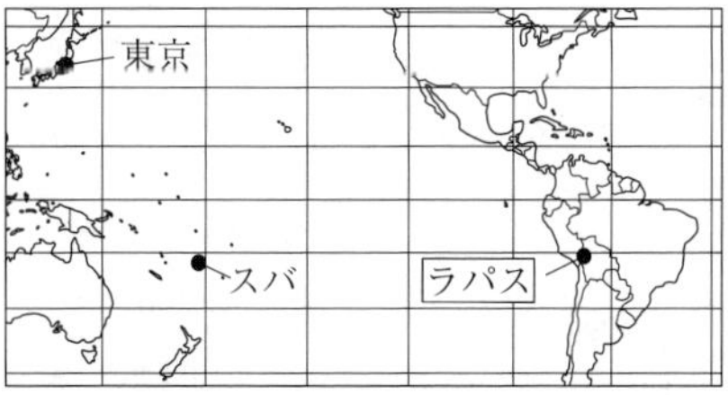

注：赤道及び15度ごとの緯線と，180度の経線及び30度ごとの経線が示してある。また，緯線と経線は直角に交わっている。

6　下線④について，次の［Ｙ］，［Ｚ］に当てはまる言葉の正しい組み合わせを，略地図1を参考にして，ア～エから一つ選び，符号で書きなさい。(　　　)

　フィジーは，ニュージーランドなどと同じ，［Ｙ］州に属している。一方，ボリビアは，ブラジルなどと同じ，南アメリカ州に属している。略地図1を用いて，フィジーの首都のスバとボリビアの都市のラパスの位置を確認すると，スバ，ラパスともに，東京より緯度が［ Z ］ことが分かる。

ア　Y＝アジア　　Z＝高い　　　イ　Y＝アジア　　Z＝低い

ウ　Y＝オセアニア　　Z＝高い　　エ　Y＝オセアニア　　Z＝低い

［2人のまとめ］　日本の中心としての関東地方

関東地方の大部分は，太平洋側の気候である。夏は蒸し暑く，冬は略地図2の［ c ］をこえる季節風の影響を受けて乾燥する。

関東地方は，総人口が日本で最も多い地方である。高度経済成長やバブル経済など，⑤社会の変化とともに，人口の移動が見られた。

人口が集中しているため，産業活動も盛んである。工業では，三大工業地帯の一つで，東京都や神奈川県の臨海部を中心に発達してきた［ d ］をはじめ，内陸部まで工業地域が見られる。一方，農業では，野菜の生産が盛んである。例えばキャベツは，千葉県や⑥茨城県などの大都市近郊や，⑦群馬県嬬恋村のような高原などで生産されている。

［略地図2］

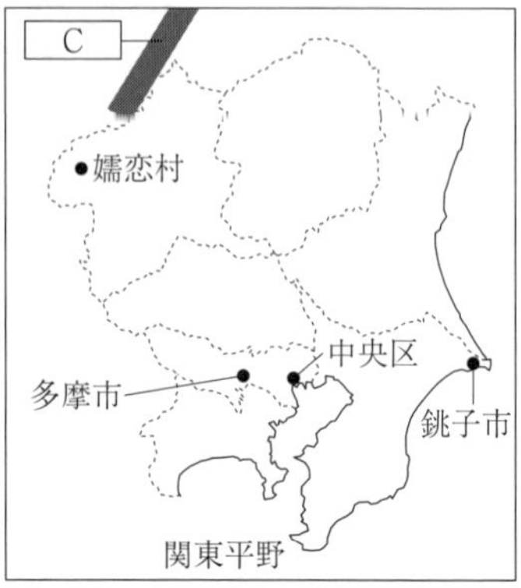

また，関東地方は，世界と日本とを結ぶ日本の玄関になっている。日本有数の港や空港を利用して，人や⑧物の移動が活発に行われている。

7　［ c ］に当てはまる山脈を，ア～エから一つ選び，符号で書きなさい。(　　　)

ア　飛驒山脈　　イ　木曽山脈　　ウ　越後山脈　　エ　奥羽山脈

8　下線⑤について，グラフ2のⅠ，Ⅱ，表1のⅢ，Ⅳは，東京都中央区，東京都多摩市のいずれかである。東京都中央区の正しい組み合わせを，ア～エから一つ選び，符号で書きなさい。

(　　　)

［グラフ2］　1995年を100としたときの人口の変化

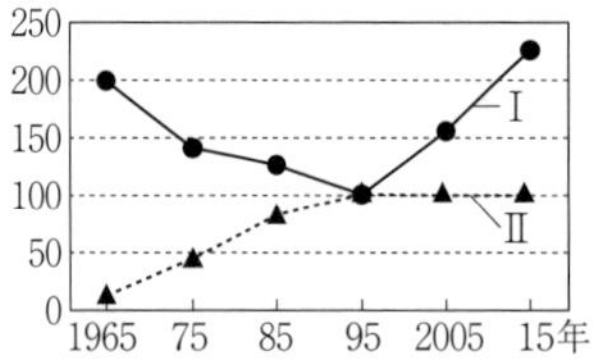

［表1］　年齢層別の人口の割合(2015年)　(単位：%)

	Ⅲ	Ⅳ	日本全体
0～14歳	12.0	12.2	12.9
15～64歳	71.6	62.4	61.5
65歳以上	16.4	25.4	25.6

(グラフ2，表1とも「東京都の統計」などより作成)

ア　グラフ2＝Ⅰ　　表1＝Ⅲ　　イ　グラフ2＝Ⅰ　　表1＝Ⅳ

ウ　グラフ2＝Ⅱ　　表1＝Ⅲ　　エ　グラフ2＝Ⅱ　　表1＝Ⅳ

9　［ d ］に当てはまる工業地帯の名を書きなさい。(　　　工業地帯)

10　下線⑥の県庁所在地の名を，漢字で書きなさい。(　　　)

11　下線⑦について，群馬県のキャベツの生産の特徴を千葉県と比べたとき，グラフ3のようになる理由を，グラフ4，資料を参考にして，「標高」，「夏」という二つの言葉を用いて，簡潔に書きなさい。

（群馬県の主な産地は，千葉県に比べて　　　　　　　　　　　　　　　　　　　　　　　　　　　　）

［グラフ 3］　東京都中央卸売市場のキャベツの入荷量 (2018 年)

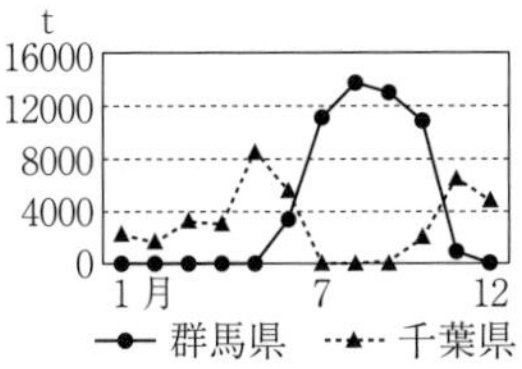

(「東京都中央卸売市場資料」より作成)

［グラフ 4］　キャベツの主な産地の月別平均気温 (2018 年)

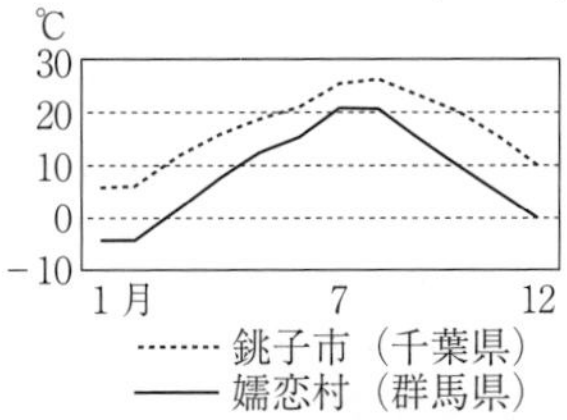

(「気象庁資料」より作成)

［資料］

・キャベツは高温に弱い。
・略地図 2 から，千葉県銚子市は，関東平野にあることが分かる。

12　下線⑧について，グラフ 5 のⅠ，Ⅱ，表 2 のⅢ，Ⅳは，2016 年における日本の海上輸送，航空輸送のいずれかである。海上輸送の正しい組み合わせを，ア～エから一つ選び，符号で書きなさい。(　　　)

［グラフ 5］　輸入額の輸送手段別の割合

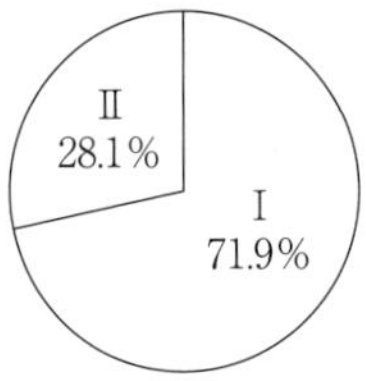

［表 2］　輸送手段別の輸入品目

Ⅲ		Ⅳ	
輸入品目	割合(％)	輸入品目	割合(％)
医薬品	12.8	原油	11.8
半導体など	11.0	液化ガス	7.0
事務用機器	6.4	石炭	3.5

注：割合（％）とは，それぞれの輸送手段別の輸入額全体に占める割合である。

(グラフ 5，表 2 とも「数字でみる物流 2018 年度版」などより作成)

ア　グラフ 5 = Ⅰ　　表 2 = Ⅲ　　イ　グラフ 5 = Ⅰ　　表 2 = Ⅳ

ウ　グラフ 5 = Ⅱ　　表 2 = Ⅲ　　エ　グラフ 5 = Ⅱ　　表 2 = Ⅳ

③　みきさんは，公民の授業で学習した内容についてまとめを書いた。まとめ1～4は，その一部である。1～11の問いに答えなさい。

［まとめ1］　人権保障と新しい人権

①人権が保障されるまでには，人々の長年にわたる努力があった。日本国憲法にも，様々な人権が規定されているが，産業の発達などに伴い，「新しい人権」が主張されるようになった。例えば，高度経済成長期には，②水俣病など，各地で公害が深刻化すると，良好な環境を求める権利として環境権が主張されるようになった。

環境保全のためには，現在，国や地方などの責務を定めた［ I ］が制定されている。また，大規模な開発事業を行う前に環境への影響を調査する環境アセスメント（環境影響評価）も義務づけられている。

1　下線①について，次のア～ウの出来事を，年代の古い順に並べ，符号で書きなさい。
（古い出来事　→　→　新しい出来事）

ア　人権を，人類普遍の価値として認める世界人権宣言が採択された。

イ　人間らしい生活を保障しようとする社会権を認めるワイマール憲法が制定された。

ウ　人は生まれながらに自由で平等な権利をもつとするフランス人権宣言が発表された。

2　下線②について，水俣市がある熊本県を，解答らんの略地図に鉛筆でぬりつぶして示しなさい。

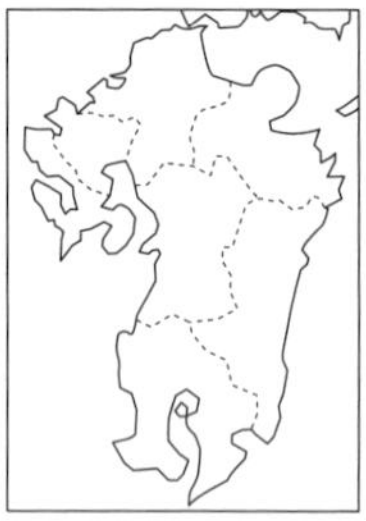

3　［ I ］は，国が1993年に，公害対策基本法を発展させて制定した法律である。この法律の名を書きなさい。（　　　）

［まとめ2］　私たちの生活と政治・裁判

私たちの生活と政治とは，深く関わっている。より良い社会を創るため，私たち一人一人が政治に関心をもち，多様な意見を検討し，③選挙などを通して政治参加する必要がある。

また，社会の秩序を保つためには，法など，社会の決まりが必要になる。法に基づいて争いを解決することを司法（裁判）という。日本では，裁判をより身近で公正なものにするために司法制度改革が進められ，その一環として④裁判員制度も始まった。国民が裁判に参加することで，裁判の内容や進め方に国民の視点や感覚が反映され，司法への理解と信頼が深まることが期待されている。

4　下線③について，次の［ a ］に当てはまる言葉を，漢字で書きなさい。（　　　）

日本の衆議院議員の選挙，参議院議員の選挙では，得票に応じて各政党の議席数を決める［ a ］制が採用されている。［ a ］制は，衆議院議員の選挙では，全国を11のブロックに分けて行われるが，参議院議員の選挙では，全国を一つの単位として行われる。

5　下線④について，次の文を読んで，(1)，(2)に答えなさい。

裁判員制度の対象となるのは，［ b ］事件であり，裁判員は，［ c ］裁判所で行われる第一審にのみ参加する。一つの事件の裁判を，原則として6人の裁判員と3人の裁判官が一緒に担当して，裁判員と裁判官が話し合って（評議），被告人が有罪か無罪か，有罪の場合はどのような刑罰にするかを決める（評決)。X意見がまとまらない場合は多数決で決定するが，多数側に裁判官が1人以上含まれている必要がある。

(1) b ， c に当てはまる言葉の正しい組み合わせを，ア～エから一つ選び，符号で書きなさい。(　　　)

ア　b＝民事　　c＝高等　　イ　b＝民事　　c＝地方　　ウ　b＝刑事　　c＝高等

エ　b＝刑事　　c＝地方

(2) 下線Xについて，みきさんのクラスでは，裁判官を招いて，班ごとに架空の事件について模擬裁判を行った。模擬裁判の結果，有罪となるものを，表のア～オから全て選び，符号で書きなさい。(　　　)

［表］ 模擬裁判の結果

班	裁判官		裁判員	
	有罪	無罪	有罪	無罪
ア	0人	3人	5人	1人
イ	1人	2人	4人	2人
ウ	1人	2人	2人	4人
エ	2人	1人	2人	4人
オ	2人	1人	4人	2人

［まとめ3］ 株式会社の仕組みと企業の社会的責任

株式会社は，株式を発行して資金を集め，会社の活動を行う。株式を購入した出資者は Ⅱ と呼ばれ，利潤の一部を配当として受け取る。また， Ⅱ 総会に出席して，経営方針などについて議決することができる。

株式は，証券取引所で売買され，株価が決定される。株価は，人々の期待や⑤企業の業績を反映し，変化する。企業の規模が大きくなるにつれて，企業の活動は社会に大きな影響を及ぼすようになる。

現代では，企業は利潤の追求だけでなく，⑥消費者の安全や雇用の確保など，企業の社会的責任（CSR）を果たすべきだと考えられている。

6　 Ⅱ に当てはまる言葉を書きなさい。(　　　)

7　下線⑤について，次の d ， e に当てはまる言葉の正しい組み合わせを，ア～エから一つ選び，符号で書きなさい。(　　　)

企業の業績は景気と関係する。例えば，企業の業績が悪化すると，景気は後退する。そこで，日本銀行は一般の銀行が保有する国債などを買う。すると，一般の銀行は手持ちの資金が d ため，企業に資金を積極的に貸し出そうと，貸し出し金利を e 。そのため，企業は資金を借りやすくなり，生産活動が活発になって，景気は回復へ向かう。

ア　d＝増える　　e＝上げる　　イ　d＝増える　　e＝下げる

ウ　d＝減る　　e＝上げる　　エ　d＝減る　　e＝下げる

8　下線⑥について，(1)，(2)に答えなさい。

(1) 1962年に，「消費者の四つの権利」を初めて明確に掲げ，諸外国の消費者行政に大きな影響を与えたアメリカ大統領を，ア～エから一つ選び，符号で書きなさい。(　　　)

ア　リンカン　　イ　ウィルソン　　ウ　ケネディ　　エ　ワシントン

(2) 1994年に，消費者を保護するために，欠陥商品で消費者が被害を受けたときの企業の責任について定めた法律の名を書きなさい。(　　　)

［まとめ４］ 世界の貧困問題

世界の貧困人口の半減などを目指すため，様々な取り組みが行われてきた。グラフ１から，2002年には，およそ［ Ⅲ ］人に一人が貧困の状態であったが，2015年には，およそ10人に一人になったことが分かる。

貧困は⑦医療サービスや教師の不足などの問題が結び付いているため，マリなど，サハラ以南のアフリカを中心に，今も貧困に苦しんでいる人が多くいる。貧困問題を解決するためには，様々な対策や援助を通じて，⑧人々が自立して生活できるようにすることが必要である。

［グラフ１］ 世界の貧困率の変化

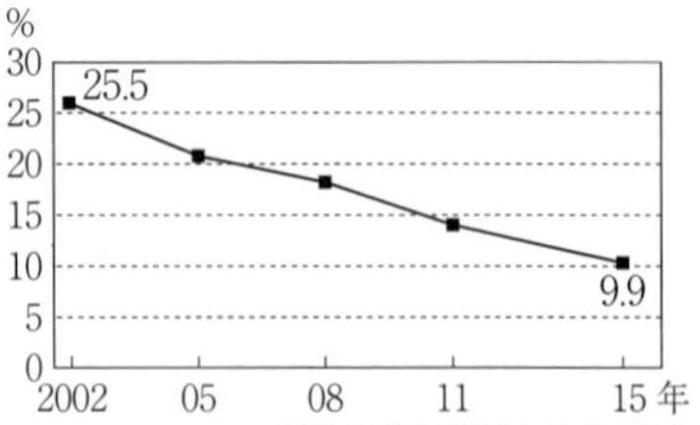

（「世界銀行資料」より作成）

9 ［ Ⅲ ］に当てはまる整数を書きなさい。（　　　）

10 下線⑦について，グラフ２のA，B，グラフ３のC，Dは，日本，マリのいずれかである。マリの正しい組み合わせを，ア～エから一つ選び，符号で書きなさい。（　　　）

［グラフ２］ 人口１万人あたりの医師の数（2016年）

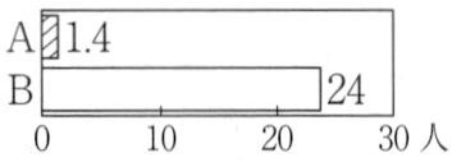

（「世界保健機関資料」より作成）

［グラフ３］ 初等教育における教師一人あたりの生徒数（2016年）

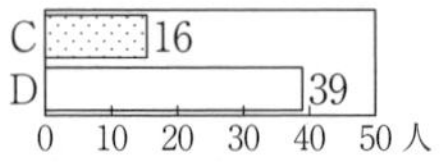

（「世界銀行資料」より作成）

ア グラフ２＝A グラフ３＝C　イ グラフ２＝A グラフ３＝D

ウ グラフ２＝B グラフ３＝C　エ グラフ２＝B グラフ３＝D

11 下線⑧について，次の［ f ］に当てはまることがらを，「労働」，「公正」という二つの言葉を用いて，簡潔に書きなさい。（　　　　　　　　　　　）

貧困問題を解決するための取り組みの一つとして，フェアトレードが注目されている。フェアトレードは，途上国の人々が生産した農産物や製品を，［ f ］で取り引きし，先進国の人々が購入することを通じて，途上国の生産者の経済的な自立を目指す運動である。

理科

時間　50分　　　　満点　100点

1　1～4について，それぞれの問いに答えなさい。

1　ビーカーに10％の塩化銅水溶液を入れ，炭素棒ア，イを電極とする図1のような装置を作った。電圧を加えて1～2分間電流を流すと，一方の電極の表面には赤色の物質が付着し，もう一方の電極の表面からはにおいのある気体が発生した。

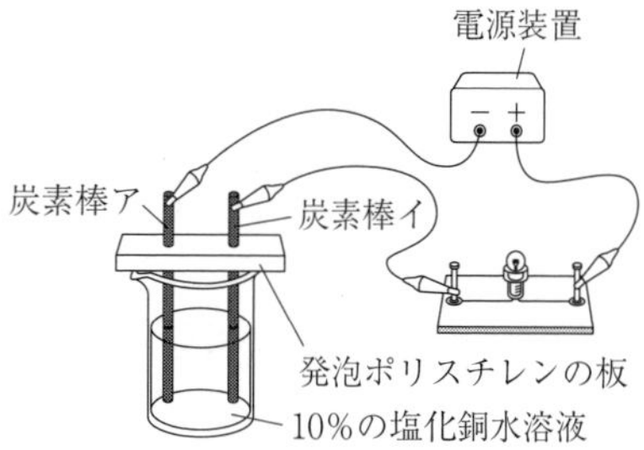

図1

(1)　赤色の物質が付着する炭素棒は，図1のア，イのどちらか。符号で書きなさい。（　　　）

(2)　電圧を加えて1～2分間電流を流すと，塩化銅水溶液の濃度は初めの濃度に比べてどのようになるか。ア～ウから1つ選び，符号で書きなさい。（　　　）

ア　高くなる。　　イ　変わらない。　　ウ　低くなる。

2　3種類のA～Cの堆積岩について，ルーペなどを用いて特徴を調べた。表1は，その結果をまとめたものである。

堆積岩	特徴
A	角ばった鉱物の結晶からできていた。
B	化石が見られ，うすい塩酸をかけるととけて気体が発生した。
C	鉄のハンマーでたたくと鉄が削れて火花が出るほどかたかった。

表1

(1)　Bの堆積岩はサンゴの仲間の化石を含んでいたので，あたたかくて浅い海で堆積したことが分かる。このように，堆積した当時の環境を推定できる化石を何というか。言葉で書きなさい。（　　　）

(2)　A～Cの堆積岩は石灰岩，チャート，凝灰岩のいずれかである。ア～カから最も適切な組み合わせを1つ選び，符号で書きなさい。（　　　）

ア　A：石灰岩　　B：チャート　　C：凝灰岩
イ　A：石灰岩　　B：凝灰岩　　C：チャート
ウ　A：チャート　　B：石灰岩　　C：凝灰岩
エ　A：チャート　　B：凝灰岩　　C：石灰岩
オ　A：凝灰岩　　B：石灰岩　　C：チャート
カ　A：凝灰岩　　B：チャート　　C：石灰岩

3　表2は，無セキツイ動物を分類したものである。

節足動物	軟体動物	その他
ザリガニ	マイマイ	ヒトデ
バッタ	イカ	ウニ
クモ	クリオネ	ミミズ

表2

(1)　節足動物の特徴として適切なものを，ア～エから2つ選び，符号で書きなさい。(　　　)(　　　)

ア　背骨がある。

イ　からだが外骨格でおおわれている。

ウ　内臓がある部分が外とう膜で包まれている。

エ　からだとあしに節がある。

(2)　軟体動物に分類されるものを，ア～オから全て選び，符号で書きなさい。(　　　)

ア　ミジンコ　　イ　タコ　　ウ　ハマグリ　　エ　カブトムシ　　オ　カニ

4　図2のように，水を入れてふたをしたペットボトルを逆さまにして，正方形のプラスチック板を置いたスポンジの上に立て，スポンジが沈んだ深さを測定した。表3は，プラスチック板の面積を変えて行った実験の結果をまとめたものである。

プラスチック板の面積(cm^2)	9	16	25	36
スポンジが沈んだ深さ(mm)	14	10	6	2

表3

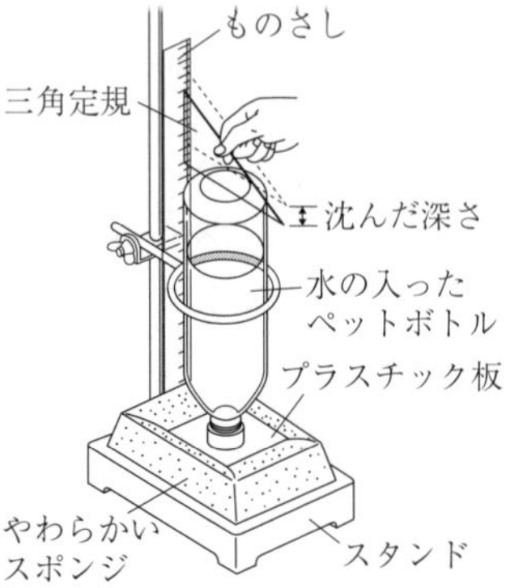

図2

(1)　次の[　　]の①，②に当てはまる正しい組み合わせを，ア～エから1つ選び，符号で書きなさい。(　　　)

表3より，プラスチック板の面積が[　①　]ほど，スポンジの変形は大きくなる。プラスチック板が，スポンジの表面を垂直に押す[　②　]の大きさを圧力という。スポンジの表面が大きな圧力を受けるとき，スポンジの変形は大きい。

ア　①　大きい　　②　面全体に働く力　　イ　①　大きい　　②　単位面積あたりの力

ウ　①　小さい　　②　面全体に働く力　　エ　①　小さい　　②　単位面積あたりの力

(2)　図2で，面積が $16cm^2$ の正方形のプラスチック板と，水を入れてふたをしたペットボトルの質量の合計は320gであった。このとき，プラスチック板からスポンジの表面が受ける圧力は何Paか。ア～エから1つ選び，符号で書きなさい。ただし，質量100gの物体に働く重力の大きさを1Nとする。また，$1Pa = 1N/m^2$ である。(　　　)

ア　0.0005Pa　　イ　0.05Pa　　ウ　20Pa　　エ　2000Pa

2　刺激に対するヒトの反応を調べる実験1，2を行った。1～7の問いに答えなさい。

〔実験1〕　図1のように，6人が手をつないで輪になる。ストップウォッチを持った人が右手でストップウォッチをスタートさせると同時に，右手で隣の人の左手を握る。左手を握られた人は，右手でさらに隣の人の左手を握り，次々に握っていく。ストップウォッチを持った人は，自分の左手が握られたら，すぐにストップウォッチを止め，時間を記録する。これを3回行い，記録した時間の平均を求めたところ，1.56秒であった。

図1

〔実験2〕　図2のように，手鏡で瞳を見ながら，明るい方から薄暗い方に顔を向け，瞳の大きさを観察したところ，意識とは無関係に，瞳は大きくなった。

図2

1　実験1で，1人の人が手を握られてから隣の人の手を握るまでにかかった平均の時間は何秒か。(　　　　秒)

2　実験1で，「握る」という命令の信号を右手に伝える末しょう神経は何という神経か。言葉で書きなさい。(　　　　神経)

3　図3は，実験1で1人の人が手を握られてから隣の人の手を握るまでの神経の経路を模式的に示したものである。Aは脳，Bは皮膚，Cはせきずい，Dは筋肉，実線（——）はそれらをつなぐ神経を表している。実験1で，1人の人が手を握られてから隣の人の手を握るまでに，刺激や命令の信号は，どのような経路で伝わったか。信号が伝わった順に，解答欄の左から右に符号を書きなさい。ただし，同じ符号を2度使ってもよい。(　　　　　　　)

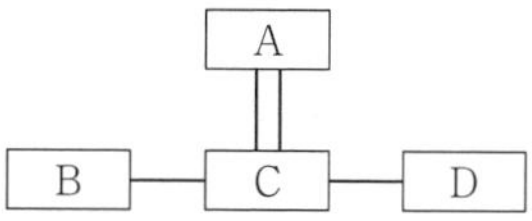

図3

4　実験2の下線部の反応のように，刺激を受けて，意識とは無関係に起こる反応を何というか。言葉で書きなさい。(　　　　)

5　意識とは無関係に起こる反応は，意識して起こる反応と比べて，刺激を受けてから反応するまでの時間が短い。その理由を，図3を参考にして「外界からの刺激の信号が，」に続けて，「脳」，「せきずい」という2つの言葉を用いて，簡潔に説明しなさい。

(外界からの刺激の信号が，　　　　　　　　　　　　　　　　　　　　　　　　　　　　)

6　図4は，ヒトの腕の骨と筋肉の様子を示したものである。熱い物に触ってしまったとき，意識せずにとっさに腕を曲げて手を引っこめた。このとき，「腕を曲げる」という命令の信号が伝わった筋肉は，図4のア，イのどちらか。符号で書きなさい。(　　　　)

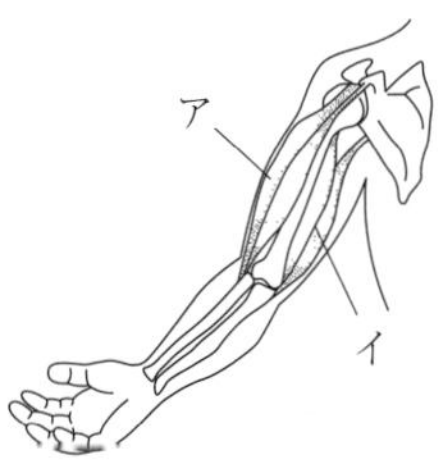

図4

7　意識とは無関係に起こる反応として適切なものを，ア～エから1つ選び，符号で書きなさい。(　　　　)

ア　ボールが飛んできて，「危ない」と思ってよけた。

イ　食べ物を口に入れると，だ液が出た。

ウ　後ろから名前を呼ばれ，振り向いた。

エ　目覚まし時計が鳴り，音を止めた。

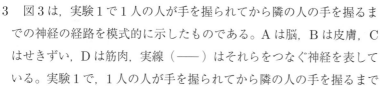

3　混合物を分ける実験1，2を行った。1～8の問いに答えなさい。

〔実験1〕　図1のように，試験管にアンモニア水約 $10cm^3$ と沸騰石を入れ，弱火で熱して出てきた気体を乾いた丸底フラスコに集めた。このとき，丸底フラスコの口のところに，水でぬらした赤色リトマス紙を近づけると青くなった。次に，気体を集めた丸底フラスコを用いて図2のような装置を作り，スポイトの中には水を入れた。スポイトを押して丸底フラスコの中に水を入れると，水槽の水が吸い上げられ，噴水が見られた。

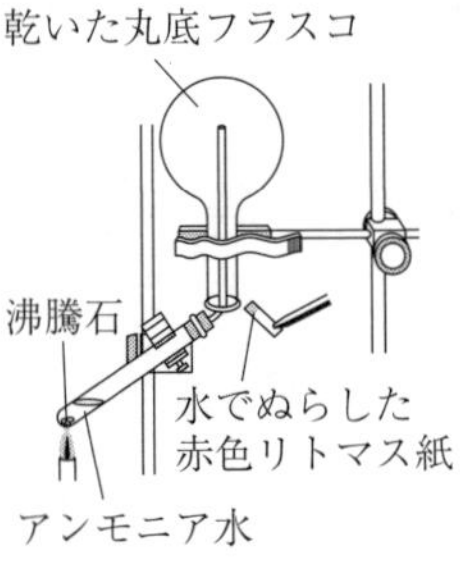

図1

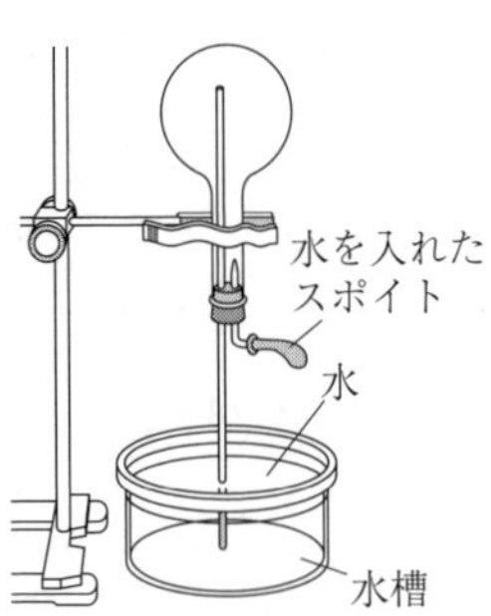

図2

〔実験2〕　図3のような装置を作り，枝つきフラスコにエタノールの濃度が10％の赤ワイン $30cm^3$ と沸騰石を入れ，弱火で熱し，出てきた液体を約 $2cm^3$ ずつ試験管A，B，Cの順に集めた。次に，A～Cの液体をそれぞれ蒸発皿に移し，マッチの火をつけると，A，Bの液体は燃えたが，Cの液体は燃えなかった。

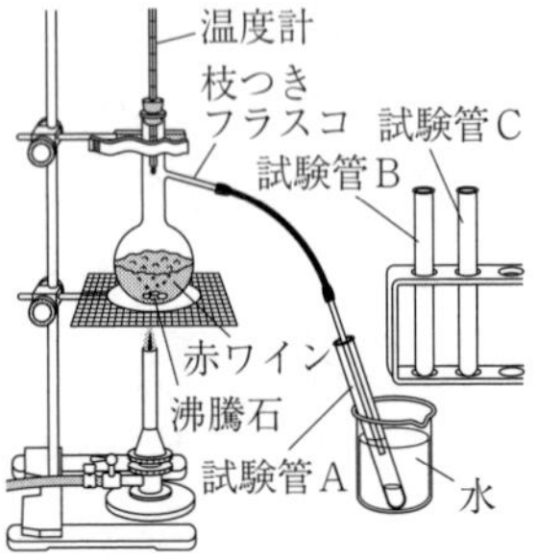

図3

1　実験1で，水でぬらした赤色リトマス紙を青色に変化させた気体は何か。化学式で書きなさい。(　　　)

2　次の［　　］の(1)，(2)に当てはまる正しい組み合わせを，ア～エから1つ選び，符号で書きなさい。(　　　)

　実験1で集めた気体は，空気より密度が［(1)］，水に［(2)］性質をもつため，上方置換法で集める必要がある。

ア　(1)　大きく　　(2)　溶けにくい　　イ　(1)　大きく　　(2)　溶けやすい

ウ　(1)　小さく　　(2)　溶けにくい　　エ　(1)　小さく　　(2)　溶けやすい

3　実験1で，図2の水槽の水にBTB溶液を加えて実験を行うと，噴水は何色になるか。ア～オから最も適切なものを1つ選び，符号で書きなさい。(　　　)

ア　無色　　イ　赤色　　ウ　青色　　エ　黄色　　オ　緑色

4　実験1と同じ気体を発生させるには，塩化アンモニウムと何を反応させればよいか。ア～オから2つ選び，符号で書きなさい。(　　　)(　　　)

ア　水酸化カルシウム　　イ　二酸化マンガン　　ウ　水酸化バリウム　　エ　酸化鉄

オ　塩酸

5　図3で，温度計の球部を，枝つきフラスコの枝のつけ根の高さにした理由を，簡潔に説明しなさい。(　　　　　　　　　　)

6　実験2で，A，Cの液体の密度の説明として最も適切なものを，ア～ウから1つ選び，符号で書きなさい。ただし，エタノールの密度を $0.79g/cm^3$，水の密度を $1.0g/cm^3$ とする。(　　　)

ア　Aの液体よりCの液体の方が密度は大きい。

イ　Aの液体よりCの液体の方が密度は小さい。

ウ　Aの液体とCの液体の密度は同じである。

7　実験２で，エタノール（C_2H_6O）が燃えたときの化学変化を化学反応式で表すと，次のようになる。それぞれの□に当てはまる整数を書き，化学反応式を完成させなさい。ただし，同じ数字とは限らない。

$C_2H_6O + 3O_2 \rightarrow$ □ CO_2 + □ H_2O

エタノール　酸素　二酸化炭素　水

8　アンモニア水や赤ワインのように，いくつかの物質が混じり合った物を混合物という。ア～オから混合物を全て選び，符号で書きなさい。(　　　)

ア　炭酸水素ナトリウム　　イ　食塩水　　ウ　ブドウ糖　　エ　塩酸　　オ　みりん

4　透明半球を用いて，太陽の動きを観察した。1～6 の問いに答えなさい。

〔観察〕　秋分の日に，北緯 34.6° の地点で，水平な場所に置いた厚紙に透明半球と同じ大きさの円をかき，円の中心 O で直角に交わる 2 本の線を引いて東西南北に合わせた。次に，図 1 のように，その円に透明半球のふちを合わせて固定し，9 時から 15 時までの 1 時間ごとに，太陽の位置を透明半球に印を付けて記録した後，滑らかな線で結んで太陽の軌跡をかいた。点 A～D は東西南北のいずれかの方角を示している。

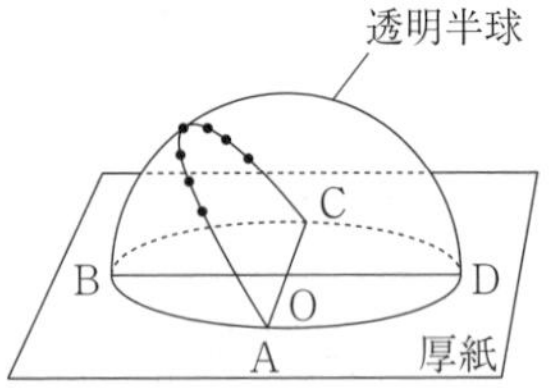

図 1

その後，軌跡に紙テープを当て，図 2 のように，印を写しとって太陽の位置を記録した時刻を書き込み，9 時から 15 時までの隣り合う印と印の間隔を測ったところ，長さは全て等しく 2.4cm であった。図 2 の点 a，c は図 1 の点 A，C を写しとったものであり，9 時の太陽の位置を記録した点から点 a までの長さは 7.8cm であった。

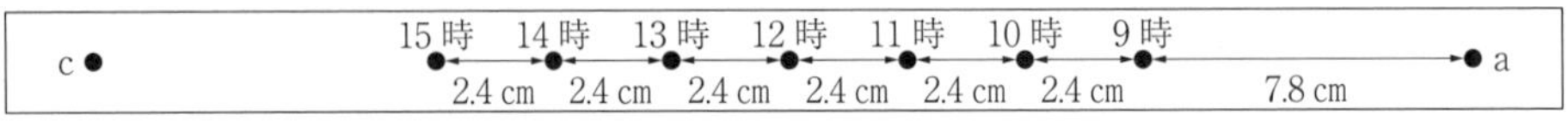

図 2

1　図 1 で，西の方角を示す点を，点 A～D から選び，符号で書きなさい。(　　　)

2　観察で，9 時から 15 時までの隣り合う印と印の間隔が全て等しい長さになった理由として最も適切なものを，ア～エから 1 つ選び，符号で書きなさい。(　　　)

ア　太陽が一定の速さで公転しているため。

イ　太陽が一定の速さで自転しているため。

ウ　地球が一定の速さで公転しているため。

エ　地球が一定の速さで自転しているため。

3　図 2 で，点 a は観察を行った地点の日の出の太陽の位置を示している。観察を行った地点の日の出の時刻は何時何分か。(　　時　　分)

4　次の［　　　］の(1)～(3)に当てはまるものを，ア～カからそれぞれ 1 つずつ選び，符号で書きなさい。(1)(　　　)　(2)(　　　)　(3)(　　　)

同じ地点で 2 か月後に同様の観察を行うと，日の出の時刻は［(1)］なり，日の出の位置は［(2)］へずれた。これは，地球が公転面に対して垂直な方向から地軸を約［(3)］傾けたまま公転しているからである。

ア　遅く　　イ　早く　　ウ　南　　エ　北　　オ　23.4°　　カ　34.6°

5　次のア～エは，春分，夏至，秋分，冬至のいずれかの日に，観察を行った地点で太陽が南中したとき，公転面上から見た地球と太陽の光の当たり方を示した模式図である。秋分の日の地球を表している図を 1 つ選び，符号で書きなさい。また，観察を行った地点で，秋分の日の太陽の南中高度は何度か。秋分の日の地球(　　　)　南中高度(　　　°)

ア

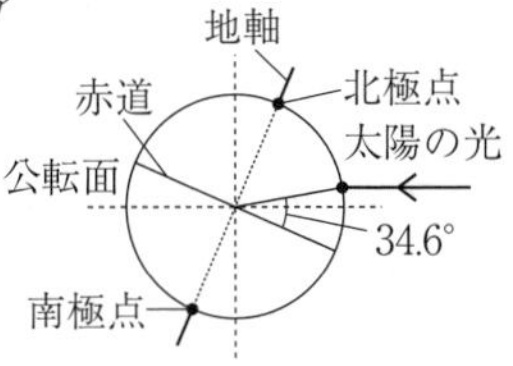

イ

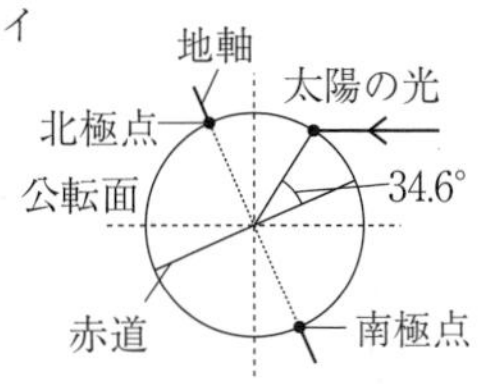

ウ

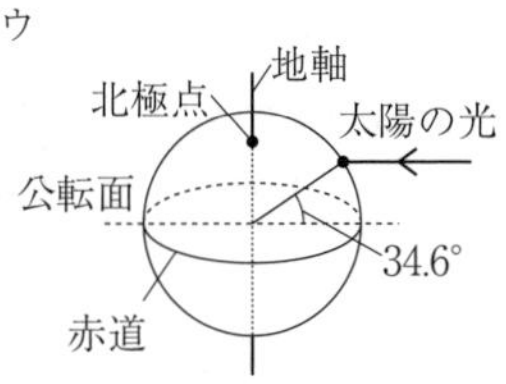

エ

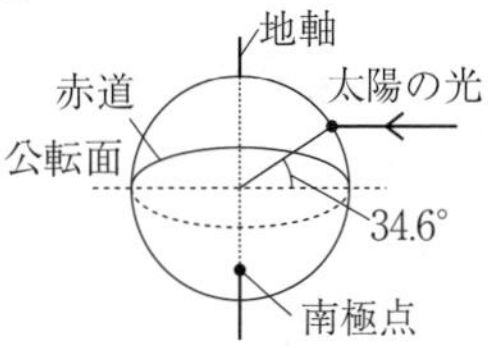

6　北半球で冬至の日に，南緯 34.6° の地点で，子午線を通過するときの太陽を観察した説明として最も適切なものを，ア～エから１つ選び，符号で書きなさい。(　　　)

ア　太陽は南の空にあり，高度は年間を通じて最も高かった。

イ　太陽は北の空にあり，高度は年間を通じて最も高かった。

ウ　太陽は南の空にあり，高度は年間を通じて最も低かった。

エ　太陽は北の空にあり，高度は年間を通じて最も低かった。

5　10 Ωの抵抗器 a と 15 Ωの抵抗器 b 及び直流の電源装置を用いて，実験 1，2 を行った。1〜6 の問いに答えなさい。

〔実験 1〕　図 1 のように，抵抗器 a，b を直列につないだ回路を作り，回路全体を流れる電流の大きさや，抵抗器 a，b を流れる電流と加わる電圧の大きさを調べた。その結果，抵抗器 a，b を流れる電流の大きさは回路全体を流れる電流の大きさと等しかった。また，抵抗器 a，b に加わる電圧の大きさの和は，電源装置の電圧の大きさと等しかった。

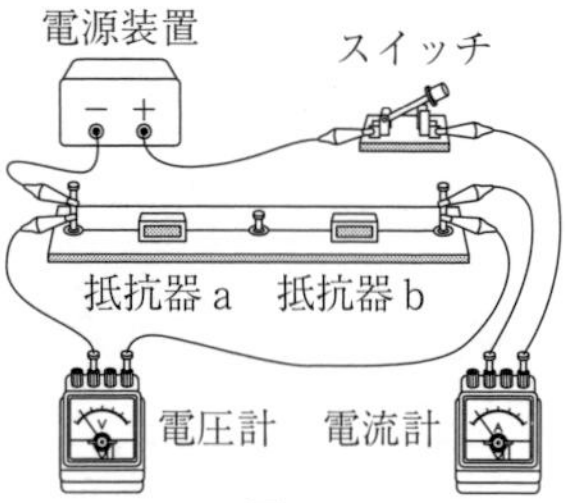

図 1

〔実験 2〕　図 2 のように，抵抗器 a，b を並列につないだ回路を作り，回路全体を流れる電流の大きさや，抵抗器 a，b を流れる電流と加わる電圧の大きさを調べた。その結果，抵抗器 a，b を流れる電流の大きさの和は，回路全体を流れる電流の大きさと等しかった。また，抵抗器 a，b に加わる電圧の大きさは，電源装置の電圧の大きさと等しかった。

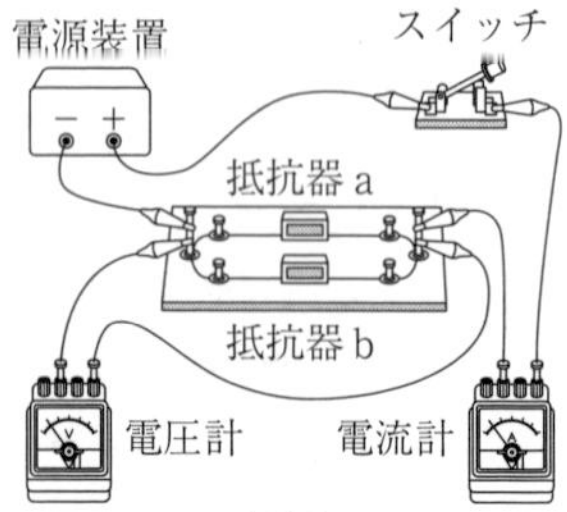

図 2

1　実験 1 で，電流計の 500mA の −《マイナス》 端子を使って電流の大きさを測定したところ，電流計の針は，図 3 のようになった。電流の大きさは何 mA か。(　　　mA)

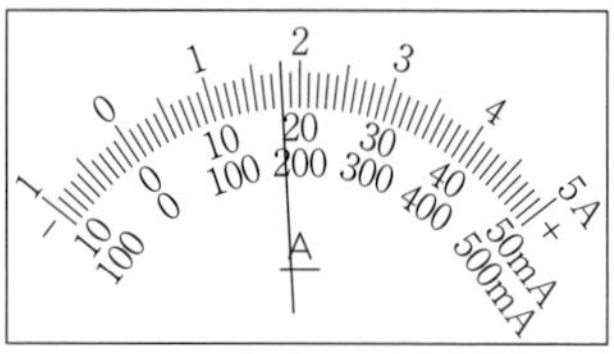

図 3

2　表は，実験 1 で抵抗器 b の両端に加わる電圧の大きさを変え，抵抗器 b を流れる電流の大きさをまとめたものである。表をもとに，電圧の大きさと電流の大きさの関係をグラフにかきなさい。なお，グラフの縦軸には適切な数値を書きなさい。

表

電圧〔V〕	0	1.5	3.0	4.5	6.0
電流〔mA〕	0	100	200	300	400

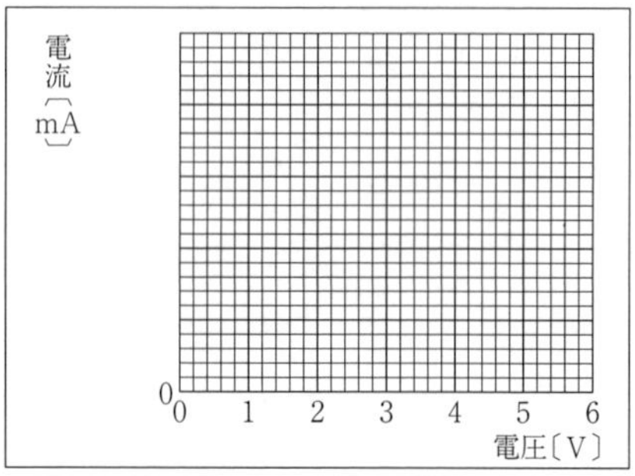

3　実験 1 で，下線部のような結果になる理由として最も適切なものを，ア〜エから 1 つ選び，符号で書きなさい。(　　　)

ア　抵抗器 a，b それぞれに，オームの法則が成り立つから。

イ　抵抗器 a，b には，ともに等しい大きさの電圧が加わっているから。

ウ　抵抗器 a の抵抗の大きさよりも抵抗器 b の抵抗の大きさの方が大きいから。

エ　電圧計を除いたとき，抵抗器 a，b を含む回路が枝分かれしていないから。

4　実験 2 で，抵抗器 a，b それぞれを流れる電流の大きさの比を，最も簡単な整数の比で表しなさい。抵抗器 a : 抵抗器 b = (　　:　　)

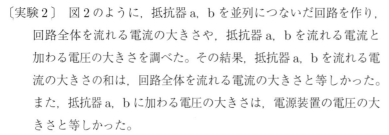

5　実験1，2の回路で，電源装置の電圧の大きさを同じにして，それぞれの回路の抵抗で消費する電力量を等しくしたとき，図2の回路に電流を流す時間は，図1の回路に電流を流す時間の何倍か。(　　　倍)

6　スマートフォンなどに使用されているタッチパネルでは，回路を流れる電流の変化を利用して，接触した位置を特定している。抵抗器a，bを用いて図4の回路を作り，電源装置の電圧を3.9Vにしたとき，電流計は130mAを示した。次にPとX，Y，Zのいずれかを接続すると，電流計は390mAを示した。PはX，Y，Zのうちのどこに接続されたか，符号で書きなさい。(　　　)

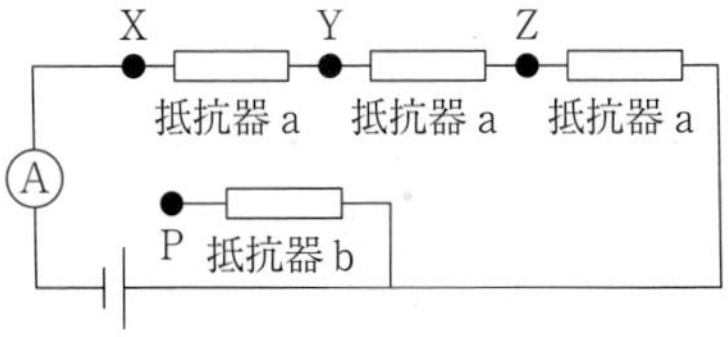

図4

5　次の二つのグラフは、目的によって、どのメディアを最も多く利用するかを尋ねた結果をもとに作成したものである。これらのグラフを見て、後の問いに答えなさい。ただし、後の《注意》に従うこと。

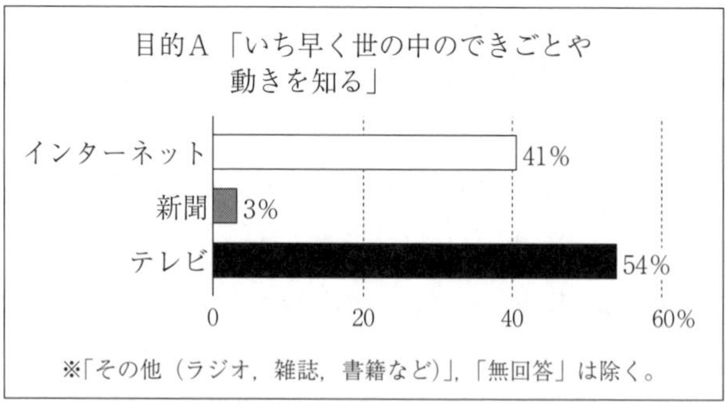

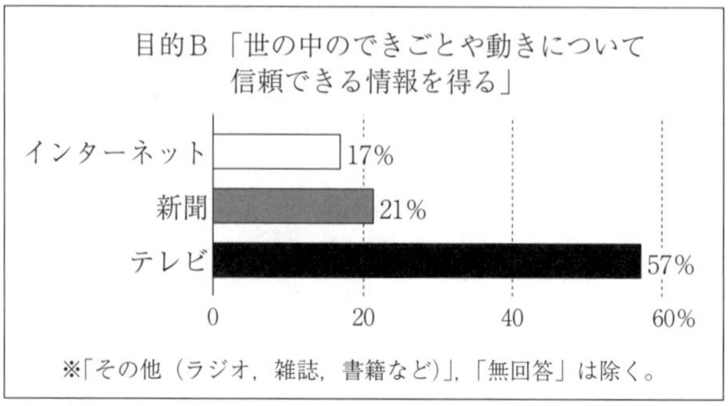

（総務省情報通信政策研究所「平成28年情報通信メディアの利用時間と情報行動に関する調査」より作成）

《注意》

(一)　題名や氏名は書かないこと。

(二)　書き出しや段落の初めは一字下げること。

(三)　問一は二行以上三行以内、問二は六行以上九行以内で、それぞれ縦書きで書くこと。

(四)　目的AをA、目的BをBと書いてもよい。

(五)　グラフの数値を記入する場合は、左の例にならうこと。

（例）　100　％　　20　％

問一　インターネットを最も多く利用する人の割合について、目的Aと目的Bのグラフを比較して分かることを書きなさい。

問二　世の中のできごとや動きについて信頼できる情報を得るためには、どのメディアを利用するとよいと思うか。あなたの考えを書きなさい。段落構成は二段落構成とし、第一段落ではあなたが利用するとよいと思うメディアを、第二段落ではそのように考えた理由を、具体的な例、あるいはグラフの結果を活用して書きなさい。なお、利用するメディアは複数でもよい。

ア　思考　イ　苦楽　ウ　最高　エ　乗馬

問五　4さまざまな随伴関係を提示するとあるが、大人が小さい子どもに提示する随伴関係として最も適切なものを、ア～エから選び、符号で書きなさい。（　　）

ア　子どものオモチャへの興味の有無にかかわらず、大人がオモチャを大切に扱ってやること。

イ　子どもがよろこぶ様子にあわせて、大人が表情や動作をさまざまに変化させてやること。

ウ　子どもが音や図形に興味を示す様子に対して、大人が関心を示さないようにしてやること。

エ　子どもが寝ているベッドのそばでは、大人が音をたてないようにしてやること。

問六　5母親は「旧いのに好かれる」のでなく、子どもの身近にあって「つねに新しく」在りうるのであるとあるが、子どもが母親を「つねに新しく」感じるのは、母親のどのような反応のしかたが、子どもの何を、どのようにすることになるからだと筆者は述べているか。三十字以上三十五字以内でまとめて書きなさい。ただし、「探索欲」という言葉を使い、「母親の」という書き出しに続けて書くこと。

母親の［　　　　　　　　　　　　　　　　　　　］ことになるから。

4　次の文章を読んで、後の問いに答えなさい。

1世間の人の、失《とが》（自分の欠点）を忘れて人の（他人の）失をのみ見て、人を鏡として我が身を照らす事なきこそ愚かなれ（映すことがないことは、愚かなことである）。人をそしりては（非難したならば）、我が身の失をかへりみる、これ人を鏡とする心なり（心構えである）。人の愚かに拙《つたな》きを見ては（愚かで思慮分別に欠ける姿を見たら）、我れをもまた人のかくのごとく見ん事を思へ（他人が同じように見るだろうと思いなさい）。2この人すなはち我が鏡なり。

（「沙石集《しゃせきしゅう》」より）

問一　かへりみるを現代仮名遣いに改め、全て平仮名で書きなさい。（　　）

問二　1世間の人とあるが、作者は世間の人のどのようなあり方に問題があると述べているか。最も適切なものを、ア～エから選び、符号で書きなさい。（　　）

ア　自分の欠点への指摘を恐れて、他人と交わらないこと。

イ　自分が非難されないように、うまく取り繕うこと。

ウ　他人を非難するだけで、自分の欠点を見ないこと。

エ　他人の良いところを、あえて非難しようとすること。

問三　2この人すなはち我が鏡なりとあるが、他人の愚かで思慮分別に欠ける姿を見たら、どのように思うことで他人が自分の鏡となると作者は述べているか。現代語で十五字以上二十字以内でまとめて書きなさい。ただし、「姿」という言葉を使い、「他人の愚かで思慮分別に欠ける姿を見たら、」という書き出しに続けて書くこと。

他人の愚かで思慮分別に欠ける姿を見たら、［　　　　　　　　　　］と思うこと。

ては［Ⅳ］方をとるのであろうか。いやそうではなくて、子どもにとって、母親は決して旧くならず、いつでも新しいからなのだと私は思う。それでは、なぜ母親はつねに新しく在りうるのか。

その手がかりとして、2早くから子どもにみられるひとつの現象に目をむけてみよう。子どもは、自分の活動が外界にどのような変化をもたらすか、つまり自分の活動に随伴《ずいはん》して何がおこるかを探ろうとする強い動機を、生まれたときから持ち合わせていることが、最近の多くの研究で明らかになっている。たとえば、足でベッドの柵をたまたま蹴ったとき横のテーブルの人形がゆれるのを見ると、くり返し蹴ろうとする。それは自分が発見した関係をたしかめ、さらにそれを用いて、自分の力で外界をコントロールしようとしているようである。バウアー(注)という人は、これを「随伴関係の探知」とよび、人間の3学習を支えるいちばん基本的な動機のひとつと考えている。これはひとつの課題解決の過程ともいえる。この随伴関係の探知場面という角度から「人」をみてみるとどうなるだろうか。

小さい子どもとのかかわりにおいては、人は4さまざまな随伴関係を提示することになる。子どもが笑えば、人は目をむいてみせ、また笑えばまた目をむいてやる。子どもが声を出せばお腹をポンと叩いてやり、また声を出せばまた叩いてやる。イナイイナイバーほど子どもがよろこぶ遊びはないが、それはいろいろのヴァリエーションを生み出し、複雑な随伴関係をふくんだ遊びとなってゆく。

大切なことは、物と異なり、人は決して機械的に同じ反応をいつまでもくり返していくのではない。母親はとくに意識的にやっているのではなくとも、その反応のしかたは微妙にそのときそのとき変化している。子どもに飽きが見えてくると、同じ反応のようであっても声音《こわね》をかえてみたり、叩いてやる身体の場所をかえてやったりする。随伴関係探知ゲームの一部を改造して、また新たな探索欲をひきおこすような新しい課題場面をたくみに操作していくのである。その意味において、5母親は「旧いのに好かれる」のでなく、子どもの身近にあって「つねに新しく」在りうるのである。

（岡本夏木「子どもとことば」より）

（注）蛇の目＝ヘビの目をかたどった図形のひとつ。
バウアー＝アメリカの心理学者。

問一　［Ⅰ］～［Ⅳ］のそれぞれに入る最も適切な言葉の組み合わせを、ア～エから選び、符号で書きなさい。（　）

ア　Ⅰ　新しい　Ⅱ　旧い　Ⅲ　新しい　Ⅳ　旧い
イ　Ⅰ　新しい　Ⅱ　旧い　Ⅲ　旧い　Ⅳ　新しい
ウ　Ⅰ　旧い　Ⅱ　新しい　Ⅲ　新しい　Ⅳ　旧い
エ　Ⅰ　旧い　Ⅱ　新しい　Ⅲ　旧い　Ⅳ　新しい

問二　1前の図形と区別できる図形を見せると、がぜん注視時間が長くなるの中から、形容詞をそのまま抜き出して書きなさい。（　）

問三　2早くから子どもにみられるひとつの現象とあるが、次の文は、早くから子どもにみられる現象について、本文を踏まえてまとめた一例である。［A］、［B］に入る最も適切な言葉を、それぞれ本文中から抜き出して書きなさい。ただし、字数は［A］、［B］にそれぞれ示した字数とする。

A［　　　　　］　B［　　　　　　　　　　　　］

子どもは［A（五字）］が外界にどのような変化をもたらすかを探るなかで発見した関係をたしかめ、さらにその発見を用いて、自分の力で［B（十二字）］としていると考えられる。

問四　3学習と同じ構成の熟語を、ア～エから選び、符号で書きなさい。（　）

いている。

問五　5じいの本心は満吉の味方をしたいのだがとあるが、じいは満吉の味方をしたいと考える一方で、今の満吉にはどのようなことが必要だと考えているか。十五字以上二十字以内でまとめて書きなさい。ただし、「今の満吉には、」という書き出しに続けて書くこと。

今の満吉には、［　　　　　　　　　　　　　　　　　　　　］ことが必要だと考えている。

3　次の文章を読んで、後の問いに答えなさい。

新生児が示す行動傾向のなかでも、とくに興味深い一つに「慣れ」現象とよばれるものがある。それは生後間もないときからかなりはっきりとみられる。新生児にある音をくり返し聞かせたり、また、もう少し大きくなった子どもに、ある図形（たとえば（注）蛇《じゃ》の目）を何回も見せると、はじめは音声の方を見たり、図形をじっとみつめたりしてその刺激に注意するが、くり返しているとその刺激への関心が減じてくる。ときどき思い出したようにチラッと見るだけになる。このように、同じ刺激にくり返し接すると、だんだん関心を示さなくなっていくことを慣化《かんか》現象とよんでいるが、このときに途中で1前の図形と区別できる図形を見せると、がぜん注視時間が長くなる。

このことはまた、子どもが新奇なものを好むという現象とも一致している。子どもは見慣れた物よりも、新しい物の方を好むこともよく知られている。日頃から遊び慣れてよく知っているオモチャと、はじめて見る変わったオモチャをならべておいてみると、新しい方をよく見、そちらへ手を出すことが多い。

このように子どもは［Ⅰ］ものには飽きやすく、［Ⅱ］ものに惹《ひ》かれていくのに、相手が人の場合、これと一見矛盾したようなことがおこる。子どもははじめの頃は、どのような人に対してもきわめて愛想よい時期を送るが、五、六か月頃になると様相が変わってきて、いわゆる人見知りがはじまる。見知らぬはじめての人に会うと、顔をそむけたり、泣きだして母親にしがみつきにいったりする。これは旧《ふる》いものより新しいものに向かうという物の場合での傾向とは相反するようにみえる。母親はこれまでにいちばんよく接してきている人であるのに、新奇な人より、旧い母親の方をとるのである。物に対しては［Ⅲ］方を、人に対ししまった。

じいは、このように三人を読みとった。

「ほい！　満吉も丈太郎も、そこまでにしとけ。」

じいは、手で制止しながら、大声で笑いだした。

「は、は、は、は……こりゃあゆかいだ。ネコみてえにぐうたら寝ておっちゃ、これだけの提案はできねえわ。満吉のバカッちょめ、よう考えただな。だっけん、思いつきだけで船を造ってみい。小さな嵐でもすぐにばらんばらんよ。(注)安房《あわ》に亀萬ありといわれた船大工の技術はな、血と汗をしたたらせて積みかさねてきたもの。まずは、その技術をきわめ、身につけたうえで、さらに改良するのがおめえらのつとめだて。さて、さて、そのうち、ええ船ができそうで楽しみだな。」

5 じいの本心は満吉の味方をしたいのだが、逆にたしなめただけになった。

（岡崎ひでたか「魔の海に炎たつ」より）

（注）　じい＝満吉の祖父。

亀萬＝満吉の父である芳太郎が親方として経営する造船所。

亀萬の事情＝亀萬の親方になれるのは一人だけで、芳太郎は満吉の兄である丈太郎を親方にしようと考えている。

シケ＝風雨のため、海が荒れること。

安房＝旧国名。今の千葉県南部。

問一　1 ないと同じ品詞を含むものを、ア～エから選び、符号で書きなさい。（　　）

ア　間違いがない　　イ　忘れない

ウ　寒くない　　エ　頼りない

問二　2 その顔を満吉は正面から見すえていったとあるが、このときの満吉の気持ちとして最も適切なものを、ア～エから選び、符号で書きなさい。（　　）

ア　父親が怒るのは理解できるが、せめて自分がけんめいに取り組んだことを褒めてもらいたいと思っている。

イ　父親の荒々しい態度に圧倒されて、やはり自分が考えた船の構想は間違っているかもしれないと思っている。

ウ　父親が言っていることを受け止めて、自分が考えた嵐に強い船のどこがいけないのかを聞こうと思っている。

エ　父親の怒りを買っていることは分かっているが、それでも自分が考えた嵐に強い船を造りたいと思っている。

問三　3 そいつは慢心だぞとあるが、芳太郎が「慢心だぞ」と言ったのは、満吉が亀萬の船造りを否定して、船を改良したいと言ったことに対してどのように考えたからか。三十字以上三十五字以内でまとめて書きなさい。ただし、「見習いの身」という言葉を使い、「満吉は」という書き出しに続けて書くこと。

満吉は

□を言っていると考えたから。

問四　4 眼の光のなかにおどろきをかくせないでいるとあるが、次の文は、このときじいが読みとった芳太郎の気持ちについて、本文を踏まえてまとめた一例である。A、Bに入る最も適切な言葉を、それぞれ本文中から抜き出して書きなさい。ただし、字数はA、Bにそれぞれ示した字数とする。

A　　B

嵐に強い船の構想は、経済的な事情からA（十字）が、おそらく親方である芳太郎自身がこれまで腹のなかではB（九字）ことであり、未熟だと思っていた満吉が同じ構想を考えていたことにおどろひざにおいたこぶしが小刻みにふるえた。2その顔を満吉は正面から見すえていった。

「そのとおり。亀萬だけじゃねえが、改良しなきゃならねえと思っとる。」

「3そいつは慢心だぞ、満吉！」

大声あげた芳太郎の、のど仏がひくひく動いた。

「いいか、満吉。おめえは、まだ修業もしておらねえ見習いの身だ。何もわかっておらんくせに、えらそうな口がきけるか。」

芳太郎のことばは、おさえようにもつい荒だってしまった。横から兄が口をはさんだ。

「改良とは、どこをどう改良するつもりだ。」

満吉は、いままでこの兄に、腹を割って話したことがなかった。どっちみち気が合わないからだ。それでも満吉は、板にかきかけた船図面をもってきた。

「おれの船は、敷《しき》（船底の板）はカシ材、こいつを厚く重くする。重心をもっと下げるためだ。その代わり船の浮きをよくするため、水が入らぬ、空気ももれぬ空気室を前の方につくって衣類、食糧、薪《まき》の戸棚にする。こいつらは(注)シケでもぬらしちゃなんねえ。」

満吉の頭に、遭難船えびす丸がある。転覆したえびす丸では、いのち綱で体を船につないでいたから、漁師は船にもどれた。船も壊れなかった。それなのに、水も、米も、薪も、着物も波にさらわれ、飢えと寒さで全員が犠牲になったのだった。

大きな一本帆柱が重くて、船は嵐にもまれると不安定になる。えびす丸は大事な帆柱をたたき折って再度の転覆をふせいだ。満吉の図面は、えびす丸の悲劇から学んだものだった。

「空気室の上は甲板《かんぱん》になる。帆は中小で二本にするか、三本にするか考えちゅうだ。一本のでっけえ帆より、小さくすりゃ安定がいい。骨組みは肋骨《ろっこつ》を二本から四本にしてえ。ほかにもあるが、おもなもんはこんなところか。」

じいは、はっと船図面に目をこらした。息をするさえ忘れた。

――満吉め、この三年のあいだに、どうしてこれほどのことを考えついたのか。ひとつ、ひとつの細かい技術はまださっぱり身につけておらんが……。

だがしかし、それを兄は、鼻であしらった。

「船図面なんぞ思いつきでかける。だがよ、それだけじゃ船はできねえ。おめえ、どれだけの腕をもっとるんか。え、恥ずかしくねえかよ。腕をみがいて一人前になってからいえることでねえか。それに、えらく金がかかる。船主がそんな余分な金をはらうもんけえ。」

その冷たいひびきに、満吉はむっとして兄をにらみつけた。

じいは、おかしくてならない。満吉と父と兄の顔を、くらべるように見つめた。

父の芳太郎は、表面には出さないが、4眼の光のなかにおどろきをかくせないでいる。落ちつきのない指の動きはその内心のあらわれだ。

この構想は、親方自身が腹のなかでは、ほとんど描いていたことだったかもしれない。だが、それを製作にうつせなかった理由がじいにはわかる。景気がよくないのに、船の製作費が高くなっては、船主にそっぽ向かれてしまうのだ。

芳太郎は、いままでの船造りを満吉に否定され、親方としての誇りを傷つけられた。そんな顔ではないか。

丈太郎《じょうたろう》は兄でありながら、満吉の提案の重さがさっぱりわかっていない。だから、基本設計についてまともな意見がいえず、問題をそらして

国語

時間　五〇分　満点　一〇〇点

（注）　字数を指示した解答については、句読点、かぎ（「）なども一字に数えなさい。

1　次の①～⑩の傍線部について、漢字は平仮名に、片仮名は漢字に改めなさい。

① 記念品を贈呈する。（　　　　）
② 抑揚をつけて音読する。（　　　　）
③ お客様からの注文を承る。（　　　　る）
④ 新たな難問に挑む。（　　　　む）
⑤ 大臣を罷免する。（　　　　）
⑥ 荷物をアズける。（　　　　ける）
⑦ 商品をセンデンする。（　　　　）
⑧ 争いをチュウサイする。（　　　　）
⑨ 日程をタンシュクする。（　　　　）
⑩ 鉄が磁気をオびる。（　　　　びる）

2　次の文章は、船大工の家に生まれた満吉《まんきち》が、親方であり父親でもある芳太郎《よしたろう》に、自らが考えた船を造らせてほしいと、思い切って願い出る場面を描いたものである。これを読んで、後の問いに答えなさい。

（注）じいは（注）亀萬《かめまん》の先代親方で、いまは仕事に口出ししないが、眼のきく船大工だった。

　じいは、芳太郎と満吉の強い性格が、たびたびぶつかりあうことに気をもんでいた。内心では、満吉のひたむきな情熱をかなえてやりたいのだ。だが、現実には、芳太郎のいう（注）亀萬の事情ももっともであるだけに口にでき1ないでいる。

　この晩じいは、いつもとちがう満吉の冗談のわざとらしさと、時折り眉をひくつかせる表情のかたさから、風を起こしかねない予感がしていた。

　はたして、にわかに真剣な表情で、満吉が父に向かって手をついた。

「親方、お願いがありますだ。おれの船図面で船を造らせてくだせぇ。なあ船の改良型を、おれ、けんめいに考えてきた。だから……、おれ……。」

　満吉のていねいなたのみごとなど、百年に一度のことではないか。父であり、親方である芳太郎はしぶい顔をして、むきかけた栗を投げだした。

「突拍子《とっぴょうし》もねえこというな、おめえは間もなく十七歳だが、二十年早え。まかせられるはずがねえ。兄貴でさえ、船図面はかけても、まだまかせちゃおらん。」

　満吉の引きしまった顔には、真剣なきらめきがあった。

「早い、おそいでいえば、早いほどいい。嵐に強い船が早くできたら、そのほうがいいだ。それに年は関係ねえ。おれ、いのちにかけてやってみてえ。」

　芳太郎の体が前にのめりだした。

「そんじゃおめえ。いままで亀萬で造った船はだめだというのか。」

2020年度／解答

数　学

1 【解き方】(1) 与式$= 9 - 2 = 7$

(2) $4x$ を移項して，$2y = -4x + 6$　両辺を 2 で割って，$y = -2x + 3$

(3) 与式$= \sqrt{3^3} + \sqrt{3} - \sqrt{2^2 \times 3} = 3\sqrt{3} + \sqrt{3} - 2\sqrt{3} = 2\sqrt{3}$

(4) $y = 2x^2$ に，$x = 2$ を代入して，$y = 2 \times 2^2 = 8$　$x = 5$ を代入して，$y = 2 \times 5^2 = 50$　よって，求める変化の割合は，$\dfrac{50 - 8}{5 - 2} = \dfrac{42}{3} = 14$

(5) 5 枚のカードから 2 枚のカードを選んでできる 2 けたの整数は全部で，$5 \times 4 = 20$ (通り)　このうち，偶数となるのは，12，14，24，32，34，42，52，54 の 8 通り。よって，求める確率は，$\dfrac{8}{20} = \dfrac{2}{5}$

(6) 大円，小円の直径をそれぞれ $a$cm，$b$cm とすると，太線の長さは，$\pi a \times \dfrac{1}{2} + \pi b \times \dfrac{1}{2} = \dfrac{\pi}{2}(a + b) = \dfrac{\pi}{2} \times 10 = 5\pi$ (cm)

【答】(1) 7　(2) (y =) $-2x + 3$　(3) $2\sqrt{3}$　(4) 14　(5) $\dfrac{2}{5}$　(6) 5π (cm)

2 【解き方】(1) A 中学校は，20 分以上 25 分未満の階級が 9 人で最も多いから，最頻値は，この階級の階級値である 22.5 分。

(2) B 中学校の通学時間が 15 分未満の生徒数は，$4 + 10 + 16 = 30$ (人)だから，相対度数は，$30 \div 100 = 0.3$

(3) ア．B 中学校の最頻値は 17.5 分だから間違い。イ．A 中学校も B 中学校も，中央値は 15～20 分の階級にある。よって，正しい。ウ．A 中学校の 15 分未満の生徒の相対度数は，$(6 + 7) \div 39 = 0.33\cdots$だから，間違い。エ．A 中学校は，0～5 分，35～40 分の階級がそれぞれ 0 人だが，B 中学校はこれらの階級に当てはまる生徒がいるので，正しい。

【答】(1) 22.5 (分)　(2) 0.3　(3) イ，エ

3 【解き方】(1)(ア) カレンダーの上下の 2 数の差は 7 だから，$x - 7$　(イ) 左右の 2 数の差は 1 だから，$x + 1$　(ウ) $(x - 7)^2 + x^2 = (x + 1)^2$ が成り立つから，展開して，$x^2 - 14x + 49 + x^2 = x^2 + 2x + 1$ より，$x^2 - 16x + 48 = 0$

(2) 左辺を因数分解して，$(x - 4)(x - 12) = 0$　よって，$x = 4,\ 12$　$x \geqq 8$ だから，$x = 12$　したがって，3 つの数は，5，12，13。

【答】(1)(ア) $x - 7$　(イ) $x + 1$　(ウ) $x^2 - 16x + 48$ ($= 0$)　(2) 5，12，13

4 【解き方】(1) ア．A 側の水面の高さは，1 分間に，$30 \div 10 = 3$ (cm)上がる。よって，$x = 6$ のとき，$y = 3 \times 6 = 18$　イ．B の面積は A の面積の 2 倍だから，水を入れ始めて 10 分後の B 側の水面の高さは，A 側の水面の高さの $\dfrac{1}{2}$ で，$30 \times \dfrac{1}{2} = 15$ (cm)　その後，管 a からの水も B 側に入るから，1 分間に上がる水面の高さは 2 倍になり，あと 15cm 入るのにかかる時間は 0～10 分のときの $\dfrac{1}{2}$ で，$10 \times \dfrac{1}{2} = 5$ (分)　よって，$10 + 5 = 15$ (分後)に B 側の水面の高さは 30cm になり，A 側の水面の高さと等しくなるので，$x = 15$ のとき，$y = 30$

(2) グラフは，点(0，0)，(10，30)，(15，30)，(20，40)を順に線分で結んだものになる。

(3)(ア) 原点を通り，傾き3のグラフだから，$y = 3x$　(イ) 傾きが，$\frac{40 - 30}{20 - 15} = 2$ だから，$y = 2x + b$ と表せ，点(20，40)を通るから，$40 = 2 \times 20 + b$ より，$b = 0$　よって，$y = 2x$

(4) B側の水面の高さは，10分後が15cm，15分後が30cm，その後はA側と同じだから，B側のグラフを書き加えると，次図2のようになる。水面の高さの差が2cmになるのは，1回目が，$0 \leqq x \leqq 10$ のときで，B側の式は $y = \frac{3}{2}x$ と表すことができるから，$3x - \frac{3}{2}x = 2$ より，$x = \frac{4}{3} = 1\frac{1}{3}$　よって，1分20秒後。2回目が，$10 \leqq x \leqq 15$ のときで，B側の式は $y = 3x - 15$ と表すことができるから，$30 - (3x - 15) = 2$ より，$x = \frac{43}{3} = 14\frac{1}{3}$　よって，14分20秒後。

図1

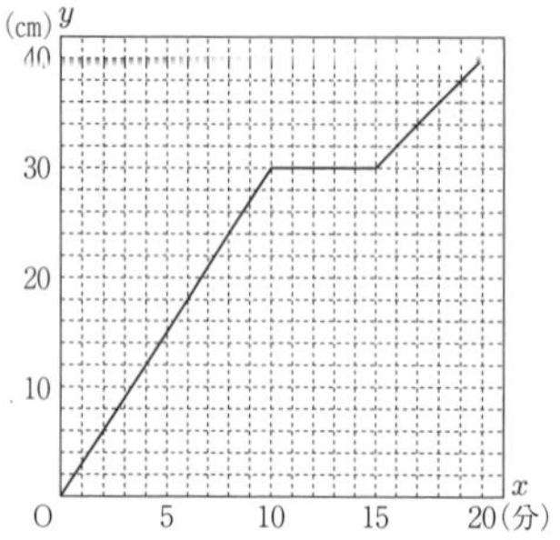

図2

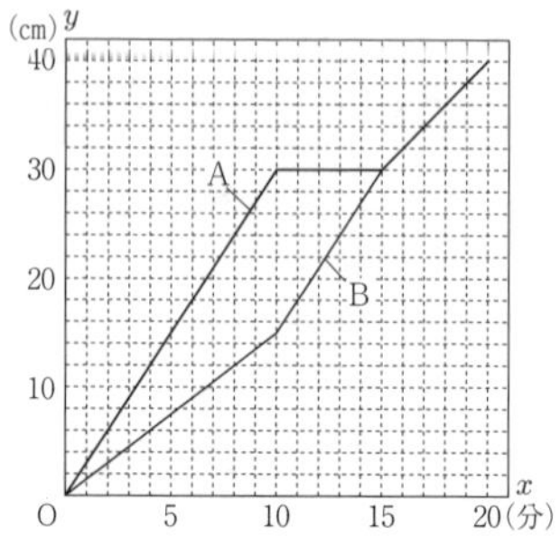

【答】 (1) ア．18　イ．30　(2)(前図1)　(3)(ア)($y =$) $3x$　(イ)($y =$) $2x$　(4) 1(分) 20(秒後)，14(分) 20(秒後)

5 【解き方】 (2)(ア) △ADEは直角二等辺三角形だから，$DE = \sqrt{2}AD = 3\sqrt{2}$ (cm)　(イ) △ADB ≡ △AECより，∠ACE = ∠ABD = 180° − 45° = 135°だから，∠DCE = ∠ACE − ∠ACB = 135° − 45° = 90°となる。ここで，BD = CE = x cmとすると，$BC = \sqrt{2}AB = 2$ (cm)だから，$DC = (x + 2)$ cm　よって，△CDEにおいて三平方の定理より，$x^2 + (x + 2)^2 = (3\sqrt{2})^2$　展開して整理すると，$x^2 + 2x - 7 = 0$

解の公式より，$x = \frac{-2 \pm \sqrt{2^2 - 4 \times 1 \times (-7)}}{2 \times 1} = \frac{-2 \pm \sqrt{32}}{2} = \frac{-2 \pm 4\sqrt{2}}{2} = -1 \pm 2\sqrt{2}$　$x > 0$ より，$x = -1 + 2\sqrt{2}$

【答】 (1) △ADBと△AECにおいて，△ABC，△ADEは直角二等辺三角形だから，AD = AE……①　AB = AC……②　また，∠DAB = ∠DAE − ∠BAE = 90° − ∠BAE……③　∠EAC = ∠BAC − ∠BAE = 90° − ∠BAE……④　③，④より，∠DAB = ∠EAC……⑤　①，②，⑤より，2組の辺とその間の角がそれぞれ等しいから，△ADB ≡ △AEC

(2)(ア) $3\sqrt{2}$ (cm)　(イ) $-1 + 2\sqrt{2}$ (cm)

6 【解き方】 (1) 3回目の操作後，碁石の並び方は，7列7段だから，4回目の操作で新たに並べる碁石は，黒が，$2 \times 7 = 14$ (個)，白が，$(7 + 2) \times 2 = 18$ (個)

(2) 1段目に並ぶ碁石は，最初，白の碁石が1個で，その後，黒の碁石が2個ずつ増えていく。よって，碁石の1辺の個数は，$(2n + 1)$個。

(3) 1回の操作で新たに並べる碁石は，右下の2段2列の4個分だけ，白の碁石の方が多い。よって，n回の操作では，白の碁石は$4n$個多くなるから，黒の碁石をA個とすると，白の碁石は，$(1 + A + 4n)$個となる。このとき，碁石の総数は，$(2n + 1)^2$個だから，$A + (1 + A + 4n) = (2n + 1)^2$　これを解いて，$A = 2n^2$

(4) $A = 2n^2$ に $n = 20$ を代入して，$A = 2 \times 20^2 = 800$　よって，このときの白の碁石の個数は，$1 + 800 + 4 \times 20 = 881$ (個)

【答】 (1)(ア) 14 (個)　(イ) 18 (個)　(2) $2n + 1$ (個)　(3) ア．4　イ．$4n$　ウ．$(2n + 1)^2$　エ．$2n^2$　(4) 881 (個)

英　語

1 **【解き方】** 1. (1) glassesには「グラス」と「メガネ」の意味がある。2人の少女がグラスを手にしていて，メガネをかけた少女がメニューを見ている。

(2) ジョンの「ここでは他の有名な絵も見ることができる。見てまわろう」というせりふから，2人が美術館のような場所で絵を見ていることがわかる。

(3) 2人はもう1度その映画を見ることで意見が一致したので，香奈は次にいつ行くかを提案した。How about ～ing?＝「～するのはどう？」。

(4)「100人の生徒のうち半分以上が沖縄に行きたがっている」ことと「沖縄と東京は北海道より人気がある」ことを表すグラフを選ぶ。

(5) 通常は木曜日の11時45分に授業が始まるが，次の英語の授業は火曜日で，1時間早く始まる。場所は図書室に変更になり，お気に入りのものの写真を持って来るよう指示している。

2. (1) ①「先週祐二のバスケットボールチームに何が起きたか？」→「彼のチームは試合に勝てなかった」。「勝つ」＝win。②「祐二はバスケットボールの試合で失敗すると，どのように感じるか？」→「彼はチームの友人に申し訳ないといつも感じる」。「～に申し訳ないと感じる」＝feel sorry for ～。③「祐二はいつ次の試合があるか？」→「11月にある」。

(2) ア.「グリーン先生は日本で10年間バスケットボールをした」。彼女はカナダでバスケットボールをしていたと言っている。イ.「グリーン先生はバスケットボールの試合中緊張したことがなかった」。彼女も祐二と同様に，試合中は緊張したと言っている。ウ.「祐二は友人の言葉と笑顔に勇気づけられた」。友人の言葉と笑顔に勇気づけられたのはグリーン先生である。エ.「祐二は失敗することでバスケットボールの技術を上達させられると学んだ」。正しい。

【答】 1. (1) イ　(2) ア　(3) エ　(4) イ　(5) ウ　2. (1) ① win　② sorry　③ November　(2) エ

◀全訳▶ 1.

(1) 3人の少女がテーブルのまわりに座っています。彼女たちのうち2人はグラスを持っています。メガネをかけている1人の少女はメニューを見ています。

(2)

ジョン：これはとても有名な絵だよ。今までにこの絵を見たことがある，絵里？

絵里　：いいえ，ないわ。だけどとても美しいわね。そう思わない，ジョン？

ジョン：思うよ。ここでは他の有名な絵も見ることができるんだ。見てまわろうよ。

(3)

マーク：香奈，映画についてどう思った？

香奈　：すばらしい映画だと思ったわ。ストーリーに感動したもの。あなたはどう，マーク？

マーク：ぼくもストーリーが好きだよ。映画の中の登場人物もみんな好きだな。彼らはとてもおかしいね。だからもう1度見たいな。

香奈　：賛成よ。(次の週末にもう1度その映画を見るのはどう？)

(4) あなたは夏にどの場所を訪れたいですか――東京，沖縄それとも北海道？　これを見てください。それは私たちの学校の100人の生徒が夏休み中にどこに行きたいと思っているかを示しています。東京は買い物をする場所がたくさんあるので人気があります。しかし沖縄は東京より人気があります。半分以上の生徒が美しい海で泳ぐために沖縄を訪れたいと思っています。北海道は夏に涼しいため行くには適した場所で，そこには美しい自然がたくさんあります。しかし，沖縄と東京は北海道よりも人気があります。

(5) あなたたちは，次の英語の授業で自分のお気に入りのものについてスピーチをします。私たちはたいてい毎週木曜日に，ここ201教室で11時45分に英語の授業をしています。しかし来週は火曜日に図書室で次の授業を行います。そしてその日には，授業は1時間早く始まります。遅れないでください。あなたたちがスピーチをするとき，自分のお気に入りのものの写真を持って来る必要があります。私はこの情報を紙に書き，それをあなたたちのために壁に貼っておきます。

2.

祐二　　　　：こんにちは，グリーン先生。

グリーン先生：こんにちは，祐二。今日は元気がないようね。何があったの？

祐二　　　　：先週バスケットボールの試合がありました。ぼくはとても緊張していたので，上手にプレーできませんでした。最終的にぼくたちのチームは試合に負けました。

グリーン先生：まあ，あなたがどんな気持ちかわかるわ。私はカナダで10年間バスケットボールをしていたのよ。私も試合中は緊張したわ。

祐二　　　　：へえ，そうだったのですか？　ぼくは試合で失敗すると，チームの友人にいつも申し訳なく感じます。

グリーン先生：祐二，私も同じ気持ちだったわ。試合で失敗したとき，私はごめんなさいと友人たちに言ったわ。でも友人の1人が「私たちに申し訳ないと思わないで。失敗することで私たちは上達できるのよ。また挑戦できるわ！」と言ったの。彼女は大きな笑顔で私に言ったのよ。彼女の言葉と笑顔が私を勇気づけてくれたわ。それ以来，私は彼女の言葉を心にとどめているの。

祐二　　　　：ありがとうございます，グリーン先生。ぼくはあなたからとても大切なことを学びました。失敗することでバスケットボールの技術を上達させられると，今ぼくは信じます。

グリーン先生：すばらしいわ，祐二！　それを聞いて私はうれしい。あなたたちの次の試合はいつ？

祐二　　　　：ああ，11月です。ぼくたちの試合を見に来てください！

グリーン先生：もちろんよ。それを見るのを楽しみにしているわ。がんばって。

祐二　　　　：ありがとうございます，グリーン先生。最善を尽くします。

2 **【解き方】** 1. マキは昨日学校を早退したが，病院に行って薬を飲んだので「昨日より気分が良い」と言っている。feel good =「気分が良い」。good を比較級の better にする。

2. アキコは英語と日本語で書かれた予定表をスズキ先生から「もらった」。

3. 由香は，飛行機を使って最短時間で鹿児島に行く方法が良いと考えている。メアリーは，バスに長時間乗るのはいやで，飛行機より安い方法が良いと考えている。

【答】 1. better　2. ア　3. (Yuka's plan) イ　(Mary's plan) ウ

◀全訳▶　1.

ジム：やあ，マキ。昨日君は具合が悪くて，学校を早退したそうだね。今日の気分はどう？

マキ：昨日よりずっと気分が良いわ。私は病院に行って薬を飲んだの。

ジム：それを聞いてうれしいよ。

2.

アキコ：ポール，これが私たちの授業の予定表よ。

ポール：どうもありがとう。でもなぜこれは英語と日本語で書かれているんだい？　君がぼくのために作ってくれたの？

アキコ：実は，違うの。私たちの英語の先生，スズキ先生からそれをもらったのよ。それぞれの科目を英語でどう言うか，彼は私たちに学んでほしいと思っているのよ。

3.

メアリー：私は鹿児島に行くことにとてもわくわくしているわ。そこに行くためのいくつかの計画を見つけたの。これを見て，由香。

由香　　：見せて。これはとても安いわね。だけどバスに乗ると，そこに着くのにとても長くかかるわ。

メアリー：その通りね。10時間以上もバスに座っていたくないわ！

由香　　：私は飛行機で旅行したいわ。あら，飛行機でそこに行くのに二つの方法があるわ。ええと，鹿児島に着くのにかかる時間が最も短いから，私にとってはこれが一番良い計画ね。あなたはどう思う，メアリー？

メアリー：それはいいけど，私はこれが一番良いと思うわ。飛行機でそこに行くより安いもの。

3 **【解き方】** 1. 第2段落を見る。「30分未満」と「30分から1時間未満」の人の割合を合わせると60％以上になり，「30分未満」の割合の方が多いもの，かつ「3時間以上」の割合がほとんどないグラフを選ぶ。few は完全否定ではないので，「3時間以上」がまったくないものは不適切。

2. 第3段落を見る。「本の空間」と「学習空間」が分かれていて，「学習空間」が現在より広いもの，また「学習空間」の近くにコンピューターがあり，グループ学習用の「特別な部屋」がある絵を選ぶ。

3. 直後にある「もっとたくさんの人々が私たちの町の図書館に滞在することを楽しむ」条件としては，「もしこのように図書館を改善できれば」という内容がふさわしい。

【答】 1. ウ　2. ア　3. イ

◀全訳▶ あなたは今までに私たちの町の図書館を使ったことがありますか？　私はしばしば本を読んだり勉強したりするためにそこに行きます。図書館は本を読むことが好きな人々，または勉強したい人々にとってすばらしい場所です。私は時々長い間そこに滞在します。ある日私は図書館で働いている人に，人々が図書館を訪れたとき，どれくらいそこに滞在するのか尋ねました。

グラフを見てください。60％以上の人が1時間未満滞在することがわかります。彼らのうち，30分未満滞在する人の数の方が多いです。そういう人たちは本を借りたり返したりするためだけに来るので，あまり長く滞在しません。3時間以上滞在する人はほとんどいません。勉強するために図書館を使っている人たちはもっと長く滞在したいと思っているのですが，今のところ彼らのための十分な空間がありません。加えて，情報を得るためのコンピューターも十分にはありません。

もっと長く滞在したいと思っている人たちにとって図書館をより快適にするために，私たちは何をすべきでしょうか？　私の考えを話します。この絵を見てください。まず，私たちは異なる場所に，本の空間とより広い学習空間を持つべきです。そうすると，それぞれの空間がより静かで快適になります。二つ目に，コンピューターは勉強する人たちにとても役に立つので，学習空間の近くにより多くそれらをおくべきです。三つ目に，グループで勉強したい人たちのために特別な部屋をおくべきです。そうすると，グループで勉強することで彼らは新しい考えを得ることができます。

もしこのように図書館を改善できれば，もっとたくさんの人々が私たちの町の図書館に滞在することを楽しむでしょう。あなたは私の考えをどう思いますか？

4 **【解き方】** 1. トムの一つ目のせりふの前半を見る。彼はテレビで世界中の環境問題についての番組を見た。

2. 前の2文で地球の抱える問題を挙げ，それらが深刻だと説明していることから考える。「私たちが世界中の深刻な問題を解決しようとしなければ」という内容がふさわしい。

3. 「同じこと」とは，直前のトムのせりふの「すべての人が自分自身の問題として地球の問題について考えなければならない」という内容を指す。新聞記事の中では，一つ目の段落の最後に「地球が抱える問題は誰か他の人の問題ではないのだと私たちは知るべきである」とあり，内容が一致する。

4. 「私たちにできる何かがあると思う」という文。環境問題を解決するために何かを始めてみようと提案している伊藤先生の四つ目のせりふ中がふさわしい。直後の I also believe という表現にも着目する。

5. (1)「裕美は地球の日がみんなにとって大切な日だと知っていますか？」。裕美の二つ目のせりふを見る。Yes で答える。(2)「トムはなぜセヴァン・スズキのスピーチに感動したのですか？」。トムの三つ目のせりふを見る。自分と同じくらい年齢の若い少女がとても強い意見を持っていたからだと言っている。

6. ア.「新聞記事にはセヴァン・スズキが地球の日についてスピーチをするためにカナダへ行ったと書いてあ

る」。記事の第2段落の前半を見る。セヴァン・スズキは地球の深刻な問題について，リオデジャネイロでスピーチをした。イ.「新聞記事には世界の指導者が2015年に世界の問題を解決するために目標を作ったと書いてある」。記事の第3段落を見る。正しい。ウ.「伊藤先生は地球の日にセヴァン・スズキのスピーチを聞くよう裕美とトムに言った」。伊藤先生は三つ目のせりふでセヴァン・スズキのスピーチを聞いたことがあるか2人に尋ねたが，彼女のスピーチを聞くようには言っていない。エ.「伊藤先生は環境問題のポスターを作るよう裕美とトムに頼んだ」。トムが最後のせりふでポスターを貼ることを提案している。伊藤先生がそれを作るよう頼んだわけではない。オ.「伊藤先生は英語の授業で生徒たちと環境問題を解決するために何をすべきか話したいと思っている」。伊藤先生の最後のせりふを見る。正しい。

7. ③ 伊藤先生は四つ目のせりふで，「小さな」ことでも世界を変えられると述べている。④ 伊藤先生は，環境問題から世界を「守る」ために何をすべきかみんなに考えてほしいと思っている。

【答】1. エ　2. ウ　3. We should know that they are not someone else's problems　4. ウ
5. (1) Yes, does　(2) (例) his, strong　6. イ・オ　7. ③ small　④ protect

◀全訳▶

裕美　：母は日本の天気が大きく変わってしまったといつも言っています。それは地球温暖化の影響でしょうか？

トム　：そうだと思います。ぼくは去年，テレビで世界中の環境問題についての番組を見ました。ぼくはその番組からたくさんのことを学びました。大気中の二酸化炭素の増加が地球温暖化の原因の一つです。地球温暖化はぼくたちの生活に大きな被害を与えます。環境汚染問題も地球に深刻な被害を与えています。だからぼくは環境問題を解決するために何をすべきか考え始めました。

伊藤先生：私は英語の新聞である記事を見つけました。あなたたちにこれを読んでほしいと思います。

私たちの生活は将来どのように変わるだろうか？　地球は多くの問題を抱えている——環境問題，エネルギー問題，食糧問題，そして他の問題もある。それらはとても深刻だ。もし私たちが世界中の深刻な問題を解決しようとしなければ，地球に何が起きるだろう？　それらは誰か他の人の問題ではないのだと私たちは知るべきである。

1992年6月，カナダ出身の12歳の少女セヴァン・スズキが，リオデジャネイロの国連地球サミットにて世界の指導者たちの前でスピーチをした。彼女は強いメッセージとともに地球の深刻な問題について話した。彼女は本当に指導者たちにその問題について考えてほしいと望み，未来の世界を守るために何かを始めるよう彼らに求めた。彼女の言葉はそこにいたすべての人々，そして世界中の人々を感動させた。

彼女のスピーチから何年も経ったあと，多くの国々が行動を起こした。2015年，国連の世界会議で，世界の指導者たちは世界の問題を解決するためにいくつかの目標を作った。

今日4月22日は地球の日だ。将来のために私たちに何ができるのか話し合おう。

〈裕美とトムがその記事を読んだあと…〉

伊藤先生：地球の日について何か知っていますか？

裕美　：私はいくつかの場所で地球の日のポスターを見たことがあります。地球の日がみんなにとって大切な日であることは知っていますが，地球の問題は私には少し難しいように思います。だから私はそれらについてよく考えたことがありません。

トム　：君の言いたいことはわかります。だけどすべての人が自分自身の問題としてそれらについて考えなければなりません。

伊藤先生：その通りです。記事にも同じことが書いてありますね。セヴァン・スズキのスピーチを聞いたことはありますか？

裕美　　：いいえ，ありません。

トム　　：ぼくは最近，インターネットで彼女のスピーチを聞きました。ぼくと同じくらいの年齢の若い少女がとても強い意見を持っていたので，ぼくは彼女のスピーチに感動しました。彼女は環境問題を解決するために，今でもとても一生懸命に活動しています。君もそれを聞くべきです，裕美。ぼくたちは彼女からたくさん学ぶことができると思います。

裕美　　：わかりました，トム。そうします。

伊藤先生：環境問題を解決するために，一緒に何かを始めてみるのはどうでしょう？　私たちにもできることがあると思います。私はまた，小さいことでも世界を変えられると思います。何か考えはありますか？

裕美　　：そうですね，私たちは店でレジ袋に対して「結構です」と言うことができます。そして家で水を節約することができます。ものをリサイクルしたり，リユースしたりすることもできます。

伊藤先生：あなたはどうですか，トム？

トム　　：ええと，ぼくたちの学校のために特別な地球の日を作り，壁にポスターを貼るのはどうでしょう？ポスターに環境問題を解決するためのメッセージを書くことができます。

伊藤先生：それは良い考えですね。環境問題を解決するために私たちができることについて，英語の授業で話したいと思います。他の生徒たちからたくさんの考えが得られるといいですね。

5 **【解き方】** 1. 現在完了〈have/has＋過去分詞〉の否定文。a chance to play it＝「それを弾く機会」。

2. give it to ～＝「それを～にあげる」。if ～＝「もし～ならば」。

【答】 1. have, not, had, a, chance　2. it, to, her, if, she

◀全訳▶ 1.

エマ：私は先週の日曜日あなたのピアノ演奏をとても楽しんだわ。

ユキ：来てくれてありがとう。あなたはピアノを弾くの？

エマ：ええ，弾くわ。でも日本に来てからそれを弾く機会がないの。

ユキ：本当？　それならそれを弾きに私の家に来るといいわ。

エマ：それはご親切にありがとう。

2.

ハナ：私の妹の世話をしてくれてありがとう。

アン：どういたしまして。私にとって彼女と時間を過ごすのは楽しかったわ。

ハナ：あなたが読んでくれた本がとても気に入ったと彼女が言っていたわ。

アン：まあ，そうだったの？　そんなにそれが気に入っているなら，私は彼女にそれをあげるわ。

ハナ：ありがとう。彼女が喜ぶわ。

6 **【解き方】** ①「～時に始まる」＝start at ～。

②「～しなくてもいい」＝don't have to ～。「～を持って来る」＝bring ～。

③ 解答例は「あなたが上手なバスケットボール選手だと聞いているので，私はあなたと放課後バスケットボールをしたいです」。

【答】（例）① starts at 8:30 in the morning　② don't have to bring our lunch

③ want to play basketball with you after school because I hear you're a good basketball player

社　会

1 **【解き方】** 1. イは紀元前3世紀ごろ，ウはイのあと，3世紀前半まで続いた王朝。エは6世紀後半から7世紀前半の王朝。

2. 万葉仮名が使われた日本最古の和歌集。

3. アの白河上皇が院政を始めたのは1086年，イは1167年，ウは1156年の出来事。

5. 石高制によって米の生産量で土地の広さを表した。2度の朝鮮出兵を文禄の役，慶長の役ともいう。

6. (1) アは天保の改革後の1858年の出来事。イは天保の改革，ウは江戸幕府5代将軍の徳川綱吉による政策。(2)『古事記伝』を著したのは，国学を大成した本居宣長。

8. (1) 薩摩藩出身。(2) アは1889年，イは1874年，ウは1881年の出来事。

9. 1918年のできごとを選択。アは1904年～1905年，イは1919年，ウは1931年の出来事。

10. 1939年から1941年にかけて，石油の輸入量が減少した理由を考えるとよい。

11.「川端康成」は『伊豆の踊子』,『雪国』などを著した作家。「インターネット」は1990年代以降に普及した。

【答】 1. ア　2. 万葉集　3. ア→ウ→イ　4. 御成敗式目(または，貞永式目)　5. ウ　6. (1) エ　(2) イ

7. 異国船打払令(または，外国船打払令)　8. (1) 大久保利通　(2) イ→ウ→ア　9. エ

10. 日本への石油の輸出を禁止 (同意可)　11. ウ

2 **【解き方】** 1. 夏と冬の寒暖差が大きく，降水量も少ない甲府盆地での栽培がさかんな果樹。

2. アラスカやグリーンランド，チリなどにも見られる海岸地形。

3. ドーバー海峡にユーロトンネルが開通した。

4. 各国の船舶の航行については自由な海域。「EZ」でも可。

5. 特定の国や政府に属していないために積極的な活動をしている団体も多い。

6. 東京は北緯35度付近，スバ，ラパスは南緯15度付近にある。赤道の位置を確認するとよい。

8. 1980年代後半のバブル景気のころは，東京都中央区をはじめとする都心の地価が上昇したため，多摩市などの郊外に住む人々が増えた。ただし，その後の景気低迷とともに，都心の地価も下落し，現在は「都心回帰」の現象が起こっている。

11. 群馬県では抑制栽培がさかんで，千葉県では近郊農業がさかん。

12. 航空輸送は，小さく軽量で，高価な商品の輸送に適している。輸送量は海上輸送よりも少ない。

【答】 1. ウ　2. フィヨルド　3. ア　4.〔排他的〕経済水域(または，EEZ)　5. NGO　6. エ　7. ウ　8. ア

9. 京浜(工業地帯)　10. 水戸

11. (群馬県の主な産地は，千葉県に比べて)標高が高いため，夏でも涼しいことを生かして生産しているから。(同意可)

12. イ

3 **【解き方】** 1. アは1948年，イは1919年，ウは1789年の出来事。

3. 公害対策に限らず，地球規模の環境保全に関する施策が盛り込まれた法律。

4. 衆議院議員選挙では，小選挙区制と組み合わせて採用されている。

5. (1)「民事」裁判は人と人との間で起こる私的な争いが対象。原告と被告の間で争われる。(2) 有罪とするには，裁判官と裁判員それぞれ1名以上の賛成を含む，9人のうちの過半数の賛成が必要。

7. 中央銀行が行う金融政策のひとつである公開市場操作についての説明。日本銀行は，景気が後退したときには市中に出回る通貨量を増やす政策をとる。

8. (1) キューバ危機当時のアメリカ大統領。(2) 商品の欠陥が，製造企業等の過失によるものでなくても，企業は欠陥による損害に対して賠償責任を負わなければならないことを定めた法律。

9. 2002年の貧困率が25.5％ということは，100人のうち約25人が貧困の状態にあったことを示す。

10. 教師の数が不足しているということは，一人の教師が教える生徒の数が多いということを意味する。

11. 途上国の生産物は，不当に安い価格で取り引きされることが多かったために貧困問題が深刻化したことへの対応策といえる。

【答】 1. ウ→イ→ア　2. (右図)　3. 環境基本法　4. 比例代表　5. (1) エ　(2) イ・オ

6. 株主　7. イ　8. (1) ウ　(2) 製造物責任法(または，PL 法)　9. 4　10. イ

11. 労働に見合う公正な価格（同意可）

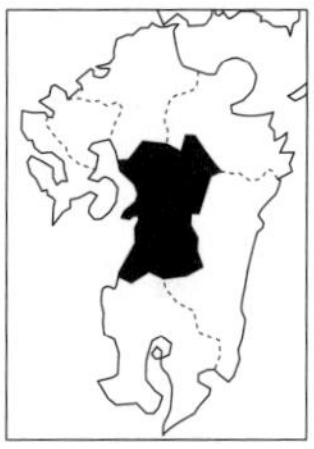

理　科

1 【解き方】1. ⑴ 塩化銅水溶液を電気分解すると，陽極から塩素が発生し，陰極に銅が付着する。⑵ 電気分解が進むと，水溶液中の銅イオンと塩化物イオンが減少するので，塩化銅水溶液の濃度は低くなる。

3. ⑴ 節足動物は無セキツイ動物なので背骨はない。内臓がある部分が外とう膜で包まれているのは軟体動物。⑵ ミジンコやカニは節足動物の甲殻類，カブトムシは節足動物の昆虫類。

4. ⑵ プラスチック板がスポンジを押す力の大きさは，$1\,(\mathrm{N}) \times \dfrac{320\,(\mathrm{g})}{100\,(\mathrm{g})} = 3.2\,(\mathrm{N})$　プラスチック板とスポンジが接する面積は，$1\,\mathrm{m}^2 = 10000\mathrm{cm}^2$ より，$1\,(\mathrm{m}^2) \times \dfrac{16\,(\mathrm{cm}^2)}{10000\,(\mathrm{cm}^2)} = 0.0016\,(\mathrm{m}^2)$　よって，$\dfrac{3.2\,(\mathrm{N})}{0.0016\,(\mathrm{m}^2)} = 2000\,(\mathrm{Pa})$

【答】1. ⑴ ア　⑵ ウ　2. ⑴ 示相化石　⑵ オ　3. ⑴ イ・エ　⑵ イ・ウ　4. ⑴ エ　⑵ エ

2 【解き方】1. $\dfrac{1.56\,(秒)}{6\,(人)} = 0.26\,(秒)$

3. 手を握られた刺激の信号は，手の皮膚(B)→感覚神経→せきずい(C)→脳(A)という経路で伝えられ，隣の人の手を握れという命令の信号は，脳(A)→せきずい(C)→運動神経→筋肉(D)という経路で伝わる。

6. 腕を曲げるときはアの筋肉が収縮し，腕の伸ばすときはイの筋肉が収縮する。

7. アの危ないと思うこと，ウの自分の名前だと気づくこと，エの音が目覚まし時計だと判断することは全て脳が行うことなので，意識して起こる反応。

【答】1. 0.26(秒)　2. 運動(神経)　3. BCACD　4. 反射
5. (外界からの刺激の信号が，)脳に伝わらず，せきずいから直接筋肉に伝わるから。(同意可)　6. ア　7. イ

3 【解き方】1. 赤色リトマス紙を青色に変化させた気体はアルカリ性で，実験1で出てきた気体はアンモニア。

2. 水に溶けにくい気体は水上置換法で集める。

3. BTB溶液はアルカリ性で青色に変化する。

6. エタノールと水の沸点を比べると，エタノールの方が低いので，試験管Aの液体はエタノールが多く含まれ，試験管B，試験管Cの順にエタノールの量が少なくなり，水の量が多くなる。よって，液体の密度の大きさは，試験管A＜試験管B＜試験管Cになる。

7. 反応前のエタノール（C_2H_6O）に含まれる炭素原子の数は2個なので，反応後の二酸化炭素（CO_2）分子の数は2個になり，反応前のエタノールに含まれる水素原子の数は6個なので，反応後の水（H_2O）分子の数は，$\dfrac{6}{2} = 3\,(個)$になる。

8. 食塩水は食塩と水，塩酸は塩化水素と水，みりんはエタノールや水などの混合物。炭酸水素ナトリウムとブドウ糖は化合物。

【答】1. NH_3　2. エ　3. ウ　4. ア・ウ　5. 出てくる蒸気(または，気体)の温度を測るため。(同意可)　6. ア
7. ($C_2H_6O + 3O_2 \rightarrow$) 2 ($CO_2$ +) 3 (H_2O)　8. イ・エ・オ

4 【解き方】1. 北半球では太陽は南の空に南中するので，図1のBが南を表す。よって，Dが北，Aが東，Cが西を表す。

3. 図2より，この実験では1時間に2.4cm太陽が透明半球上を移動しているので，7.8cm移動するのにかかる時間は，$1\,(時間) \times \dfrac{7.8\,(\mathrm{cm})}{2.4\,(\mathrm{cm})} = 3\dfrac{1}{4}\,(時間)$より，3時間15分。よって，日の出の時刻は，9時－3時間15分＝5時45分

4. ⑴・⑵ 秋分の日の2か月後なので，冬至の日に近づいた時期になる。よって，日の出の時刻は遅くなり，日

の出の位置は真東より南寄りになる。

5. アは夏至，イは冬至，エは春分の日を表している。秋分の日の北緯 34.6° の地点の太陽の南中高度は，90° − 34.6° = 55.4°

6. 北半球での太陽は，東→南→西と移動するが，南半球では東→北→西と移動する。北半球が冬のとき南半球は夏なので，太陽の高度は高くなる。

【答】 1. C　2. エ　3. 5 (時) 45 (分)　4. (1) ア　(2) ウ　(3) オ　5. (秋分の日の地球) ウ　(南中高度) 55.4°　6. イ

5 **【解き方】** 4. 電源装置の電圧の大きさを x V とすると，抵抗器 a，抵抗器 b に流れる電流の大きさは，オームの法則より，$\dfrac{x\,(\mathrm{V})}{10\,(\Omega)} = \dfrac{x}{10}\,(\mathrm{A})$，$\dfrac{x\,(\mathrm{V})}{15\,(\Omega)} = \dfrac{x}{15}\,(\mathrm{A})$　よって，$\dfrac{x}{10}\,(\mathrm{A}) : \dfrac{x}{15}\,(\mathrm{A}) = 3 : 2$

5. 4 より，電源装置の電圧の大きさを x V としたときの抵抗器 a，抵抗器 b に流れる電流の大きさが $\dfrac{x}{10}$A，$\dfrac{x}{15}$A なので，実験 2 の回路の抵抗器 a，抵抗器 b の消費電力は，$x\,(\mathrm{V}) \times \dfrac{x}{10}\,(\mathrm{A}) = \dfrac{x^2}{10}\,(\mathrm{W})$，$x\,(\mathrm{V}) \times \dfrac{x}{15}\,(\mathrm{A}) = \dfrac{x^2}{15}\,(\mathrm{W})$となり，実験 2 の回路の消費電力は，$\dfrac{x^2}{10}\,(\mathrm{W}) + \dfrac{x^2}{15}\,(\mathrm{W}) = \dfrac{1}{6}x^2\,(\mathrm{W})$　図 1 の回路の電源装置の電圧の大きさを x V とすると，抵抗器 a，抵抗器 b に流れる電流の大きさはどちらも，$\dfrac{x\,(\mathrm{V})}{(10 + 15)\,(\Omega)} = \dfrac{x}{25}\,(\mathrm{A})$　このとき，抵抗器 a，抵抗器 b に加わる電圧の大きさは，$\dfrac{x}{25}\,(\mathrm{A}) \times 10\,(\Omega) = \dfrac{2}{5}x\,(\mathrm{V})$，$\dfrac{x}{25}\,(\mathrm{A}) \times 15\,(\Omega) = \dfrac{3}{5}x\,(\mathrm{V})$になり，抵抗器 a，抵抗器 b の消費電力は，$\dfrac{2}{5}x\,(\mathrm{V}) \times \dfrac{x}{25}\,(\mathrm{A}) = \dfrac{2}{125}x^2\,(\mathrm{W})$，$\dfrac{3}{5}x\,(\mathrm{V}) \times \dfrac{x}{25}\,(\mathrm{A}) = \dfrac{3}{125}x^2\,(\mathrm{W})$なので，実験 1 の回路の消費電力は，$\dfrac{2}{125}x^2\,(\mathrm{W}) + \dfrac{3}{125}x^2\,(\mathrm{W}) = \dfrac{1}{25}x^2\,(\mathrm{W})$　よって，消費電力量を等しくするには，図 2 の回路に電流を流す時間を図 1 の回路に電流を流す時間の，$\dfrac{1}{25}x^2\,(\mathrm{W}) \div \dfrac{1}{6}x^2\,(\mathrm{W}) = 0.24$ (倍)にすればよい。

6. 抵抗器 b に 3.9V の電圧を加えたときに流れる電流の大きさは，$\dfrac{3.9\,(\mathrm{V})}{15\,(\Omega)} = 0.26\,(\mathrm{A})$より，260mA。図 4 の回路に流れる電流の大きさが 130mA なので，図 4 の 3 つの抵抗器 a と抵抗器 b が並列つなぎになるように接続すると，回路に流れる電流の大きさが，260 (mA) + 130 (mA) = 390 (mA)になる。よって，P を X に接続すればよい。

【答】 1. 180 (mA)　2. (右図)　3. エ　4. (抵抗器 a：抵抗器 b ＝) 3：2　5. 0.24 (倍)　6. X

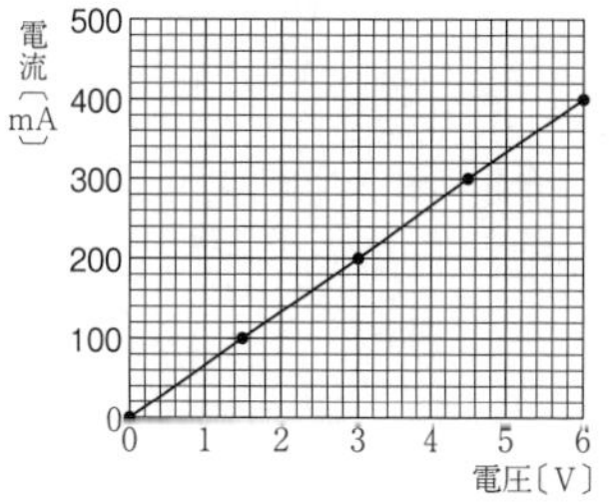

国　語

1 **【答】** ① ぞうてい　② よくよう　③ うけたまわ(る)　④ いど(む)　⑤ ひめん　⑥ 預(ける)　⑦ 宣伝　⑧ 仲裁　⑨ 短縮　⑩ 帯(びる)

2 **【解き方】** 問一.「ず」「ぬ」に置き換えられるので助動詞。ア・ウは「ず」「ぬ」に置き換えることができないので，形容詞。エは，形容詞「頼りない」の一部。

問二.「いままで亀萬で造った船はだめだというのか」といった父親の顔を「正面から見すえ」て，「改良しなきゃならねえと思っとる」と言い切ったことに着目する。

問三.「おめえは，まだ修行もしておらねえ見習いの身だ…えらそうな口がきけるか」と，満吉へ言っていることに注目。

問四. A.「景気がよくないのに，船の製作費が高く」なることが理由で，実現していなかったことをおさえる。B.「芳太郎自身がこれまで腹のなかでは」に対応する，「親方自身が腹のなかでは…こと」に着目する。

問五. じいは，満吉の構想を「よう考えた」と認めたうえで，「思いつきだけ」で船を造るのはまだ早く，「まずは，その技術をきわめ…改良するのがおめえらのつとめ」だと話している。

【答】 問一. イ　問二. エ

問三. (満吉は)修行もしていない見習いの身で，何もわかっていないのにえらそうなこと(を言っていると考えたから。)(33字)(同意可)

問四. A. 製作にうつせなかった　B. ほとんど描いていた

問五. (今の満吉には，)船大工の技術をきわめ，身につける(ことが必要だと考えている。)(16字)(同意可)

3 **【解き方】** 問一.「このように」とあるので，子どもが「遊び慣れてよく知っているオモチャ」より「新しい方」に手を出すことが多いことをおさえる。また，子どもが「人に対して」は，「新奇な人より，旧い母親の方をとる」ことをおさえる。

問二. 活用する自立語で，終止形が「い」となる語。「長く」は「長い」の連用形。

問三. A. 子どもにみられる現象において，「外界に」「変化をもたらす」ものに注目。B.「たとえば」という例をふまえて，「自分が発見した関係をたしかめ…しているようである」と現象を考察している。

問四. 似た意味の漢字の組み合わせを選ぶ。イは，反意の漢字の組み合わせ。ウは，上の漢字が下の漢字を修飾している。エは，上の漢字が動作を表し，下の漢字がその対象を表している。

問五.「子どもが笑えば，人は目をむいてみせ」や「子どもが声を出せばお腹をポンと叩いてやり」という行動を，「いろいろのヴァリエーション」で行うことをおさえる。

問六.「その意味において」とあるので，前で述べている，子どもに「飽き」が見えてくると，母親が声音をかえてみたり叩く場所をかえたりなどして「新たな探索欲をひきおこすよう…たくみに操作していく」ことに着目する。

【答】 問一. ウ　問二. 長く　問三. A. 自分の活動　B. 外界をコントロールしよう　問四. ア　問五. イ

問六. (母親の)微妙に変化する反応のしかたが，子どもの新たな探索欲をひきおこす(ことになるから。)(31字)(同意可)

4 **【解き方】** 問一. 語頭以外の「は・ひ・ふ・へ・ほ」は「わ・い・う・え・お」にする。

問二.「失を忘れて人の失をのみ見て…我が身を照らす事なきこそ愚かなれ」と筆者は述べている。

問三. 指定された書き出しに対応する古文の「人の愚かに拙きを見ては」に着目し，その後の「我れをもまた人のかくのごとく見ん事を思へ」をおさえる。

【答】 問一. かえりみる　問二. ウ

問三. (他人の愚かで思慮分別に欠ける姿を見たら，)自分の姿も他人が同じように見るだろう(と思うこと。)(18字)(同意可)

◀口語訳▶　世間の人が自分の欠点を忘れて，他人の欠点だけを見て，他人を鏡として自分自身を映すことがないことは，愚かなことである。他人を非難したならば，自分自身の欠点を省みること，これを他人を鏡とする心構えである。他人の愚かで思慮分別に欠ける姿を見たら，自分もまた他人が同じように見るだろうと思いなさい。その人がいわゆる自身の鏡である。

5 **【解き方】** 問一．2つのグラフを見ると「いち早く世の中のできごとや動きを知る」という目的で，インターネットを使うと回答した割合は，新聞を使うと回答した割合よりかなり高い。一方，「世の中のできごとや動きについて信頼できる情報を得る」という目的の場合，新聞を利用すると回答した割合が，インターネットを使うと回答した割合を上回っている。また，両方の目的に共通して，情報を得るためテレビを利用すると回答した割合は最も高い。

【答】 問一．(例) 目的Aではインターネットが新聞の利用の割合を大きく上回るのに対し，目的Bでは新聞がインターネットの利用の割合を上回る。(3行)

問二．(例)

信頼できる情報を得るためには，新聞を利用すると良いと思う。

記者が直接取材した情報を，多くの目で確認して新聞の記事は作られている。私はよくインターネットを利用するが，正確でない情報を発見したことがある。また，テレビを見ていると映像の印象が強くなりがちだ。そのため，新聞社の名で責任を持って出されている新聞が，より信頼できると考える。(9行)

~MEMO~

2025年度 受験用
公立高校入試対策シリーズ（赤本）ラインナップ

入試データ	前年度の各高校の募集定員，倍率，志願者数等の入試データを詳しく掲載しています。
募集要項	公立高校の受験に役立つ募集要項のポイントを掲載してあります。ただし，2023年度受験生対象のものを参考として掲載している場合がありますので，2024年度募集要項は必ず確認してください。
傾向と対策	過去の出題内容を各教科ごとに分析して，来年度の受験について，その出題予想と受験対策を掲載してあります。予想を出題範囲として限定するのではなく，あくまで受験勉強に対する一つの指針として，そこから学習の範囲を広げて幅広い学力を身につけるように努力してください。
くわしい解き方	模範解答を載せるだけでなく，詳細な解き方・考え方を小問ごとに付けてあります。解き方・考え方をじっくり研究することで応用力が身に付くはずです。また，英語長文には全訳，古文には口語訳を付けてあります。
解答用紙と配点	解答用紙は巻末に別冊として付けてあります。 解答用紙の中に問題ごとの配点を掲載しています（配点非公表の場合を除く）。合格ラインの判断の資料にしてください。

府県一覧表

3021　岐阜県公立高
3022　静岡県公立高
3023　愛知県公立高
3024　三重県公立高【後期選抜】
3025　滋賀県公立高
3026-1　京都府公立高【中期選抜】
3026-2　京都府公立高【前期選抜 共通学力検査】
3027-1　大阪府公立高【一般選抜】
3027-2　大阪府公立高【特別選抜】
3028　兵庫県公立高
3029-1　奈良県公立高【一般選抜】
3029-2　奈良県公立高【特色選抜】
3030　和歌山県公立高
3033-1　岡山県公立高【一般選抜】
3033-2　岡山県公立高【特別選抜】
3034　広島県公立高
3035　山口県公立高
3036　徳島県公立高
3037　香川県公立高
3038　愛媛県公立高
3040　福岡県公立高
3042　長崎県公立高
3043　熊本県公立高
3044　大分県公立高
3046　鹿児島県公立高

滋賀県特色選抜・学校独自問題

2001　滋賀県立石山高
2002　滋賀県立八日市高
2003　滋賀県立草津東高
2004　滋賀県立膳所高
2005　滋賀県立東大津高
2006　滋賀県立彦根東高
2007　滋賀県立守山高
2008　滋賀県立虎姫高
2020　滋賀県立大津高

京都府前期選抜・学校独自問題

2009　京都市立堀川高・探究学科群
2010　京都市立西京高・エンタープライジング科
2011　京都府立嵯峨野高・京都こすもす科
2012　京都府立桃山高・自然科学科

2025 年度
受験用

公立高校入試対策シリーズ 3021

岐阜県公立高等学校

別冊

解答用紙

●この冊子は本体から取りはずして
ご使用いただけます。

●解答用紙（本書掲載分）を
ダウンロードする場合はこちら↓
https://book.eisyun.jp/

※なお，予告なくダウンロードを
終了することがあります。

英俊社

●解答用紙の四隅にあるガイドに合わせて指定の倍率で拡大すると，実物とほぼ同じ大きさでご使用いただけます(一部例外がございます)。

数　学　解　答　用　紙

□ の欄には，何も記入しないこと。

1

	(1)	
	(2)	
	(3)	
	(4)	
	(5)	
	(6)	cm³

2

	(1)		人
	(2)	(ア)	台
		(イ)	台

3

	(1)	
	(2)	
	(3)	

◇M2(513—18)

4

	(1)		
	(2)	ア	
		イ	
	(3)		$y =$
	(4)		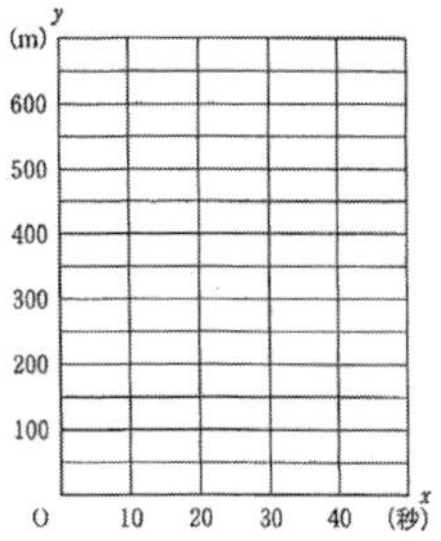
	(5)		秒後

5

	(1)		証明
	(2)	(ア)	倍
		(イ)	倍

6

	(1)		通り
	(2)	ア	
		イ	
		ウ	
		エ	
	(3)		通り

◇M2(513—17)

受検番号		合計	

※実物の大きさ：195% 拡大（A3 用紙）

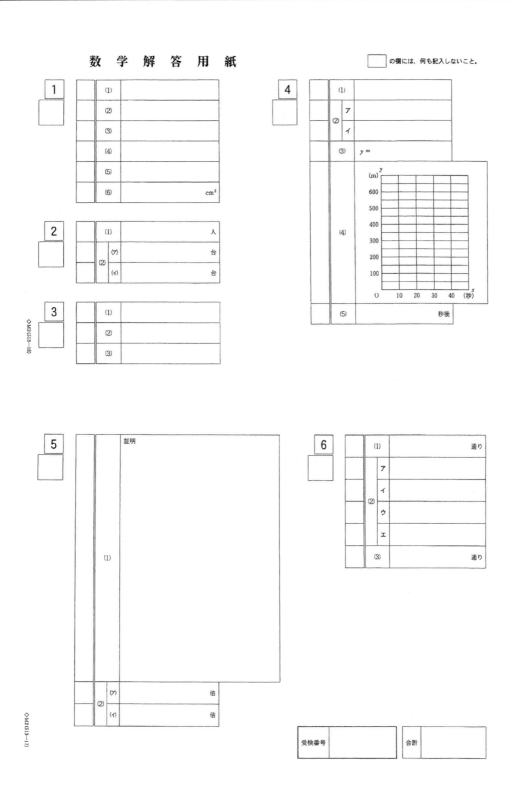

英語解答用紙

□の欄には，何も記入しないこと。

1

1	(1)	
	(2)	
	(3)	
	(4)	
	(5)	
2	(1) ①	
	(1) ②	
	(1) ③	
	(2)	

2

1		
2		
3	(1)	
	(2)	

◇M3(513—28)

3

1	
2	
3	

4

1		
2	X	
	Y	
3		
4	(1)	________, he ________.
	(2)	Because the local people discovered their town's attractive and ________ points that they didn't ________.
5		
6	③	
	④	

5

1	What ____ ____ ____ ____ ____ were a student?
2	I ____ ____ ____ ____ ____ practice for the speech.

6

1	(1)	________ there?
	(2)	French ________ many countries as an official language now.
2		（記入例）　No,　I　don't.
		There are some good points about watching movies at home. For example, ____ ____ (10) ____ (20)

◇M3(513—27)

受検番号		合計	

社　会　解　答　用　紙

□の欄には，何も記入しないこと。

1

	1	
	2	
	3	
	4	
	5	
	6	古い出来事 ——→ 新しい出来事 ——→　——→
	7	
	8	
	9	
	10	
	11	
	12	
	13	

◇M5(513—49)

2

	1	
	2	
	3	
	4	
	5	
	6	
	7	
	8	
	9	
	10	
	11	
	12	

3

	1	裁判
	3 (1)	
	3 (2)	
	2	
	4	
	5	
	6	
	7	
	8	
	9	
	10 (1)	
	10 (2)	
	11	

◇M5(513—48)

受検番号		合計	

※実物の大きさ：195% 拡大（A3 用紙）

理　科　解　答　用　紙

□ の欄には，何も記入しないこと。

1

1	(1)		
1	(2)		
2	(1)		Ω
2	(2)		V
3	(1)		g
3	(2)		
4	(1)		
4	(2)		

2

1			
2			
3			
4			
5	(1)		
5	(2)		
6		ワセリンを塗った部分における	
7			

◇M4(513—39)

3

1	(1)		
1	(2)		
2			%
3			
4		→	
5			
6		物質	
6		理由	
7			g

4

1		
2	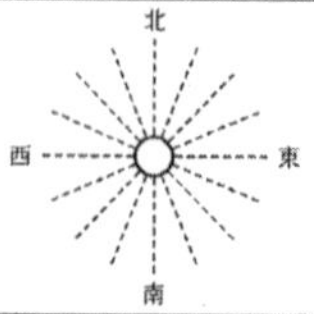	
3		%
4		%
5		
6		
7		

5

1		N
2	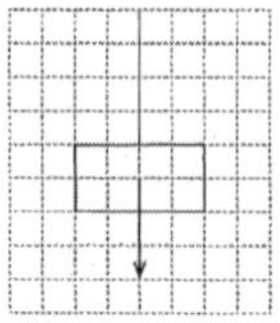	
3		
4		cm/s
5		
6		
7		

◇M4(513—38)

受検番号		合計	

※実物の大きさ：195% 拡大（A3 用紙）

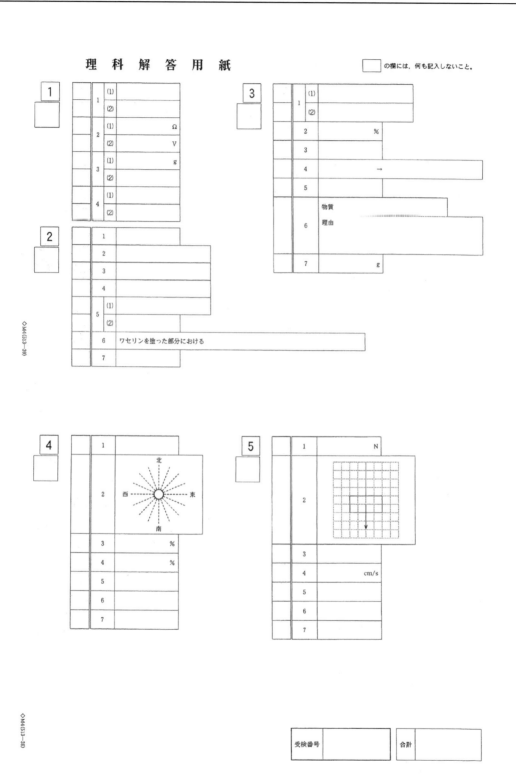

国語解答用紙

□の欄には、何も記入しないこと。

◇M1(513—7)

一

①　い	②	③	④	⑤　い
⑥　た	⑦　じる	⑧	⑨　な	⑩　ねる

合計

受検番号

二

問一

問二

問三

問四　咲良が、＿＿感じを受けたから。

問五A

問五B

三

問一

問二

問三A

問三B

問三C

問三D

問四

問五　接触面を通して＿＿こともあるため。

◇M1(513—6)

四

問一

問二

問三A

問三B

五

問一

問二

【数　　学】

1 4点×6　2 4点×3　3 4点×3　4 (1)2点　(2)2点×2　(3)3点　(4)4点　(5)5点
5 (1)10点　(2)(ア)3点　(イ)5点　6 (1)3点　(2)2点×4　(3)5点

【英　　語】

1 3点×9　2 3点×4　3 4点×3　4 3点×9　5 4点×2　6 1. 4点×2　2. 6点

【社　　会】

1 1. 2点　2. 3点　3. 2点　4. 2点　5. 3点　6. 3点　7. 2点　8. 3点　9. 3点　10. 2点
11. 3点　12. 4点　13. 2点
2 1. 2点　2～4. 3点×3　5. 4点　6. 2点　7. 3点　8. 2点　9. 3点　10. 3点　11. 2点　12. 3点
3 1. 2点　2. 2点　3. (1)3点　(2)2点　4. 4点　5. 2点　6. 3点（完答）　7. 3点　8. 2点　9. 3点
10. (1)3点　(2)2点　11. 2点

【理　　科】

1 2点×8　2 1. 3点　2. 2点　3. 2点　4. 3点（完答）　5. (1)2点　(2)3点　6. 3点　7. 3点
3 1. 2点×2　2. 3点　3. 2点　4～7. 3点×4　4 3点×7　5 3点×7

【国　　語】

一 2点×10　二 問一. 3点　問二. 3点　問三. 5点　問四. 8点　問五. 3点×2
三 問一. 3点　問二. 3点　問三. 2点×4　問四. 3点　問五. 8点
四 問一. 3点　問二. 4点　問三. 4点×2　五 問一. 5点　問二. 10点

数学解答用紙

□ の欄には，何も記入しないこと。

1

	(1)	
	(2)	
	(3)	
	(4)	
	(5)	
	(6)	

2

	(1)	cm²
	(2)	cm²
	(3)	cm

3

	(1)	冊
	(2)	冊
	(3)	

4

	(1)		分速　　m
	(2)	(ア)	$y=$
		(イ)	$y=$
	(3)	(ア)	分後
		(イ)	m

◇M2(726—13)

5

	(1)		証明
	(2)	(ア)	cm
		(イ)	倍

6

	(1)		1999 →
	(2)		
	(3)	ア	
		イ	
		ウ	
	(4)		
	(5)		個

◇M2(726—21)

受検番号		合計	

※実物の大きさ：195% 拡大（A3 用紙）

英　語　解　答　用　紙

□ の欄には，何も記入しないこと。

1

1	(1)	
	(2)	
	(3)	
	(4)	
	(5)	
2	(1)①	
	(1)②	
	(1)③	
	(2)	

2

1		
2		
3	(1)	
	(2)	

◇M3(726—23)

3

1	
2	
3	

4

1		
2	①	
	②	
3		
4	(1)	＿＿＿＿＿＿, he ＿＿＿＿＿＿.
	(2)	We can ＿＿＿＿＿＿ plastic bottles as resources to make new plastic bottles almost ＿＿＿＿＿＿.
5		
6	⑤	
	⑥	

5

1	Well, ＿＿＿ ＿＿＿ ＿＿＿ ＿＿＿ ＿＿＿ reading it?
2	I'll show ＿＿＿ ＿＿＿ ＿＿＿ ＿＿＿ ＿＿＿ .

6

①	I think that online shopping is good because you ＿＿＿＿＿＿ goods from the shop.
②	Some people don't ＿＿＿＿＿＿ the Internet in a safe way.
③	(記入例) No, I don't. But I still think online shopping is good because ＿＿＿ ＿＿＿ ＿＿＿ ＿＿＿ ＿＿＿ ＿＿＿ ＿＿＿ ＿＿＿ ＿＿＿ ＿＿＿ 10 ＿＿＿ ＿＿＿ ＿＿＿ ＿＿＿ ＿＿＿ ＿＿＿ ＿＿＿ ＿＿＿ ＿＿＿ ＿＿＿ 20

◇M3(726—32)

受検番号		合計	

※実物の大きさ：195% 拡大（A3 用紙）

社　会　解　答　用　紙

□の欄には，何も記入しないこと。

1

1	
2	
3	古い出来事 ⟶ 新しい出来事 ⟶　⟶
4	
5	
6	
7	
8	
9	
10 (1)	
10 (2)	
11	古い出来事 ⟶ 新しい出来事 ⟶　⟶
12	

◇M5(726—44)

2

1 (1)	
1 (2)	
2	
3	
4	
5	
6	
7	
8	
9	
10	栽培
11	都市

3

1	
2	
3	
4	
5	
6 (1)	
6 (2)	
6 (3)	選挙
7	
8 (1)	
8 (2)	
8 (3)	
9	

◇M5(726—52)

受検番号		合計	

※実物の大きさ：195% 拡大（A3 用紙）

理　科　解　答　用　紙

□ の欄には，何も記入しないこと。

1

	1	(1)	
		(2)	
	2	(1)	
		(2)	
	3	(1)	Pa
		(2)	
	4	(1)	
		(2)	

2

	1		
	2	(1)	
		(2)	
	3		
	4		
	5		
	6		

3

	1	
	2	
	3	
	4	
	5	g
	6	
	7	

◇M4(726—34)

4

	1		
	2	(1)	
		(2)	
		(3)	
	3		
	4		金星は
	5		

5

	1	
	2	の法則
	3	Ω
	4	J
	5	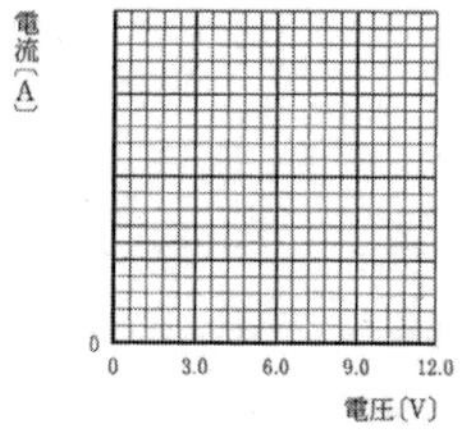
	6	Ω

◇M4(726—42)

受検番号		合計	

※実物の大きさ：195% 拡大（A3 用紙）

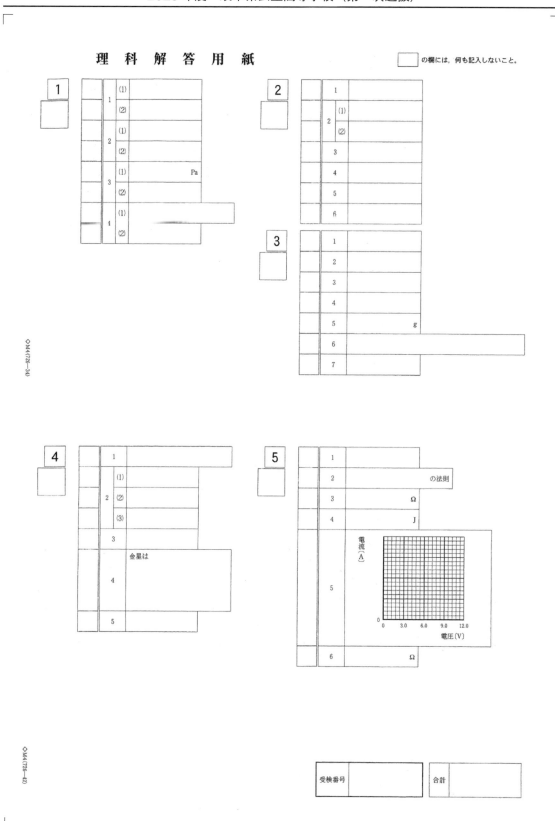

国語解答用紙

□の欄には、何も記入しないこと。

◇M1(726—2)

合計

受検番号

一

①		②	む	③		④		⑤	やかな
⑥		⑦	りる	⑧	な	⑨		⑩	し

二

問一

問二　動詞　　活用形　　形

問三　　こと。

問四　自分の　　という言葉をかけてくれたと感じたから。

問五A

問五B

三

問一

問二

問三A

問三B

問四

問五

問六

◇M1(726—11)

四

問一

問二

問三

問四

五

問一

問二

5　10　15　20

6

9

【数　学】

[1] 4点×6　[2] (1)3点　(2)4点　(3)4点　[3] (1)3点　(2)3点　(3)4点

[4] (1)3点　(2)3点×2　(3)4点×2　[5] (1)10点　(2)(ア)3点　(イ)5点

[6] (1)3点　(2)3点　(3)2点×3　(4)3点　(5)5点

【英　語】

[1] 3点×9　[2] 3点×4　[3] 4点×3　[4] 3点×9　[5] 4点×2　[6] ①4点　②4点　③6点

【社　会】

[1] 1. 2点　2. 3点　3. 3点　4. 2点　5. 2点　6. 3点　7. 3点　8. 2点　9. 3点
10. (1)4点　(2)2点　11. 3点　12. 2点

[2] 1. 3点×2　2. 3点　3. 2点　4～6. 3点×3　7. 2点　8. 2点　9. 4点　10. 2点　11. 3点

[3] 1. 2点　2. 2点　3. 3点　4. 2点　5. 2点　6. (1)3点　(2)3点　(3)2点　7. 3点
8. (1)2点　(2)3点　(3)4点　9. 2点

【理　科】

[1] 2点×8　[2] 3点×7　[3] 3点×7　[4] 3点×7　[5] 1～3. 3点×3　4～6. 4点×3

【国　語】

[一] 2点×10　[二] 問一. 3点　問二. 4点　問三. 4点　問四. 8点　問五. 3点×2

[三] 問一～問四. 3点×5　問五. 5点　問六. 5点　[四] 問一. 3点　問二～問四. 4点×3

[五] 問一. 5点　問二. 10点

数　学　解　答　用　紙

□ の欄には，何も記入しないこと。

1

(1)	
(2)	
(3)	
(4)	
(5)	$\begin{cases} x = \\ y = \end{cases}$
(6)	cm^3

2

(1)		
(2)	(ア)	$a =$
	(イ)	$x =$

3

(1)	人
(2)	回
(3)	回

◇M2(561—13)

4

(1)	ア	
	イ	
(2)	(ア)	$y =$
	(イ)	$y =$
(3)		
(4)	秒後	秒後

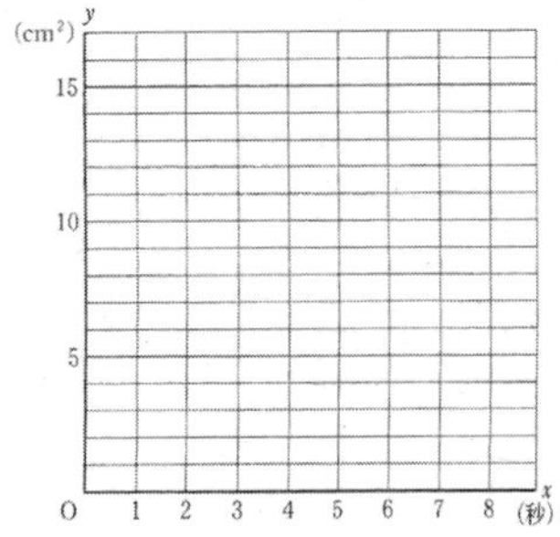

5

(1)	証明	
(2)	(ア)	cm
	(イ)	倍

6

(1)	(ア)	個
	(イ)	
(2)	ア	
	イ	
	ウ	
	エ	
(3)	(ア)	
	(イ)	

◇M2(561—21)

受検番号		合計	

※実物の大きさ：195% 拡大（A3 用紙）

英　語　解　答　用　紙

□ の欄には，何も記入しないこと。

1

1	(1)	
	(2)	
	(3)	
	(4)	
	(5)	
2	(1)①	
	(1)②	
	(1)③	
	(2)	

2

1		
2		
3	(1)	
	(2)	

◇M3(561—23)

3

1	
2	
3	

4

1		
2		
3		
4		
5	(1)	＿＿＿＿, he ＿＿＿＿.
	(2)	He feels ＿＿＿＿ even when he is ＿＿＿＿.
6		
7	③	
	④	

5

1	Well, ＿＿ ＿＿ ＿＿ ＿＿ ＿＿ do for you?
2	Do you ＿＿ ＿＿ ＿＿ ＿＿ ＿＿ ?

6

①	I'd like to join one of them because ＿＿＿＿ volunteer activities for a long time.
②	If I choose B, I will ＿＿＿＿.
③	(記入例) No, I don't.
	I want to join □ because ＿＿ ＿＿ ＿＿ ＿＿ 10 ＿＿ 20

◇M3(561—32)

受検番号		合計	

※実物の大きさ：195% 拡大（A3 用紙）

社　会　解　答　用　紙

□ の欄には，何も記入しないこと。

1

	1		
	2		文化
	3		
	4		
	5	(1)	
		(2)	
	6		
	7		
	8	(1)	
		(2)	
	9	(1)	
		(2)	
	10	古い出来事 ──→ 新しい出来事	
		→ →	

◇M5(561—44)

2

	1		
	2		
	3		
	4		
	5		
	6		
	7	(1)	
		(2)	
	8	(1)	
		(2)	
		(3)	
	9		

3

	1		
	2		権
	3		
	4		
	5		
	6		
	7	(1)	
		(2)	
		(3)	
	8	(1)	
		(2)	
	9		
	10		

◇M5(561—52)

受検番号		合計	

※実物の大きさ：195% 拡大（A3 用紙）

理　科　解　答　用　紙

□ の欄には，何も記入しないこと。

1

1	(1)	
	(2)	
2	(1)	
	(2)	
3	(1)	
	(2)	
4	(1)	g/cm^3
	(2)	

2

1		
2		
3		
4		ビーカーAの実験だけでは，
5	(1)	
	(2)	
	(3)	
6		

◇M4(561—34)

3

1		
2		の法則
3		$NaHCO_3$ + HCl → 　　＋　　＋
4		
5		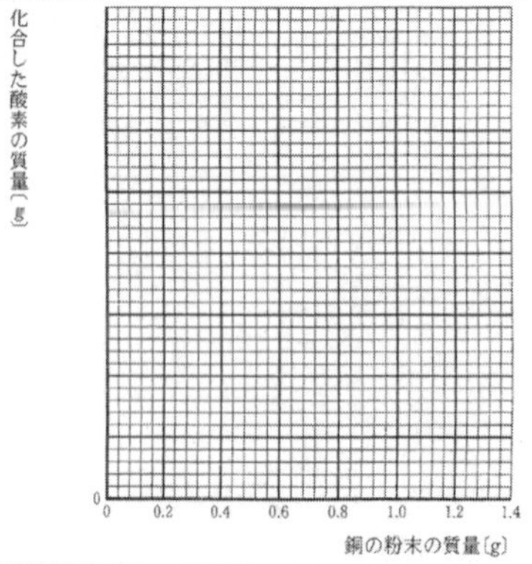
6		g
7	(1)	
	(2)	

4

1	
2	
3	
4	
5	
6	

5

1		N
2		
3		J
4		W
5		cm
6	(1)	
	(2)	
7		

◇M4(561—42)

受検番号		合計	

※実物の大きさ：195% 拡大（A3 用紙）

◇M1(561—2)

国語解答用紙

□の欄には、何も記入しないこと。

一

①	く	②		③	め	④	に	⑤	
⑥	まる	⑦		⑧		⑨		⑩	

合計

受検番号

二

問一

問二

問三

問四　茂三が自分に対して　……　から。

問五A

問五B

三

問一

問二

問三　他の動物は　……　をもっているという点。

問四

問五

問六

◇M1(561—11)

四

問一

問二　不及ハ汪倫送ルノ我ヲ情ニ

問三A

問三B

五

問一

問二

【数　　学】

[1] 4点×6　[2] (1) 3点　(2)(ア) 3点　(イ) 4点　[3] (1) 2点　(2) 4点　(3) 4点

[4] (1) 2点×2　(2) 3点×2　(3) 4点　(4) 5点　[5] (1) 10点　(2) 4点×2

[6] (1) 2点×2　(2) 2点×4　(3)(ア) 3点　(イ) 4点

【英　　語】

[1] 3点×9　[2] 3点×4　[3] 4点×3　[4] 3点×9　[5] 4点×2　[6] ① 4点　② 4点　③ 6点

【社　　会】

[1] 1. 3点　2. 2点　3. 2点　4. 3点　5. (1) 2点　(2) 3点　6. 2点　7. 2点　8. (1) 2点　(2) 3点　9. (1) 4点　(2) 3点　10. 3点

[2] 1. 3点　2. 2点　3～6. 3点×4　7. 2点×2　8. (1) 2点　(2) 3点　(3) 3点　9. 4点

[3] 1. 2点　2～4. 3点×3　5. 2点　6. 3点　7. (1) 2点　(2) 4点　(3) 2点　8. 2点×2　9. 2点　10. 3点

【理　　科】

[1] 2点×8　[2] 1～4. 3点×4　5. 2点×3　6. 3点

[3] 1. 2点　2. 2点　3. 4点　4. 3点　5. 3点　6. 3点　7. 2点×2

[4] 1～3. 3点×3　4～6. 4点×3　[5] 1. 2点　2～5. 3点×4　6. 2点×2　7. 3点

【国　　語】

[一] 2点×10　[二] 問一. 3点　問二. 4点　問三. 3点　問四. 8点　問五. 3点×2

[三] 問一. 4点　問二. 3点　問三. 8点　問四. 2点　問五. 5点　問六. 5点

[四] 問一. 3点　問二. 3点　問三. 4点×2　[五] 問一. 5点　問二. 10点

数　学　解　答　用　紙

□ の欄には，何も記入しないこと。

1

	(1)	
	(2)	
	(3)	
	(4)	
	(5)	
	(6)	

2

	(1)	$y =$
	(2)	分　　秒

3

	(1)	通り
	(2)	
	(3)	

◇M2(152—13)

4

	(1)	ア	
		イ	
	(2)	(ア)	$y =$
		(イ)	$y =$
	(3)		
	(4)		cm

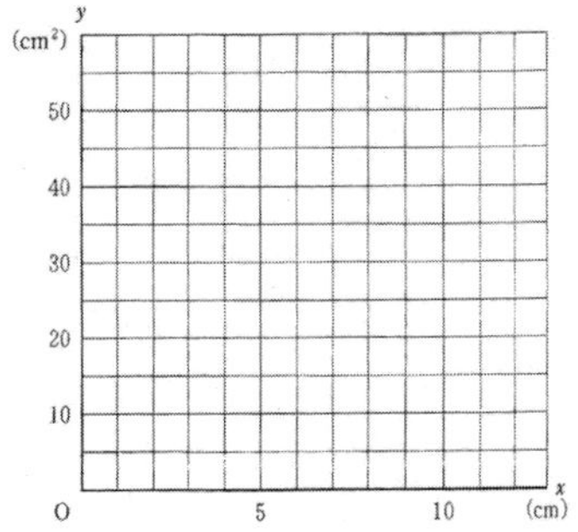

5

	(1)	証明	
	(2)	(ア)	cm
		(イ)	cm^2

6

	(1)		
	(2)	ア	
		イ	
		ウ	
		エ	
		オ	
	(3)		枚
	(4)		

◇M2(152—21)

受検番号		合計	

※実物の大きさ：195% 拡大（A3 用紙）

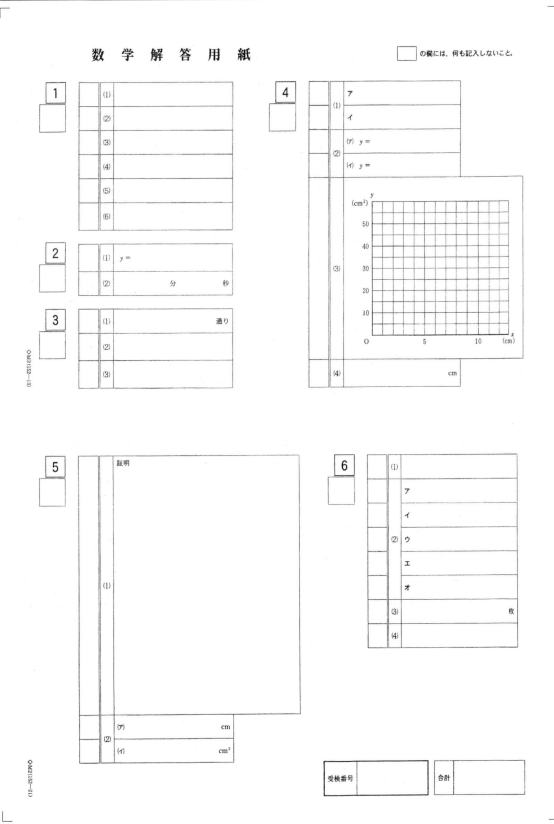

英語解答用紙

□ の欄には，何も記入しないこと。

1

1	(1)	
	(2)	
	(3)	
	(4)	
	(5)	
2	(1)①	He works every ＿＿＿＿＿＿＿＿.
	(1)②	His ＿＿＿＿＿＿＿＿ told him about it.
	(1)③	He wants to ＿＿＿＿＿＿＿＿ thier future.
	(2)	

2

1		
2		
3	(1)	
	(2)	

3

1	
2	
3	

◇M3(152—23)

4

1		
2		
3		
4		
5	(1)	＿＿＿＿＿, she ＿＿＿＿＿＿＿.
	(2)	She remembered the time when she ＿＿＿＿＿＿＿＿ to play softball and the ＿＿＿＿＿＿＿＿ of her team members.
6		
7	③	
	④	

5

1	I'm ＿＿＿＿＿ ＿＿＿＿＿ ＿＿＿＿＿ ＿＿＿＿＿ ＿＿＿＿＿ soccer over there.
2	I have to clean my room, so I will ＿＿＿＿＿ ＿＿＿＿＿ ＿＿＿＿＿ ＿＿＿＿＿ ＿＿＿＿＿ my house.

6

①	Then, ＿＿＿＿＿＿＿＿＿＿＿＿＿＿＿＿ ?
②	And ＿＿＿＿＿＿＿＿＿＿＿＿＿＿＿＿ ?
③	When you have some free time, I ＿＿＿＿＿＿＿＿＿＿＿＿＿＿＿＿ .

◇M3(152—32)

受検番号		合計	

※実物の大きさ：195% 拡大（A3 用紙）

社　会　解　答　用　紙

□ の欄には，何も記入しないこと。

1

1	
2	
3	
4	
5	
6	文化
7	
8	(1)
	(2)
9	古い出来事 ⟶ 新しい出来事
	(1)　⟶　⟶
	(2)
10	(1)
	(2)

◇M5(152—44)

2

1	
2	
3	
4	
5	
6	
7	
8	(1)
	(2)
9	(1)
	(2)
10	時間

3

1	世帯
2	
3	
4	
5	
6	
7	
8	
9	(1)
	(2)
10	(1)
	(2)　制度
11	地方公共団体の首長は有権者が直接選ぶが，内閣総理大臣は

◇M5(152—52)

受検番号		合計	

※実物の大きさ：195% 拡大（A3 用紙）

理　科　解　答　用　紙

□ の欄には，何も記入しないこと。

1

1	(1)	
	(2)	
2	(1)	①　　　②
	(2)	
3	(1)	a →　　→　　→　　→　　→
	(2)	
4	(1)	
	(2)	

2

1		
2		
3		
4		
5	(1)	
	(2)	
6	(1)	
	(2)	
	(3)	

◇M4(152—34)

3

1		性
2		g
3		
4	(1)	
	(2)	
	(3)	
5	(1)	
	(2)	
6		

4

1	
2	低気圧
3	前線
4	
5	
6	
7	

5

1

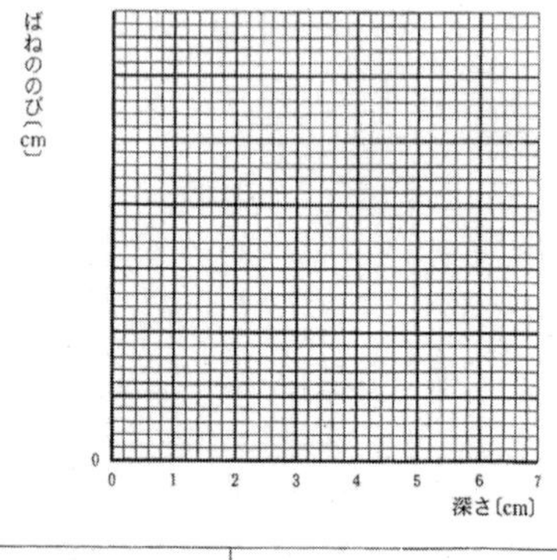

2		g/cm³
3		
4		N
5		
6	(1)	N
	(2)	cm

◇M4(152—42)

受検番号		合計	

※実物の大きさ：195% 拡大（A3 用紙）

◇M1(152—2)

国語解答用紙

□の欄には、何も記入しないこと。

一
① ② ③ いる ④ やかな ⑤
⑥ む ⑦ ⑧ ⑨ ⑩ う

二
問一
問二A
問二B
問三　形容詞　活用形　形
問四
問五　ことになったから。
問六

三
問一
問二
問三A
問三B
問四
問五　文化の　ことが必要だと考えている。

四
問一
問二
問三A
問三B

五
問一
問二

合計

受検番号

◇M1(152—11)

※実物の大きさ：195% 拡大（A3 用紙）

【数　　学】

1 4 点×6　　2 4 点×2　　3 (1) 4 点　(2) 4 点　(3) 5 点

4 (1) 2 点×2　(2)(ア) 2 点　(イ) 3 点　(3) 4 点　(4) 5 点　　5 (1) 10 点　(2)(ア) 3 点　(イ) 5 点

6 (1)〜(3) 2 点×7　(4) 5 点

【英　　語】

1 3 点×9　　2 3 点×4　　3 4 点×3　　4 3 点×9　　5 4 点×2　　6 ① 4 点　② 4 点　③ 6 点

【社　　会】

1 1 〜 3.　2 点×3　4.　3 点　5.　2 点　6.　2 点　7.　3 点　8.　(1) 3 点　(2) 4 点　9.　(1) 3 点　(2) 2 点
10.　3 点×2

2 1.　2 点　2.　2 点　3.　3 点　4.　4 点　5.　3 点　6.　2 点　7.　3 点　8.　(1) 2 点　(2) 3 点　9.　3 点×2
10.　3 点

3 1.　2 点　2.　3 点　3.　2 点　4.　2 点　5.　3 点　6 〜 8.　2 点×3　9.　(1) 3 点　(2) 2 点　10.　3 点×2
11.　4 点

【理　　科】

1 2 点×8　　2 1.　3 点　2.　2 点　3.　4 点　4〜6.　2 点×6

3 1.　2 点　2.　3 点　3.　3 点　4.　2 点×3　5.　2 点×2　6.　3 点

4 1.　2 点　2〜5.　3 点×4　6.　4 点　7.　3 点

5 1.　3 点　2.　3 点　3.　2 点　4.　4 点　5.　2 点　6.　(1) 3 点　(2) 4 点

【国　　語】

一 2 点×10　　二 問一〜問四.　3 点×5　問五.　8 点　問六.　4 点

三 問一〜問三.　3 点×4　問四.　4 点　問五.　8 点

四 問一.　2 点　問二.　4 点　問三.　4 点×2　　五 問一.　5 点　問二.　10 点

数学解答用紙

受検番号	

1

(1)	(2)	(3)	(4)	(5)	(6)
	y =				cm

2

(1) 分　(2)　(3)

3

(1) (ア)　(イ)　(ウ) = 0

(2)

4

(1)

ア	イ

(2)

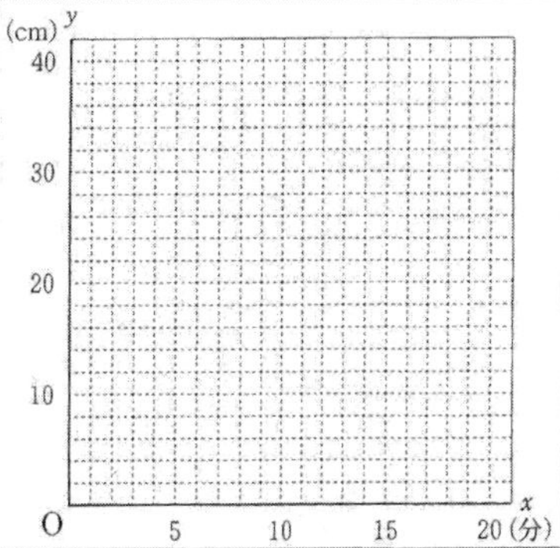

(3) (ア) y =

(イ) y =

(4) 分　秒後　分　秒後

5

(1) 証明

(2) (ア) cm

(イ) cm

6

(1) (ア) 個　(イ) 個　(2) 個

(3)

ア	イ	ウ	エ

(4) 個

◇K 8 (503—2)

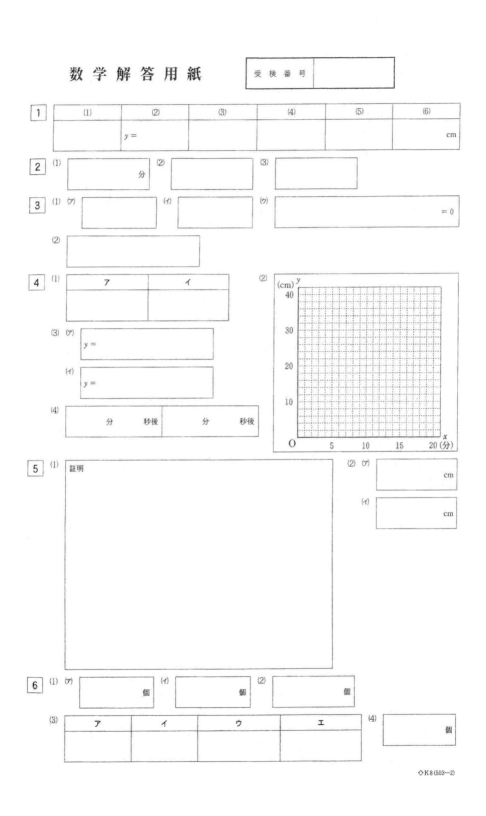

英語解答用紙

受検番号	

1

1 (1)　(2)　(3)　(4)　(5)

2 (1)

① His team did not ________ the game.

② He always feels ________ for his friends in his team.

③ He will have it in ________.

(2)

2

1　2

3 Yuka's plan :　Mary's plan :

3

1　2　3

4

1　2

3 ________.

4

5 (1) ________, she ________.

(2) Because a young girl like ________ age had very ________ opinions.

6

7 ③　④

5

1 But I ________ ________ ________ ________ ________ to play it since I came to Japan.

2 I'll give ________ ________ ________ ________ ________ likes it so much.

6

① Our school ________.

② We ________ because our school serves school lunch.

③ When you come to my school, I ________.

◇K9(503—3)

社会解答用紙

受検番号	

1

1

2

3 古い出来事 ⟶ 新しい出来事
⟶ ⟶

4

5

6 (1)

(2)

7

8 (1)

(2) 古い出来事 ⟶ 新しい出来事
⟶ ⟶

9

10

11

2

1

2

3

4

5

6

7

8

9 工業地帯

10

11 群馬県の主な産地は，千葉県に比べて

12

3

1 古い出来事 ⟶ 新しい出来事
⟶ ⟶

2

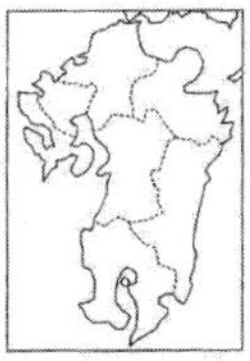

3

4

5 (1)

(2)

6

7

8 (1)

(2)

9

10

11

◇K11(503—5)

理科解答用紙

受検番号

1

1 (1) (2)

2 (1) (2)

3 (1) (2)

4 (1) (2)

2

1 秒

2 神経

3

4

5 外界からの刺激の信号が，

6

7

3

1

2

3

4

5

6

7 $C_2H_6O + 3O_2 \rightarrow$ 　　$CO_2 +$ 　　H_2O

8

4

1

2

3 時　分

4 (1) (2) (3)

5 秋分の日の地球　南中高度 °

6

5

1 mA

2

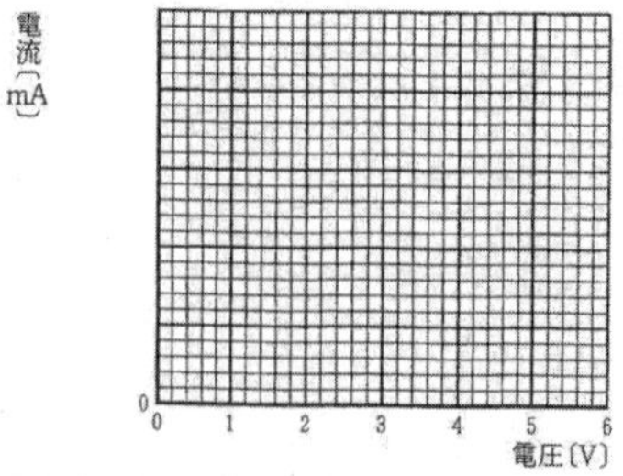

3

4 抵抗器a：抵抗器b＝　：

5 倍

6

◇K10(503—4)

※実物[公表時]の大きさ：141% 拡大（A4用紙）

国語解答用紙

一
①　②　③ る　④ む　⑤
⑥ ける　⑦　⑧　⑨　⑩ びる

二
問一　問二
問三　満吉は　を言っていると考えたから。
問四　A　B
問五　今の満吉には、　ことが必要だと考えている。

三
問一
問二
問三　A　B
問四　問五
問六　母親の　ことになるから。

四
問一　問二
問三　他人の愚かで思慮分別に欠ける姿を見たら、　と思うこと。

五
問一
問二

受検番号

◇K7(503—1)

※実物[公表時]の大きさ：141% 拡大（A4 用紙）

2020年度　岐阜県公立高等学校（第一次選抜）［配点］

【数　学】

[1] 4点×6　[2] (1)3点　(2)4点　(3)4点　[3] (1)(ア)2点　(イ)2点　(ウ)3点　(2)4点
[4] (1)2点×2　(2)4点　(3)2点×2　(4)3点×2　[5] (1)10点　(2)(ア)3点　(イ)5点
[6] (1)～(3)2点×7　(4)4点

【英　語】

[1] 3点×9　[2] 3点×4　[3] 4点×3　[4] 1. 2点　2～7. 3点×9　[5] 4点×2
[6] ①3点　②3点　③6点

【社　会】

[1] 1. 2点　2. 2点　3. 3点　4. 2点　5. 3点　6. (1)2点　(2)3点　7. 2点　8. 3点×2　9. 2点　10. 4点　11. 3点
[2] 1. 3点　2. 2点　3. 3点　4. 2点　5. 2点　6～8. 3点×3　9. 2点　10. 3点　11. 4点　12. 3点
[3] 1. 3点　2. 2点　3. 2点　4. 3点　5. (1)2点　(2)3点　6～8. 2点×4　9. 3点　10. 3点　11. 4点

【理　科】

[1] 2点×8　[2] 1. 3点　2. 2点　3. 4点　4. 2点　5. 4点　6. 3点　7. 3点
[3] 1. 2点　2. 3点　3. 2点　4. 3点　5. 3点　6. 2点　7. 3点　8. 3点
[4] 1. 2点　2. 2点　3. 3点　4. 2点×3　5. 5点　6. 3点　[5] 1～3. 3点×3　4～6. 4点×3

【国　語】

[一] 2点×10　[二] 問一. 3点　問二. 5点　問三. 8点　問四. 2点×2　問五. 5点
[三] 問一. 3点　問二. 3点　問三. 2点×2　問四. 3点　問五. 5点　問六. 8点
[四] 問一. 5点　問二. 2点　問三. 7点　[五] 問一. 5点　問二. 10点